中小学数学
教育论著译丛

athematics

数学问题解决

Mathematical Problem Solving

［美］艾伦·H. 匈菲尔德（Alan H. Schoenfeld）/著

朱晨菲　译
鲍建生　审校

上海教育出版社
SHANGHAI EDUCATIONAL
PUBLISHING HOUSE

前　言

　　1974 年的秋天，我偶然读到乔治·波利亚（George Pólya）的小册子《怎样解题》（*How to Solve It*）。那时，我的职业是数学家，刚从研究生院毕业了几年，正怡然地研制着拓扑学和测量理论中的定理。波利亚的书是关于问题解决的，再具体点儿说，是关于数学家的问题解决策略。书读起来挺有趣的，我读得津津有味，时不时点头对作者的观点表示赞同——他所描述的问题解决策略准确得令人难以置信，正是我在研究数学时所做的事情。

　　我对该书的第一反应是一种纯粹的愉悦。毕竟，如果我靠自己就发现了一位杰出数学家描述的问题解决策略，那我自己本身就肯定也算得上是一位真正的数学家了！但过了一会儿后，这种愉悦就变成了一种困惑。无论是我学术生涯的哪个时刻，都没有学到过这些策略。我读大一时为什么没人给我这本书？这样不就能避免我仅靠自己去发现这些策略时走过的弯路吗？

　　我有个同事专门负责训练我们学院备战普特南竞赛（Putnam exam，一项权威的国际数学竞赛）的队伍。第二天，我就去问他是否曾经使用波利亚书中的策略。他说：“没用过，那没什么用。”既然他带的队伍成绩斐然，那他说的话肯定有点道理；但莫名的直觉告诉我，波利亚发现的东西是很有意义的——这对矛盾必须得到解决。

　　从那时开始，长期萦绕在我心头的两个主要问题是：什么是“数学地思考”？以及，如何帮助学生数学地思考？它们是本书的核心话题，概括了我十年来为理解和教授数学问题解决技能所做的努力。

　　本书要呈现什么？呈现给谁？本书的读者可以是对数学思维各个方面的基本特征有研究兴趣的人、对任何领域“高层次思维技能”有兴趣的人和所有数学教师。本书的重点是提供一个用于分析问题解决中复杂行为的框架。该框架在本书的第一部分进行了呈现,包含第1章至第5章,描述了复杂智力活动蕴含的四个性质不同的方面:知识资源,即个体所掌握的事实与程序;探索策略,即在复杂情境中取得进展的"经验法则"[①];调控,这与个体利用自己所掌握知识的效率有关;信念系统,即个体对于某学科的本质和如何从事该学科研究的视角。本书的第二部分包括第6章至第10章,呈现了一系列用于充实上述分析框架的实证研究。这些研究一是阐明了有胜任力的问题解决者如何尽最大可能使用自己所掌握的知识,二是利用对学生的观察记录反映了在成功解决问题前会遇到的典型障碍,三是通过学生参加问题解决系列强化课程前后的数据表明了经历精心编排的教学所能带来的学习成效,四是基于对典型高中课堂的观察揭示了学生数学行为(常常是事与愿违的行为)的一些由来。

正如分析框架中的类别范畴所指向的那样,我认为,掌握一门学科(特别是学会数学地思考),远不止意味着能够唾手可得大量学科知识。它包括了在学科内部能灵活应变且游刃有余、能高效利用自己的相关知识、能理解和接受该学科默认的"游戏规则"。这个框架是在尝试详细阐述构成数学思维的系列行为表现。我的相关经历和大多数研究中实施的观察涉及的都是高中和大学阶段,所以,本书讨论的也是这些阶段的数学。尽管这样,这些话题与对各个阶段数学行为的研究都是相关的。事实上,本书论及的大部分话题在更广泛的情境中都是适用的,而不仅仅是数学领域的情境。一些高层次技能(比如,为避免白费功夫而时刻监控和评价自己已取得的进展是否可行)在物理和写作领域的重要性不亚于数学。为了解决数学领域中的这些问题,我借鉴或改造了人工智能[②]和信息处理心理学(更笼统地说,认知科学)中的方法论,以及一些写作、朴素物理学、决策论等领域的研究。反过来说,本书开发和讨论的

---

① 译者注:原著中此处用词为"rules of thumb"且以引号标注,本书译作"经验法则"并同样以引号标注。与本篇第一段所提及的一致,作者指的探索策略大多是专家问题解决时采用的经验法则,它们不完全等同于大众所用的经验性方法,这与《怎样解题》中波利亚关于现代探索法来源的说法是相同的。

② 译者注:原著此处用词为artificial intelligence,中文译作"人工智能"。相比现在人工智能的含义,20世纪七八十年代的人工智能也与使机器学习人类的思维来工作有关,但更侧重于观察人类的行为,需要靠程序员将观察结果建模并输入机器以使机器能完成简单的人类工作。作者借鉴该领域研究的用意在于:既然在该领域中,程序员能使机器经由对人类的观察来学习人类的行为并成功模仿,那么在问题解决领域,作者就可以通过观察专家的行为特征并把它们教给学生以使学生学会问题解决。为避免可能产生的误解,特对此作出解释。本脚注应作者要求添加。

方法论工具也可以直接或经改造后应用于处理那些领域中涉及高层次思维技能的相关问题。

　　正如上面提到的,我对于理解和教授数学思维技能这两件事的兴趣始终是相辅相成的。本书的研究表明,如果教学近乎于只关注事实和程序的掌握,学生将不太能学会使用数学时需要的一些高层次思维技能;而如果教学聚焦在这些技能上,学生就可以学会它们。本书论述了需要开展问题解决教学的诸多理由以及一些教学策略;呈现了围绕或不围绕问题解决进行教学分别会产生的结果。本书提议了一些我们期待的数学教学方式,这些方式能让我们的学生切实学会数学地思考。我希望从事任何阶段教学的数学教师对此都会感兴趣①。

---

　　①　译者注:为使广大数学教师愿意阅读本书并有兴趣进行研究与实践,本书尽量采用了日常语言和数学教师的"行话"进行翻译,以避免可能带来的晦涩之感。本脚注应作者要求添加。

致　　谢

　　我的许多好朋友和同僚都为本书的成稿提供了帮助。与卡雷尔·德勒乌(Karel deLeeuw)一同工作让我学会了研究真正的数学,也学会了追求研究看起来重要的话题而不考虑它们是否恰好流行。鲁特·冯·布卢姆(Ruth von Blum)使我相信,关于数学认知和数学教学的话题值得被作为学术探究的目标进行小心地对待。弗雷德·莱夫(Fred Reif)向我展示了对这些话题的研究可以采用谨慎且细致的方法,就像处理数学和科学领域的复杂问题时那样。约翰·西利·布朗(John Seely Brown)在这些年间一直给我提供着宝贵的意见和建议,并且贡献了许多观点。我想对以上这些人以及其他许多同僚表示由衷的感谢,本书因为有了他们的帮助而变得更好。当然,书中出现的所有错误都归咎于我。

　　这本书以及书中大部分涉及的研究都得到了斯宾塞基金会(Spencer Foundation)的研究资助,早期的实证工作获得了国家科学基金会(National Science Foundation)的支持。我很荣幸能向这些慷慨的支持表达感谢。来自斯宾塞基金会的资助使大卫·斯帕纳格尔(David Spanagel)、玛格丽特·戴维森(Margaret Davidson)和罗杰·梅克(Roger Meike)参与到项目中来。大卫·斯帕纳格尔的帮助包括:开发了研究工具、在当地学校对课堂进行了录像、评注并校对了多个版本的手写草稿、编写了作者索引。玛格丽特·戴维森成功将几乎听不清的录音带努力转换成了文字并用电脑录入了无数版本的手写草稿。罗杰·梅克负责计算,包括统计分析和仿真模型中的计算。简·匈菲尔德(Jane Schoenfeld)完成了主题索引。赫伯·金斯伯格(Herb Ginsburg)和弗雷德·莱夫阅读了第($n-1$)版手写草稿并为它的改进提供了许多宝贵的

建议。上述提到的每一个人都为您现在读到的这本书作出了重要的贡献。

能与学术出版社（Academic Press）合作是我的荣幸。在本书从手写稿蜕变为完稿的全过程中，工作人员们一直在按期高质量地完成工作。

我想对所有在各个方面为本书作出贡献的朋友和同僚表达我最深的感谢。

中 文 版 序 言

《数学问题解决》中文版璞玉终成,它的诞生,实乃幸事。

20 世纪 70 年代中期,我开发了我的首门问题解决课程,从那以后,我一直在从事对它的教学。从某些方面来看,该课程是在不断演化的;但从更多的方面来看,它的内核始终如一。在这篇简短的小文章中,我将描述这门课程在我眼里的意义,以及为何它在今天仍能起到奠基性作用。

当我在 20 世纪 80 年代初撰写《数学问题解决》一书时,彼时的研究和教学主要集中在对知识内容的掌握上。毫无疑问,数学知识至关重要:我们所知的事实、概念和程序是研究数学的工具。但远不止这些——当我们研究数学时,面对我们未曾被告知该如何解决的问题,我们寻求对概念理解及其应用的深层认识;我们寻求联系性的建立;我们利用我们所知的东西给出猜想、取得进展,以至解决它们。正如保罗·哈尔莫斯(Paul Halmos)表达的那样,问题解决是"数学的心脏"。

我的教育研究生涯始于我阅读乔治·波利亚《怎样解题》时对"要想帮助所有学生学习波利亚倡导的问题解决方式,我可以做些什么"这一问题的思考。就像本书里写的那样,我很快就意识到,运用波利亚讨论的那些问题解决策略并非易事——但是,可以通过分析和教授这些策略,来对学生的问题解决形成强有力的积极影响。为了检验我的观点,我在本课程的期末考试中命制了一些颇具挑战性的问题,这些问题与我们在课程中学习的问题完全不同。在其中的许多问题上,我的学生都取得了进展,也解决了一些问题;与此同时,处于另一个"对照"课程中的学生在所有问题上都没有什么突破。

除此之外,我还有更多的发现。当我教授和研究问题解决课程时,我观察到,学生常常无法有效利用他们知道的东西。他们常常误入歧途,在那些毫无用处的想法上费力耕耘,从而使得自己丧失了高效利用知识的时间和机会。"管理型决策"(现在称为监控和自我调节,是元认知的一个方面)的成败是学生问题解决成败的主要决定因素;而事实表明,他们关于数学本质的信念也有类似的影响力。比如,如果学生过往的体验是所有的"问题"(说实在的,这叫练习题)都可以在不超过五分钟的时间里得以解决,且通常是采用他们新近学到的方法,那么他们就会始终对使用既定的方法快速解决遇到的新"问题"抱有期待。更重要的是,他们会在五分钟后就放弃努力,因为他们坚信,如果一个问题在这样的时长里不能被解决,就说明自己根本没有能力解决它们。

作为主要内容之一,本书给出了明确的书面证据,用以说明决定个体问题解决成败的关键因素有四个,分别是:学生的知识;他们运用问题解决策略的能力;他们的"管理型"决策;以及他们的信念。进一步说,如果要解释个体问题解决尝试的成败,只需要考虑上述四个方面。

以上说法表明,要想改进学生的问题解决表现,在学生学习时,需要对这四个类别予以关注。本书提供了实施这些关注时所需的许多工具。书中呈现了我在课程中用到的问题和我与学生在课堂中的许多讨论。对本书的深入阅读,将使你能够理解问题解决中什么是"重要的",帮你了解用于记录研究结果的研究方法,并让你对如何教授聚焦在问题解决的课程能有所思考。我的这些例子面向的是高中和大学阶段的学生,但这些想法可以推广到所有年级。事实上,这些想法可以应用在所有课程的教学上,而不仅仅是问题解决的教学。

本书经受住了时间的考验,所有的论述都建立研究结果的基础之上。那么,这些年有什么新的感悟吗?如前所述,这么多年以来,我仍然从事着问题解决课程的教学。在课程中,我使用了许多相同的问题——几乎所有的问题都与本书出版之时该课程包含的问题接近。但这并不意味着每一轮的课程都是相同的。每年的学生是不同的,课程中发生的事情很大程度上取决于学生持有的态度和理解。每一年,我都在努力建立一个问题解决共同体,但实现这一目标的方式总是有所不同。共同体的重要性以及课堂对话的重要性逐渐成为我思考的核心问题。长远来看,除了学习成为成功的问题解决者,更加至关重要的是学生对数学的身份认同——他们是否能把自己看成是足智多谋的数学思考者? 这对于培养学生成长为学识渊博的、灵活应变的、擅长数学的思考者和问题解决者来说十分必要。数学问题解决为此奠定了基础。对上面这些观点的进一步探讨,见我于 2023 年出版的新作。

在结束这篇序言之前,我想对朱晨菲将本书译为中文表达衷心的感谢。晨菲在 2019 年至 2020 年间跟随我学习,参加了我的问题解决课程以及我的研究小组。她对课程蕴含的想法、所涉及的研究以及我将问题解决研究概念化的方式都有着深刻的理解。晨菲在翻译的全过程中都极其仔细,为了确保自己领会了我想表达的意思并以我希望的方式向读者传达它们,她问了我很多问题。我非常感激她对此的付出。

艾伦·H. 匈菲尔德

美国加利福尼亚州伯克利市

2023 年 11 月

[参考文献]

1. Pólya, G. How to solve it (1945; 2nd edition, 1957). Princeton: Princeton University Press.

2. Schoenfeld, A. H., Fink, H., & Zuñiga-Ruiz, S., with Huang, S., Wei, X., & Chirinda, B. Helping Students Become Powerful Mathematics Thinkers: Case Studies of Teaching for Robust Understanding. New York: Routledge, 2023.

目　录

简介和概述 ……………………………………………………………… 001

第一部分　数学思维的方方面面：理论性综述

第1章　分析数学行为的框架 ……………………………………… 011
　　第1节　概述 ………………………………………………………… 011
　　第2节　典型问题、典型行为：例说四个类别 ………………… 015
　　第3节　知识资源 ………………………………………………… 016
　　第4节　探索策略 ………………………………………………… 021
　　第5节　调控 ……………………………………………………… 025
　　第6节　信念系统 ………………………………………………… 033
　　第7节　小结 ……………………………………………………… 041

第2章　知识资源 …………………………………………………… 042
　　第1节　例行取用相关知识 ……………………………………… 042
　　第2节　各种各样的知识资源 …………………………………… 050
　　第3节　有错误的知识资源和常见的出错模式 ……………… 057
　　第4节　小结 ……………………………………………………… 063

第3章　探索策略 …………………………………………………… 065
　　第1节　简介和概述 ……………………………………………… 065

第2节　问题是什么以及学生是谁 ································ 070

第3节　用更精确且实用的方式描述探索策略 ·············· 072

第4节　实施"简单"探索方案时的复杂性 ················· 079

第5节　探索策略与知识资源的深度交织 ·················· 085

第6节　小结 ··· 089

第4章　调　控 ··· 090

第1节　简介和概述 ·· 090

第2节　论调控的重要性：具体而微的视角 ·············· 092

第3节　为探索性问题解决的调控策略建模 ·············· 099

第4节　走向更大的调控观 ································· 108

第5节　与调控相关的文献 ································· 119

第6节　小结 ··· 137

第5章　信念系统 ··· 139

第1节　选择一些相关文献 ································· 140

第2节　数学家解答一个作图题 ··························· 151

第3节　视学生为纯经验主义者：经验主义行为的模型 ·· 153

第4节　模型与表现间的一致性 ··························· 156

第5节　深度观察经验主义：CS 和 AM 研究问题 1.1 ···· 157

第6节　关于朴素经验主义的进一步证据：DW 和 SP 研究四个互相

　　　　关联的问题 ·· 166

第7节　小结 ··· 177

第二部分　实验和观察研究、方法论议题、研究展望

概述 ··· 181

第6章　影响问题解决表现的因素：是否切实开展探索策略的教与学 ······ 183

第1节　对相关文献的简要讨论 ··························· 184

第2节　实验设计 ·· 187

第 3 节　结果 ……………………………………………………………… 195

第 4 节　两个方法论问题 ………………………………………………… 199

第 5 节　讨论 ……………………………………………………………… 201

第 6 节　研究意义与研究路向 …………………………………………… 204

第 7 节　小结 ……………………………………………………………… 205

第 7 章　问题解决表现和问题解决教学的评价措施 …………………… 207

第 1 节　对相关研究的简要讨论 ………………………………………… 208

第 2 节　实验干预与对照干预 …………………………………………… 210

第 3 节　评价措施 1：关注对已完成的问题解决中合理思路的

　　　　 分析 ……………………………………………………………… 214

第 4 节　对测试结果的讨论 ……………………………………………… 221

第 5 节　评价措施 2：关注学生对自己问题解决的定性评价 ………… 222

第 6 节　评价措施 3：关注探索策略的熟练与迁移 …………………… 225

第 7 节　对调控若干议题的简要讨论 …………………………………… 231

第 8 节　小结 ……………………………………………………………… 232

第 8 章　问题感知、知识结构、问题解决表现 ………………………… 235

第 1 节　研究背景 ………………………………………………………… 236

第 2 节　研究方法 ………………………………………………………… 240

第 3 节　关于题卡分类的研究结果 ……………………………………… 246

第 4 节　讨论 ……………………………………………………………… 252

第 5 节　小结 ……………………………………………………………… 256

附录　分类题卡中使用的问题 …………………………………………… 258

第 9 章　口语资料、口语报告分析以及调控议题 ……………………… 264

第 1 节　概述 ……………………………………………………………… 264

第 2 节　研究背景——第 1 部分：口语方法 ………………………… 266

第 3 节　拨云见日：走近口语资料 ……………………………………… 269

第 4 节　研究背景——第 2 部分：口语报告的其他编码方案和

　　　　 关于调控的诸多议题 ………………………………………… 278

第 5 节　分析时的主要议题：基于对两个口语报告的简要讨论 ······ 283

第 6 节　对问题解决口语报告展开宏观分析的框架 ············ 286

第 7 节　环节的划分及其相关问题 ···················· 291

第 8 节　一个完整的口语报告分析 ···················· 295

第 9 节　对调控的进一步讨论：基于来自学生的更多资料和对问题

解决专家口语报告的分析 ···················· 299

第 10 节　简要讨论：研究局限和尚需的工作 ··············· 307

第 11 节　小结 ····························· 308

附录 9A　细胞问题的单人口语报告 ··················· 310

附录 9B　口语报告 9B ························· 312

附录 9C　口语报告 9C ························· 318

附录 9D　口语报告 9D ························· 327

附录 9E　口语报告 9E ························· 338

第 10 章　信念之根 ·························· 346

第 1 节　对两个几何问题口语报告的讨论 ················ 347

第 2 节　简要分析口语报告 10A ···················· 348

第 3 节　简要分析口语报告 10B ···················· 350

第 4 节　简要讨论 ··························· 354

第 5 节　经验主义的强大影响力：基于更多资料 ············· 355

第 6 节　经验主义的由来 ······················· 357

第 7 节　小结 ····························· 373

第 8 节　后记 ····························· 374

附录 10A　口语报告 10A ······················· 375

附录 10B　口语报告 10B ······················· 383

参考文献 ······························· 391

简介和概述

本书是关于数学问题解决的实践、理解和教学。书中讨论的大多数问题对大一学生来说是合适的，向前后推两年左右也可以。换句话说，这些问题基本上也适用于 10 或 11 年级学生，但数学专业的大三学生往往会认为它们具有挑战性。实际上，很少有问题需要用到像微积分那样复杂的数学知识才能解决。但几乎所有问题都需要进行大量思考。理解数学思维的基本特征是本书的核心话题，对这些特征的追寻过程引导我们研究了一系列相关话题。下面的假设性实验反映了其中的一些主要话题。

参加实验的人员可分为两组：第一组由数学学业表现突出的 12 名本科生组成，他们是某所大学数学专业大一学生中的前 12 名；第二组由同一所大学数学系的 12 名数学专家组成，这些专家是随机选择的，选择标准只有一个——至少 10 年没有做过任何与平面几何有关的题目（令人惊讶的是，符合条件的专家不是特别难找，被随机选择的专家十有八九从高中时代起就很少接触平面几何了）。所有参加实验的人员都被要求去解决一系列与问题 0.1 和问题 0.2 类似的几何问题。

问题 0.1 如图 0.1，平面上有两条相交的直线，点 P 在其中一条直线上。请用直尺和圆规作圆，使该圆与两条直线都相切并且 P 是其中一个切点。

问题 0.2 如图 0.2，一个给定三角形 T 的底边为 B。请说明：用直尺和圆规一定能作出一条既与 B 平行又将三角形 T 面积等分的直线。你能用类似的方法把三角形 T 的面积五等分吗？

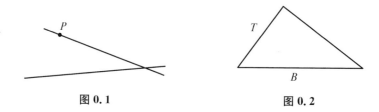

图 0.1   图 0.2

如上这样的问题,在后文还有大量讨论。它们是"非标准化"的,因为它们通常不会被囊括在高中几何课程中。尽管大学生可能具备了足以解决这些问题的事实性知识,但由于它们具有非标准化的特点,大学生并不能简单地通过回忆和应用固有的解答模式(即问题图式)来解决它们。这样的问题对数学专家来说也是不太熟悉的;而且,因为专家这些年没有一直在做几何题目,他们对于与问题直接相关的事实和操作的第一反应很可能比学生要更成问题。由此可以认为,两个小组的研究对象多多少少都会觉得有些问题是充满挑战性的。

研究对象都接受了用出声思维来解决问题的训练。他们问题解决时的口语报告都被录音了,然后被转换为文字。这些转录的文字稿(以下简称口语报告)和研究对象用纸笔写下来的内容构成了我们的研究资料。现在,让我们思考两个问题:

1. 哪一组将会做得更好? 为什么?

2. 如果给出一份研究对象的口语报告及相应的纸笔内容,我们能否确定其来自学生还是专家?

对于第一个问题,大多数人会认为专家将做得更好,一般会用"专家更聪明""专家懂得更多"或"专家经验更足"作为理由。从实际结果看,专家确实是胜过学生的,甚至可以说是远胜于。但是,上述的这些理由并不是真正的解释。让我们逐一来看。对于"专家更聪明",我们可以把实验像这样改一改:假如我们能拿到这些专家在学生时代解决几何问题的口语报告,是作为学生的他们做得更好,还是现在作为专家的他们做得更好? 只要问题的难度足够,我们或许就可以猜测,他们做得更好是因为他们现在是专业数学研究人员的缘故。因此,简单地用智商来衡量并不能算作一个解释。

我们说"专家懂得更多"是什么意思? 一个显而易见的含义是——专家掌

握了更多平面几何的相关事实与程序,但这并不正确。十年的空档期使得专家曾经知道的许多具体事实与程序都已经从记忆里消失了。一些曾经掌握的定理证明,甚至是一些如"直径所对的圆周角是直角"的基本结论,可能都被遗忘了。当两个组开始解决问题的时候,学生组反而掌握了更多的基础知识,因而最开始时他们是更有优势的。(如果有人担心学生的记忆力不太好,我们可以再把实验改一改:把参加实验的学生替换为若干年前刚学完高中几何课程的这些专家,另一组还是现在的这些专家。专家高中时候的聪明程度跟现在应该是差不多的,那时候对于相关事实与程序的储备反倒更有优势)这么一来,专家表现更胜一筹的原因就不能简单地归因为与学科知识有关了。现在还剩下"经验"这个理由。

这个理由确实没错,但还不足以成为解释。作为类比,考虑下面这个以"年龄增长"为答案的问题——是什么导致了衰老?毫无疑问,衰老会随着年龄的增长发生,但这样说实际上是在回避问题。原问题背后的确切问题是:我们能否解释"衰老"这一现象背后潜在的生物和化学过程?讲清楚、搞清楚以及研究清楚这个问题的过程势必会引发更深层次的医学研究问题。

沿着这个思路,我们可以开始更加精准地构思关于"经验"的若干话题了。当专家坐下来准备着手研究各个问题时,他们从头脑中能立即搜寻到的可用信息是比学生少的;但专家能设法看到问题的症结所在、搜索或生成他们所需要的相关事实、想出探索问题的许多合理方向,等等,这些是学生无法做到的;并且,专家做出的所有这些行为在一定程度上都是有目的和有效率的。什么时候能具体说明上述技能的本质并弄清专家获得它们的手段,就能开始对什么是"专家经验"给出一个真正的解释。

对于第二个问题,许多人可能倾向于给出肯定的回答,这是因为,人们会感觉专家的专业性总是能显而易见地体现在他们的成果中。为了聚焦于是什么构成了这种专业性,让我们先来想象一下以下三种情况哪一种更可能导致人们产生判断的偏差:

1. 问题的解答由第三方评分,我们仅仅得到研究对象的得分。

2. 我们得到研究对象的最终解答并由我们评分。

3. 我们得到研究对象问题解决过程中的全部文本,包括草稿。

毫无疑问,在第一种情况下,我们对自己的判断最没信心,而在第三种情况下最有信心。对于第一种情况,分数本身不会包含很丰富的信息,测验的分数向来如此。尽管分数可能告诉我们某人所给出解答的优秀程度如何,但完全没有告诉我们这个人实际上做了什么。我们从第二种情况得到的信息会多一些,这是通常被用以评价问题解决表现的信息。但这也还是不够的。使用这类信息来评价问题解决表现存在的困境在于,两个人可能通过完全不同的方式得到相同的解答。比如,一个人可能偶然发现了一个"可行"的解答,但他没法说明解答是合理的(对某些问题来说,搜索空间相对较小);而另一个人则是有逻辑且连贯地推导出了相同的解答。然而,他们按答题要求所给出的解答可能是一模一样的。类似地,不成功的解答也分优和劣。比如,某人可能对问题完全把握不住,或把时间全浪费在根本无用的细枝末节上;而另一个人则可能为了解答问题而做了一系列完全合理的尝试,但最终失败了。在这两个例子中,一个人做了什么而不是做出了什么,是我们判断其问题解决表现的决定因素。正是由于第三种情况能使我们能深入地洞察到问题解决过程,因此它成为一个更好的选择。

上面这个简短的讨论道出了后续所有内容关注的核心话题:第一,它反映了我倾向于认为,会研究数学和能理解数学比仅掌握数学知识要重要得多、是否能取得问题解决的成功很大程度上取决于个体如何使用他/她所拥有的知识。第二,它表明,对于数学表现的任何讨论都应当围绕问题解决的过程进行。本书致力于探索组成数学化思考的成分,包括数学过程、数学策略和数学默会知识。本书的重点主要是研究,尽管许多工作也有应用的味道。大部分研究都是受课堂应用的启发和影响而产生的。

用一句话概括,用以形成本书的诸多研究的目标都是理解人们的数学行为——意图解读当人们从事较复杂的数学任务时头脑中会经历什么。本书分为两个部分,分别论述了关于理解和探究数学行为表现的理论研究与实验研究。

第一部分由第1至5章组成,试图概述和充实一个研究数学思维的理论框架。第1章是对框架的概述,接下来的四章依次详细论述了框架中的四个类别。第 2 章是对知识资源（resources）的讨论。知识资源指个体所拥有的数学知识库，简言之，就是指个体"知道"什么以及如何获取对它们的使用。第 3 章关注了探索策略（heuristics），包含了数学问题解决的一般策略或者说是成功进行问题解决的经验法则，乔治·波利亚率先对它们进行了研究。我们将研究这些策略的基本特征和实施这些策略时实际上需要用到的知识种类。第 4 章主要讨论的话题是调控（control）。我的观点是，在数学上表现得如何不仅取决于个体知道哪些知识，还取决于个体如何使用这些知识以及效率怎样。有胜任力的决策制定有助于确保成功，哪怕在刚开始时几乎没有什么知识资源；而糟糕的决策则一定会导致失败，尽管有可能具备获得大量知识资源的途径。这一章详细探讨了这些决策在数学问题解决中的基本特征及其影响。最后，第 5 章涉及的是信念系统（belief systems），这是个体对数学的一系列理解，它们构成了个体研究数学时的心理环境。我们应当看到，人们的数学"世界观"决定了他们对待问题的倾向，决定了他们会认为哪些工具和方法可能与问题解决相关，甚至决定了他们对潜在相关和可用资源的无意识取用（或无法取用）。

第一部分讨论的问题是相当广泛的。对我们理解以上几个方面有帮助的内容来自数学教育、人工智能（AI）、认知人类学和发展心理学等诸多学科。不同学科领域的作者在写文章时通常都会基于这样一个基本想法——读者们能够理解作者使用的范式、假设和语言。虽然这样的想法是自然的也是合理的，但也在一些方面造成了困难。非本学科读者常常无法透彻理解作者使用的研究假设和语言，于是也就无法得出相关结论并看到本应能够发现的联系。为此，我在写作第一部分时有意地加入了一些引导性的内容，当我发现其他领域的内容有用时，只要可能，我都列出了参考文献。

简单点说，本书第二部分的作用在于为第一部分给出的假说提供详细证据，它们选自从 1975 年开始的一系列实证研究。大部分的研究具有双重目的：一是在方法论层面上开发研究数学行为特定方面的一般方法；二是采用这些一般方法去探究和阐释第一部分中描述的框架。在进行这些研究的同时，我依托于框架中的观点教授了一系列问题解决课程，并在此过程中进一步完善了这些观点。这些课程可以看作是将部分研究付诸了真实的实验。这一部分的许多章节刻画了学生在问题解决课程之前、之中及之后的行为特征。本部分的写作是按时间顺序推进的。

当着手进行第 6 章中的研究时，面临的是一个开放的问题——学生是否能够掌握探索策略并将它们应用于任何情境。本章描述了在相对理想的情况下关于这个主题的一个小规模试验研究，研究结果是正面的。之后，该研究从实验室情境推广到了自然情境中。我开设了许多问题解决课程，第 7 章里有对其中一个课程相应研究结果的第一个完整记录。我们开发了一系列用以捕捉问题解决过程各个方面的纸笔测验，对测验结果的评估被用来刻画学生参加课程之前与之后数学行为表现的特征。在本章中，我利用它们清晰地说明了问题解决教学可以带来的各种类型的数学行为改变。第 8 章也考查了学生在课程前后的行为表现，但此时着眼于在更加细致的层面上关注认知结构（我将其归类为知识资源）。本章还提供了一个新手与专家表现的直接对比。研究表明，新手和专家在面对数学问题的表述时能感知到的东西不同，由此会在这些不同东西的引导下产生不同的解决办法。研究结果表明，经过不断练习，新手的问题感知可以向专家靠拢。

第 9 章和第 10 章的讨论范围相较之前有大幅扩展。这两章中的资料是问题解决课程的录像带及其文字稿（或口语报告）。简单地说，此时研究的主要问题是如何去理解这些资料。第 9 章从总体上探讨了口语研究方法这一话题，研究了其用于分析问题解决口语报告的信度。本章的主要关注点是宏观层面对问题解决表现的分析，尤其聚焦了调控或管理时的行为。同时，本章也呈现和讨论了一个用于资料分析的严谨框架。第 10 章论述的话题是信念系统及其对行为产生的影响。本章以一个课程前后行为表现的对比作为开始，说明了学生关于数学本质的信念的改变如何影响他们行为表现的改变，随后讨论了学生数学信念的起源。用于佐证这些讨论的资料是典型课堂教学的录像带。笼统地讲，对这些信念及其影响的讨论，为我们刻画数学行为及其形成要素的这一尝试画上了句号。正如本书最后说的那样，在理解数学思维的漫长征程上，我们只迈出了最初的几步——但我相信，这是一个正确的方向。

图 0.3 为读者了解本书的整体结构提供参考。

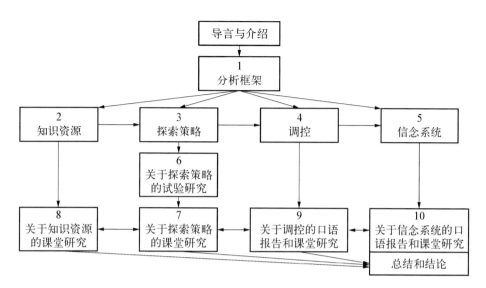

图 0.3　本书内容导引

第一部分
数学思维的方方面面：理论性综述

第1章 分析数学行为的框架

第1节 概　述

本章简述了一个框架,该框架用于研究人们在面对包含大量数学内容的问题时知道什么和会做什么。例如,考虑下述情况:假设某人或一小群人正大声讨论着一个具有中等难度的数学问题,他们还不太能够顺利地找到一个程序去解决它,即找到能把给定任务变成更像习题而不是像问题那样进行解决的方法。但是,对于取得进展,他们确实具备充分的条件。这就是说,可能半小时左右他们就能获得解答了。而且,他们有解决问题的意愿并且会积极地为之努力。我们对他们问题解决的过程进行观察,还可以对问题解决者进行访谈,或者让他们完成我们觉得合适的测试。这么做的目的是尽可能准确地解读出在他们尝试解决问题的过程中发生了什么。问题解决者可以取用到哪些数学知识?这些知识是怎么被选择出来的?又是怎么被使用的?为什么解答会以这样的方式逐步生成?个体采用的问题解决手段是以怎样的方式反映他/她对问题所涉数学领域的理解?个体的这些理解和个体的问题解决表现之间有什么关系?最后,一个问题解决的尝试获得失败或成功可以有哪些归因?

在这里,我的目的是勾勒出能够回答如上这些问题的解释性框架的不同维度。一般来说,一个框架能够起到概括一本书余下部分的作用。在本书中,此处论及的这些问题将在第一部分的余下章节(第2—5章)得到详述,且被作为第二部分(第6—10章)所述实证研究的背景,但这个框架是独立呈现的。我认为,如果想要"解读"人们的问题解决行为,就必须要考虑这里介绍的四个类别的知识和行为。

现在，对我目前关于问题解决与理解之间关系的看法做些评论，它们有助于为下文奠定基础。在我职业生涯的早期，我把"问题解决能力"看作是数学理解的操作性表述。当你在处理新的数学问题时具备的知识够充分、运用的策略够灵活、执行的效率够高效，你就是理解如何数学地进行思考的。我早期所授的问题解决课程反映了这个观点——第一门课程于 1976 年在加州大学伯克利分校为数学专业大三、大四学生开设，第二门课程于 1978 到 1979 年间在汉密尔顿学院为数学专业大一、大二学生开设。当然，数学问题解决的任何表现都是建立在具备一定的数学基本知识基础上的，我称它们是对个体来说可用的知识资源。我首先假设学生基本已具备实施问题解决所需的知识资源，然后提供了许多入门问题让他们充分练习，以使得他们的这些解题技能确实可用。这些基本技能是我设置问题解决课程的基石，这些课程的设计旨在为学生提供能够帮助他们在问题解决过程中足智多谋且事半功倍的工具。为了足智多谋，我认为，学生需要熟悉一系列的一般化问题解决策略，就是探索策略；为了事半功倍，学生需要接受关于如何驾驭自己已有知识资源的指导。这项课程的重点就是提供关于这些技能的学习。在这个过程中，我精心地划分并教授了运用探索策略的方法，并把"管理"或"调控"作为明确的执行策略贯穿在其中进行教学。对课程教学成效进行测试所取得的成功表明，数学理解的操作性定义确实就是具备问题解决的能力。由此，如果一项问题解决课程结束之后，学生在解决与他们课程中所学过问题没有直接关系的许多问题时都表现出了明显的改善，那么这个问题解决课程就是成功的。如果要更加严格地进行检验的话，测试所用的问题应与课程所涉及的完全不同。我的课程出色地通过了以上两类检验（详见第 7 章）。

近年来，我对这类课程成功与否的观点有所发展。更精确地说，是我对于理解数学意味着什么（以及，由此应当教什么）的观点在逐渐发展。我对学生问题解决表现的录像带进行了详细观察，如上提到的观点变化是我研究的结果。在大部分的案例中，被录像的这些学生都是我们通常意义上所说的"好学生"。事实上，全部学生至少完成了一个学期大学数学（微积分或其他课程）的学习，并在考试中取得了高分。许多学生是自愿报名参加这个问题解决课程的，他们的报名意愿表明，他们对数学有所偏爱（这是一门选修课且并不属于学校要求的课程），同时，他们也对自己的能力有自信（这门课程是出了名的难学）。然而，对他们和其他学生问题解决表现的录像进行的分析却反映出一些不太乐观的现实状况。录像分析显示，学生的知识资源比他们在标准化考试中表现出来的要差得多；传统教学和考试几乎没有机会让学生展示他们错误理解的广度和深度。这些分析也证实，学生几乎没有或根本没有使用数学探索策略的意识和能力。分析结果同时表明，对于个体如何选择和部署自己的知识资源这个具有一般意义的话题（就是本书讲的调控），其内容比我想象的要宽泛和重要得多。在大部分的测试中，学生接触到的题目与他们接受问题解决教学时完成的题目是相似的。这样设计带来的结果是，就算学生不能解决问题，题目背景也使他们不会太跑偏。我让学生完成的这些问题肯定是在他们能力范围之内的，而且，从解题方法上说，常常反而比他们在其他课程中接触到的问题要简单。虽然如此，我没有将这些题目的情境设计为直接与其"恰当"的解决方法相关联。实践反复证明，处理这些非标准问题时，学生常会白费功夫，（这些徒劳）注定了他们要失败。对学生来说，他们面临的问题不是能够在多大程度上有效使用他们已经潜在掌握的相关资源，从根本上说，其实是他们是否能让自己取用到这些资源。

最后一个类别的知识叫做信念系统，它更加微妙。通过对这些学生问题解决表现的细致分析发现，许多学生对于数学有严重的误解。就算是比较好的学生，也常常持有一些从根本上说完全"反数学"的观点，这些观点显然对他们的问题解决表现有负面影响。在某些情况下，学生虽然对有些领域实际上什么也不懂，但也能靠着执行一些已经牢牢掌握的机械方法突出重围（还常常是高分）。而在另一些情况下，学生掌握着解题所需的许多知识，而且应当是有能力去使用它们的，但是在问题解决时，这些知识却没能够被调用。究其原因，并不是因为学生忘记了这些知识（与知识资源相关）或他们没时间去使用这些知识（与调控相关），而是因为他们没意识到他们拥有的某些数学知识对当下的问题解决来说是有用的，所以没能唤醒这些知识。对此，最明显的例子是几何，下文会先提一下，然后在第5章和第10章进行深入阐述。上面这些分析和其他例子共同表明，学生的问题解决表现并不仅仅是对于他们所持知识的反映，同时也是学生能意识到这些知识的体现，这些意识源自他们曾有过的数学经验。这样说来，学生自觉或不自觉形成的数学信念系统构建了他们从事数学活动时的心理环境。

以上发现表明,将问题解决看成数学理解的操作性定义这一观点太狭隘了。同样,任何把问题解决教学等同于为学生预置一套方法以使他们能够有效解题的实证主义观点也太狭隘了。无论是想要解读问题解决的表现,还是开展问题解决的教学,都是相当复杂的。我们必须同时研究:(1)问题解决者正确理解的、错误理解的所有数学信息,以及它们可能对问题解决产生的影响;(2)当问题的解决看起来希望渺茫时,问题解决者具备的(或不具备的)取得进展的方法;(3)问题解决者使用或未能成功使用他们所掌握知识的方式;(4)问题解决者的数学观,正是数学观决定了他们对前三个类别中所含内容的使用方式。

表 1.1 总结了上述讨论。表中涉及的四个类别将在后文各用完整的一章(分别为第 2—5 章)呈现。为了更好地理解每个类别的内容,也为了厘清各类别间的界限与联系,我们给出一些具体实例。下一节呈现了本书中的一些典型问题,讨论了学生及其他曾解决这些问题的人的一些典型行为。

表 1.1　充分刻画数学问题解决表现时需涉及的知识与行为

知识资源	个体能取用的可用于解决当前所面临问题的已有数学知识。类型包括: 本领域内直觉性的和非正式的知识; 事实性知识; 算法类程序; 非算法类"常规"程序; 对本领域内默认规则的理解(命题性知识)
探索策略	面对不熟悉或非标准问题时取得进展的策略及方法,能有效进行问题解决的经验法则。例如: 画图,引入恰当的符号; 利用相关问题; 重新表述问题,倒推; 对程序的检验和验证
调控	有关如何选择和使用知识资源与探索策略的全局性决策。类型包括: 计划; 监控和评估; 决策制定; 有意识的元认知行动
信念系统	个体的"数学世界观",即决定个体行为的一系列观点(不一定是有意识的)。类型包括: 关于自己的; 关于环境的; 关于主题的; 关于数学的

第 2 节　典型问题、典型行为：
例说四个类别

下面三个问题是我研究中的典型问题,在接下来的四章中会进行许多讨论。当然不存在典型的学生,但这里讨论的大多数学生都具有以下特点:他们是大一或大二学生,并且在高中都学过一年欧氏几何;录像时,他们至少已经学过一学期的微积分(解决问题 1.3 的学生普遍完成了多元微积分的学习);这些学生在大学数学考试中取得的等第是 A 或 B;他们自愿参加我的问题解决课程并自愿被录像,这两点是关于他们数学能力与兴趣的正面说明;他们近期学过的数学课程已经教授了可以用于解决问题 1.1 至 1.3 的正式工具。

问题 1.1　如图 1.1,平面上有两条相交的直线,点 P 在其中一条直线上。请用直尺和圆规作圆,使该圆与两条直线都相切且 P 是其中一个切点。

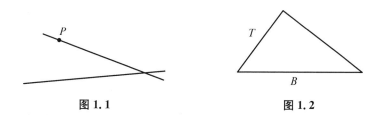

图 1.1	图 1.2

问题 1.2　如图 1.2,一个给定三角形 T 的底边为 B。请说明:使用直尺和圆规一定能作出一条既与 B 平行又将三角形 T 面积等分的直线。你能用类似的方法把三角形 T 的面积五等分吗?

问题 1.3　在半径为 R 的圆中作一个内接三角形。要使三角形的面积最大,应如何选择它的三个顶点? 尽可能地证明你的答案。

在详细描述分析框架包含哪些内容前,我必须先说说该框架不包含什么。表 1.1 中所概述的框架还远远不够全面,这是因为,要完整地解读问题解决的表现,还需许多其他层面的分析。从较为微观的角度来看(更加细致的角度),我们必须要考虑到蒙赛尔(Monsell,1981)描述的关于"认知具体细节"的过程(如神经过程和记忆机制),但这些过程超过了本书的讨论范围。在这里,我把我的学生假设为具备记忆能力并且还相当不错。我担忧的是他们记住了什么而不是让他们能够这样做的生物学机制。从较为宏观的角度来看,当大多数"真正"的问题解决发生时,必然包含了广泛的社会合作行为。比如,本书的出版就涉及一系列复杂的互动行为。这些也超过了本书要论述的范围。

需要注意的是,在任何跨学科的工作(如本书)中使用专业术语进行表述都会有风险。这里使用的许多词汇在不同学科有不同的含义,或与本书中我想表达的内涵有所差异。例如,在描述知识资源时讲到的短语"数学知识",我可能意图用它来指经典数学认识论中那些将会被个体使用的部分。它们不是一般所说的数学知识,至少不直接是。这里讲的数学知识是归个体所有的,与其通常意义下的含义完全不是一回事儿(详见下一节的"知识资源")。只要可能,我尽量避免使用这样具有多重意义的词汇,当不可避免使用了它们的时候,我会尽量详细说明它们的含义。尽管如此,仍烦请读者擦亮眼睛。下面简要介绍一下这四个类别。

第3节 知识资源

为了理解进行问题解决的尝试为什么就以那样的方式形成了,首先必须知道问题解决者是从什么"工具"入手的。在理想情况下,第一个类别,即"知识资源",会提供这类信息。我意图将知识资源界定为能被个体用来解决特定问题的所有数学事实、过程和技能的仓库,简称数学知识,隐含的想法是用这个词描述出什么可以被称为问题解决者"最初的搜索空间"。当进行探究时,哪些方向是向他们敞开的? 或者至少说是有可能会敞开的? 必须要明白的是,我们这里讨论的是人类的问题解决表现,我们关注的是人,所以是从发生认识论而不是抽象的数学认识论出发来讨论的[①]。

---

① 作者注:关于发生认识论与抽象的数学认识论的清晰对比,见贝丝和皮亚杰(Beth & Piaget,1966),特别是该书第7章及之后的章节。对本书,我要作出两点评注:(1)"发生"指的是知识的起源,采用的是皮亚杰所使用的意思,不应与遗传(生物学上的"发生")相混淆。(2)就个人而言,我更赞同基切尔(Kitcher, 1983)和拉卡托斯(Lakatos, 1977)持有的认识论立场,而不是由贝丝推行的"逻辑主义"或历来与之相驳斥(柏拉图主义、形式主义、建构主义)的观点。但这也并不是一个非此即彼的选择。这里需要搞清楚的不是实际上什么是正确的,而是问题解决者会认为什么是正确的。这是个体赖以实施问题解决的基础。

为了理解在着手解决上述三个典型问题中的任何一个时个体做了什么，我们需要了解他所有知道的、相信的以及觉得可能正确的东西，我们也要知道个体是如何组织、存储和使用这些信息的。此处我们先考虑知识资源的内容，再简要讨论关于如何取用这些知识的话题。

知识资源中的一大类是个体所知道的系列相关事实的集合，各个事实被取用的可能性按照个体"知道"的程度由大到小排列。举一个能很清楚地表明这一点的例子。假设某人正在努力解决问题 1.1，你觉得他对图 1.3 中线段 CP 与线段 VP 的位置关系是垂直这个论断会有什么看法？是肯定、觉得很可能、觉得有点可能，还是不会判断？关于这个问题的不同答案将会使个体解决问题 1.1 的尝试朝着截然不同的方向发展。在这个例子里，很显然，对于问题解决方案的寻求来说，这方面的相关信息必不可少，其他知识可能也同等重要，但它们的表现方式却不那么明显。考虑到几何论证的特点，这是一个需要进行多方面理解（有时可称之为命题性知识）的例子。

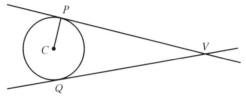

图 1.3

从图 1.3 中 CP 与 VP 互相垂直这一事实，专家找到了问题 1.1 的部分解决方案。这个解决方案源自对几何演绎推理的整体理解，其中图 1.3 扮演了两个角色。一方面，图 1.3 只是一个特殊的图，除代表它本身外没再代表其他东西——一个给定半径的圆与两条特定直线相切。还有些陈述适用于这个特定的图形但没有一般化，比如，关于两条直线夹角大小的陈述、关于给定圆半径大小的陈述。另一方面，图 1.3 又是一个一般化的例子，可以代表所有一个圆与两条相交直线同时相切的图。其他具有类似构图的图形也具备这个圆所具备的一般化性质，特别是问题 1.1 理想解答中的图形亦是如此。因为 CP 和 VP 在图 1.3 中是垂直的，所以问题 1.1 中所求圆的圆心必定在过点 P 且与上面这条线垂直的直线上。

此外，专家知道从图 1.3 中可以推出的其他一般化信息会进一步产生与问题 1.1 相关联的信息。比如，连接点 C 与点 V 形成的线段 CV（可在图 1.3 中画出）将平分 $\angle PVQ$，而这将会产生给定问题的一种解决方案。但注意，只有理解了图 1.3 的一般化性质才能以这种方式解决问题。缺乏这种理解的话,可能只会觉得问题 1.1 的解答会"看起来像"图 1.3,但找不到手段去利用这种相似性。因此,对某个主题中常规程序含义的理解组成了个体关于该主题知识资源的一部分。类似地,个体的一些非正式理解与个体对这个主题研究对象的直觉有关。比如,在几何学里,范希尔夫妇(van Hieles)的工作(见如:Freudenthal,1973;Hoffer,1983;van Hiele,1976)就明确地指出了经验和直觉基础的重要性,这两点构成了个体具备将抽象数学对象作形式化处理的能力基础。范希尔的几何思维层次理论特别提出,学生在学会有意义地处理几何各个方面的正式内容前,需要发展对几何图形基本特征的直观理解。

知识资源的下一个类型是个体已知的算法类程序。问题解决者能不能在图 1.1 中画出经过点 P 且与上面这条线垂直的直线? 或者画出以点 V 为顶点的锐角的平分线? 对于问题 1.2,在确定了满足条件的直线 L 的位置后,问题解决者能否用直尺和圆规截取出给定线段的 $\dfrac{1}{\sqrt{2}}$、能否画出过定点且平行于底边 B 的直线(图 1.4)? 算法类程序包括所有标准作图、代数运算、微分等。

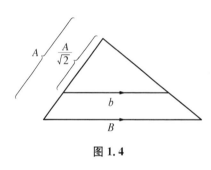

图 1.4

知识资源的另一个类型是所谓的常规程序,这与刚提到的算法类程序的性质不同。举个例子解释一下,比如,问题 1.3 可以被当作一个常规的多元微积分问题去做。解决这类问题,需要建立关于未知量(本题是所求三角形的面积)的一个关系式,用以作为两个或多个变量间的函数,然后运用微积分的相关方法。问题解决者在选择变量以及使用哪种方式建立公式上都有相当大的自由(也就是说,解决方案是非算法类的),但是,整个基本流程是框定的,也是熟悉的。

最后要讲到的类型也可以被叫作相关素养。如上所述,问题 1.1 可以被转化为一个几何推导问题:从图 1.3 中能否再推出关于圆心 C 的另一个性质? 于是,问题 1.1 的相关素养包括能够用数学论证去证实图 1.3 中线段 PV 和 QV 长度相等以及证实线段 CV(尚未画出)平分 $\angle PVQ$ 的能力。无论按照哪个思路来解决问题,都应当搞清楚每个思路是否可能行得通。(如果一个思路可以被用来解决问题却没有被采用，那么就有很多有趣的话题值得去关注了。详见本章关于信念系统的讨论以及第 5 章）相关素养包含的类型是很广的。比如，问题 1.1 的相关素养包括一些程序性技能，如知道怎么画出图 1.3 中的线段 CQ 和 CV；还包括有能力去实施特定主题所需要的具体探索策略，如这里指对"假设问题已经解决了"这种策略的几何应用。这个策略将在后面探索策略部分进行讨论。

关于个体知识资源库里的事实、程序和素养，最后要指出的至关重要的一个方面是：它们并不需要是正确的。我们的目标是去解读一个人的数学问题解决行为，为此，我们必须知道问题解决者认为什么是正确的，即使它实际上不正确。比如，有的人坚信平面图形的面积与它们的尺寸成正比，那么就可能形成对问题 1.2 的一个错误解答，该解答只在持有这种错误理解时才有意义。类似地，如果一个学生错误地理解了链式法则，那么就可能基于"三等分角是可以实现的"这一假说去作出数学论证或者不能成功解答三角形面积最大化问题。

知识资源的清单提供了个体在特定情境下只要需要用就能用得起来的工具与方法目录。这样一来，问题的关注点就聚焦于特定情境中个体会使用哪些知识和为什么使用它们。总的来说，关于知识资源的分配问题（比如，选择探索的方向、制订问题解决计划、决定追寻或放弃某个论证思路）都属于与调控相关的话题，这个话题将在本章、第 4 章和第 9 章进行广泛讨论。从广义上讲，所有与知识取用有关的话题都属于调控的范畴。但是，我倾向于把调控留到对积极决策制订的讨论中。在常规的问题解决中，很多情况下，问题解决者就是知道该做什么，或者正确的信息就是会被他想起来。将所需的知识是如何被个体近乎自动化地取用，作为知识资源的一个研究话题，将是很有好处的。简单点说，研究表明，对于经验丰富的问题解决者来说，典型问题情境会引发典型回答。如果问题被视作是标准类型，那么典型回答可能是一个直接解决整个问题的预成方案。典型回答还可能是用于回应问题表述中某些细节的碎片化或片段化的相关信息。作为前一种情形的例子，可以询问任何一个专家是如何解决下面这个问题的："两条走廊的宽度分别为 4 英尺和 5 英尺，它们组成一个直角。若一个梯子能水平穿过这两条走廊组成的直角转弯，求满足条件的梯子的最大长度。"当专家读完题目时，就会把它描述为最大—最小问题,然后解决这类问题的标准程序就会被唤醒。就算解答的细节还有待完成,那也只是细节问题。除非是有不可预见的坎坷,这个问题的解决不会存在任何问题,它只是个习题。作为后一种情形的例子,先来看看一位专家在完成问题1.2的过程中进行的下述尝试。他是像这样开始的:

嗯。我并不特别确定要从哪里开始。

好吧,我知道……那里面某个位置有条线。让我看看我该怎么做。这只是一个给定的三角形,肯定还缺少一些信息。底边为 B 的三角形 T,要作一条平行线。嗯。

它说这条线要把 T 分成面积相等的两个部分。嗯。好吧,我猜我必须想办法去获得测量这个图形面积的方法。所以我想做的是……画一条线……这样我就能知道底边的关系……小三角形和大三角形的底边。

现在让我们看看。假设我画了一条看起来正确的线,它是底边 b。[他画出图1.5]现在,这两个三角形是相似的[他强调]。

是的,现在对了,我有大三角形的高度 A 和小三角形的高度 a,所以就有 $\frac{a}{A} = \frac{b}{B}$……

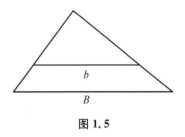

图 1.5

很明显,在刚开始时,这个专家尽管对解决这个问题需要哪些信息是有点了解的,但他是不知道怎么去解决这个问题的。同样明显的是,这位专家能够回忆起相关信息是由于他受到了图1.5的启发。当画完该图后,他立刻发现两个三角形是相似的,然后几乎是瞬间就想起了关于比例的知识,这让他迅速地完成了问题解答的第一部分。对于问题解决老手来说,这种近乎自动的反应能够把其行为引导到有效的方向上去。

但对于不能够取用相关知识的人来说,就可能没那么顺利了。之前的试测中有一个比问题1.2略难些的类似版本:一个物理专业的研究生被要求作两条平行于三角形 T 底边的直线以将该三角形的面积三等分(图1.6)。

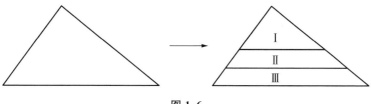

图 1.6

遗憾的是,尽管这个学生是一个优秀的问题解决者,但他对图 1.6 的感知方式与专家对图 1.5 的感知方式不一样。他把图 1.6 左边那个大三角形看成是具备相同面积的一个小三角形和两个梯形的组合(图 1.7)。

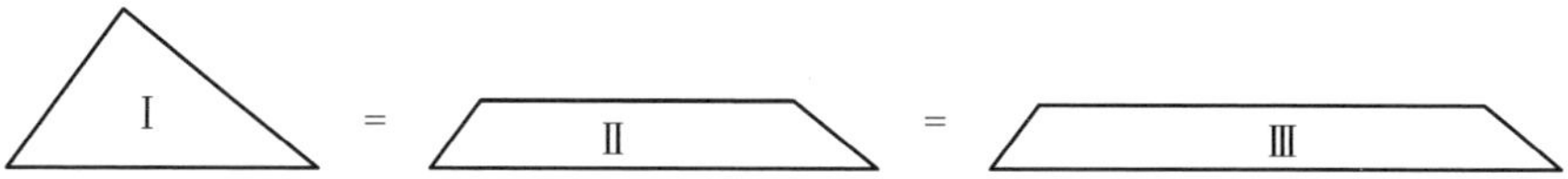

图 1.7

这样一来,计算三个图形的面积并使它们相等就变成了一件相当复杂的事,计算耗费了大量时间,导致该生没能够解决这个问题。当后来有人告诉他图 1.6 中三个三角形是相似的时候,他在很短的时间内就完成了问题的解答。可见,"建立正确的联系"是知识资源的一个重要组成部分。第 2 章讨论了一些能被唤醒用于解释这种联系性的机制。

第4节　探　索　策　略

探索法也可写成 heuretic,或"ars inveniendi",它曾是某个分支学科的名称,但没有被清楚地界定过。它属于逻辑学或者哲学,又或者属于心理学,它常常是提纲挈领式地阐述的,很少有详细陈述,而且今天简直已经被遗忘了。探索法的目的是要学习发现和创造的方法和规则。……Heuristic 用作形容词时的意思是"启发的"。

——波利亚,《怎样解题》,1945,pp. 112 - 113[1]

————————

① 译者注：原著此处为直接引用波利亚《怎样解题》英文版内容,为方便读者阅读及与原著保持一致性,经作者同意,本书此处直接引用涂泓、冯承天所译中文版《怎样解题》(上海科技教育出版社,2007 年 5 月版本)第 93—94 页内容。后文当作者直接引用波利亚《怎样解题》英文版内容时,除了特别标注的情况,本书均直接引用该中文版内容。

秉承笛卡儿方法精神的 *Ars inveniendi* 在波利亚 1945 年出版《怎样解题》前沉睡了近一百年［在此之前，最后作出了很多尝试的是伯纳德·波尔察诺（Bernard Bolzano，1781 - 1848）］。在那百年间，对它的研究确实是像被遗忘了一样。《怎样解题》"试图以现代而朴素的形式来复兴探索法"，提供了被认为可能可以有效进行问题解决的方法导引。表 1.2 是对这个导引的概述。

表 1.2　问题解决方法导引①

第一 你必须理解题目	**理解题目** 未知量是什么？已知数据是什么？条件是什么？条件有可能满足吗？条件是否足以确定未知量？或者它不够充分？或者多余？或者矛盾？ 画一张图，引入适当的符号。 将条件的不同部分分开。你能把它们写出来吗？
第二 找出已知数据与未知量之间的联系 如果找不到直接的联系，你也许要考虑辅助题目 最终你应该得到一个解题方案	**拟订方案** 你以前见过它吗？或者你见过同样的题目以一种稍有不同的形式出现吗？ 你知道一道与它有关的题目吗？你知道一条可能有用的定理吗？ 观察未知量！并尽量想出一道你所熟悉的具有相同或相似未知量的题目。 这里有一道题目与你的题目有关而且以前解过。你能利用它吗？你能利用它的结果吗？你能利用它的方法吗？为了有可能利用它，你是否应该引入某个辅助元素？ 你能重新叙述这道题目吗？你还能以不同的方式叙述它吗？回到定义上去。 如果你不能解所提的题目，先尝试去解某道有关的题目。你能否想到一道更容易着手的相关题目？一道更普遍化的题目？一道更为特殊化的题目？一道类似的题目？你能解出这道题目的一部分吗？只保留条件的一部分，而丢掉其他部分，那么未知量可以确定到什么程度，它能怎样变化？你能从已知数据中得出一些有用的东西吗？你能想到其他合适的已知数据来确定该未知量吗？你能改变未知量或已知数据，或者有必要的话，把两者都改变，从而使新的未知量和新的已知数据彼此更接近吗？ 你用到所有的已知数据了吗？你用到全部的条件了吗？你把题目中所有关键的概念都考虑到了吗？

---

　　① 译者注：原著中本表为直接引用波利亚《怎样解题》英文版内容。波利亚曾在《怎样解题》的"现代探索法"一节指出，"探索法小词典"其中 15 个条文的标题就是"怎样解题"表右列每段的第一句，而该书中文版的《怎样解题》表右列的段落划分方式与英文版原著不一致。为了避免读者可能的理解偏差，本书此处引用涂泓、冯承天所译中文版《怎样解题》（上海科技教育出版社，2007 年 5 月版本）中内容时，将其右列段落划分方式调整为与英文版一致。

续　表

第三 　　执行你的方案	**执行方案** 　　执行你的解题方案,检查每一个步骤。你能清楚地看出这个步骤是正确的吗? 你能否证明它是正确的?
第四 　　检查已经得到的解答	**回顾** 　　你能检验这个结果吗? 你能检验这个论证吗? 　　你能以不同的方式推导这个结果吗? 你能一眼就看出它来吗? 　　你能在别的什么题目中利用这个结果或这种方法吗?

在《怎样解题》之后,波利亚在1954年出版的两卷《数学与合情推理》和后来两卷《数学的发现》(1962和1965)中,继续详细阐述了这个主题以及探索策略的具体细节。尽管曾经几乎被遗忘,但探索策略现在几乎成了数学问题解决的同义词[①]。

探索策略是成功进行问题解决的经验法则,是帮助个体获得对问题的更好理解或朝着获得解答的方向前进的一般化建议。这些策略例如:类比、在问题中引入辅助元素或处理辅助问题、反证法、利用已知数据取得进展、分解与重组、利用相关问题、画图、普遍化和使用"创造者悖论"、特殊化、归谬法与间接证明、变化题目、倒着干。专家们对这些策略的有效性具备一些共识。例如,利用探索策略开展思考将有助于解决问题1.1至1.3。

问题1.1、1.2、1.3的探索方式

作为一个较为经常使用到的探索策略,"假设问题已经解决了"可以被通俗地描述为:"在一个'求解'或'构造'类问题中,假设你已经获得了给定问题的解答,可能很有帮助。借助已有的解答(假设的),去确定它必备的性质。一旦你找到了这些性质,你就能找到你需要的东西。"这个建议在几何作图问题中变得更具体了些:"把你想要画的图添加到题目给定的图中,然后去看看它具备什么性质,从这些性质中得出所需图形的构造逻辑。"这正是问题1.1和1.2解答背后隐含的方法。在问题1.1中,(基本空着)的图1.1可以被替换为

----

① 作者注:奇怪的是,两词的同义仅发生在数学问题解决中。在其他的问题解决领域(如人工智能),heuristics这个词也被再次使用了,但通常被用于指代如"手段-目的分析"这样的程序。事实上,波利亚所描述的探索法在人工智能领域并没有被高度推崇。这其中有很多有趣的原因,但对它们的讨论会让我们过于偏离主题。

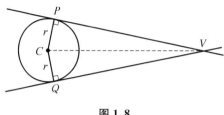

图 1.8

具有更多暗示意义的图 1.3。尽管经验丰富的人觉得图 1.3 总还有点不完整，但把这条恰当的线段画出来以后（这是关于"引入辅助元素"这一探索策略的具体例子），就有了图 1.8。图 1.8 延伸出了两个显而易见的猜想，即问题 1.1A 和 1.1B。

问题 1.1A 图 1.8 中的圆与两条给定直线分别相切于点 P 和点 Q。证明线段 PV 和线段 QV 长度相等。

问题 1.1B 图 1.8 中的圆与两条给定直线分别相切于点 P 和点 Q，证明线段 CV 平分 $\angle PVQ$。

以上两个猜想中的任何一个结论加上 CP 与 CQ 分别垂直于 PV 和 QV 的事实，都可以推出一个能**确保正确**的图形。（强调这个词的原因在关于信念系统的讨论中进行了明确）

问题 1.2 比起问题 1.1 要难得多，很多学生只能沮丧地盯着问题看。回顾一下在讨论知识资源时呈现的专家对于问题 1.2 的探索方案：

嗯。我并不完全清楚从哪里开始……

现在让我们看看。我们假设我画了一条看起来正确的线，用小写 b 来表示。[他画出图 1.5]现在，这两个三角形是相似的。

这位专家能解决问题是因为他在面对图 1.5 的时候捕捉到了正确的信息，但他之所以能走到这一步，是因为他把这个问题看成是已经解决了的。

探索策略可以通过多种方式来促进问题 1.3 的解决。比如，可以不失一般性地假设所求三角形的底边是水平的，这个假设相当于在头脑中让这个三角形转起来，从而容易地看出在问题中什么是重要的。除此之外，这个假设还有更多的作用，因为它简化了剩余的计算：比如，在这个问题中，只要再确定两个点就行了，而不是三个；也可以把圆的大小放缩，用单位圆来做而不是用给定的半径为 R 的圆，这也会简化计算。虽然由此产生的问题仍然涉及一个相当麻烦的偏微分，但比起用其他方式，这样做的复杂程度要小得多。

还有一种不同的探索方式可以为问题 1.3 提供更快、更简洁的解答。可以探索问题的条件，除一个量外，控制住其他所有的量，并让这个量不断变化。比如，假设三角形中只有第三个顶点是可以动的，就会产生容易些的相关题目，这样，解答这个问题就不难了。当所有的三角形都有相同的底边，面积最大的三角形就是高最大的三角形——等腰三角形(图 1.9)。

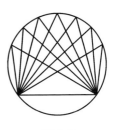

图 1.9

问题 1.3A 给定圆中，以定弦为底边的所有内接三角形中，哪一个面积最大？

由此可知，题目所求的圆中最大三角形必定是等腰三角形，因为任何不等边三角形都可以采用保持其中一边不动把它变成等腰三角形的方法来把面积变大。于是，解决原来确定圆最大内接三角形的问题就变成了一个简单的单变量微积分问题。尽管这样是行得通的，但实际上，反证法也可以迅速解决这个问题：如果一个三边长度不都相等的三角形 T 的三边分别为 A、B、C(不妨设 A 和 B 长度不等)，存在内接于圆且底边为 C 的等腰三角形面积比 T 大，那么由于任何不等边三角形都还可以变大，若存在最大的一个的话(许多论证都能说明这是存在的)，则肯定是等边的。

这里关于探索方法的简单介绍，大致讲出了它们的本质并对它们的用法提出了建议，但是没有讲到关于探索策略的绝大部分重要问题。比如，人们怎么知道什么时候该用什么策略？为了要用这些策略，人们必须知道什么？探索策略通常是怎样与知识资源或某领域内的具体知识相关联的？在没被明确教过的情况下，专家通常是怎么学会去使用探索策略的？能教给学生这些策略吗？上述这些话题以及其他一些话题将是第 3 章中的关注点。

第 5 节 调 控

这类行为与个体可能以什么方式使用他们所掌握的知识有关。它关注的是个体面对问题时该做什么主要决定，以及这些决定里和对这些决定的决定里有哪些可能会"推进或阻碍"问题解决的某种尝试。这个类别关注的行为包括：制订计划,选择目标与子目标,实时监控和评估问题解决进程的发展,当评估结果表明应修改或舍弃某些计划时采取相应行为。它们也就是 AI 领域所指的监理决策、商业领域所指的管理决策、军事领域所指的战略决策(与"战术"相对)。元认知一词在心理学文献中被用于讨论相关现象。

调控层面的行为所必备的特点是它们对探索方案的发展进程具有全局性的影响。这些决定涉及选择走哪条路(因此,也决定了选择不走哪条路);以及,涉及舍弃哪些方向,与此同时,也开辟了新的可能方向,但舍弃某些方向的

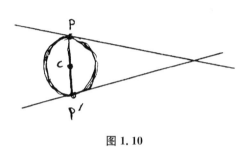

图 1.10

风险在于可能会减少对或许走得通的方向的努力。从某种程度上说,它们牵涉的决定是个体对自己所掌握的知识资源中有意义的那部分的选择和使用(包括时间,这是最宝贵的资源之一)。比如,考虑问题 1.1,15 分钟对解答该题来说是比较充裕的,

但在考试时教师通常只给 10 分钟。假设一个学生做问题 1.1 的时候,猜想点 P 和其在下面一条边上的"镜像"点 P' 之间的线段是所求圆的直径(图 1.10)——这是一个相当常见的猜想。

除此之外,假设这个学生还准备画图来检验一下这个猜想是否正确。这样做就需要先把点 P' 标出,再平分线段 PP' 以找到它的中点 C,然后以 C 为圆心、线段 CP 的长度为半径画圆。从猜想到使用一个便宜的圆规构造出精确度尚可的圆形要花费至少 5 分钟。所以,可能问题解决者要花超过一半的给定时间去发现这个猜想是错的——这样一来,留给他去发现正确解答的时间就几乎没有了!因此,毫无疑问,这个决定如果不及时改变的话,将会导致问题解决的失败。

上述这个决定对整个解答过程会存在潜在影响,这使得一个决定成了调控决策。为了解这种决策的制定会给问题解决表现带来什么样的作用,我们简要考察两组学生解决问题 1.3 的尝试。完整的问题解决片段将在第 9 章中讨论。

学生 KW 和 AM 解决问题 1.3

KW 和 AM 分别已经完成了 1 个和 3 个学期微积分的学习。AM 刚刚修

完的一门课程中教授了多种能够解决问题 1.3 的方法,他在这门课的期末考试中因为解决了一个同样复杂的问题而得到了满分。KW 大声地读了问题。以下对话发生在他们开始解决这个问题后的 35 秒时。

> **AM**：我认为最大的三角形可能是一个等边三角形。是的,并且面积不能大于 2。
>
> **KW**：所以,我们得把圆的周长三等分来求出这个长度。[他指着等边三角形的一边,然后开始计算长度,但是他使用了错误的弧长公式]所以,60,不,120 弧度。所以让我们看看,假设它等于 S 除以 R。……这个半径没用。[他画出图 1.11]

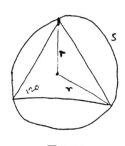

图 1.11

AM 在这里已经给出了明确的和几乎具有普遍性的猜想。KW 完全同意他的看法,然后就直接开始计算这个等边三角形的面积。他们没有讨论这个关于计算的决定,但很明显,AM 支持这个决定。KW 慢下来后,AM 又读了一遍题目的表述并开始为"证明"一词发愁。

> **AM**：我们是否必须……尽可能地证明你的答案……证明为什么这个三角形[这个等边三角形]……证明为什么……是的,没错。
>
> **KW**：好的,让我们……画一个直角三角形,然后看看我们能得到什么。[他画出图 1.12]

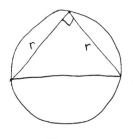

图 1.12

他们花了 15 秒钟来计算图 1.12 中等腰直角三角形的面积。这对于证明为何选择把等边三角形作为问题 1.3 的"解决方案"来说是没多大用的尝试。如果等边三角形的面积超过等腰直角三角形(另一个原型,同时也是另一个可能具备最大面积的备选答案),那么它就更可能是最大的三角形了。当完成这个计算以后,AM 立即回到了对等边三角形面积的计算上。KW 很积极地加入进来,他们都开始专心计算。他们没有讨论为什么要计算面积,在所有的研究时间里,他们都没有讨论这个话题。遗憾的是,KW 和 AM 选择了一个复杂的方式去计算等边三角形的面积,而且还不小心标错了三角形的角度。他们计算的过程相当纠结,7 分钟就这样没有了。在那个时刻,他们的精力已经不济。于是,发生了下面的对话。

> **AM**:以前有个问题……关于正方形是区域里面积最大的部分。……
>
> **KW**:最大面积……什么东西在圆里,可能是个长方形,就像这样……
>
> **AM**:啊,好吧……
>
> **KW**:既然这是 R[圆的半径],这是 120 度,还有……

上面的对话预示着他们又回到计算等边三角形面积上来了。在所给的 20 分钟里,他们孜孜不倦地一直在为此忙碌,像上面这样的简短停顿又出现了两次。使用微积分来解决问题的可能性只是偶然被提到了,并没有经过仔细考虑就被舍弃了,采用某种变式论证解决问题的可能性也是同样如此。每一次,他们既不讨论新出现建议的价值,也不讨论他们所从事的这个计算的价值,就再次回到计算等边三角形的面积上来。当记录他们问题解决片段的录像设备关掉时,他们仍然沉迷在这个计算里。那一刻,我打断了他们。我问他们,知道了等边三角形的面积会给他们带来什么好处,他们无法给出解释。

学生 DK 和 BM 解决问题 1.3

当开始做问题 1.3 的时候,DK 和 BM 都已经学了 3 个学期的微积分。这个片段特别有趣,因为前一年 DK 还是大一学生的时候看过我演示如何用探索策略获得本题的解答。

DK 大声地读了问题,BM 立刻猜测等边三角形是最大的。BM 建议运用微积分,但是 DK 清楚地记得有一种更巧妙的办法不用计算就能解答——该解答以某种对称性为基础。

> **BM**:我们是否需要用到微积分?这样我们就可以最小化,说得更正确点,把它最大化。

　　DK：为什么我们不去找到……一些方式去把这个问题分解为……比如，在半圆内会找到一个怎样的三角形……为什么我们不去找以直径为底边的最大三角形呢？可以吗？

　　DK 在此刻的想法是找到半圆中最大的三角形，然后沿着直径对称后得到圆中最大的三角形。他没有明确地把这个意图讲出来，但是 BM 拒绝了这个建议。

　　BM：那样将会得到这样一组直角三角形。[他画出图 1.13]

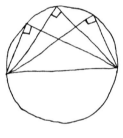 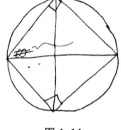

图 1.13　　　　　　　　　　　　　图 1.14

　　最大的显然是等腰三角形，但可以肯定的是它比等边三角形要小。DK 接着把他关于对称性的论点明确讲了出来。显而易见，沿着直径作出等腰直角三角形的对称图形将会得到一个正方形（图 1.14）。

　　DK：嗯，我们不是要构造一个菱形，所以我们不能像这样画个菱形出来[指着图 1.14]，显然你想让它完全对称……

　　BM：是的，它是对称的。

　　DK：不过，如果它是对称的，那么你就知道这条线必须是平的。……那么，它就会形成一个直角。于是，我们真正必须要做的事是作个直角。所以，我们真正要做的事就是找到内接于半圆的直角三角形的最大面积[直角在直径上，如图 1.15 所示]。

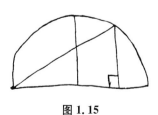

图 1.15

现在,这就是一个单变量微积分问题了,他们着手开始解决。遗憾的是,他们把一个减号在计算过程中丢了,12 分钟后,他们得到的结论是不存在这样的三角形。BM 想要改改,但没成功。然后——

> DK:好吧,我们暂时不要讨论这些数字了,看看能不能用几何方法。
> BM:好的,你可能是对的。

这个讨论结束了他们对分析如何解决这个问题进行的尝试,他们得出了一半的解答,整个过程迂回曲折。当他们筋疲力尽的时候,我请他们回顾一下解决过程,BM 的关注点是他对于微积分的尝试。

> AHS[①]:当你们这样做……你们最终会求得内接于半圆的最大直角三角形的面积。
> DK:我们就是决定那样做的。
> AHS:我的问题是:这与最开始的问题有什么联系?
> BM:啊……

他们没有现成的答案。

讨论

显然,任何对于这两个问题解决片段的讨论都必须从讨论学生掌握的知识资源开始。如前所述,对用于解决问题 1.3 的知识,两组学生都知道得足够多。但问题不在于学生已经知道什么,而在于他们是如何利用这些知识的,或者是怎么就没能用得起来这些知识。我认为,学生没能解决问题 1.3 的原因是:他们都在调控这一层面出现了问题;无论他们已经"知道"什么,糟糕的决策制订导致了两组学生的失败。

从某种程度上说,KW 和 AM 对解决问题 1.3 的尝试是一个失败的调控的典型案例。在给定的整个 20 分钟内,他们完全投身于计算等边三角形的面

---

① 译者注:AHS 是本书作者名字的缩写。下同。

积,这导致了他们的问题解决最终注定会失败。毋庸置疑,这种对于特定目标的盲目追求(甚至在片段结束后仍不知道为什么要这样做)是一种典型的徒劳无功。话虽如此,但我必须要指出,在解决问题 1.3 的时候制订关于计算等边三角形面积的决策本身是没什么错的。在全面开始对一种探索方案进行尝试前,根据探索方案的特点做少量计算用以证实某种直觉的做法是合理的(这个等边三角形就明显是一个来自直觉的选择)。考虑到有 20 分钟去解决问题 1.3,可以花 5 分钟左右计算一个看起来有点像正确解答所指区域的面积。有了实证数据的佐证,就可能会去寻找别的方法了。但是,5 分钟是能在这个地方花费的最多时间,并且,在着手进行计算之前,必须要对计算在整个问题解答中的角色有所了解。

然而,类似的上述行为没有在 KW 和 AM 的尝试中出现。当 AM 给出了明确猜测的时候,KW 的反应是立即开始计算,而 AM 是支持实施计算的。对于他们选择的这条路,两个学生没有进行哪怕是一个词的讨论;除了默契地都同意计算等边三角形的面积外,他们没做任何计划;也没有考虑过为什么这样做可能是合理的。在寻找探索方案的整个过程中,他们最初的决策没有受到过一次质疑,而无疑正是这个决策让他们踏上了失败的道路。

不过,到底是什么使得他们一定会失败并不太容易被发现。虽说不去思考为什么就去计算等边三角形面积的尝试是个错误,但毕竟每个人都会犯错。期待每个问题解决者始终都做出正确决策是不现实的,好的问题解决者在面对高难度问题时,刚开始也常常不成功。然而,一个人之所以被称为好的问题解决者,是因为他/她可以扭转这些错误的开端。在 KW 和 AM 的尝试中,一个更加严重的错误是,当他们的解决思路根本没什么价值的局面越来越明显的时候,他们仍没有停止这种白费力气的努力。5 分钟、10 分钟过去了,到 15 分钟的时候,他们无论怎样也该问问自己的思路是不是正确了。就算是到了答题时间快截止的那一刻,他们什么也没做出来,那也是有余地的,他们还可以用剩下的时间取得一些正向的进展。有效调控的一个主要成分是在解决问题进程中对探索方案定时的监控与评估,并将被评估为不太理想的尝试舍弃。这种调控机制的缺失是导致 KW 和 AM 失败的一个主要原因。导致他们失败的另一个原因是他们缺乏对问题解决机遇的优良判断。如果他们的调控水平较高,那么当面对具备潜在关联性的观点时,应该搞清楚它们是否可能有用,并在看起来可行的时候去贯彻实施它们。在解决这个问题的尝试中,有许多不同的思路可能是有用的。比如,相关的最大—最小问题、变分方法等,这些方法都没被他们提到过,这些失察代价不菲。如果恰当研究了这些方法中的一个或多个,KW 和 AM 或许就能找到一种解答了。

DK 和 BM 的尝试为不良调控会产生的影响提供了类似证据,其中一些还更加戏剧化。BM 最初认为可以运用微积分的建议是可能产生一个正确的探索方案的,DK 无疑需要为他们关注点的转向负责。这也是一个由失察带来的失误:在开展细致的评估后,运用微积分的想法不应当被忽视。BM 拒绝 DK 关于研究"以一条直径为底"三角形的建议同样代价高昂。通过琢磨 BM 的论点并观察他画的图(图 1.12)可以发现,这些与能成功解决问题 1.3 的探索论证及相应图形(图 1.9)几乎相同。因此,BM 的论点是可以被研究的,但实际上他们并未研究它。当观察到等腰三角形沿着直径折叠了以后出现一个"菱形"时,他们就放弃了在这个想法上已经做的所有事情。在做这个决定时,他们没有做出任何尝试去看看已经做的工作中有哪些在之后是可能用得上的,这使得他们舍弃了一个可能有效的工具。

DK 与 BM 的下一个决定是把像图 1.15 中所示那类三角形的面积最大化,然后沿着圆的直径把最大的三角形折叠,就可以解决最开始的问题。在采用这个建议时,他们变化了问题:对称后得到的三角形一定是等腰三角形,并且他们需要去找的是内接于圆的最大等腰三角形。但是,由于他们没法保证这个(内接等腰)三角形就是所有内接三角形中最大的(尽管它碰巧是),因此他们所做的所有努力都可能会白费。在 DK 提示"如果它是对称的",同时BM 断言"是的,它是对称的"后,他们开始着手实施这个思路。这花了他们12 分钟,占到所给时间的 60%。纵然如此,这项耗费了他们大量时间和精力的探索还是被随意舍弃了(其实是有挽回余地的),他们的解答探索由此走向了失败。

这两个问题解决片段呈现了因许多不合理假设而错失问题解决机遇的典型案例,展示了许多使两组学生无法成功解决问题 1.3 的调控决策。学生KW 和 AM 坚持不懈地做着没一点儿用的努力,忽视了可能有价值的探索思路。学生 DK 和 BM 探索了不够合理的探索思路,他们为之所做的努力可能全部白费。当认为某一尝试不会成功时,DK 和 BM 就会不假思索地将它丢掉。这样一来，他们就把一个完整方案中的所有要素都舍弃了。这些片段提供的清晰证据表明，调控是重要的。调控有不同的层次，对问题的解决既有积极影响也有消极影响，这些将在第4章进行讨论。关于调控的方法论话题，以及使用分析框架来严谨刻画此处通俗描述的这些行为的细节，我们将在第9章进行讨论。

第6节　信　念　系　统

对所有可能出现情况中最理想的状态来说，描述上面所说的三类知识与行为已经能完整地刻画问题解决表现。知识资源描述了可能被问题解决者取用到的数学事实与程序；探索策略提供了尽可能适切地使用那些知识资源的手段；调控决策决定了利用事实、方法和策略的成效。通过具体说明精心编码后知识资源、探索策略和调控的基本特征，应该能够刻画出"专家"的表现了。同样地，也应该能通过与专家的理想化表现作直接对比来刻画新手学生的行为了——这指的是，对学生知识基础的描述需要囊括相关知识资源的程度、有能力适切使用他们所知内容的程度和这些努力能够获得成功的有效程度。

但目前的文献充分地表明，不可能出现所有情况中的最理想状态（见如：Caramazza，McCloskey，& Green，1981；DiSessa，1983；Janiver，1978；Lochhead，1983；McCloskey，1983a，b；McDermott，1983；Neisser，1976；Perkins，1982；Perkins，Allen，& Hafner，1983；Rogoff & Lave，1984；还有 Voltaire，1759/1960）。例如，关于"朴素物理学"的研究（见 Caramazza et al.，1981；DiSessa，1983；McCloskey，1983a，b)表明，已经学了一年大学物理并且能正确应用力学定律解决课本习题的学生，常常会使用亚里士多德模型去分析定性的物理情境，这些情境与他们的正式知识中涉及的物理现象完全相悖。珀金斯(Perkins)关于非正式推理的研究表明，持有"有意义认识论"视角的人无法根据要求提出谨慎且可信的论点，倒不是因为他们没有能力这样做，而是他们认为"给出一个好的例子"就能满足需求。对于日常推理的研究表明，在"真实世界"的情境中，相关的专业知识和程序常常会被简单地忽视或替代;相反地,专业情境中的学习会在关于真实世界的先前经验基础上形成。最后,关于决策论的大量文献(Einhorn & Hogarth,1981;Kahneman,Slovic,& Tversky,1982)表明,在很多领域中,人们作出决策时都存有相当规律的、强烈的偏见,这些决策可能是除"理性"外的任何东西(关于这个话题更广泛的讨论见第5章)。这里要指出的很简单,就是:"纯认知"的行为是罕见的,它指单独存在的智力行为,是对知识资源、探索策略和调控的讨论中所描述的表现。大多数智力任务对应表现的发生都基于个体的心理环境,这个环境由个体对那些任务的本质的看法所构成。信念系统塑造了认知,即使个体没有意识到自己持有那些信念。

类似的说法在数学问题解决中同样适用。本节从一个有戏剧性但很典型的例子开始,这两个学生对于数学思维本质(他们的"朴素几何学")的信念让他们无法解决本有能力解决的问题。

学生 SH 和 BW 解决问题 1.1

SH 和 BW 研究问题 1.1 的时候都是大一学生,都完成了一学期微积分的学习,都在高中学过一年几何。

在下面的片段开始之前,我把问题给了他们,还给了他们一个便宜的圆规和一把旧的木尺。BW 大声地读了题目。

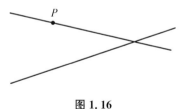

BW:如图[图 1.16],平面上有两条相交的直线,点 P 在其中一条直线上。请用直尺和圆规作圆,使该圆与两条直线都相切且 P 是其中一个切点。

图 1. 16

大约半分钟在沉默中过去了。SH 想知道我给他们的这个图形是不是有什么特别的地方,或是这个图形是不是可以放到一般情形下去画出来。

SH:第一个问题是,你能画出一个同时与两条直线相切的圆吗? 我们过会儿再来为这个问题发愁。

BW 猜想，从点 P 到在它下面一条直线上的对应点 Q 之间的线段是所求圆的直径[图 1.17]。她用手指划出这个假设的方案。

> **BW：**我们可以作一条经过 P 的直线来形成一个等腰三角形。……我们得要平分它[线段 PQ]，在这儿画个圆……

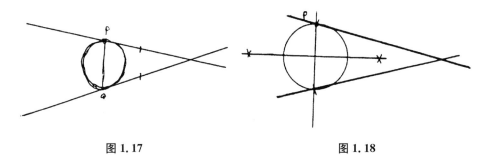

图 1.17　　　　　　　　　　　　图 1.18

在没有对作图理由进行任何讨论的情况下，SH 拿起直尺和圆规开始作这个圆。这两个学生用我给他们的不太精准的工具缓慢地、一丝不苟地开始工作。结果如图 1.18 所示，看起来不是那么准确。SH 用手指点着圆和给定直线的交点。

> **SH：**它好像穿过了这些直线。
>
> **BW：**是的，我想可能就是这样的，因为……它可能是由于……
>
> **SH：**可能是刚才我们画图的时候……如果我们画得够完美……

看到他们关注作图质量，我在我的桌子里翻了翻，找到一把好尺子。我把这把尺子给了他们，他们很小心地再次作了图，然后开始检查新的构图。

> **BW：**它确实是穿过的……它确实超过去了……我们必须找到一条线是与这条[上面这条]垂直的，以便让我们……
>
> **SH：**它不能像这样穿过去，对吧？它得是相切的。
>
> **BW：**是吧，我不知道。

BW 给出的意见（"它确实是穿过的"）表明必须要拒绝"PQ 是直径"这个

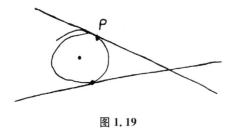

图 1.19

假设。两个学生重新开始画草图以寻找问题的解答。BW 画了图 1.19,证实了他们舍弃了第一个假设。与此同时,SH 绘制了图 1.20 中的三个草图。BW 回到最开始的图上描出一段弧,认为这就是切点应在的位置。她意识到以 P 为垂足作垂线的重要性,这是他们在作出第一个尝试的时候没能考虑到的。当 SH 提出意见的时候,BW 正用手指在图 1.19 中划出这两条垂线。

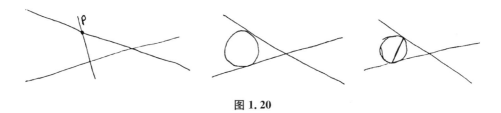

图 1.20

SH:整个过程可不可能涉及角平分线?

BW:我们可以试试。

SH:在这张图里[指着图 1.18 中间那条线],它看起来确实像一条角平分线。

当 BW 画图 1.21 的时候,SH 用他的手指划出几条角平分线和垂线。

BW:现在好了。也许我们应该在这里画一条垂线[指着点 P],然后往这里画[指着下面一条边上

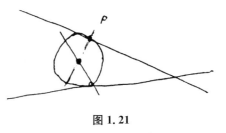

图 1.21

的一个点,该点与右边顶点的距离和点 P 与右边顶点的距离相等],这样这里就有一条垂线了。……好的,让我们试试。

现在他们开始构造如图 1.21 所示的图。几分钟安静地过去了,看到她正在画出正确的图形,我介入了。

AHS：你愿意描述一下你在做什么好让我记录吗？

BW：我们想要在这里[指着点 P]和这里[指着下面的点]分别画一条垂线来得到圆心。

AHS：[指着下面的点]你是怎么得到这个点的？

BW：我们去量了并且……

AHS：为什么？

BW：要使它们的长度相等。

AHS：那你们为什么要让它有相等的长度呢？

BW：因为看起来应该就要是这样的。

AHS：好。现在你们先去搞清楚它行不行得通，再讨论它是否应该这样画。

此时，BW 回到作图上去了，SH 则在积极观察。他们的结果如图 1.22 所示，遗憾的是，这幅图不够精确。

BW：[当她在画第二条垂线的时候]我希望那是我作出来的。[它看起来不太合适]嗯……

AHS：行得通吗？

BW：行不通。

AHS：出了什么问题？

BW：嗯[指着其中一条垂线段]，这确实太短了，这就是为什么这个圆……

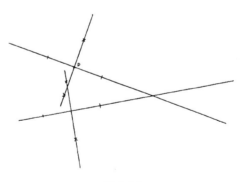

图 1.22

AHS：好的，这就是你在现实生活中会碰到的问题，你的手和工具不是永远能做出你想要完成的事情。如果可以的话，你能不能给出理由，为什么它应当行得通或应当行不通？然后说"嗯，如果我们能有一个更好的圆规……"。

BW：啊，我知道这条线错在哪里了……

SH：我们的错误可能在于把这个点[与点 P 相对的那个点]与顶点的

距离和这两点[点 P 和顶点]的距离设计成相等的了。也许这就是我们出错的地方。

此刻,出于同情,我告诉 SH 和 BW,他们的解答确实是正确的,然后结束了这次对话。

讨论

有人在看了这段录像后的第一反应是,SH 和 BW 之所以做得如此糟糕,是因为他们完全没有掌握任何正式的数学知识。除了一个奇怪的事实之外——他们对作角平分线和作垂线的程序(这还是有点复杂的)非常熟悉,他们看起来像是朴素经验主义者。他们画了一些粗略的草图去试图看看问题中什么是重要的,并在这些草图的引导下去猜想解答是什么。他们通过尺规作图及对作图结果的评价去检验他们的猜想:当且仅当所作图形符合严格的实证标准时,一个关于解答的假说才会被认为是正确的。SH 和 BW 在 15 分钟的尝试中,大约三分之二的时间都手持直尺和圆规。甚至,当我问他们是否能够给出理由解释他们的作图是行得通还是行不通时,他们的回答还是与作图方法有关(BW:"啊,我知道这条线错在哪里了。")。

如前所述,SH 和 BW 在高中都学过一年几何,更重要的是,他们没有忘记学过的知识。在第二天的课堂上,他们被要求解决问题 1.4 和 1.5。他两都在 5 分钟内同时解决了两个问题。

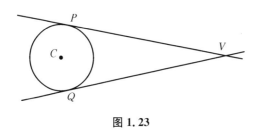

图 1.23

问题 1.4 图 1.23 中的圆与两条直线分别相切于点 P 和点 Q。证明线段 PV 和线段 QV 长度相等。

问题 1.5 图 1.23 中的圆与两条直线分别相切于点 P 和点 Q。如果 C 是圆心,证明线段 CV 平分 $\angle PVQ$。

SH 和 BW 的这个片段是我早期录像中的一个。我最初的感觉是,他们的表现是反常的,可能是由于我携带了录像设备或我将要分析他们的表现而让他们感到不安,他们的头脑在录像的压力下"一片空白",因此才会导致这种不寻常的表现[①]。但非常令我惊讶的是，我发现他们的行为具有一般性而不仅仅是特例。在那一年以及第二年，我大约记录了 24 组学生完成问题 1.1 的过程。所有学生都是大学生，他们分布在美国各地的学校中（小部分案例中的学生来自别的国家）。除了两个学生以外，所有人都学完了或者正在学微积分。除了一个学生以外，所有学生都在高中学过一年几何，而且主要是学习证明。

在全部的这些录像里，只有一组学生解答出了问题 1.1，尽管也有小部分学生试图通过将问题转化为曾经做过的问题来获得解答。大多数学生采取的方式和 SH 与 BW 是类似的：利用草图作引导，猜测解答的特点，每一个通过"草图检验"的假说都要用尺规作图再检验一次，如果尺规作图说明猜想错误（比如，尺规作图出现了应当舍弃这个猜想的证据），就再尝试构造别的图。大多数解决这个问题的尝试时间我都给到了 15 至 20 分钟，在一半以上的时间里，学生都手持直尺和圆规。最终，学生要么作出了符合他们经验标准的图形，要么宣告失败。在所有被尺规作图证实的案例中，只有一组学生为作图的正确性提供了一些数学证明。以下是事后观察：

我们找到了，那就是，它看起来很接近了。[他指着他们刚画的圆说]……我觉得，如果你把它放到中间来，它们会碰到一起。是的，它们是相似三角形。[他指着图 1.24 中的两个三角形]哦……它们也是全等三角形。

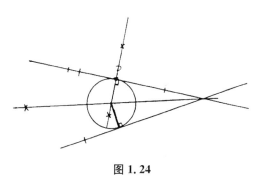

图 1.24

关于学生经验主义的精确特征和他们的信念对问题解决表现的影响，将在第 5 章中详细讨论。对这种行为的一种可能解释，已在上文知识资源的讨论中给出了：可能是因为学生缺乏对于数学论证本质的一般化理解，并且，也

---

① 作者注：有理由担心录像会对人们的问题解决表现带来干扰性影响。在某些情况下，这种影响会变得相当严重。对这个话题的广泛讨论在第 9 章中。虽然这么说，对于这种特别的情况，尽管 SH 和 BW 相当害羞，但他们还是声称这些设备没有给他们带来太大的干扰。

看不出问题 1.1 与问题 1.1A、问题 1.1B 之间的联系。在这个例子里,他们的困难是完全可以在认知里找到根源的。正如关于学生几何的"范希尔水平"研究(见如:Hoffer,1983)表明的那样,这是可能会普遍发生在学生群体中的情况。然而,从我的经历来说,相当多的大学生(SH 和 BW 也在其中)是对这类联系有所意识的。在这个例子里,我认为适用的是另一个解释——作为朴素经验主义者,这些学生没有使用他们可能已经掌握的数学工具是因为他们没有发现这些工具可能是有用的。也就是说,对于这些学生来说,数学论证不被视为与作图类问题解决的发现过程相关,这使得相应的论证没有被调用。

在上面所说的这种情况下,对于信念一词的使用涉及一些微妙的话题,特别是当后一种解释的强化版本将之表达成"学生坚信,证明与发现过程无关"。我认为,这种说法值得进一步琢磨。下面,以完整形式叙述的是三个"典型的"学生信念及持有这些信念对学生行为的影响。

信念 1 正式的数学知识与真正的思维或问题解决几乎或完全没有关系。

结果 在需要进行发现的问题中,个体持有的正式数学知识不会被唤醒。

信念 2 如果一个问题能被解决,那么其耗时通常应该在 10 分钟之内(考虑到大部分学生的典型经历)。

结果 如果学生在 10 分钟之内不能完成一个问题解决,那么他们就会放弃。

信念 3 只有天才才有能力发现或创造数学。

第一个结果 如果你(某位典型学生)忘记了些什么知识,太遗憾了。毕竟,你不是个天才,所以你没法自己推导出来。

第二个结果 学生只理解各种程序的表面意义,而不尝试去理解为什么它们是可行的。毕竟,这些程序是"上面"传递下来的。

第 5 章和第 10 章将详细讨论拥有这些信念意味着什么(如个体是否需要意识到驱动自己行为的力量)、学生实际持有这些信念的程度以及这些信念如何发展。信念一词本身是有争议的,需要在一定程度上加以修改。虽然如此,其出发点是没有争议的:个体的数学世界观塑造了个体研究数学的方式。因此,从数学世界观广义的内涵来说,将使用信念系统一词。

第 7 节　小　　结

本章呈现了一个用于分析数学行为框架的概述,介绍了四个类别的知识与行为。解读人们在数学情境中的行为都需要同时考虑到这四个类别,包括解释为什么人们的数学问题解决尝试成功或失败。在某种程度上,这四个类别是相互交织和相互作用的。具体如下:

知识资源是个体在特定数学情境中有能力运用的知识体系。它们是个体所拥有的事实性、程序性、命题性知识。这里的核心词是"有能力运用"。为了理解一个人做了什么,需要知道他可能能够做什么。

探索策略是有效的问题解决经验法则。它们相当宽泛,是用于在面对不熟悉或有难度问题时取得进展的策略,比如说类比和倒着干。尽管数学教育界基本认同这些策略是有用且值得教授的,但直到最近,对它们的复杂性的了解却少之又少,也几乎没有证据表明学生确实能学会使用这些策略。

调控用于处理尝试进行问题解决时知识资源的管理与分配问题。在本书中,它指的是对问题解决实施过程进行计划、监控、评价等的重要决策。良好的自我调控能力促使问题解决者能够尽可能地用上他们的知识资源并较为高效地解决相当复杂的问题。缺乏这种能力,会使得问题解决者浪费他们的知识资源,从而不能轻松解决本在他们掌控之中的问题。

信念系统是个体的数学观,是一个人面对数学和数学任务时的基本观点。个体对数学的信念决定了个体会如何选择处理问题的思路,会采取或避免哪些方法,会花费多长时间及愿意付出多少努力,等等。信念构建了使知识资源、探索策略、调控得以运作的心理环境。

第2章 知识资源

　　知识资源是个体问题解决表现得以产生的基础。如果我们要去理解问题解决过程中发生了什么，描述这些基础必不可少，它们汇集了个体围绕特定问题解决的所有知识以及取用这些知识的方式。

　　能被个体取用的知识的本质是什么？这些知识是如何被组织和取用的？上述问题是认知心理学和人工智能领域研究的核心问题，这两个领域仅是专注于研究这类问题的多个领域中的两个。信息加工（IP）心理学将这些问题作为首要的关注点，语言学、哲学和神经生物学等许多领域也都有对它们的研究兴趣。相关文献非常丰富，用一整本书都很难讲完备，更不用说只用几页去简单介绍了。我在这里的目标是指出已有研究呈现出的一些主要趋势，这些趋势将被作为本书其余部分展开的总体背景，涉及三方面的话题：（1）例行取用相关知识，（2）各种各样的知识资源，（3）有错误的知识资源和常见的出错模式。读者们不妨先快速地浏览一下本章，当感觉需要了解更多细节的时候再回头查阅。

第1节　例行取用相关知识

　　信息加工心理学的许多研究都致力于为个体面对熟悉领域时产生的成功表现建模，即，致力于探索专家在处理熟悉的任务时是如何近乎自动地做出正确表现的。本节在对文献进行简要介绍后[①]，将讨论三个典型案例。

---

　　① 作者注：此处对有关认知的更精细分析不作回顾，对此类研究的一个很好概述可以在蒙赛尔（Monsell）1981年的文献中找到。正如蒙赛尔所说，"每种认知技能都利用了头脑中类型繁多的表征子系统、存储机制和加工机制的一部分"（p. 378）。他的回顾涵盖了四个方面：对物体和语词的感知，短期和长期记忆机制的区别，对所记忆情节和事实的搜索，以及注意力、表现和洞察力。

西蒙（Simon，1979）对信息加工领域问题解决研究的历史进行了简要概述，全面回顾了与知识资源相关的许多话题。根据西蒙的说法，到1972年纽维尔（Newell）和西蒙的经典著作《人类问题解决》（*Human Problem Solving*）出版之时，如何解决结构良好的智力游戏类问题（比如，"密码算术"任务、"汉诺塔"或符号逻辑学中的练习题）的最重要机制就已经被相当充分地认识清楚了。关于这类问题的主要话题围绕怎样通过高效的搜寻界定出清晰但非常庞大的问题空间（向问题解决者开放的一系列选择）来找到解答。随着这些领域中研究工具和技术的日渐完善，信息加工学的研究愈发转向于对语义丰富领域的研究。在这类领域中，成功的表现同时取决于特定范畴的具体知识及问题解决技能。一系列语义丰富领域都开发出了成功表现模型，包括：国际象棋、化学工程、热力学、电子学、成本会计学、商业政策、医学诊断和使用质谱数据的分子识别等。大部分模型所提及的行为都是高度有效的、例行公事的（虽然一点儿也不平凡），同时，这些行为也与专家的问题解决行为相一致。

格里诺（Greeno）和西蒙的《问题解决和推理》（1984年的草稿）是对西蒙1979年文章的更新和进一步拓展。鲁姆哈特和诺曼（Rumelhart & Norman，1983）回顾了心理学和人工智能领域中有关知识表征研究的文献。该文对记忆中的表征做了一般化描述，比较和对比了基于命题的表征系统（谓词演算、语义网络、图式和帧）、类比表征和程序性表征在"捕捉"认知过程时的效用和准确性。该文为本书讨论的"记忆相关话题"提供了大量技术性的研究背景，尽管这些细节对于理解后文的内容来说并不必需。里斯兰德（Rissland，1985）的一篇总结性文章和我的一篇回应性文章（Schoenfeld，1985）简单介绍了人工智能领域对理解和教授数学思维技能有直接影响的一些研究。尼克尔森（Nickerson，1981）把讨论的话题从知识资源向外作了一些延展，梳理了关于"理解"意味着什么的许多不同观点。尼克尔森对于错误的理解和失败的理解两部分内容的阐述将作为我们讨论信念系统时的背景，同时，该文还从近期研究中提炼了对于教学有益的建议。瑞斯尼克和福特（Resnick & Ford，1981）从心理学家的视角提出了关于数学"基础知识"教学的观点。最后，1983年由行为学、心理学和认知科学联合会编写的，一篇题为"数学、科学和技术教育中的认知和行为研究"的研究报告提供了简洁但极其广泛的素材范围。

下面，我将讨论三类得到过大量详细研究的精熟表现：

1. 国际象棋大师同时下 40 盘棋且在每盘中都只花几秒钟就能走出恰当步骤的能力;

2. 数学家或物理学家思考对大一学生来说具有相当困难的本学科问题的能力,以及"当场""看出"合适解决方法的能力;

3. 大部分人面对他们经常遇到的许多情境时能几乎自动化且精准进行理解的能力——比如,读一个小故事并准确领会其中的信息。

国际象棋中的成功表现

具备一些非凡能力或许可以用来解释大师们能够同时下 40 盘棋的高超棋艺。空间能力是曾被提及的能力之一。在国际象棋上有天赋的人也许能够在头脑中看见当下的和即将发生的棋局,这使得他们或许可以在头脑中下棋,而缺乏这种能力的人做不到这一点。德格罗特(de Groot, 1965 & 1966)用一些巧妙的研究排除了这种解释。在一个实验中,研究者向新手和专家出示典型的中盘棋局,然后要求他们在旁边的棋盘上再现所看到的棋局。根据假设,可视化能力更突出的人应当能更准确地重现棋局。的确,专家们的表现远远好于新手们的水平。在另一个实验中,研究者向参与者们出示的是棋子处于非标准位置的棋局,即棋盘上的棋子位置不符合国际象棋规则。在这样的任务中,专家的表现并不比新手好。事实上,当专家所看到的局面与符合下棋规则的局面非常相似但不完全一致时,他们做得反而比新手要差;他们的知识干扰了他们的感知,这使得他们再次摆放的棋子位置是他们期望看到的位置而不是之前出示给他们的那些。因此,可视化能力本身并不是专家高精熟程度的来源。还有一些研究排除了别的假设。比如,国际象棋大师的组织能力更好或记忆能力更强,新手只能提前几步部署棋局,但专家具备在头脑中提前作出几十步部署的能力。该研究展现了对德格罗特所做工作研究成果的阐述。专家型棋手在记忆中以"组块"形式储存了大量有关国际象棋局面的"词汇"。西蒙是这样描述组块的:

> 组块是任何熟悉的、可识别的知觉结构(视觉的、听觉的或别的什么)。对于我们这些懂英语的人来说,口中说出来的和文本印刷出来的英语单词就是组块。……对于在日本学校受教育的人而言,几千个中文汉

字中的任何一个都是单独的组块（而不仅仅是笔画和拼写的复合产品），甚至许多成对的汉字也形成了单独的组块。对一个经验丰富的国际象棋棋手来说，一个"黑象走子后王车易位的局面"是一个组块，描述了 6 至 7 个黑方棋子的各自位置。（Simon，1980，p.83）

对国际象棋中知觉感知的研究表明，国际象棋大师必须在记忆中储存（而且确实储存了）大约 50 000 个供给常规棋局的组块，它们被用于以一定速率应对当前出现的棋局。50 000 个组块的记忆容量差不多相当于一个人认识的所有词汇的数量，它们的功能也大致相同。当国际象棋大师发现棋盘上正好呈现出了一个已有组块，比如上面西蒙说到的"黑象走子后王车易位的局面"，那么他/她就不仅能将这些棋子视为一个整体，还至少能产生一个与这个组块相联系的恰当反应，并且这个反应是无意识就能冒出来的，不需要通过情境分析来唤醒。这种情况可与一个识字的人看到一个指令性标志时的反应相类比。比如，看到

在正文的中间出现。（请注意，个体可以选择忽视相关反应，但反应本身是近乎自动的）用西蒙的术语来说，我们可以把一些特定类型的知识看成是以"条件—行动配对"（因为熟悉情境可以唤醒近乎自动化的行为）或"产生式"形式组织起来的，可以认为特定类型成功表现的出现是由于这些表现本身就储存在个体大量的知识产生式集合中。（"产生式系统"是人工智能领域中的形式化词汇表述之一）正如国际象棋大师可能基于数以万计的这些产生式（即国际象棋棋手的"语言"）来应对常规棋局，专家面对常规问题的成功表现可能也是以数学中的类似语言为基础的，它们是在长年累月的学习中习得的知觉组块（回想一下当专家面临图 1.5 时对相似三角形的第一感觉）。

问题感知

上面所描述的情境代表了这样一类情形：个体做出一个特定行动来应对

他/她所感知到的具体情境,这些情境是以组块形式存储的信息。现在,让我们提升一个层次:个体对所遇情境中的具体细节可能并不熟悉,但对情境本身是熟悉的,此时个体作出的行动就并不是具体针对当下情境的,而是针对该情境所属类型的。也就是说,个体发现一个特定情境属于某个具体类型(比如X类型),就能立即想到用于处理X类型情境的相关方法。如果有必要的话,相关细节就会被填进去。能用这种方式处理一个X类型情境的问题,就称为具备一个X类型图式。

有关基于图式的数学表现,亨斯利、海耶斯和西蒙(Hinsley,Hayes,& Simon,1977)进行过一个经典研究。该研究用高中代数内容开展了一次对文字问题的测试,相应的论文意图证实下面四个论断。

(1)人们能够把问题分为不同类型。

(2)人们可以在没有完全将一个问题转化为其解答的情况下将问题分类。如果要用问题的所属类型来提示自己对问题的认识,这个图式就必须在认识该问题前被找到。

(3)人们具备有关各个问题类型的一套信息,这些信息对制订这类问题的解决方案来说可能有用。比如,关注重要的问题元素,作出相关性判断,找到与建立方程有关的信息,等等。

(4)人们会在实际解决问题的过程中经由识别问题的不同类型来寻求问题的解决方案。(Hinsley et al.,1977,p.92)

该文提供了相当有力的证据来证实问题图式的重要性。在他们报告的一项研究中,作者们先向研究对象读了问题题干中的几个简短片段,然后要求研究对象将问题归类并说出自己希望获得的信息以及希望被问的问题。

在从一个河流问题中听到"一艘江轮……"后,一个研究对象就说,"这将会是一个关于顺水、逆水、静水的航行问题。你需要去比较顺水和逆水的时间,或者如果时间不变的话就要去比较路程。"……在听到一个三角形问题的五个词后,一个研究对象说,"这可能关于'他与目的地有多远',需要用到勾股定理。"(Hinsley et al.,1977,p.97)

自上面这篇论文发表以来,已出现了大量实证证据。"专家"部分显示,常规问题中成功的问题解决表现常常是图式驱动的,能够快速地找到相关信息和解答所需的恰当方法。正如大家预想的,"新手"部分显示,他们的表现不佳。很多时候,学生缺少能使他们有效解决问题的许多问题图式。此外,对问题特征的错误感知会把学生引上歧途,因此,认识问题特征的能力是把双刃剑。对这个话题的更多讨论和一些实验结果见第 8 章。

在复杂但熟悉的情境中有效工作

现在,让我们把这个讨论在前面内容的基础上作一个推广。条件—行动配对和基于图式的解答是刻画各种现象中成功心理表现的两类模型——不仅是在问题解决中,而是在所有类别的现象中。我们生活中的大部分活动,比如从早晨做早餐,到处理工作中的例行任务,再到安全地回到家,都可以被叫作"一般情境下的一般反应",这些反应几乎是自动的(并且通常是无意识的)。上面援引的亨斯利、海耶斯和西蒙的论断可以被拓展如下:

1. 人们把自己的经验分为不同类型。

2. 人们倾向于将他们的新经验按照自己先前的经验类别进行归类,这一过程通常发生于对新经验展开细致分析之前。如果新经验的"显著特点"与已有分类中的一种是吻合的,那么在完整地形成新经验以前,这一类型就会被唤醒并被用于塑造新经验。

3. 人们具备有关每个经验类型的一套信息,这些信息在应对属于这个类型的新经验时可能有用。也就是说,人们根据先前经验框定对目标条件的期望,过去曾有用的工具和方法在当下的情境中会"被想起来"。

4. 人们利用他们的"分类知识"来理解和处理新情境。事实上,人们对于新情境的观点是基于先前的经验类别而形成的,尽管有时形成得并不正确。

从不同的过程层面视角,都能找到充分的证据说明上面四个论断。在视觉感知层面,他们描述了某些视错觉产生的理由——比如,图 2.1 中的线段 A 为什么看起来比线段 B 长? 类似地,在德格罗特的研究中,国际象棋大师对他们应该看到什么的期望导致他们错误感知了实际看到的那些似是而非的棋子位置。但在大多数情况下,这些期望是非常有用的。这些"一般情境下的一般反应",在文献中除了被表示为图式外,人工智能领域也将之实例化为脚本和帧。

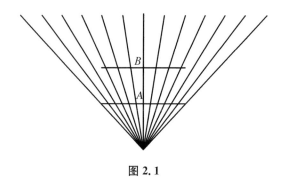

图 2.1

一个用于理解新情境的脚本的经典例子,来自沙克和阿贝尔森(Schank & Abelson,1977)对设计能理解故事的人工智能项目的尝试。考虑下面的故事和问题。

故事 约翰是一个通情达理且非常慷慨的人。在谈成了一桩好生意后,他决定犒劳自己去吃顿好的。他去了一家曾经听过并一直想要去尝试的餐馆。服务员端来了饭菜,约翰认为,这顿饭准备得相当不错。账单显示,这顿饭共计 50 美元,约翰把账单记在自己的信用卡上,并留下了 50 美分的小费。

问题 约翰得到的服务质量如何?

假设你回答这个问题时的推理思路是像下面这样的:谈成了一桩好生意,约翰的心情应该很好(毕竟,他已经决定犒劳自己)。由于他平素是一个慷慨的人,因此他留下的小费就理应是可观的。但是,他只留下了 1% 的小费。所以,发生这种情况的最可能原因会是下面三个可能性的其中之一:(1)他讨厌这顿饭,(2)他缺钱且几乎付不起这顿饭的费用,(3)他对服务很不满意。既然约翰认为饭菜准备得相当不错(并且,"一个通情达理且非常慷慨的人"在任何情况下都不会把厨房的错误归咎于服务员),而且如果他愿意的话,也可以把小费记在他的信用卡上,所以前两种解释不大可能。剩下的可能就是服务员或许以某种方式冒犯了约翰。因此,服务质量很可能不高。

这个论证思路的关键之处在于,论证时用到的绝大部分信息都不在故事本身。我们是从上下文中推理得出——因为约翰的心情不错,所以他可能给出可观的小费。然后,利用我们的一般化知识,估计了一份可观的小费应该是多少。但这个故事超出了我们的估计,于是,我们开始回想并找寻留下很少小费通常会是什么原因。故事中直接已知的一条信息(饭菜不错)帮我们排除了一种可能性，另一条间接信息（我们应该知道小费可以记在信用卡上）又排除了一种可能性。这样就只剩下一种假设了，由此我们得出了我们的结论。

沙克和阿贝尔森认为，读者之所以会用我描述的那种方式去理解一些像这样的故事，是因为他们能够为文本本身不太明确的许多细节提供自己的脚本作为补充。比如，某个知识储备丰富的读者可能有一个关于餐馆的脚本，它包括了上面论述中提到的几种假设。当然，这位读者不仅有一个餐馆脚本，他还有一套对快餐的期望和另一套完全不同的对高级菜肴的期望。但是，故事中（更一般地说，是我们的经验中）的线索决定了哪一套脚本应当被调用。

帧的概念与脚本的意思差不多，但在实例上有所不同。根据闵斯基（Minsky）所述：

> 帧是一种用来表示特定情境的信息结构，比如在某个种类的客厅中或是要去参加一个孩子的生日派对。每一帧上都有几种类型的信息，有些信息是关于如何使用这一帧，有的是关于下面会发生什么的预计。……这个理论[帧]的现象学力量很大程度上取决于它包含了哪些期望和其他类型的假设。帧的终端常常已被填满了"默认"的任务。因此，一个帧可能包括了很多细节，但得出这些细节的假设并不能具体地在情境中得到证实。……[摘自温斯顿（Winston，1977，p. 180）]

下面是关于上文所指默认任务的例子。当我们进入一个房间的时候，我们会觉得墙上的长方形形状将会是窗户，这样，我们就会按这种感觉去感知这些形状（因此，会出现对马格利特的一些画作①或其他视错觉的"惊讶"）。外出就餐故事中的默认任务与前面说到的这些非常相似。（但是，这些默认任务只有在具体信息没有被替换或出现矛盾的时候才能生效。比如，如果上面的故事在第一句就告诉我们，约翰对于丰盛饭菜的理解是一个加上所有配菜的汉堡，那么我们就会带着另一种感觉来读这个短文。）

---

① 译者注：此处指的是超现实主义画家勒内·马格利特（René Magritte）的画作。

讨论

前面的讨论略及大量相关范畴。即便如此,也只涵盖了个体在问题情境中所具备知识资源的一小部分类型。特别地,上面的讨论主要是关于熟悉情境中的成功表现——它们是对已得到良好编码的知识例行取用。完成这类过程的潜在前提是模式化情境能够唤起模式化反应。脚本、图式、帧及类似的一些表达都是用于描述能多次发生的、可靠的和几乎自动的行为。这种行为会发生在各种各样的情况下。比如,物理学家解决物理系大一学生的习题,国际象棋大师与一个较弱的棋手对决,或者是我在微积分课堂的黑板上解决最大—最小问题。

尽管这个类型的行为很重要,但它不是问题解决。问题解决这一术语的含义在本书的简介中有过界定。在完成上面一段提到的各类任务时,物理学家、国际象棋大师和数学家都是在做练习。根据定义,在问题情境中,个体没有立即能取用到的(基本上是)现成的探索方案。这种说法并不是在贬低上述表现,当处理具备挑战性的问题时,对上面这些子技能的例行取用构成了问题解决支持性结构的主要部分。但,远不止这些。就专家表现而言,对正式知识的例行取用可能只代表了认知冰山的一角——当处理惯常的正式任务时,大部分的知识,包括基于经验的直觉,都是看不见的,或者说是看起来用不着的。在关于学生的案例中,他们对知识的例行取用是否获得成功则具有相当大的随机性。就算一找到所需的子技能后就能执行它们,学生找到这些子技能的方式也可能是不可靠的。同样重要的是,所找到的许多内容可能本身就是不可靠的(事实上,也可能是完全错误的)。知识资源各种各样的类型将在下一节中进行阐述,再下一节将探讨有错误的知识资源这一话题。

第2节　各种各样的知识资源

本节简要地论述了各种知识资源,它们有助于个体在特定数学领域内展现出问题解决表现。在所有类型的知识中,与这些表现相关的知识种类可被概括如下:

1. 本领域内非正式的和直觉性的知识；

2. 事实、定义，诸如此类；

3. 算法类程序；

4. 常规程序；

5. 相关素养；

6. 关于本领域内话语规则的知识。

第 1 章里提到的三点有必要再重复一次：第一，知识资源库是对个体已掌握知识的描述。这里关注的重点是本体论的而非认识论的，至少不是经典认识论（对抽象数学知识的性质的探索）。这与目前的研究趋向并不一致，目前的研究要么是沿着遗传认识论的路线（如 Piaget，1970），要么是沿着个人知识论的路线（如 Polanyi，1962），这是因为他们研究的是个体所持有的正确知识。第二，知识的掌握不是一个非黑即白的概念。"掌握"知识有很多不同的程度，甚至是对简单事实与程序的掌握而言。（布卢姆 1956 年的"教育目标分类学"非常详尽地阐述了这一点。）第三，事实上，个体认为正确的事实和程序并不必真的正确，有缺陷的知识资源在数学表现中扮演了一个重要角色。后两点将在下面作出详细讨论。为展开我们的讨论，让我们回到第一章提出的一个问题。

问题 2.1　如图 2.2，平面上有两条相交的直线，点 P 在其中一条直线上。请用直尺和圆规作圆，使该圆与两条直线都相切且 P 是其中一个切点。

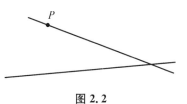

图 2.2

关于问题 2.1 的非正式的和直觉性的知识

数学家运用的数学和学校里（至少是中学及以上水平）教授的数学都是正式的数学知识，是高度编码化的语言，并有着一系列的含义。在几何课程中，圆被定义为平面上到定点的距离等于定长的所有点的集合；三角形由连接平面上不共线三点的三条线段组成；等等。对于数学家和学着使用数学的学生来说，这些就是定义，仅此而已。就像刘易斯·卡罗尔（Lewis Carroll）的矮胖子数学家[①]所说："当我使用一个词，……它代表的是我所选择的它的意思——

---

① 译者注："矮胖子数学家"是刘易斯·卡罗尔所著《爱丽丝梦游仙境 2：镜中奇遇记》中的人物。

不多也不少。"(Carroll，1960，p. 269)

数学建立在使用清晰且明确的术语基础上。这些术语可能受现实世界中事物和经验的启发而产生，但现在已经脱离了现实世界。学生必须要去接受圆是平面上到定点的距离等于定长的所有点的集合。学生必须学着以正式的方式运用正式的对象，就像数学家做的一样。所以，在教学中，学生经常会看到与他们非正式的和直觉性的知识相分离的数学对象。

当个体开始接受把数学定义作为基本单位，并利用它们完成任务、发展出对它们的直觉，正式的方式似乎就是自然而然的了。我们很容易低估经验基础的重要性，包括个体对于现实世界中事物的非正式的和直觉性的知识，它们是个体形成正式知识的基础。正如范希尔夫妇和一些苏联心理学家所指出的(Freudenthal，1973；Hoffer，1981，1983；van Hiele，1957；van Hiele & van Hiele-Geldof，1958；van Hiele-Geldof，1957；Wirszup，1976)，这样做很危险。在大量实验证据的支撑下，范希尔夫妇提出了假说：在学习几何时，学生一定会经历五个不同的水平。这些水平可被定性描述如下：

水平1：辨认　学生学习了一些相关词汇并能整体地认识一个图形。例如，处于这个水平的学生能够认出图片上的矩形，但可能并不清楚矩形的许多性质。

水平2：分析　学生能分析图形的性质。例如，处于这个水平的学生可能会发现矩形对边相等，甚至也能发现对角线相等，但不会注意到矩形与正方形或直角三角形的联系。

水平3：分类　学生能有逻辑地将图形分类，理解图形与其精确定义中核心部分的相互关系。例如，处于这个水平的学生知道为什么每个正方形都是矩形，但可能没有能力去解释为什么矩形的对角线相等。

水平4：演绎　学生知道演绎推理的含义，知道基本原理、定理和证明的作用。例如，处于这个水平的学生能够使用SAS[边角边]原理证明关于矩形的陈述，但不理解为什么需要在这里设计出SAS情形……也不理解SAS原理是如何把距离和角度的测量联系在一起的。

水平5：严密性　学生理解在处理基本图形及其相互间结构关系时保持绝对严密性的重要性。

范希尔夫妇的研究表明,学生如果能在高一级的水平上表现得足够出色,他们在之前的水平上一定具备大量的组块。(Hoffer,1981,pp. 13 - 14)

特别要指出的是,基于这类研究(包括前面提及的所有研究)的教学建议是:在个体学习几何对象的正式性质以前,必须加强他们对这些对象的直觉理解,直觉可以被看作是通往形式化情境的桥梁。

事实与定义:算法程序

这部分将很简短,是因为考虑到例行取用相关知识(就是对存储在长期记忆中的"知识基础"的取用)这一问题是本章第一部分的重点。这里主要指出的是,当分析学生在某个领域的工作时,会发现这些知识的取用方式可能不是常规的,知识本身可能也不太正确或者根本就是错误的。因此,在讨论知识资源库的时候必须要把这些情况考虑在内。

例如,对于解答问题2.1来说,下面的事实F尽管不是必需的,但却非常有用。

事实F 过圆外一点作圆的两条切线,它们的切线长相等。

不难想象,如果打算从这个事实入手,解决问题2.1的尝试可能会产生下面这些差异很大的方式:

1. 完全不熟悉事实F,因此不知道它可能是正确的;

2. 猜测事实F可能是正确的,但不太确定,也没有办法把F作为一个假设去检验或是证明F是正确的;

3. 猜测事实F可能是正确的,并愿意用经验性证据作为"证明";

4. 猜测事实F可能是正确的,并寻求通过几何证明加以证实;

5. 当被问起时,能够回想起来事实F是正确的(如果被问到的话,也许还能推导出F),但在只看到图2.2时不会自己想起F;

6. 当看到图2.2时,能立即充满自信地想起事实F。

事实上,记录解决问题2.1的录像带显示出,学生可能表现出了除第4种以外的所有情况。在试图理解任何一段这样的录像带时,必须要知道问题环节开始的时候学生的实际知识状态。因此,知识资源库里包括的不仅是能被个体取用的知识本身,还包括个体取用它们的所有方式。这一点在我们对调控和信念系统的讨论中会很关键。如果学生没有想起来特定范围或种类的知识,就必须要知道学生是否有可能想起它们——如果答案是肯定的,那就要知道他/她为什么没有想起来。

一个知识资源清单是个体代入问题情境的内容目录,可能会代入一些错误内容。在某些情况下,想起来一个错误的程序会对解答问题不利。例如,在一段录像中,有学生很自信地交给我一份问题2.1荒谬的作图方案,这个解答基于的是一个错误的作角平分线程序。在另一段录像中,有学生放弃了一个正确的方式是因为他实施作图的过程基于一个被记错了的程序,这使得他尝试作出的图是错误的。在关于问题其他片段的录像中,错误的事实(比如,认为可以经由"边边角"判定两个三角形全等,或三角形内切圆圆心是三条中线的交点)把学生送上了徒劳无功的探索之路。这些有缺陷的知识资源也是知识库中的一部分。当然,错误的事实和程序与正确的一样,也具有不同的程度,对这一点的讨论请参阅表2.1的简要示意图。

表 2.1　某人在处理问题 2.1 时知识资源库的一部分

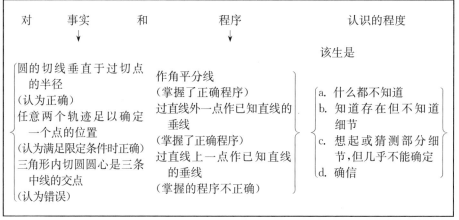

常规程序;相关素养

词如其名,常规程序指对于解决具体类型问题来说编码良好但不是算法的那些方法(比如,解决微积分中最大-最小类文字题的一般化套路)。很明显,数学中的许多素养来源于取用恰当常规程序的能力和成功使用这些程序的能力。常规程序可能相当复杂并且与算法几乎没有关系。比如,对于最大-最小问题,挑选一个好的问题表征、选择一个恰当的自变量、找到关于因变量的合适关系等都是具有决定意义的重要技能。尽管这样,需要指出的是,在这样的情境中，所有这些技能还是属于战术层面的。

问题解决中战略性决策和战术性决策的区别，对我们关于调控的讨论至关重要。从广义上讲，战略性决策指的是对解决问题的过程中要做什么决策，包括制订计划，要追寻什么和不追寻什么的决策，等等，它们决定了尝试形成探索方案的成败。正如我们在第 1 章中看到的，决定去追寻不恰当的东西一定会使得个体无法解决某个问题。这些情况不会出现在只需要常规程序的问题中。一旦取用了一个常规程序，问题解决者就能确保所采用的一般化套路是正确的(也就是说，这时不需要制订战略性决策)，唯一需要考虑的是对既定套路的运用是否正确。调控在这时并不需要考虑，除非是在实施过程中出现错误。所以，对常规程序的取用被认为是属于知识资源的问题。

与常规程序有所重叠但含义更广泛的是相关素养这个类别。对于给定的一个问题，个体拥有哪些自己可能会有能力使用的数学知识？回到问题 2.1，让我们考虑问题 2.2 和 2.3 指向的一些相关素养。

问题 2.2 图 2.3 中的圆与两条直线分别相切于点 P 和点 Q。证明线段 PV 和线段 QV 长度相等。

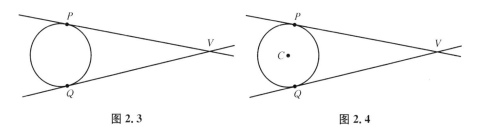

图 2.3   图 2.4

问题 2.3 图 2.4 中的圆与两条直线分别相切于点 P 和点 Q。如果 C 是圆心，证明线段 CV 平分 $\angle PVQ$。

个体是否有能力(和怎样)去解决这两个问题显然是决定他/她解决问题 2.1 表现的重要因素。上面所有关于个体对所具备事实与程序的"认识的程度"都可以被视作这里所说的能力。被要求解决问题 2.1 的人是否见过像问题 2.2 和 2.3 这样的任务？他们是否知道处理这类问题的常规程序包括了寻找其中的全等三角形，而想要被证明相等的那些对象包含在这些三角形的相应部分中？他们是否熟悉证明三角形全等的多种途径？当他们研究图 2.3 和 2.4 的时候，是否"看到了"可能全等的三角形？虽然有困难，但(如果被要求的话)学生是否能够解决问题 2.2 和 2.3？或者,他们是否有可能在一两分钟内把这两个问题都解决？

最后一类相关素养包括对具体领域内容中特定探索策略的常规实施。探索策略在第 1 章中作过介绍,第 3 章将对之进行详细讨论。现在要指出的是,本书中探索策略的含义与波利亚的意指相同:当问题解决者遇到困难时,如果能有根据地猜测采用某种特定的方式可能会有助于问题的解决,那么对这样一个一般化问题解决策略的使用就是探索性的。对"探索(heuristic)"这个术语的使用需要与其在其他文献中的另一种用法区别开来。美国的许多数学教育者向来会把对特定类型问题解决方法的使用赋予探索的地位。一些作者认为,在问题探索方案中任何对辅助元素的使用都是"使用了辅助元素探索法"(比如,在图 2.4 中画出线段 CP、CQ 和 CV)。我认为,对该术语这样的使用方式在相当大程度上降低了其启发作用。在几何证明题中,学生能画出这样的直线只是专门训练后的例行公事,他们在这个例子中能这样做反映的是专门训练的成果,而不是对一般化问题解决策略的使用,关键词是"例行"。当一种方法与一个特定领域密切相关,并且对其的取用有一套标准化程序,那么对这种方法的实施就应被认为是与知识资源有关。

关于本领域内话语规则的知识

简单点说,一个人对于规则的感知决定了他/她玩游戏的方式。例如,第 1 章曾提出,在一些学生眼中,证明可能并不意味着在一般意义上完成论证。那么,对这些学生来说,尽管对问题 2.2 的解决证明了图 2.3 中线段 CV 平分 ∠PVQ 这一结论,但他们会认为——点 P 在上面一条线上其他位置时的图形或许并不适用这个结论;两条直线相交形成的角明显大于或小于图 2.3 中角的时候,该结论也不一定适用;除了与图 2.3 完全一样的图形,在其他图形中,这一结论只是有可能适用。持有这种观点的学生没有得出问题 2.1 的解答一点也不足为奇。对于这样的学生来说,问题 2.1 和问题 2.2 之间没有关系。但是,如果一名学生理解数学论证是具有一般性的,那么假若他未能解决问题 2.1,他就必然会为之找到其他解释。实际上,所有数学领域都基本同理。例如,个体关于变量一词的理解对其在初等代数中表现的影响,或者,关于同构的理解对其在相对更高等级数学中表现的影响。

第3节　有错误的知识资源和
常见的出错模式

在本节中,我所讨论的研究将揭示数学领域中常见的三个出错模式。这些研究有助于证实的三个主要观点如下:

1. 我们很容易低估表面看起来很简单的程序的复杂性,尤其是在掌握了那些程序很久之后。完整描述执行简单操作所需的技能要比人们想象的复杂得多,哪怕这个操作简单到仅是三位数减三位数。本节的研究同时指出了许多可能出错的地方。

2. 执行简单程序过程中产生的许多错误都可能可以归结为对该程序的学习有错误。这就是说,学生在实施一个程序时执行了错误尝试,可能并不像人们简单以为的那样——是由于该生"还没有掌握这个程序"。相反地,可能是由于该生曾一遍又一遍地以相同的错误方式实施了这一程序。

3. 知识表征包含在知识资源的部分支持性结构中。个体表征(或结构化、感知)信息的方式可能决定了他/她对该信息的使用能在多大程度上取得成功。

下面,借助算术、代数和简单文字题中关于数学错误的常见例子,展开我们的探讨。

算术中的错误

来自约翰·瑟里·布朗(John Seely Brown)和理查德·R. 伯尔顿(Richard R. Burton)研究小组的系列论文(Brown & Burton, 1978; Brown & vanLehn, 1980; Burton, 1982; vanLehn, 1981, 1983; vanLehn & Brown, 1980)刻画了诸如初等加减法这样看似简单程序的复杂性。同样非常重要的是,这些论文也对大量单一仅秉承实证主义的教与学理论提出了质疑。

伯尔顿(1982)撰文讨论了十进制中四位及以下位数整数减法的常规算法。学生要花相当长的时间掌握这个程序,并且在这个过程中会出现很多错误。有一个基本观点隐含在此处所描述的工作背后,这就是——与通常设想的不同,学生的错误并不是因为他们没有掌握正确的程序所以偶然发生的,而是学生得出的许多错误答案是源于他们一直在应用他们（错误地）学到的不正确和不完善的程序所致。这些常见的程序性错误可被称为漏洞，和计算机程序中的"漏洞"是一个意思。该文研究的目的之一是诊断出这些漏洞并解释它们发生的原因：

> 本文所采用的诊断方式要能够确定不当的教学和不当的规定导致学生相应错误结果的内部模式。这就是说，我们需要一种具备预测功能的诊断，它不仅能预测学生关于当前问题的答案是否不正确，还能够预测出学生面对新问题时出错可能性的确切大小。这意味着，我们需要一个关于学生的模型，该模型不但能够复现迄今为止观察到的学生问题解决行为，还能够预测他们面对还未曾出现问题时的行为。（Burton, 1982, p. 160）

有能力在学生完成一套新问题之前就预测他们将会产生的错误答案，显然意味着研究者对导致学生出现错误的原因有很好的把握。当然，我们不能希冀这样的预测能达到完全精确；由于粗心或者类似原因，难免会出现许多随机错误。但即使只有一小部分的预测是正确的，也能够证实关于学生总是在实施不正确的程序这一假说。事实上，诊断性测试让布朗和伯尔顿预测出了学生会出现的各种错误中的近一半。之后，他们的工作开始关注于解释为什么会出现这些错误。在认知探究层面，这种研究表明，为内隐且缄默的认知过程建立严谨且细致的模型具备可能性。但这项工作对教育学来说同样也意涵深刻。

标准化教学实践通常基于一个（默认的）假设：学生是一张白纸。在这种假设下，教师会先向学生展示如何执行一个程序，接着会让学生练习这个程序直到他/她掌握该程序。如果某个学生不能得出正确的答案，就会认为该生"还没有掌握"，那么教师会再次演示这个程序并布置更多练习。这方面的研究指出，这样的教学实践是没有根据的。学生常见的错误模式表明，学生此时是掌握一些东西的，它们可被称为正确程序的错误变式。如果学生很可能认为某些程序就是正确的程序，并持续地执行它们，那么再向他们演示正确的程序可能没什么价值。学生错误产生的根源可能需要被诊断出来，并在他/她能够学习正确的程序之前得到"纠除"。

代数中的错误

在关于相对更高等级数学的讨论中，玛丽莲·麦茨（Marilyn Matz，1982）为学生代数表现中持续出现的一些错误提供了类似解释。例如，学生经常会做这样的替换：

$$\sqrt{(A^2 + B^2)} \Rightarrow (A + B)。$$

其中，"⇒"就是发生了"错误的替换"。关于这类错误发生的原因，根据麦茨的研究，可能合理的解释或许如下：

> 研究显示，许多常见错误都是形成于以下两个过程中的一个：
> - 在新的情境中不恰当地照搬对已知规则的使用；
> - 为了解决新的问题，将已知规则进行不正确的调整。
>
> 上述两个过程之所以被称为是"情有可原的"，是因为通常：（1）被作为推理基础的基本规则在与问题原型较为同构的问题中也会适用，或者（2）用来具体化地外推基本规则的方法在其他情境中只要运用得当，一般都能发挥作用。因此，问题不在于推理的方法，而在于学生错误地相信了（或是未能恰当评估）将手头的方法用于特定情境中是否合适。（Matz，1982，p.26）

例如，考虑表2.2。表中被标注为"正确"的条目构成了学生代数经验的很大一部分，它们中的每一个都满足以下形式的"线性分布律"：

$$f(X \cdot Y) \Rightarrow f(X) \cdot f(Y)。$$

每一个被标注为"不正确"的条目代表的都是一个错误推理，它们都是将上述形式的线性分布律毫无根据地推广到了某些情境中，可以归纳为：

$$f(X * Y) \Rightarrow f(X) * f(Y)。$$

表 2.2 线性归纳的正确和错误例子

正确
$A(B+C) = AB + AC$ $A(B-C) = AB - AC$

续 表

$$\frac{1}{A}(B+C)=\frac{1}{A}(B)+\frac{1}{A}(C) \quad \text{等价于,} \quad \frac{B+C}{A}=\frac{B}{A}+\frac{C}{A}$$

$$(AB)^2=A^2B^2 \quad \text{更一般地,} \quad (AB)^n=A^nB^n$$

$$\sqrt{(AB)}=\sqrt{A}\cdot\sqrt{B} \quad \text{更一般地,} \quad (AB)^{\frac{1}{n}}=(A)^{\frac{1}{n}}(B)^{\frac{1}{n}}$$

不正确

$$\sqrt{(A+B)}\Rightarrow\sqrt{A}+\sqrt{B}$$

$$(A+B)^2\Rightarrow A^2+B^2$$

$$A(BC)\Rightarrow AB\cdot AC$$

$$\frac{A}{B+C}\Rightarrow\frac{A}{B}+\frac{A}{C}$$

$$2^{a+b}\Rightarrow 2^a+2^b$$

$$2^{ab}\Rightarrow 2^a 2^b$$

来自麦茨(1982,p.29,表1)。

类似地,

采用归纳的方法使得基于问题样例得到的普遍规则得以形成,这一过程的背后是这样一个假设——样例问题中各数取值的特殊程度居于的是次要而非主要地位。这个假设几乎总是成立的,但有一个典型的意外。在解决像这样的问题时:

$$(X-3)(X-4)=0$$

$$(X-3)=0 \quad \text{或} \quad (X-4)=0$$

$$X=3 \quad \text{或} \quad X=4$$

虽然3和4对程序本身来说并不关键,但0是关键的。未能发现0的关键性的学生会将0的地位视作与原题中的其他数字一样,于是构建出一个规则……产生形如这样的解答:

$$(X-5)(X-7)=3$$

$$(X-5)=3 \quad \text{或} \quad (X-7)=3$$

$$X=8 \quad \text{或} \quad X=10$$

(Matz,1982,pp.33-34)

简单文字题中的错误

问题 2.4　用 S 表示（这所大学里）学生的数量，用 P 表示教授的数量，用方程来概括以下句子："在这所大学中，学生人数是教授人数的六倍。"

答案显然是 $S=6P$。这只是小事一桩，不是吗？嗯，还真不是。马萨诸塞大学工程系一年级学生回答此题的错误率是 37％，几乎所有的错误答案都是 $P=6S$。对于非科学、数学或工程专业的学生来说，回答该题发生失误的比例超过 50％。非整数比例问题（在明迪餐厅，每卖出 5 个夹心馅饼，其中就有 4 个是奶酪夹心。用 C 表示奶酪夹心的数量，用 S 表示夹心馅饼的数量……）的错误率大约是 65％。（见 Clement，1982；Clement，Lochhead，& Monk，1981；Rosnick & Clement，1980）此外，我被告知，重点大学的学术院长关于问题 2.4 的错误率接近 100％，但是，该数据的来源是保密的。

关于将结果倒过来写成 $P=6S$ 而非 $S=6P$ 的发生率，至少有两种合理的解释。第一种解释与将单词"直接翻译"为符号有关。如果是按字面意思（按句法）进行翻译，而忽略了相关术语的意义（语义），就会得到下面这样：

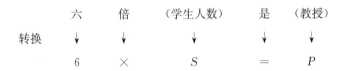

这种情况并非不太可能发生，与人们一般所认为的那样不太一致。事实上，这样的行为可能是——至少部分地可能是——学生被训练以某种方式解决文字题的结果。例如，在小学里，学生经常接受采用"关键词"法解决文字题的训练，这种方法（对这种方法的滥用）就是纯粹按句法的。考虑以下的文字题：

约翰有 5 个苹果，给了玛丽 3 个。

约翰还剩下多少个苹果？

在使用关键词法时，学生找出问题表述中的两个数字（5 和 3）以及关键词（在本例中是"剩下"），就能够决定选择哪种算术运算（在本例中是减法）。因此，要实施的程序是"5－3"。请注意，该方法为这个问题提供了正确的答案，并不需要学生对问题表述中所表达的情境有任何理解。这一类的教学经常发生。当学生不被训练基于理解去解决问题时，他们最终将接受自己并不理解的事实,那他们就不再会尝试在执行程序前先去理解。有证据表明,许多接受过关键词法训练的学生将先通过扫视问题表述找出两个给定的数字,而后从问题结尾开始倒着读,直到找出关键词!有些学生会对在表述中出现"剩下(left)"一词的所有问题使用减法,包括"约翰离开(left)房间去拿一些苹果"[①]。遗憾的是,学生的学习历程里并没有获得对此的纠正性反馈。在一套专业教科书里,使用关键词法将能够做对 97% 的题目。年少时接受这样训练的学生在长大后违反符号表示的含义进行符号替换,是一件不足为奇的事。

在更高水平的数学中,由于数学符号的深层含义常常不同于对之进行形式化表达的数学表述,前文所述的情况就会更严重。下面的一些例子来自卡普特(Kaput,1979),他在认识论层面对这些例子做了深入论证。

从书面语言上看,表达式 $A = B$ 被视为满足等价关系,其表现之一是可交换:

$$A = B \quad \text{意味着} \quad B = A,$$

反之亦然。这两种表达在形式(句法)上是等价的。然而,在实践中,它们可能(在语义上)承载了完全不同的含义。例如,考虑以下两种数学表述。

$$\frac{2}{X+3} + \frac{5}{X-2} + \frac{3}{X^2+1} = \frac{7X^3 + 14X^2 + 10X - 7}{X^4 + X^3 - 5X^2 + X - 6} \qquad \text{方程 1}$$

$$\frac{7X^3 + 14X^2 + 10X - 7}{X^4 + X^3 - 5X^2 + X - 6} = \frac{2}{X+3} + \frac{5}{X-2} + \frac{3}{X^2+1} \qquad \text{方程 2}$$

尽管它们在形式上是等价的,但是方程 1 通常被解释为是对代数分式简单加法的表达,而方程 2 则被用以表示一个复杂过程的结果,即以部分分式作为对一个复杂有理函数化简的结果。在这两个例子中,等号都被看作"得出",表示的是得出结果的运算操作。在相对初等的层面上,

$$2 \times 3 = 6$$

表示的是一个简单的乘法,

$$6 = 3 \times 2$$

表示的是将一个数分解质因数,

$$2 \times 3 = 3 \times 2$$

表示的是体现交换性的典型例子——对专家来说。这三种表达方式从形式上说都是等价的,而学生通常只被告知了数学表述的形式化含义,这导致学生在面对具体的问题情境时,所给出的形式化数学表述的语义含义与该表述的实际含义相矛盾(至少是部分地相矛盾)。然而,我们总是希冀学生能够靠他们自己去掌握这些语义含义。鉴于这一点,以及上文所指的滥用,学生在数学的语义理解上有困难并不奇怪。

造成问题 2.4 解答困难的第二个原因是,个体可能以不同的方式来表征问题表述中所给的信息。举个例子,假如用一幅图来表示在一个典型班级中每位教授有六个学生,那么结果就是图 2.5。如果认为讲台两侧的事物具有相等关系,那么显而易见,将该图转换为符号语言表示就是 $6S = P$。

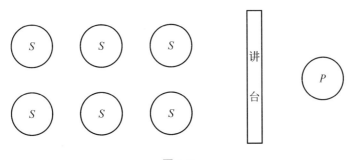

图 2.5

关于问题 2.4 中学生表现源于句法和源于图示的解释表明,问题解决的关键因素是个体表征问题的方式和阐释这种表征的方式。关于表征的话题居于任何围绕认知表现所开展讨论的核心。(如果读者怀疑表征的不同形式是否会带来差异,我建议尝试完成这个用罗马数字表示的乘法:MCMLVXII× MMMDCCCXLIV。)

第 4 节 小 结

知识资源库包含个体问题解决者掌握的知识以及取用这些知识的手段。信息加工心理学的许多工作都致力于阐明对相关知识进行例行取用的本质,正是这样的取用构成了问题解决的成功表现得以形成的基础。实际上，所有关于例行取用能力的描述都有一个隐含的前提，这就是——模式化情境能够唤起模式化反应。用以刻画这类常规能力的形式化模型包括脚本、图式和帧。

在问题解决的过程（根据定义，这不仅包括了常规表现）中，多种因素影响着问题解决行为。它们包括：个体关于问题领域非正式的和直觉性的知识；关于事实和定义的知识；实施算法程序的能力；对例行程序的熟悉程度；对各种相关素养的掌握情况；关于问题领域内特定话语规则的知识。完整的知识资源库包括了个体可能能够运用的以上类型中的每种技能，它同时也描述了每项知识资源的扎实程度。（对任何相关观念熟悉程度的可能范围，是从隐约怀疑它可能正确至能笃定地立即取用。）

知识资源可能不仅仅是不稳固的，它们还可能是不正确的。研究表明，学生的表现有着一系列常见的错误模式。这让肤浅的教学模式受到质疑，因为我们可能不能假定学生"尚没有掌握"，而应该假定他们可能已经"掌握"了一些错误的东西并在持续地应用它们。好的教学不应当是简单地（一次又一次地）演示正确的程序，而可能是需要识别出学生的程序性错误并"纠正"它们。最后，表征为知识资源提供了支持性结构。个体能够作出的问题表征（和将哪种表征运用于问题之中）可能决定着问题探索方案的推进——以及作为结果来说，它们会否取得成功。

第3章　探索策略

这本小册子试图以一种现代而朴素的形式来复兴探索法。

——波利亚,《怎样解题》,1945,p.113

第 1 节　简 介 和 概 述

波利亚在复兴其称为"现代探索法"上所取得的成功是非常巨大的。在上面引用的关于探索法意图的宣言发表整整 35 年后,美国数学教师协会(the National Council of Teachers of Mathematics,简称 NCTM)出版了《行动纲领:关于 20 世纪 80 年代学校数学的建议》。其中,第 1 条建议如下:

问题解决必须成为 20 世纪 80 年代学校数学的重点

在接下来的十年内,问题解决能力的发展应当指引数学教育者的工作。问题解决中的表现将衡量出个人及国家所具备的数学素养的有效性……(p.2)

作为该建议实施工作的一部分,NCTM 将其 1980 年的年鉴命名为《学校数学中的问题解决》。年鉴的各个章节都浸润着波利亚的成果,从头至尾、字里行间都反映出他的影响:在封面和封底的衬页上都再现了在《怎样解题》中首次出现的问题解决四阶段导引(回顾表 1.2)。这仅仅是波利亚影响的一个表现。他关于问题解决的工作同时得到了数学家和数学教育者的高度评价。探索法,或者说是"对解题通常有用的思维活动"(1945,p. 2),成为数学教育中大多数问题解决相关研究的重点,对之的培养成为大多数问题解决能力发展工作的基础。

本章研究了对此项艺术进行探索的现状。开头的这一节提供了一些背景,首先介绍了研究探索策略的合理性,证实了已经受到的一些关注。对文献的概述表明,总体上说,对它们给予的关注并没有获得足够的成功回报,向学生教授如何使用探索策略的尝试所取得的成效一直低于预期。对于这方面的失败,我们提出了三种可能的解释。

第 2 节为接下来的讨论做了一些范围上的限定,简要地介绍了所讨论问题的种类以及被要求解决这些问题的学生的基本情况。

第 3、4、5 节分别阐述了第 1 节中提出的三个假设。在第 3 节中,对两种策略的深入研究表明,对典型探索策略的界定总是非常宽泛——事实上,这样的宽泛描述使得它们不能对这些策略的实施形成有效引导。第 4 节给出了运用探索策略的方法解决问题的理想化详尽方案,它表明,使用这些策略的成功程度不仅取决于对方法本身的掌握,还与良好的"监控性"决策制订有关。(这一点将在第 4 章中进行深入阐释。)第 5 节讨论了探索策略与知识资源的关系,该节同时指出,个体能够取用的知识资源种类将如何决定对这些问题解决策略的使用。

为什么要教探索策略? 关于合理性

研究探索策略和教授如何利用探索策略进行问题解决的合理性如下。

1. 从本科生开始,到研究生,再到年轻的专业人员,一个新手专家要解决成千上万的问题。某次,某人偶然使用过去曾成功过的一种方法解决了一个问题,于是,他获得了启发。(此处引用波利亚书中的"传统的数学教授"——"方法就是你用了两次的手段";Polya,1945,p. 208)如果那种方法成功了两次,那么他就可能在遇到其他类似问题时再度使用该方法。通过这样的方式,方法成为策略。经过一些年头,每个问题解决者都开始依赖(在相当程度上可能是无意识地)那些已被证明对自己有效的方法来进行问题解决。换句话说,个体发展出了一套个性化的、因人而异的问题解决策略。

2. 虽然第 1 点中所描述的问题解决策略的发展是因人而异的,但是它们也具备一些一致性。这指的是，专家型问题解决者在解决新问题的方式上具有相当大的同质性。（这并不是令人十分惊讶的事，因为其实只需要具备较少的方法就能让一个人在数学上取得成功。从某种意义上看，我们可以说，成功的问题解决者是由相应的知识领域训练出来的。）这并不是说我们的论点是两位专家一定会用完全相同的方式来解决同样的新问题，而是说，如果两位专家正着手处理一系列陌生的拓展性问题，那么他们所尝试的问题解决策略会有相当大的重叠。

3. 通过内省（波利亚的方法）或对专家解决大量问题的系统观察，识别和刻画专家问题解决时所采用的探索策略是具备可能性的。这就是波利亚开始于《怎样解题》中"探索法小词典"的工作，它们在《数学与合情推理》和《数学的发现》中得到了详细阐述。

4. 最重要的探索策略一旦被发现和阐释，下面要做的事就显而易见了。我们应当直接提供对于这些策略的教学，从而使学生不必再面对自主发现这些策略的困难。这就是说，第 3 点中所阐述的策略集合应当被用来引导问题解决过程。如果这样做了，个体学生就不必再像第 1 点中所说的那样——孤身一人在经历漫长而艰辛的时光后才能捕获这些一般化原则。

关于这些合理性，目前唯一存在的问题是：它们还未有成效，但不是因为缺乏尝试。数学教育的文献中有着许许多多关于探索策略的研究，尽管其中的大部分都令人感到欣然，但几乎没有研究提供了具体的证据来说明探索策略具备实验人员所期待的那些效力。例如，威尔逊（Wilson，1967）的研究和史密斯（Smith，1973）的研究表明，与研究假设相反，从表面上看，一般化探索策略并没有被较好地迁移到新情境中。坎托夫斯基（Kantowski，1977）、基尔帕特里克（Kilpatrick，1967）和卢卡斯（Lucas，1974）基于对问题解答展开研究的报告都表明，探索策略的使用与能力测试的分数、问题解决测试的成功程度都相关，但是，研究结果远没有他们先前预期的那么显著。干预比较研究表明，对探索策略的学习进行干预会持续产生有向好之势但好坏参半的结果，相关研究见于罗默（Loomer，1980）和戈德伯格（Goldberg，1974）的文献。简而言之，研究已经证实，探索策略比人们所希望的或所期待的要复杂得多且更难学。在总结了 75 项关于问题解决策略的实证研究结果后，贝格尔（Begle）写了下面的话：

我们付诸了大量的努力去试图寻找出学生在尝试解决数学问题时会

使用的策略。……这些研究的结果没有为数学教育指引出明确的方向。事实上，已经有充分的迹象说明，问题解决策略既有专门针对问题的，也有专门针对学生的。这足以表明，指望找到一种（或一些）应当教给所有（或大部分学生）的策略，实属过于简单化了……

　　这篇关于我们对数学问题解决已有认识的简要回顾确实相当令人沮丧。(Begle，1979，pp. 145 - 146)

在人工智能领域，试图基于像波利亚所描述的那些探索策略来建立问题解决程序的尝试，通常都是不成功的。但与此同时，围绕其他方法建立的程序却取得了实质性的成果。因此，从主观上说，作为本章重点的数学探索策略在认知科学相关领域几乎不具备信度。从西蒙(H. A. Simon，1980)的建议中，可以窥见对这种观点的理解：

　　在问题解决的教学中，主要的重点需要直接指向凝练、明晰和练习问题解决的探索策略——同时包括一般化的探索策略，如手段—目的分析法，以及更加具体的探索策略，如在物理中应用能量守恒原理。(p. 94)

西蒙推荐的一般化探索策略已经在人工智能领域被证明是有效的，如手段—目的分析法和爬山法。更加具体的探索策略是关于特定学科内容的方法或具体领域内的原理。这些与《怎样解题》(p. 2)中所描述的"对解题通常有用的思维活动"及其成效相去甚远，《怎样解题》中的这一含义常常被忽视了。

现在让我们总结一下，无论是实证性文献所呈现的结果，还是人工智能领域项目的成效，它们都尚未对"数学探索是有效的问题解决策略"这一基本观点形成确证。本章的主要目的是探讨探索过程的本质并解释目前对于实施这些策略的尝试为何还没有取得成功(无论是对人类还是机器来说，但更多的还是主要集中在前者)。总之，我认为，探索策略尚没有达到人们的期许，理由如下。

尽管探索策略在数学教育文献中已得到广泛关注是事实，但探索策略并没有得到足够详尽的刻画。为一个特定的策略打上标签并进行相应的描述(如"研究特例")，与让学生能够识别出一个策略并理解对其的使用，其实是一回事。但是，为学生提供足够细致的教学指导以使得当他们遇到问题时能使用适当的策略，则是另一回事。在大多数研究中，对探索策略的刻画在指引性上还不够，没有呈现出足够的细节使得这些刻画能够引导问题解决过程的推进。

仅仅对探索策略的使用开展学习不足以保证问题解决的表现具备胜任力。第 1 章说明了调控型决策的重要性以及它们对问题解决过程的影响。（回忆一下 DK 和 BM 解决问题 1.3 的尝试。）当对探索策略刻画的细致程度达到上一段所述的那样时，调控就成为一个主要的问题。随着细致程度的增加，探索策略的数量也在增加，有效的、被充分界定的方法的数量不是以十为单位的，而是以百为单位的。在问题解决中的任何时刻，问题解决者都可能面临许多的相关方法，（在何时）选择它们中的哪些就成为一个关键问题。如果问题解决者没有合理且有效的方式去做出这样的选择，或是在做出错误选择后没能进行成功的补救，那么探索策略可能带来的优势就被弱化了，在此之后，其影响可以忽略不计。

调控的问题是第 4 章的重点。本章聚焦对各个探索策略的使用，研究了对这些策略进行的充分刻画需要细致到哪种程度，以及学生使用这些策略时需要用到的技能种类。如上所述，通常尝试教授这些策略的结果是成败参半。我认为，结果之所以有好有坏，是因为探索策略的复杂性以及实施这些策略所需的知识体量被低估了，它们被低估的方面至少有下面三个：

1. 实际上，对探索策略的典型描述是为一类密切相关策略的所属类型打上的标签，如"研究特例"。许多探索策略的标签都包括了五六个以上更细的策略，每一个被更为细分界定的策略都需要在进行充分的解释后方能被学生准确地使用。

2. 实施探索策略时面临的情况远比该策略第一次出现时的情况要复杂。以"利用更容易的相关问题"策略为例，它包括了六个或七个互相独立的阶段，每个阶段都可能成为困难发生的位置。培养对于该策略的使用必须包括对其中所有阶段的培养，并且，至少要像对标准化的学科内容那样，对这些培养给予悉心关注。总的来看，目前关于教授这些策略的尝试尚不够精准和严谨。

3. 虽然探索策略可以对相对陌生的领域有所指引，但它们不能取代学科内容知识，或者说，不容易弥补学科内容知识的缺失。在通常情况下，一个探索策略是否能成功实施在很大程度上依赖于是否对特定领域的知识资源具备相当扎实的基础。因此，对这些策略期待太多是不现实的。

下一节简要介绍了对本书中所使用问题的认识并描述了我的目标学生群体。接着的三节按顺序仔细研究了上面所说的三点。

第2节　问题是什么以及学生是谁

对问题（Problem）这个术语进行界定的困难在于问题解决是相对而言的。完成同样的任务，一些学生需要付出巨大的努力，但对另一些学生来说可能只是例行公事，而对某位专家来说，回答它们可能只需要回忆一下即可。因此，成为一个"问题"并不是数学任务的本然属性。而是说，它是个体与任务之间的一种特定关系，它使得一个任务对这个人来说意味着是问题。在本书中，问题一词的使用就是具备了这种相对意义，指的是某个任务对于努力解决它的人来说是困难的。进一步说，这种困难是思维上的关山难越，而不是计算上的沟沟坎坎。（例如，转置一个 27×27 的矩阵对我来说是个艰巨的任务，在这个过程中，我很可能会犯算术错误，即便如此，转置一个给定矩阵对我来说并不是一个问题。）更准确点儿说，如果个体已经能够获取到关于一个数学任务的解决图式，那么该任务就只是一个练习而不是一个问题。

在《牛津英语词典》中，我比较喜欢的定义是："问题（Problem）：一个存疑的或困难的议题；一个需要探究、讨论、思考的事项；一个能让思维获得锻炼的疑问。"

这就是波利亚使用这个术语时想要表达的意义，这为他尝试将探索策略复兴成问题解决工具搭建了基底。这其实是说，探索策略是优秀的问题解决者遇到对他们来说是问题的任务时取得进展的方法。正如波利亚所说，"探索法的目的是要学习发现和创造的方法与规则"（1945，p. 112）。概括地说，探索策略是问题解决者陷入困难境地时所使用的方法。它们是理解和突破困难问题时的经验法则。第1章给出的探索策略使用案例一定程度上说明了可以如何运用这样的策略。从这些例子中能够清晰地看出，这些方法的使用是很微妙的，也是很难的——特别是当问题解决者对下一步要做什么没有一个很好的想法时，它们就会非常起作用。如何使用探索策略开展学习需要具备关于数学知识资源的（合乎要求的）扎实基础，也需要在相当程度上具备进行复杂思维的能力。出于这些原因，我们的大多数讨论都限定了将以下类型的人员作为研究对象：

1. 绝大部分是成人问题解决者——大学生及以上。（注释1）

2. 具备合乎要求的数学基础——能对微积分的知识有些熟悉就更适合了。（注释2）

3. 问题对于他们来说的含义是上文所描述的那样。以及，

4. 为问题解决所做的努力胜券在握（至少是胜利在望）。（注释3）

注释1：比这个年龄层次低大约2年也是可以的。正如上文建议的和下文详细讨论中所说的，探索策略是微妙的、复杂的和高度抽象的。像第1章讨论的那样，这只是成功的问题解决者拥有的各种方法武器中的一个组成部分。调控策略甚至更加抽象，从根本上说，它们才是操控者，操控的范畴是探索策略的活动空间。这里建议对年龄进行限定的原因，仅仅是为了有助于确保学生的数学知识具备一定的成熟度。

这并不是说学生应该在大学才首次接触到探索策略。为这些策略的使用打下基础可以也应当贯穿于学生的整个数学学习生涯。事实上，如果这样的打基础工作始终是一步一个脚印地在做，那么到了大学阶段，大部分我必须要去做的基础性补偿工作就是没必要的。在这样的情况下，对这些策略的使用，年轻些的学生也能够识别、理解和进行模仿。但是，打个比方，如果有人认为四年级的学生也能像波利亚所描述的那样使用这些数学策略，那么他们要么是没有理解这些策略的复杂性，要么是没有理解来自皮亚杰工作的教训。

注释2：虽然做了这项限定，但解决本章中被作为例子的所有数学任务和我的问题解决课程中的绝大部分任务（我不太愿意把它们说成是"问题"），都不需要用到微积分的知识。将具备微积分的知识作为前提条件，只是想要确保学生在一定程度上具备复杂思维的能力。

注释3：做出这些限定的目的是希望能让探索行为发生于相对适宜的情境中以便展开研究。这里的意图并不是要避免对于情感话题的讨论，因为关于情感的话题显然是决定问题解决行为及其成功程度的主要因素之一；而是说，如果将对之的讨论稍稍推迟一点，我们的研究会变得更简明。对于情感话题的直接讨论将从第5章开始。

第3节　用更精确且实用的方式描述探索策略

本节较为详细地讨论了两类一般化探索策略的具体特征："研究特例"和"开发子目标"。对它们的分析显示，与通常认为的不同，这些探索策略不是千人一面的问题解决套路，在所有情境中的使用方式并非都相同。相反地，每个一般化探索策略都可以被视为具有一定相关性的子策略的自由组合。我认为，为了便于学生能够学着使用，对这些子策略的界定需要足够精确。如若仅在一般化策略的层面上进行教学，就不太可能为学生提供所需的工具以促进他们问题解决表现的改善。

先看一个简单的策略：研究特例

让我们从一个经常提到的策略开始，它在问题解决的开始阶段特别有用。

策略 S　为了理解一个不熟悉的问题，你可能希望通过举出许多特殊的例子来进行问题的例析。这样做也许会引导出探索方案的方向或可能形态。

以下五个问题都是可以有力应用策略 S 的问题：

问题 3.1　求下列无穷级数的和。

$$\sum_{i=1}^{n} \frac{1}{i(i+1)}。$$

问题 3.2　若令 $P(x)$ 和 $Q(x)$ 是系数相同但互为"倒序"排列的多项式：

$$P(x) = a_0 + a_1 x + a_2 x^2 + \cdots + a_n x^n，$$

和

$$Q(x) = a_n + a_{n-1} x + a_{n-2} x^2 + \cdots + a_0 x^n，$$

那么 $P(x)$ 的根与 $Q(x)$ 的根之间有什么关系？证明你的答案。

问题 3.3　给定实数 a_0 和 a_1。将数列 $\{a_n\}$ 定义为

$$a_n = \frac{1}{2}(a_{n-2} + a_{n-1})，n \geqslant 2。$$

证明 $\lim\limits_{n\to\infty} a_n$ 存在并求出其值。

问题3.4　有两个边长为 s 的正方形,将其中一个正方形的一个顶点与另一个正方形的中心重合。请用 s 表示两个正方形重叠部分可能的面积。

问题3.5　在周长为 P 的所有三角形中,哪个面积最大? 说明理由。

现在让我们来考虑策略 S 在解决每个问题时的使用方式。

问题3.1最常见于无穷级数的课程中。该问题的标准解法如下:

如果我们能够聪明地观察到,

$$对所有 i 来说,\frac{1}{i(i+1)}=\frac{1}{i}-\frac{1}{i+1},$$

当看见

$$\frac{1}{1\times2}+\frac{1}{2\times3}+\frac{1}{3\times4}+\cdots+\frac{1}{n(n+1)}$$

时,就可以将它写成

$$\left(1-\frac{1}{2}\right)+\left(\frac{1}{2}-\frac{1}{3}\right)+\left(\frac{1}{3}-\frac{1}{4}\right)+\cdots+\left(\frac{1}{n}-\frac{1}{n+1}\right)。$$

一旦该式被这样写之后,我们就可以看出加号两边的项都可以互相抵消,最后就只剩下了首尾两项。我们说,这个式子被"缩减"为 $1-\dfrac{1}{n+1}$。

诚然,前面这段为本题提供了一个优美的解答。但是,拥有这样的聪明却不是必需的。如果使用策略 S 计算前几个该类式子的和,那么所得部分式子的和就为 $\dfrac{1}{2},\dfrac{2}{3},\dfrac{3}{4},\dfrac{4}{5},\dfrac{5}{6},\cdots$。这个模式预示出了和的形成可能是怎样的。这个猜想很容易通过归纳法进行验证。

尽管刚开始入手时可以采用与问题3.1相同的方式,但策略 S 在问题3.2 中的使用与在问题3.1中有所不同。假设我们通过对 n 的不同赋值尝试研究特例,而不是处理任意次数的多项式,那么我们就可能选择去依次研究次数为 1、2、3…的多项式。次数为1时的情况不太明显。但是,假设 $n=2$ 就可以得到两个任意的二次方程:

$$P_2(x)=a_0+a_1x+a_2x^2 \text{ 和 } Q_2(x)=a_2+a_1x+a_0x^2。$$

找出 $\dfrac{-a_1+(a_1^2-4a_0a_2)^{\frac{1}{2}}}{2a_0}$ 与 $\dfrac{-a_1+(a_1^2-4a_0a_2)^{\frac{1}{2}}}{2a_2}$ 之间的正确关系实属不易,

处理一般化的更高次数多项式也更不会容易。

在问题 3.2 中使用策略 S 的关键在于选择一个容易分解的多项式。比如,对下面两个多项式的计算就可能会引发一个猜想:

$$P(x)=x^2+5x+6 \text{ 和 } Q(x)=1+5x+6x^2。$$

通过为 $P(x)$ 和 $Q(x)$ 再选择一些其他的简便形式,我们很有理由猜测出,两个多项式的根可能始终互为倒数。接下来的任务是去证明这个猜测,对容易的可分解多项式的观察引导出一种证明方式。[来自 P 中每一个形如 $(ax+b)$ 的项都可以与来自 Q 中每一个形如 $(bx+a)$ 的项相配对。]

在问题 3.3 中,快速完成对 a_n 的一般化计算是一件复杂的事。现在,我们可以通过思考 $a_0=0$ 和 $a_1=1$ 时会得到什么来暂时地避免这种复杂性。这时,该数列就会变为下面这样:

$$0,\ 1,\ \frac{1}{2},\ \frac{3}{4},\ \frac{5}{8},\ \frac{11}{16},\ \frac{21}{32},\ \cdots。$$

我们可以直接确定这个数列的通项公式。或者,我们可以通过观察前后两项的差

$$+1,\ -\frac{1}{2},\ +\frac{1}{4},\ -\frac{1}{8},\ +\frac{1}{16},\ -\frac{1}{32},\ \cdots,$$

发现它们的排列呈等比数列,遂完成对该特例的解决。

当这样做时,经由线性变换,问题表述中的一般情况就可以简化为对特例的计算,这样,就能通过对特例的解决来解决原问题。但是,对特例的解答也直接对一般情况的解决形成了启发。在上面的计算中,有一个现象逐渐明显:随着迭代次数的增加,从 a_n 到 a_{n+1} 的距离不断减半——特别是如果能画一个图的话(另一个探索策略),就会看得更加清晰。在一般情况中,与特例中的相同,各项也呈等比数列。

在问题 3.4 中,我们可以通过考虑重叠面积容易计算的一些情形(图 3.1、图 3.2)来获得对原问题的一些认识。它们对问题的一般化答案形成了提示,该答案也可以从图 3.3 中推得。

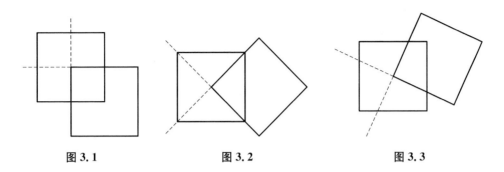

图 3.1　　　　　　　　图 3.2　　　　　　　　图 3.3

在问题 3.5 中,我们可以为 P 赋上一个适当的值来简化运算,然后就能通过简单计算或估算各种三角形的面积来推进问题的解决,包括等腰直角三角形、等边三角形以及可能的一些极端情况。这些计算的结果将对原问题的答案形成提示,问题解决者可以在后续通过解析几何的手段进行证明。除了对直觉的形成有所帮助,对特例的研究还可以指引问题解决的推进方式。例如,在比较可能的三角形时画出的草图也许会让问题解决者想到变分法。或者,如果问题解决者对答案的基本特征有信心的话(作为答案的三角形将是等边的,具有对称性),他可能会让自己尝试利用对称性来进行论证。

通过回顾问题 3.1 至 3.5 对于策略 S 的使用,我们可以发现,前文给出的对于策略 S 的描述仅仅是对五种密切相关策略的总结性描述,它们中的每一个都有自己专门的特点。

策略 S_1　如果问题的表述中出现了整数参数 n,该题可能就适合于计算 $n=1,2,3,4$(也许再稍微多一些)时的特例。我们可能会从中看到对答案形成暗示的一种典型模式,这种模式可以经由归纳法得到验证,而计算本身可能又暗示了归纳的机制。

策略 S_2　我们可以通过将容易求根的表达式(例如,容易分解出整数根的多项式)作为特例,来获得对与复杂代数表达式的根相关问题的认识。

策略 S_3　在具有迭代意义的计算或递归中,用特殊值 0 和/或 1 进行替换(不能导致一般性的缺失),常常让我们能看出典型模式。这样的特例让我们避免陷入符号陷阱,从而观察出可能被掩盖的规律。

策略 S_4　在处理几何图形时,我们首先应当研究复杂程度最低的特例。比如,可以考虑正多边形,或者是等腰三角形、直角三角形、等边三角形而非

"一般"三角形,或者是半圆或四分之一圆而不是任意的扇形,诸如此类。

策略 S_{5a}　对于几何论证,通常可以在不失一般性的情况下选择便于计算的数值来完成运算(比如,将任意圆的半径设定为1)。这样的特例会让后续的计算更加简单。

策略 S_{5b}　计算(或更简单的方式——估算)一个范围内多个案例的数值可以帮助发现极端情况所具备的特征。那么,一旦由此"确定"了极端情况是什么,就可以通过许多方式中的任何一种证实其合理性。此时,常常会首先将具有对称性的对象作为特例加以研究。

为了理解直接将策略 S 作为问题解决应对策略的弊端,让我们考虑一下这样的情形:学生在面对问题 3.1 到 3.5 中的任意一个时,若得到的建议是把策略 S 作为"帮手",他们将会面临的困境是什么? 对一个有经验的问题解决者来说,从描述策略 S 的 31 个英文单词中推得从策略 S_1 到策略 S_{5b} 中建议的行动是非常困难的任务。当学生在问题解决时只有一般化的探索策略能够使用的时候,这种困难的发生会是很常见的。在大多数时候,对特定探索策略的表述是相当宽泛的,几乎不包含关于如何在实际中使用它的线索。就其本身而言,该策略也没有精确到能够对之进行清晰解读的地步。相反地,它是一个标签,概括了一系列密切相关的更细化的策略。这些探索策略的"标签"地位解释了关于探索策略的一个明显悖论——专家能够使用但是新手却发现很难使用它们。这并不奇怪:专家已经掌握了相关的子策略并由此被视作能够任意支配"该策略"。而对于学生来说,他们只获得了对"该策略"的基本描述,难以充分地配备齐全能够任意支配它的工具。

必须要指出的是,将策略 S 像上面那样分解为策略 S_1 到策略 S_{5b} 的更细化探索策略的集合,并不会降低策略 S 的重要性。每一个更细化的探索策略都有自己的价值,适用于范围广泛的一系列问题,也需要进行相当多的学习才能掌握。采用上文所说的这种方式分解这些探索策略是教学生如何使用它们的第一个步骤,下一步是为每个更细化的策略提供教学指导。为此,我们需要收集一些具备样例意义的问题,制订一套关于说明探索策略应如何实施的详细指导方案(见后文)。即使对像 S 这样看似简单的策略来说,这也是一项艰巨的任务。而对于适用范畴更广阔的策略,该任务的完成会愈加艰难。

再看一个略复杂的策略：开发子目标

作为对前述观点的第二个例证，让我们简单地考虑下面的策略 H，其定义如下。

策略 H 如果你不能解决所给的问题，那么开发子目标（部分地实现理想状态）。在达成这些子目标后，再在此基础上解决原问题。

如下所述，策略 H 可被用来解决下面五个问题。

问题 3.6 将数字 1 至 9 填入图 3.4 中，使得每一行、每一列、每一条对角线上的和相同。这样的结构称为幻方。

问题 3.7 100! 的运算结果末尾有多少个 0？——100! 指整数 1 到 100 的乘积。

问题 3.8 计算 1 到 1 000 中，除了 4 和 11 的倍数之外的所有整数的和。

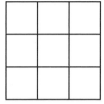

图 3.4

问题 3.9 将正整数排列如下：$(1), (2, 3), (4, 5, 6), (7, 8, 9, 10)$，等等，使得第 k 组里有 k 个数。求第 k 组所有整数之和。

问题 3.10 如图 3.5，G 是一个 17×31 的矩形网格。如果矩形的边必须在网格线上，那么 G 中共可画出多少个不同的矩形？（包括正方形，也包括边在 G 边缘线上的矩形。）

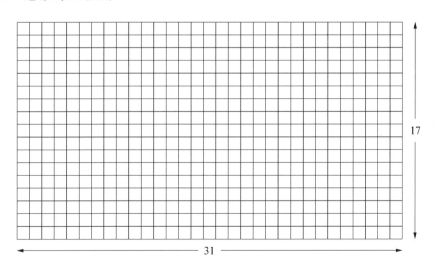

图 3.5

问题 3.6 至问题 3.10 都是关于整数基本运算的简单任务。大多数问题都能通过某种方式用上 n 个连续整数的求和公式。这些问题仅占据了策略 H 所涵盖问题范围中的很小一部分,然而,每个问题中对于子目标的使用方式仍然是不同的。

问题 3.6 的首要任务是缩小搜索范围,这是因为:将数字 1 到 9 填入 3×3 的格子中共有 45 360 种非同构的方式——而其中仅有一种能够解决问题。搜索范围的缩小可以通过使用两个子目标来达到。第一个子目标是确定每一行、每一列、每一条对角线上的和应当是多少。第二个子目标是聚焦出应将哪个数字填入最重要的方格,也就是中心的那个格子。

同样地,在问题 3.7 中,我们也希望能够显著地减少问题解决所需的计算量。在这个情境中,该目标可以通过分析结果"末尾"的 0 怎样来自 10 的因数来实现。虽然这看起来微不足道,但是本题的主要子目标就是对此的进一步分解。当我们认识到只需要计算 1 到 100 中数字 5 作为因数出现的个数(数字 2 作为因数的数量是比 5 多的),该问题就基本获得了解决。

解决问题 3.8 最好的方法是将下面两个独立的子目标相结合:(1)找出或忆起等差数列的求和公式,(2)将问题约简到可以重复使用该公式的形态(分别求出整数 1 到 1 000 的和、4 的倍数的和、11 的倍数的和、44 的倍数的和)。问题 3.9 也使用了该公式,但需要达成的子目标是不同的。如果我们能确定第 k 组的首尾两项(使用等差数列求和公式),那么就能求出该组的和(再一次使用等差数列求和公式)。问题 3.10 的解决通常需要利用组合数学完成一个巧妙的论证。虽然如此,不熟悉这种计数程序的学生可能仍然可以通过开发系列化的子目标来解决这个问题:先解决较简单的 1×31 问题[或许可以通过 $(1 \times n)$ 网格的情况进行归纳],再以此为基础形成解答[通过 $(m \times 31)$ 网格的情况进行归纳]。

问题 3.6 至问题 3.10 都基本来自同样的内容领域,每一个都可以通过选择恰当的子目标来解决。尽管如此,每个问题的关键之处是不同的。每个问题都可以被视为能使用相似方法解决的一大类问题的原型(比如,问题 3.6 是通过选择恰当的子目标来缩小搜索范围)。如前所述,每一个更细化的策略都相当有价值。以问题 3.7 的子目标分解为例,它基于的是"含有因数 10"意味着"同时含有因数 2 和 5"。尽管这看起来既不深奥也不困难,但是它在其他领域中的类似应用却可能没那么简单。比如,思考一下,如何通过使用结构相似的论证证明一个度量空间是封闭的和有界的来证明它是紧的。帮助学生在新的领域中学会展开这样的目标分解显然并不简单。（事实上，通过"问题迁移"在新的领域中学习使用探索策略的难度始终被低估。）另外，几乎没有必要再指出的一点是，利用问题 3.6 至问题 3.10 的探索方案所讨论的策略只涵盖了子目标策略全部范围中很小的一部分。

简要的讨论

本节用于讨论的例子表明，通常所说的一般化探索策略实际上并不是一个一成不变的策略，而是一个自由组合起来的相关子策略集合。"研究特例"和"开发子目标"两个策略都由多样化的方法组成，就像"求解代数方程"一样。如果我们要去讲授后面这个内容，很明显，我们需要对之进行分解。我们可能尝试去将方程按照不同类型分解，解读每种类型方程的不同解法；对于每种解法，我们还会去描述它们可能适用的方程类型。我们会惦记着要去设计系列化的练习题，以便学生能够在面对给定问题时选择正确的方法进行解决。毫无疑问，如果有必要采用这样的步骤教授与学科内容直接相关的方法，那么这样的步骤对于教授相对朦胧得多的方法来说也是有必要的，比如探索策略。

尽管如此，正如下一节所指出的，对探索性子策略的细致划分只是第一步，对每个这样子策略的实施包括哪些内容进行细致划分具有同样的重要性。

第 4 节　实施"简单"探索
方案时的复杂性

下面的问题 P 在《怎样解题》的第 23 至 25 页有所讨论，书中的解答是通过与一个非常好的学生展开理想化的"苏格拉底式对话"逐渐得出的。这个理想化的对话没有呈现出决策制订时的步履维艰，而这个决策的制订过程对于问题解答的形成是至关重要的。这样一来，就使得问题解决探索方案的生成比实际情况要容易得多。在本节中，我始终贯穿了对这个问题探索方案的阐释——对该方案进行扩展和逐步解读，虽然仍旧是理想化的。我的讨论将说明：在问题解决的过程中，问题解决者一定会做出一些决定，哪怕他们在使用恰当的探索策略上毫无困难。在解答逐渐顺利生成的同时,恰当的探索策略将在"恰当"的时间点上发挥作用。但即便如此,这个过程也是相当复杂的。读者不妨提前看一下图 3.7,该图是关于下面所呈现内容的流程示意图。

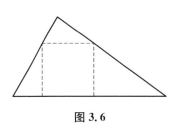

图 3.6

问题 P 一道作图题。在一个给定的三角形中求作一个内接正方形(图 3.6),正方形的两个顶点应在三角形的底边上,而另两个顶点分别在三角形的另外两条边上。

与大多数成功解答中的尝试相同,对本问题的解决也始于尝试将其转换为一个练习题。在着手解决一个问题时,以下策略是合适的:

策略 H₁ 检查问题是否"标准",或者,是否可以看作是一个可以用标准方法解决的问题。

问题 P 明显不是那么容易就能解决的。对如"双轨迹模型""相似图形的模型"(见波利亚《数学的发现》第 1 章)等典型程序的回顾表明,该问题没有现成的探索方案。现在,应考虑另一个探索策略了:

策略 H₂ 如果想要作出一个数学对象,确定其性质常常是有用的,即使并不是将作图作为手段。一旦知道了这些性质是什么,就可以采用另一种程序来作出它们。或者,

策略 H′₂ (适用于特定领域的 H₂):要确定一个点的位置,你有许多可用的方法作出它,如采用代数方法。一旦你知道该点应当在哪里,你可能就会作出它。

正确地理解 H₂ 后,某个问题解决者决定开始处理下面这个改造后的问题:

问题 P₁ 证明给定三角形存在一个内接正方形。如果可以的话,确定其中一个上顶点的位置。

获得关于问题 P₁ 现成的探索方案是困难的,于是,可能就需要用到下面的策略。

策略 H₃ 如果你不能解决原问题,尝试先去解决一个更容易的相关问题。为相关问题寻求已知的探索方案。

当然,许多探索策略都有助于形成合适的相关问题以帮助思考,如以下这

个策略：

策略 H_4 我们可以通过放宽问题的一个条件来获得若干容易些的问题（以及一组解答），之后再重新加入该条件。

在这个问题所有的条件中，必须要考虑的是，待作的正方形应当完全内接于给定三角形。

策略 H'_4（专门适用于几何作图的 H_4）：在几何问题中，一个经常可以减弱的限定条件是几何对象的大小。展开关于如何作出与待作图形相似图形的思考。

一旦这些探索策略得到了运用，问题解决者就会面临一些重要的调控决策，一些与问题 P_1 相关的可能合理的问题随之产生。下面是可能生成的相关问题：（问题 P_2 到问题 P_6 呈现的是我的学生生成的问题，它们按出现频率从高到低依次排列。）

问题 P_2 作给定三角形的内接矩形。

问题 P_3 作三个顶点在三角形上的正方形。

问题 P_4 作给定三角形的内接圆。

问题 P_5 围绕一个正方形作一个三角形，最好能使作出的三角形与给定三角形相似。

问题 P_6 作一个特殊三角形的内接正方形，如等腰三角形或等边三角形。

毫无疑问，问题解决者一次只能在这些问题中选择一个进行处理。那么，由于解决问题 P 的时间是很有限的，探求了一个徒劳无功的方法可能就相当于失去了找到正确方法的机会，因此选错了上面的相关问题就会导致失败。关于个体应当在子问题 P_2 到子问题 P_6 中选择哪一个展开思考是一个条件概率的话题。能走得通的路有很多，P_2 到 P_6 中的每一个可能都能单独成为通向 P_1 解答的第一段路。通过解答 P_2，将能获得 P_1 解答的可能性是

P（通过解答 P_2 将能获得 P_1 的解答）

＝P（P_2 得以解决）×P（利用 P_2 的解答能够解决 P_1）；

P_3、P_4、P_5、P_6 的情形与此相同。这样的思考足以让我们舍弃 P_4，尽管 P_4 的结果众所周知，但该结果没什么用处。（换句话说，利用 P_4 能够解决 P_1 的概率

近乎为 0。)但是,对剩余选项的选择就没那么容易了。当然,任何一条路线通往的成功只是问题 P_1 的解答,我们还要能用问题 P_1 的解答去解决问题 P。还需注意的是,问题 P_1 的不同探索方案可能对解决问题 P 来说产生了不同数量的可用信息。例如:

P(通过解答 P_2 能够解决 P)=P(P 能够基于 P_1 通过 P_2 形成的解答获得解决)

$$\times P(通过解答 P_2 获得 P_1 的解答)$$

$$=P[P 基于(P_1 通过 P_2)]\times P(P_1 通过 P_2)$$

$$\times P(P_2)。$$

这些概率都是主观的,然而,对它们进行考虑是至关重要的。由于存在时间限制,并且在解决问题 P 过程中的任何一个环节发生错误都意味着整个方案的失败,因此一个错误的选择就可能是致命的。图 3.7 用流程示意图呈现了这一套系统。

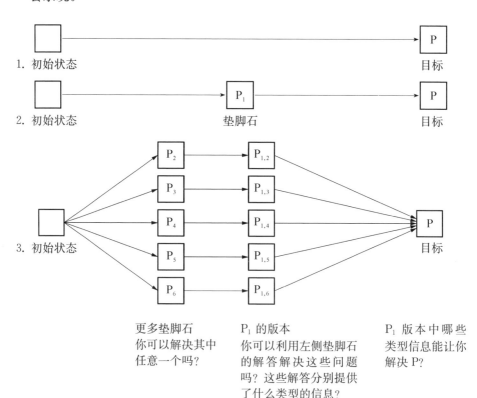

图 3.7　问题 P 探索方案的小部分决策子系统

应当指出的是,本问题的调控策略是非常清晰的。一旦选择了开始研究问题 P_i,探索方案的构建顺序就没什么选择余地了。问题 P 的探索方案取决于问题 P_1 的探索方案,而问题 P_1 的方案则取决于问题 P_i 的方案,所以,问题解决的顺序基本上是 P_i、P_1、P。(也就是说,只要像这样做,问题的解决就会进展顺利。如果遇到了困难,那么就可能需要运用调控策略去舍弃已选择的思路而转向其他思路。)通常来说,调控策略是比较复杂的。

像上面说的那样去做,图 3.7 中共有两条思路可以获得问题 P 的探索方案。问题 P_6 虽然也具备合理性,但不如问题 P_2 容易解决,它是一条死胡同。经由问题 P_4 的思路无法得出一个解答。以我的理解来看,尽管用于证明问题 P_2 的论证值得关注,但是没有一条经由该问题的思路能够走得通。这组可以内接于三角形的矩形的形状范围从"又矮又胖"到"又高又瘦",不一而足。根据中值定理,在两种极端的形状之间会存在一个正方形(图 3.8)。

但遗憾的是,这个关于存在性的经典论证虽然解决了问题 P_1,但并没有对正方形的构建形成任何提示。考虑到我们要找的是问题 P 的探索方案,因此,这仍然是一条死胡同。

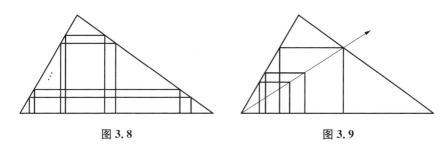

图 3.8　　　　　　　　　　　　　　　图 3.9

问题 P_3 给出的也是一个关于存在性的论证。三个顶点在三角形边上的这组正方形的第四个顶点开始时是在三角形内部,然后不断"成长"到对边。但是,与证明问题 P_2 的论证不同,该论证能转换为可用于构图的论证。如果我们想要去研究第四个点的位置(图 3.9),那么就可以精确地定位这个点是在哪里与对边相交。

顺便说一句,在选择方案思路的时候,运气也是因素之一。因为 P_2 和 P_3 看起来都具有合理性且都能形成关于存在性的论证,所以没有任何基于先前经验的理由能表明 P_3 比 P_2 更好。

最后,关于特定领域的"相似图形的模型"策略使得经由问题 P_5 能够产生一个巧妙的探索方案。假设我们从一个边长为给定三角形高 h 的正方形 S 开始,很容易在 S 的周围画出一个与给定三角形相似的三角形,接着,利用一个标准的等比例作图就可以完成对该问题的解决(图 3.10)。

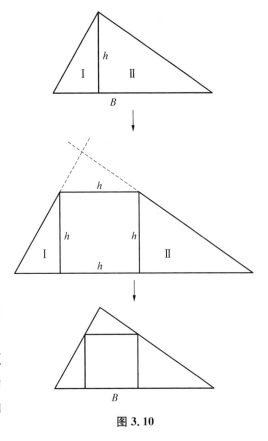

图 3.10

讨论

对问题 P 探索方案的回顾只是部分地诠释了"更容易的相关问题"策略,即策略 H_3,如下所述:

策略 H_3 如果你不能解决原问题,尝试先去解决一个更容易的相关问题。为相关问题寻求已知的探索方案。

在呈现问题 P 的探索方案时,我已经适当地阐述了探索策略并解读了它们的最理想化使用方式。在这样的过程中,毫无疑问,扎实的知识资源是必备的,同样必须的是没有在开始时发生失误、没有找不到路,也没有产生误解。就算这样,这个问题的解决还是需要相当体量的复杂行为。形成探索方案要做到:

1. 首先去思考可以使用哪些适当的策略,这绝不是一项无足挂齿的任务;

2. 知道对于这个问题来说各策略适合的具体形式;

3. 生成合适的更容易的相关问题的集合;

4. 评价第 3 点中的每个问题:

　　a. 本身能被解决的可能性;

　　b. 能通过使用该题的探索方案解决问题 P 的可能性;

5. 根据第 4 点所得的概率做出决策；

6. 根据第 5 点所做的选择去解决那个更容易的相关问题；

7. 利用该题的探索方案（或许是方法，也或许是结果）去获得问题 P 的探索方案。

上述所有步骤（此处未对它们再进行详细说明）构成了策略 H_3 的实施机制，在其中任何一个步骤上有所疏忽都可能导致采用策略 H_3 解决问题的尝试走向失败。在考虑尝试开展关于如何让学生使用探索策略的前置性教学时，应该要想到这种复杂性。例如，如果仅向学生展示关于问题 P 的成功探索方案，那么就会跳过所有的这种复杂性。尽管学生仍然能够"理解"这些策略的使用，但是这将使他们完全没有做好关于使用该策略的准备。

第 5 节　探索策略与知识资源的深度交织

第 1 章展示了问题 1.2 的探索方案，该题要求使用尺规作一条平行于三角形底边的直线将给定三角形的面积平分（图 3.11）。解答该题使用的策略是"假设问题已经解决了"。该解答以在图中画出线段 DE 为基础，然后确定将图形所分成的两个部分面积相等的 DE 的位置。

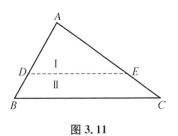

图 3.11

虽然如此，该解答的完成其实还取决于少量该领域的具体知识。具备"相似三角形图式"的问题解决者，当看出 $\triangle ADE$ 与 $\triangle ABC$ 相似时就能受到启发，产生一个或多或少能够解决该问题的简单探索方案。缺乏该图式的人将不得不进行复杂程度更高的计算，且常常不能成功（就算他们具备恰当的问题解决能力）。这凸显了本章的第三个要点：尽管探索策略的应用范畴跨越了许多数学内容领域，它们在任何特定领域内的成功实施往往在很大程度上依赖于具体的学科知识储备。虽然探索策略很重要，但他们的运用却是建立在知识资源的基础上的。（也就是说，就算一个问题解决者有能力常态化地使用探索策略，我们也不能指望他/她在新的领域内创造奇迹。）本节还给出了两个知识资源和探索策略相互作用的例子。第一个例子来自我的学生在解决下面这个问题时的尝试：

问题 3.11 证明：对实数 a,b,c,d，如果 $a^2+b^2+c^2+d^2=ab+bc+cd+da$，那么都能推出 $a=b=c=d$。

我曾把这个问题布置给加州大学伯克利分校数学专业一年级一个班的学生。解决这个问题的一般化策略被冠以"利用一个更容易的相关问题"标签，一个更为具体且更有操作性的说法如下：

> 构思一个变量更少的类似题目。如果问题里有许多变量以致很难顺利地进行解决，那么构造并解决一个变量更少的类似题目。然后，你或许就能够：（1）通过调整该题的探索方案使之适合于更复杂的问题，或（2）利用该简单题目的结果继续开展研究。

当我的学生在解决问题 3.11 尚未取得成功时，我描述了"更少变量"策略并问他们有何建议。其中一名学生建议我们可以将问题表述中 c 和 d 的值设置为 0，就得出了下面这个更简单的问题：

问题 3.11A 证明：如果 a 和 b 是实数，从 $a^2+b^2=ab$ 能推得 $a=b$。

全班都同意这个建议并研究了问题 3.11A，但并未取得什么成功。这次的不成功并不令人惊讶，因为问题 3.11A 本就不是对问题 3.11 的恰当改动（只在偶然情况下正确）。将问题 3.11 中的 c 和 d 设置为 0 后作正确改动，得到的是

问题 3.11B 证明：如果 a 和 b 是实数，从 $a^2+b^2=ab$ 能推得 $a=b=0$。

问题 3.11B 与问题 3.11 不够相似，对问题 3.11 的解决来说不够有效。为了选择恰当的双变量相似问题，我们必须要注意到问题 3.11 等式右边项的循环性，然后构建一个具有循环结构的双变量问题表述。这就产生了以下问题：

问题 3.11C 证明：如果 a 和 b 是实数，从 $a^2+b^2=ab+ba$（即 $2ab$）能推得 $a=b$。

幸运的是，问题 3.11C 很容易解决：

$$a^2+b^2=2ab,$$

则

$$(a-b)^2=0,$$

所以

$$a=b。$$

思考可知,这个解答背后隐含的想法是通过得到 $(a-b)^2=0$ 推出 $a=b$,这个想法可被用于解决问题 3.11。将原问题表述中的式子两边都乘 2,可得

$$2a^2+2b^2+2c^2+2d^2=2ab+2bc+2cd+2da。$$

它可以被整理为

$$(a^2+b^2)+(b^2+c^2)+(c^2+d^2)+(d^2+a^2)=2ab+2bc+2cd+2da,$$

可得

$$(a-b)^2+(b-c)^2+(c-d)^2+(d-a)^2=0。$$

在这个表达式中,所有平方项的和为 0,所以这个和中的每一项都必须是 0。由此可得, $a=b$, $b=c$, $c=d$ 和 $d=a$ 。 这就是我们想要得到的。

学生在实施问题 3.11 的探索方案时遇到的困难是与知识资源相关的。问题是要能够充分地"看到"问题表述的内在结构,即 $(ab+bc+cd+da)$ 的循环性,然后就能正确地实施策略并构造出相似的双变量表达式 $(ab+ba)$ 。做到这点是不容易的,即使是对足够老练和天资聪颖的学生来说。

这一点在第二个例子中又得到了体现,该例接续在问题 3.11 后发生。在课堂上,我们共同解决完问题 3.11 并写下了形式化的论证。我们论证的最后一行如下:

因为 $(a-b)^2+(b-c)^2+(c-d)^2+(d-a)^2=0$,我们有 $a=b$, $b=c$, $c=d$ 和 $d=a$,得证。

我把解答留在了黑板上并向全班出示了以下问题:

问题 3.12 令 $\{a_1,a_2,\cdots,a_n\}$ 和 $\{b_1,b_2,\cdots,b_n\}$ 为给定的实数集。确定关于 $\{a_i\}$ 和 $\{b_i\}$ 的充要条件,使得对于 x 的任意值,总存在实常数 A 和 B 能够满足

$$(a_1x+b_1)^2+(a_2x+b_2)^2+\cdots+(a_nx+b_n)^2=(Ax+B)^2。$$

我告诉学生,问题 3.11 和问题 3.12 是相关的,他们应该尝试利用前一个

问题来研究后一个问题。我给了他们 15 分钟并要求他们独立展开研究。没有任何学生取得进展,因为他们看不出两个问题在结构上的相似性。

这并不令人惊讶。毕竟,第二个方程由一团符号组成,没有一个符号看起来与第一个方程里的类似。项的数量不同,给定的量是多项式而不是数字,变量是有下标的,等号右边是一个系数未定的二次多项式。尽管这样,当我读到问题 3.12 时(当我之前为全班学生选择要研究的问题时),就想起了问题 3.11,虽然这距我将问题 3.11 选择为待讨论的问题已经过去了相当长的时间。在解决问题 3.11 时,有一个事实让我印象深刻——一个由和为 0 的许多平方项构成的方程里包含了许多信息。当我读到问题 3.12,我就看到了许多平方项的和等于什么。于是,如果我把"什么"替换为 0,我就能获得信息。"平方项之和等于 0"这种简缩的编码形式让我能够这样做。若不采用这种简洁且有效的方式来概括两个方程中符号之间的关系,两个方程在结构上的相似性几乎是不可能看到的。同样,这也是一个关于知识资源的问题。

讨论

虽然本章的语气看起来可能大多是负面的,但我的意图并不是要对教学生学习使用各个探索策略的可能性进行悲观的描绘,而是要描绘出对此的现实图景。这些策略的复杂性和微妙程度一直被低估,这会带来糟糕的后果。学习在新的领域内使用这些策略是关于"问题迁移"的典型例子。众所周知,这很困难。在我看来,一般化的探索策略是存在的,成功的数学家们确实会通过研究特例、开发子目标等从而在研究新问题时获得进展。我相信,在不熟悉的领域中,他们也是这样做的,所研究的问题并不可以通过对他们已经知道怎样解决的问题作简单外推来得到。我还相信,学生可以去学着掌握这些方法并在新的情境中使用它们,我把这些写在了第二部分中,特别是在第 7 章。本章(以及下一章)的重点是在说,只有做了大量的基础性工作才能做到这些。如果迁移的条件得以具备,学生就更有可能在恰当的时候将他们所学的东西迁移到新的领域。这些条件包括:将"一般化探索策略"分解为一系列连贯的子策略集合、仔细划分关于这些子策略的相当大量样例、讨论这些子策略在哪些情境下是可能恰当的,以及使用新领域中的问题进行练习(后面我们将讨论怎样恰当地使用特定策略以及为什么所使用的策略是恰当的)。

第6节　小　　结

本章讨论了掌握探索策略的一系列主要障碍。第一点是，大部分对"一般化探索策略"的界定是非常宽泛的，这使得这些界定由于过于空洞而无法对它们的实施形成引导。在大部分情况下，对一个策略的概括性描述只是一个总结性的标签，在其之下，涵盖了一个更精确的子策略集合，这些子策略之间可能仅有表面关联。无论是"利用类比""分解与重组""使用子目标"或者其他，都是这样。充分地划分这些策略需要对主要的子策略进行仔细的识别和刻画，并像对待其他复杂的学科内容一样对这些策略给予足够的关注。

第二点是，成功地使用这些策略不仅需要"知道"它们，还需要具备可执行性高的决策制订和对大量子技能的运用能力。采用"更容易的相关问题"形成对一个波利亚几何问题的简单探索方案需要：（1）知道去使用正确的策略，（2）知道该策略用于这个问题的恰当形态，（3）生成更容易的相关问题，（4）在评价每一个更容易的问题能解决原问题的可能性后逐一研究它们，（5）选择正确的相关问题，（6）解决所选择的相关问题，和（7）利用所解决相关问题的解答。学习使用某种策略意味着学习所有这些子技能。

第三点是，我们不能对探索策略期望太多。在任何领域获得成功都建立在具备该领域知识资源的基础之上，即使对探索策略有很好的掌握，也不能补偿对学科内容知识掌握的不牢固。

尽管本章的重点是在说这些障碍，但我的意图并不是描绘一幅悲观的景象。此处所提出的话题要表明的是，如果想掌握这些一般化技能，需要做的工作是非常多的。第7章给出了这些技能能够被掌握的证据。

第4章 调 控

> 问题解决技能······在许多关于人类智能和机器智能的理论中,都可以被归为实施猜测、检查、监控、现实性检验以及对解决问题的审慎尝试进行协调和控制。······在大量的学习情境中,它们都是有效思考的基本特征。······智慧的本质是能在正确的时间和地点运用一些恰当的知识和常规行为。
>
> ——安·布朗,1978,pp. 78 - 82

第 1 节 简介和概述

有些矛盾的是,像第3章建议的那样,如果将一般化探索策略分解为由它们的各个部分构成,就会给问题解决者带来一系列新的困难。《怎样解题》中的探索法小词典大概给出了关于问题解决策略的十几个大类,虽然数量很多,但这个数目的策略仍然是能够梳理的。在研究一个问题的过程中,选择正确的策略绝不是一个小任务,但如果搜索范围就限定在十几个左右的具体策略里,那么这个任务就不大可能会困难到严重妨碍问题解决者的表现。然而,当每个一般化探索策略都被详尽阐述为由其子策略组成的集合,考虑一下将会发生什么——此时,对问题解决者可能有用的方法就会包括了几十种甚至几百种策略。回忆一下图3.7的复杂性,它代表的是实施一种探索策略时决策树的一小部分。如图4.1,图3.7的所有内容只表示了问题解决者开始摸索问题时面对的搜索树上众多分支中的一支。当问题解决者开始解决一个问题时，可能会出现某些策略看上去合适但其实不合适的情况，反过来说，有些实际上有助于问题解决的策略可能看起来是无效的。如果问题解决者选择实施一个及一个以上不合适的策略，并且为了探求它们而排除了其他可能性，那么这个问题解决尝试就会失败。而如果可能有价值的思路在它们开花结果之前就被放弃，这个问题解决尝试同样将会失败。由此，掌握各个探索策略只是成功进行问题解决的一个成分，选择并探求正确的思路、摆脱不恰当的选择，以及对问题解决的全部过程进行全盘监督和管理，都具有同样的重要性。问题解决者既需要有效率，也需要有储备。从最广义的角度看，这是关于调控的话题。

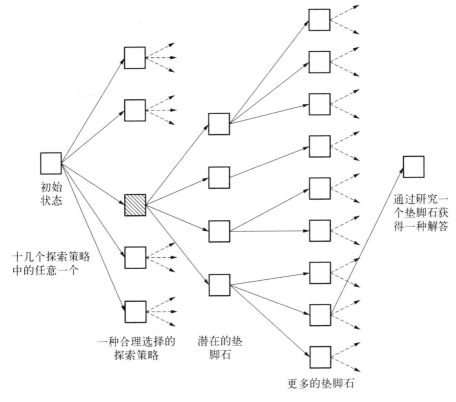

图 4.1

本章分为两个部分。第一部分讨论了与数学有关的一些调控话题，第二部分选择了关于调控话题的部分文献进行回顾。

第一部分涉及了三个复杂程度递增的话题，分为三节。第 1 节呈现的对调控的研究是基于具体而微视角下的简单数学内容——第一年微积分课程中学习的积分方法。我的论点是,即使是关于简单的数学主题,学生也没有形成有效的调控策略,学生的表现因此受到很大影响。在这种情况下,能帮助学生选择恰当方法的针对性调控策略很可能会改善他们的表现。本节讨论了这样的策略,还讨论了它的效果,也讨论了它对学生表现所产生的若干影响的含义。

第 2 节回到了通过探索策略进行问题解决的话题。重点仍然是有针对性的调控策略,论述的思路是第一节的延伸。在一般的问题解决中,有相当多可能有用的探索策略,大部分要比简单积分方法复杂得多。由此,因为我们知道,如果在积分的战略性知识资源上管理能力较差,那么就会对相应的表现有所妨碍,所以到了一般的问题解决中,较差的管理能力就可能带来更加严重的后果。反过来说,如果一个有针对性的调控策略能够改善积分时的表现,那么这类调控策略就也可能帮助学生在更多探索性方法的学习上有所成长。本节讨论了尝试这类策略时的大致脉络。(我早期的问题解决课程就很明显是基于这类策略进行,相关的教学结果在第 7、8、9 章进行了详细讨论。)

在第 3 节,我离开了对针对性策略的关注,转而在一般层面上讨论调控的话题,目的是研究不同类型的调控行为会对问题解决表现产生哪些种类的影响。本节呈现了来自问题解决片段的转写记录作为案例,用以说明调控如何帮助或妨碍问题解决表现。这些讨论为第 9 章对调控行为的分析提供了一些背景。

本章的第二部分概述了其他许多学科的相关研究。首先介绍了人工智能领域中调控这一术语的概念,然后讨论了元认知的话题并简要地谈到了社会认知在发展个体内部调控策略时的角色。

第 2 节　论调控的重要性:
具体而微的视角

本节研究了在求解初等微积分中的不定积分这样一个简单内容上如何实施战略性决策的制订。按理说,不定积分对学生来说应该不存在什么困难。解决积分问题所需的代数和微分技能相应必备知识都是机械化的,运算工具是直接的算法程序(即积分的方法,如换元法、分部积分法、部分分式法)。事实上,学生的确学会了准确地使用这些方法。当他们知道应该使用哪种方法的时候，如某节课的尾声要做练习时，他们就能够很好地应用它（们）。策略的选择问题应该不是影响表现的主要因素，因为他们有十几种或略少数量的方法可供选择，并且，题目中积分的形式本身常常已经提示了其所适合的方法。

预研究表明：调控很成问题

一本典型的微积分教材在关于积分的章节后会呈现一组练习题，题量在 100 至 200 道。一般认为，在完成这些练习后（通常还有许多来自其他教材的题目），学生就能够形成有效的选择机制。乔治·托马斯（George Thomas）是被使用最广泛的微积分教材之一的作者，他在自己的教学中明确地向学生提出了这个假设：

> 培养学生形成目标技能的一个好办法，或许是让每位学生都建立自己的积分表。例如，他可以制作一本每节以积分标准形式为标题的记事本。……制作这样一个记事本可能具有教育价值。但是，一旦这本本子被做出来了，其实就很少有去参考它的必要了！

但是，我的一位同事提供了相反的证据。为了增强学生的信心，他在一个时长为 1 小时考试的开头特意布置了这个问题

$$\int \frac{x\,\mathrm{d}x}{x^2-9}。$$

用下面这种换元，该问题可以在一分钟内就被解决：

$$u = x^2 - 9。$$

大家可能会认为，这是一个既很基础又很显然的方式。但遗憾的是，在他的 178 名学生中，有 44 名注意到了分母中的 (x^2-9) 可以被因式分解，然后决定使用分部积分法完成这个问题。这样做确实能得到一个解答，但学生需要为此花费 5 到 10 分钟。更糟糕的是，有 17 名学生令 $x=3\sin\theta$，使用三角换元法来解题。这种方式当然也能得出解答，但需要的时间更长。这些学生在本来几乎不花时间的问题上耗费了 10 到 15 分钟。

学生在这个问题上的困难不在于找到一种成功的方式，也不在于实施该

方式,而在于选择一种合理的方式。他们的行为违反了问题解决中调控的基本准则：在检查过其他更简单的思路是否可行之前,永远不要实施难度高的或耗时长的思路。

下述的预研究关于专门针对积分的策略,研究时对学生解决积分问题的出声思维进行了录音。在我同事第二个学期积分课程期末考试的前一周,学生 IB 被要求完成

$$\int \frac{\mathrm{d}x}{\mathrm{e}^x + 1}。$$

IB 之前在这门课上表现得不错,还曾获得了 A,她已经为积分的期末考试进行了复习。在做这个问题时,她表达了下面的看法：

> 嗯,现在我在想的是我知道的各种方法。有换元法,我对它的喜欢比其他方法都要多,还有分部积分法和部分分式法。可能我可以使用换元法……我将用它……

在第一次令 $u = (\mathrm{e}^x + 1)$ 尝试换元失败之后,她开始寻找能使用分部积分法的方式,然后又尝试使用部分分式法。她还以同样的顺序对许多其他的问题使用了这些方法。

巧合的是,IB 在微积分课堂上所学的教材按照下面的顺序介绍了不定积分的方法:"一些基本事实",换元法,使用积分表,分部积分法,有理函数,部分分式法。斜体部分是具有操作性的方法。这些就是 IB 按顺序尝试过的方法,它们并非完全是巧合。在无意识的情况下,她已经获得了一种调控策略。由于显而易见的原因,这个特殊的策略(按特定的顺序尝试一系列方法)会导致问题解决表现的效率非常低。

如果要说 IB 正在利用一个特殊的调控策略的话,我们必须非常谨慎,因为：(1) 不太看得出来她是不是有意识地在使用这个策略,(2) 如果被问到,她可能无法解释清楚这个策略。尽管如此,她的行为很明显是与这种说法相一致的,上面引用的话表明,她的这种一致性不是偶然的。她的行为确实表现得好像她具备这个特殊的调控策略。

　　预研究表明，IB 的这种一致性多多少少是不太寻常的，但她的行为在两个方面是绝对常见的。第一，学生在选择策略时的效率通常不高。他们常常会使用一个复杂且耗时的策略进行对问题的第一次尝试，而不去看看是否有更简单且快捷的策略可能是合适的。因此，就算他们能够正确地解决问题，也浪费了很多时间和精力。第二，学生（一般）都没有学会根据他们手头问题的特点来选择策略。前面对托马斯观点的引用表明了一个事实——积分的形式或许能够对哪些方法可能适合于其的解决形成引导。然而，那些已经为期末考试开展了复习的好学生在解题时并没有利用这一事实。

为积分的调控策略建模

　　正如本章的第二部分所述，关于计划和策略选择的话题是人工智能领域主要的研究焦点。人工智能领域已经开发出了一些体系化的方法，用以系统观察人们的问题解决过程，并基于这些观察提炼了能使问题解决取得成功的有效行为的典型模式。这里（指 1975 至 1976 年）探讨的观点需要把事情反过来想——用人工智能来比拟人类的问题解决[①]。也许，对于一个成功问题解决者的系统观察能够帮助我们认识到策略选择的模式，这些模式可以供给其他人（而不是机器）学着去使用。

　　简单地说，这种方式包括两个阶段。第一个阶段是探寻领域内成功的问题解决者（专家）一致使用的方法选择模式，第二个阶段是构建一种策略以产生类似的方法选择模式。应当注意的是，这个策略本身并不需要与专家使用的相同，它只需要产生相同的结果。

　　用以提炼策略的数据来自我对一本标准化教材正文后所附的超过 150 个各种各样积分题目的解答。在解决这些问题的过程中，我监控了自己的方法选择。可以看到，这些方法是如何被选择的并不明确，但毫无疑问的是，这些选择是具有系统性的；在超过四分之三的问题中，我在 20 秒内就选择了一个

---

　　① 作者注：关于积分的研究旨在将其作为某种存在性论证，用以说明有针对性的调控策略能够改善问题解决的表现。关于这一点，长期目标是为运用探索策略进行数学问题解决开发出类似的针对性调控策略。关于正文的那个主题，人类和机器的问题解决在调控层面的比较只是象征性的。在积分的案例里，人类和机器在完成积分时的表现有非常密切的关联，人工智能领域的相关工作表明了这种直接的关联性。斯莱格尔（Slagle, 1963）的 SAINT 是一个早期的人工智能程序，它能够进行积分运算，水平与麻省理工学院一年级优秀学生的水平相当。由于各种原因，SAINT 的方式不适用于人类。然而，它的成功有力地说明，为人类开发出类似的调控策略是可行的。

方法并且开始实施。综观这些解答可以清楚地发现,策略选择的模式包括两个组成部分。第一个组成部分是与具体领域相关的:积分的形式往往提示了一到两种恰当的积分方法;第二个组成部分与效率有关,是对上文所提及一般化准则的过程性体现:*在确定更简单和更便捷的替代性方法以解决问题之前,永远不应该做任何困难且耗时的事情。*

完整的策略被我写成了一套教学材料(Schoenfeld,1977),现将它们概述为表 4.1 和表 4.2。基于模式识别,与具体领域相关的成分由几个独立的步骤构成整个过程。在步骤 1 中,建议对那些适合于化简的形式采用代数方法或换元法进行简化。在步骤 2 中,积分的形式被用于提示相关的方法。如果步骤 2 中的方法不足以解决问题,在步骤 3 中,积分的形式被用于提示那些可能会对我们取得进展有所帮助的"千方百计"。

与效率有关的成分由下面的策略构成:策略的第 1 步提供了在解答中通常应当最先被考虑的一些程序。它们是便捷的,如果它们有效,那么问题很容易就被解决了。步骤 2 提供了有些复杂但仍然是标准的程序。步骤 3 提供了探索程序,它们通常相当困难,而且在实施时可能不会取得成功。正如表 4.1建议的那样,只有在思考了较低层次的方法并发现它们不足以解决问题后,才

表 4.1　积分策略的概览

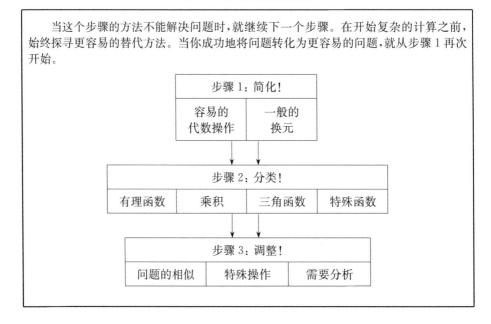

表 4.2　积分策略的详释（配套教材和答案手册使用）

简化！

容易的代数操作	一般的换元
1. 将积分分解为和	1. 替换掉复杂表达式的"内部项"
2. 研究恒等变形	2. 尝试替换"难看"的项或分母（只作简短尝试）
3. 用除法将有理函数还原为真分式	

分类！

有理函数积分

1. 用除法还原为"适当的分式"
2. 分解分母
3. 利用部分分式分解为"基本"有理函数的和
4. 如果分母是 $(ax+b)$ 或 $(ax+b)^n$，令 $u=(ax+b)$ 进行换元
5. 如果一个二次的分母不易分解、配方，对于以下项：
   a. (a^2+u^2)，直接积分得到一个对数和/或反正切
   b. $\pm(u^2-a^2)$，分解为和的形式并使用公式，或使用部分分式

三角函数积分

1. 利用同角三角函数换元。尝试获得以下形式的积分
$$\int f(\sin x)(\cos x\,\mathrm{d}x)，\text{等等}$$
2. 使用半角公式或分部积分法降低积分中三角函数的次数
3. 作为终极手段，用 $u=\tan\left(\dfrac{x}{2}\right)$ 将关于 $\sin x$ 和 $\cos x$ 的有理函数换元为关于 u 的有理函数

特殊函数积分

1. 如果积分项包括以下形式
$$(a^2+u^2)^{\frac{n}{2}},\ (u^2-a^2)^{\frac{n}{2}},\text{或}(a^2-u^2)^{\frac{n}{2}}$$
   a. 画一个直角三角形
   b. 设置 a 和 u，使三角形的第三条边是你想要的项
   c. 从三角形中"读"出换元的方法
2. 如果被积的是有理函数 e^x，作以下换元
$$e^x=u\quad\text{和}\quad \mathrm{d}x=\dfrac{1}{u}\mathrm{d}u$$
3. 如果被积的是有理函数 x 和 $\sqrt[n]{ax+b}$，作以下换元
$$\sqrt[n]{ax+b}=u；x=\dfrac{1}{a}(u^n-b)，$$
$$\text{和 }\mathrm{d}x=\dfrac{n}{a}u^{n-1}\mathrm{d}u$$

乘积型积分

考虑分部积分法，公式是
$$\int u\,\mathrm{d}v=uv-\int v\,\mathrm{d}u$$
你对 u 和 $\mathrm{d}v$ 的选择要受到两个因素制约：
1. 你必须要能对 $\mathrm{d}v$ 项进行积分
2. 你希望 $\int v\,\mathrm{d}u$ 是比原积分要容易的

这通常发生在 u 可以通过微分化简时

调整！

问题的相似	特殊操作	需要分析
1. 寻找与你正在解决的问题相似的容易问题	1. 将分母有理化为商的形式	1. 寻找能帮助你解决积分的一个项或一个形式
2. 尝试将困难的问题转化为更容易的相似问题的形式	2. 特殊地使用三角恒等变形	2. 尝试变化被积函数使之能出现你需要的那个项或形式
3. 尝试你会在相似问题中使用的方法	3. 用"公分母"做替换	3. 尝试引入你需要的那个项，再消去它
	4. "千方百计"地换元	

应当思考高一难度层次的方法。每当问题解决取得了进展,即当前的积分被转化为更容易的积分,整个过程就会重新开始,即利用步骤1寻找更容易的方法来处理更容易的积分。简而言之,每次处理问题时,在思考难度高的方法前都要先思考难度低的,这样做能使得违背上上段末尾斜体字所述规则的可能性变得相对较小。

策略有何作用

这些教学材料被设计成一个内容齐全的独立模块,相当好用。在微积分课程教师进行积分方法考试的四天前,他同意将这些材料随机分发给班上一半的学生。考试题目在他看到这些材料之前就已经出好了。我们没有尝试去将课堂使用的教材调整或改编为这些材料。它们只是被简单地发下去,教师要求收到材料的学生使用它们进行备考,而不是解决教材上大量的各类练习题。这些材料必须保持自己的独立性,因为除了这些,学生不应当再获得其他的帮助。我们没有对这些材料的有效性做出任何承诺。这里要强调的是,这些材料没有进行预测试,我们并没有办法事先知道它们将能够对学生形成帮助还是阻碍。学生得到的承诺是,如果任何一半学生的成绩超过了另一半,那么班级里两组学生的最终成绩都将被分别评定。

学生被要求及时记录下他们的备考时间。使用材料的学生平均花了7.1小时备考,以传统方式备考的学生平均花了8.8小时。考试共有9个题目,其中的7个是不定积分,还有2个考了其他知识。这些问题的得分如表4.3和表4.4所示。

表 4.3　不定积分的得分

	问 题							平均
	1	2	3	4	5	6	7	
测试组	82.7	56.4	80.0	74.6	83.6	31.8	33.5	63.2
控制组	70.0	62.0	61.3	60.0	80.0	19.4	20.5	53.3
差异	+12.7	−5.6	+18.7	+14.6	+3.6	+12.4	+13.0	+9.9

表 4.4　其他题目的得分

	问　题		平　均
	1	2	
测试组	48.2	74.2	61.2
控制组	59.1	64.5	61.8
差　异	−10.9	+9.7	−0.6

两组学生在没有考到积分的问题上得分相当，这说明两组学生的能力没什么差别。但是，在积分问题上，使用材料那组学生的得分远好于另一组。正如常发生的那样，表现差异的统计学意义取决于对 t 检验的选择。关于使用材料的学生表现更好，最差的一题结果在 $p < 0.15$ 时具有显著性，最好的一题结果在 $p < 0.01$ 时就具有显著性。更多细节可以在我的月刊论文（Schoenfeld，1978）中找到。

第 3 节　为探索性问题解决的调控策略建模

前一节讨论的工作表明，即使是在积分这样简单的内容上，缺乏有效的调控行为也会对学生的问题解决表现产生很大的负面影响。在采取探索性方法进行所有领域的数学问题解决时，这种负面影响可能会更大。在积分时，学生只需要"管理"十几种积分方法，而到了所有领域中，学生必须要管理的探索策略数量会高一个数量级。积分的方法都是算法性的，只要选择得当，就能确保做出结果。相比之下，探索策略的实施要复杂得多，它们不是算法性的，哪怕看起来可能是合适的，也不能确保一定会取得成功。因为效率低下的调控策略会削弱简单积分方法带来的益处，那么它们就也可能完全抹杀掉探索性方法的潜在益处。

同样地，针对积分的调控策略的成功，可以看作是增加了"应当开发采用探索性方法进行一般化问题解决时的管理性策略"这一观点的信度。开发的过程与开发积分策略的过程基本相同。通过对优秀问题解决者解决难度高和不熟悉问题时的细致观察，我们可以看到他们选择策略时的一致性，之后，我们把这种一致性提取为具备针对性的策略。与在积分材料中一样，这样的策略将（1）尽可能地使得个体能够直面特定具体领域内的方法；（2）为了能在实施复杂的方法前尝试更容易的方法，配备一个整体性的框架以确保效率；等等。我在1975至1976年间开发了这样一个策略体系，它被作为两门问题解决课程的基础。第一门课程是在1976年为加州大学伯克利分校高年级数学专业学生开设的，第二门课程是在1978至1980年间为汉密尔顿学院大一文科学生开设的。

以下是这个策略体系的梗概。为了方便使用（和具备示范性），该策略体系以流程图形式给出。虽然如此，这种形式不应当被解读为希望学生机械执行的"程序"，而是说，我的意图是让它成为一个预设的引导者——当学生不知道下一步应该做什么的时候，可以根据这种引导从众多探索性方法中选择可能合适的方法去使用。从宏观层面上看，它的运作方式与积分策略是类似的。如果学生面对问题时知道要做什么，那么他们就应该去做。（毕竟，这个体系的开发是独立于学生个体的，也没有考虑到任何特定的问题；当没有它就能够顺利推进问题解决时，不应当受到它的干扰。）如果学生不知道要做什么，该策略体系对哪些探索策略可能是合适的以及实施这些策略的大致顺序都给出了建议。如果学生已取得了实质性进展，并将原问题简化为了一个更尽在掌握的问题，那么这个过程就可以从新的问题再次开始。

以下内容节选自学生在课程开始的第一天收到的讲义，它们是对该策略体系的简要概述。

＊　　＊　　＊

策略体系：一个概述

在下面的几页中，你会看到对本学期将要使用的问题解决策略的简要描述。该策略体系所代表的人或许可被称为理想化的问题解决者，或者说，该体系是对优秀问题解决者行为的最大程度系统化。据我的了解，大多数优秀的问题解决者都会使用这里提出的方法或者或多或少按这里给出的顺序进行问题解决。

本策略体系是以流程图的形式给出的，指明了问题解决过程的主要阶段：

分析、构思、探究、实施、验证。我们应当非常细致地学习其中的每一个阶段，今天的晚些时候我们将从"分析"开始。首先，让我向你们介绍一个我将大量使用的词。这个词是探索(heuristic)，它源于希腊语，大概的意思是"用来认识或理解"。探索策略是一个旨在帮助你更好地理解问题的方法或建议——如果你够幸运的话，会因此而解决问题。这类策略的例子如"画一张图""思考更容易的相关问题"，等等。表 4.5 呈现了最重要的问题解决探索策略目录，图 4.2 是这些策略的大致纲要。

表 4.5　常用探索策略

分析
1. 只要可能，画一张图
2. 研究特例
   a. 选择特殊值来例析问题并获得一点对问题的"感觉"
   b. 研究极端情形以探索可能的范围
   c. 令任何整数参数依次等于 1, 2, 3, …，寻找归纳模式
3. 尝试简化问题，通过
   a. 利用对称性，或
   b. "不失一般性"的论证(包括数据缩放)

探究
1. 思考本质上等价的问题
   a. 用等价的条件进行替换
   b. 以不同的方式重新组合问题的元素
   c. 引入辅助元素
   d. 重新构造问题，通过
      (ⅰ) 视角或符号的改变
      (ⅱ) 考虑用矛盾或反证法进行论证
      (ⅲ) 假设你已经有了解答，研究该解答具备的属性
2. 对问题进行微调
   a. 选择子目标(获得对部分条件的满足)
   b. 放宽一个条件，再重新加上
   c. 分解问题的主题，然后逐个研究
3. 对问题进行较大调整
   a. 设计一个变量较少的类似问题
   b. 固定其他量，只让一个量进行变化并确定它的影响
   c. 尝试研究在以下方面具备相似性的任何相关问题
      (ⅰ) 形式
      (ⅱ) "给定条件"
      (ⅲ) 结论
      记住：在讨论更容易的相关问题时，你需要尝试同时去利用这个问题的结果和解答方法

验证你的解答

1. 你的解答是否通过了下面这些具体化的检验
   a. 它使用了所有相关的数据吗
   b. 它符合合理的估计和预测吗
   c. 它能经得起对称性、量纲分析和数据缩放的检验吗
2. 你的解答是否通过了下面这些一般化的检验
   a. 它能够通过其他方式得到吗
   b. 它能够在特例中成立吗
   c. 它能够被归结为已知的结果吗
   d. 它能够被用于生成你了解的东西吗

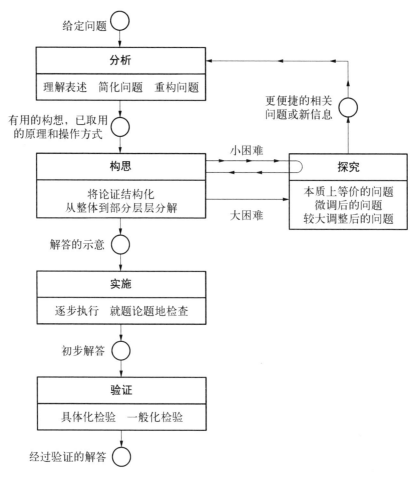

图 4.2　问题解决策略的概要图

现将它们解释如下。

首先，你要**分析**问题的真正含义是什么。这意味着要对问题有这些认识：已知什么，要求什么，为什么有这些"给定条件"，目标看起来是否有可能达成，哪些重要的原理和操作方式可能与它有关联或可能适合于应对它，哪些数学内容能纳入问题中，等等。你当然要仔细地读题。分析阶段适合使用哪些探索策略（如果有的话），可能是因题而异和因人而异的。但是，在问题解决的这个阶段，一些典型适用的探索策略如下：

1. 画图，即使当问题看起来可以用另一种论证方式进行解决（比如代数方法）。图往往能帮助你看清问题。

2. 例析问题（研究特例），这要么能让你解决问题的特例，要么能帮你基于经验看出可验证的模式。假如你被要求证明"对于所有三角形"，那么它对于等腰三角形、等边三角形或直角三角形难道不成立吗？

3. 寻找初步的简化方案。在问题"求内接于半径为 R 的圆的三角形的最大面积"中，你可以（1）首先思考单位圆，（2）在不失一般性的情况下注意到可以假设三角形的底边是水平的，以及（3）在着手给出解析方法的解答前，通过研究各种草图去猜测一个可能的答案。

构思，从某种意义上说，是一种"中央控制"。在流程图上，它并不是一个独立的框图，而是贯穿于整个解决过程中，它的作用是确保你正进行的活动最有可能产生正面效益（是你在当时当刻能进行的活动中的最佳选择）。最一般化地说，它的目的是对你正在进行的活动保持全面关注并层层推进活动过程。你应当大致地、定性地勾勒出探索方案的轮廓，然后随着过程的推进对其进行详细阐述。例如，你不应当卷入到具体计算或复杂操作中去，直到（1）你已经看出了其他方案，（2）你能明确说出完成这些计算和操作的理由，以及（3）问题解决的其他阶段已经推进到了需要用上当前计算的结果或者已经明确证明该计算有用的时候。（花费时间和精力去解决一个微分方程，到头来发现这个解答对该问题的探索来说其实毫无用处，这多么让人感到痛苦！）

探究是策略体系的核心探索阶段，因为问题解决的大多数探索策略都是在探究阶段发挥作用的。如表 4.5 和图 4.2，探究阶段分为三步。一般来说，第一步的建议比较容易操作，或者与第二步的建议相比较来说更有可能直接获得原问题的解答；同样，第二步和第三步的关系也是如此。在所有其他因素都相同的情况下，当你开始探究时，你先简要地思考第一步中的建议是否可能合理，选择一个看起来合适的策略去尝试研究。如果第一步中可能合理的策略被证明不足以解决问题，那么你就继续进入第二步；如果有必要的话，当第二步中的策略也用尽了，你就开始尝试第三步中的策略。如果你在这个过程中的任何一个时刻都没有获得重大进展，或许可以回到构思阶段去规划一下如何探索对问题的解答，也或许可以再次进入分析阶段。你要相信，在探究阶段获得的启示能帮你重新认识问题并让你找到不同的路径。

实施几乎不需要解释，除了要说一下它（通常）是实际解答问题时的最后阶段。但与之不同的是，**验证**（检查）应该予以强调。学生很少对他们的解答进行检查，这可能付出非常高的代价。在具体层面上，就题论题地检查让你能够发现一些很低级的错误。而在整体层面上，通过回顾解答形成的过程，你常常可以找到其他方案，发现其与另外一些知识内容的联系，有时还可以意识到该问题解答中能在其他情形下被你所用的一些方面，这有助于你成为一个更好的问题解决者。

* * *

如何使用策略体系

在这个学期里，我们学习了这个策略体系的详细内容。例如，当我们讨论在刚开始研究一个题目要做什么时，学生收到了一份关于**分析**的讲义（表4.6）。当然，他们也完成了几十个问题，我们讨论了**分析**在解决这些问题时的作用。类似地，**探究**被扩展为表4.7。

表 4.6　问题解决的分析阶段

准备工作：用简单的形式记录下问题，如果可以的话，画个示意图或草图。如果有人把初始的问题表述拿走了，你还有足够的东西能用吗？你是否真正明确了问题表述中所有的基本信息
1. 确保你理解了问题的表述
　　a. 审视问题的条件——你知道什么和你想要得到什么
　　b. 观察一些例子，对问题真正问你的东西有点"感觉"
　　c. 检查一致性。你有足够的信息吗？结果看起来合情合理吗？你是否有多余的信息

2. *尝试简化问题！* 在你沉浸于问题的细节中之前，寻找能使问题变容易的途径。根据所给的问题，你可以考虑
   a. 对称性
   b. 数据缩放（这样做能减少你可能要考虑的变量数量）
   c. "不失一般性"的论证，这样使整个问题被归结为一个特例

3. 以你觉得最方便的方式重新表述问题。现在，你已经对问题要你做什么有了牢牢的把握，你想要用一种更精确和更方便的数学形式将问题表述出来，这样就能自然地进行操作
   a. *选择你持有的视角。* 要证明两条线段相等，你可以选择欧式几何（说明它们是全等三角形的一部分）、三角学（利用已知量来表示它们，如边和角），或者也可以是距离公式
   b. *选择你的重点。* 确定最重要的量或体系是什么
   c. *重新写下问题。* 基于你选择的视角使用与之相一致的符号。确定重要的量都被清晰地打上了标签。只要可能，使用示意图

表 4.7 问题解决的探究阶段

准备工作： 你以前见过它吗？ 如果你曾解决一个类似的问题，考虑使用同样的方法。如果你知道一个类似的问题，你能通过类比得出现在这个问题的结果吗？ 你能对解决那个问题的方法进行调整使它适合现在的问题吗？ *注意：* 现在你必须快速地做出决策。如果一个念头看起来很有希望，精进不休；如果没有，按兵不动

第一步：问题及其等价

1. 看什么：等价的问题
   a. 利用等价条件替换给定条件或目标（如把"闭集"替换为"开集的补集"或"包含它的所有临界点"，把"平行四边形"替换为"对边平行且相等"，等等）
   b. 尝试重新构造问题，使用
   （1）一个更方便的符号或一个不同的视角
   （2）一个逻辑上等价的形式（如反证法）
   c. 重新组织问题，利用
   （1）不同的方式编排信息（如无穷级数）
   （2）引入新信息（如示意图中的线条）

2. 试什么
   a. 首先思考这些标准程序
   （1）"分解"问题，通过
   　　（a）尝试建立子目标
   　　（b）把各主题先分解再重组（如向量分析）
   （2）排除其他干扰，采用系统缩小搜索空间的方式（任何从经典的"三分法"论证到系统试误的方法）
   （3）"构造"一个解答，通过
   　　（a）归纳法（如随处可见整数参数）
   　　（b）综合性方法（如积分）

b. 考虑与给定条件和结论有紧密联系的一般性问题
　　(1) 具有相同或相似目标的问题是否对你引入适当的子目标、可能的程序或辅助元素有所提示
　　(2) 你通常会从给定条件中得出什么？你对像这样的信息通常会做什么？它们对你有帮助吗
　　(3) 你知道同时与给定条件和目标都有关的东西吗？它们是否能成为架起二者的桥梁

第二步：对问题进行微调

1. 尝试解决一个*更容易*的相关问题，在以下两种方法中择一
　　a. 为给定条件增加一个条件或一点信息，或
　　b. 去掉或尝试部分地满足目标里的一个要求。你可能会得到一组符合部分要求的解答，从中可以确定你对哪一个特定的解答感兴趣

2. 尝试解决一个*更困难*的相关问题，在以下两种方法中择一
　　a. 削弱或减少给定条件中的一个限制，或
　　b. 一般化并尝试证明比问题所要求的更多(!)的内容。在(a)中，你可能会发现你论证中的每个条件应扮演的角色。（"我真的需要用到紧性吗？如果我只假设它是封闭的呢？"）在(b)中，我们会遇到波利亚所说的"创造者悖论"，在尝试证明更多内容的时候，因为不再有细节的遮蔽，你可能会更清晰地看到一些东西（如不仅证明它是收敛的，还能知道它收敛到什么程度）

第三步："千方百计"（研究任何相关问题以获得启发）

1. 你能想到任何具有相似给定条件或目标的问题吗？你以前是用什么方法解决的？其中有对当前问题的合理方法形成提示的吗

2. 关于你感兴趣的内容类型，你能获得其中某个子类型的结论吗？如果你想要证明对所有实数都成立，你能先证明它对所有整数都成立吗？所有有理数呢

3. 你能把问题反过来想吗？尝试证明逆命题，看看会发生什么。如果你要证明从 X 和 Y 能推出 Z，那么从 X 和 Z 能推出 Y 吗？等等

（第四步：应对失败……）

　　课堂中的讨论并不像流程图中的讨论或者"阶段"表中的研究所建议的那般高度结构化。流程图的目的是对没有其他可用资源的情况形成指引，而课堂中的讨论更多是对其内涵的阐释而非关注其细节。当全班（作为一个小组）一同研究一个困难的问题时，我会问"我们可以尝试哪些方式或方法"。如果有学生提出了一个明显不合时宜的建议，那么全班可能会探讨一会儿，直到可以明显地看出该建议几乎没有意义。到那时，这个建议就帮助我们在着手解决这个问题之前理解了这个问题。我鼓励全班学生在专注于某个特定想法之前先产生许多可能合理的想法。当产生一些想法之后，全班会一起讨论选择探求哪些想法及其理由。A 方式看起来是否比 B 方式更容易？A 能让我们走

多远？那 B 呢？如果我们能通过 A 取得成功，我们应该怎样做？对 B 也进行相同的讨论。明显能看到的是，课堂讨论的重点是在问题解决的同时进行基于理解的判断："我们已经做了 5 分钟。它有效吗？我们是否应当尝试别的方法？如果它无效，我们是否可以做些补救？"当有充分的理由去做一件事时，无论它是否与调控策略相一致，我们都会这样做。如果缺乏好的理由，调控策略会对下一步要做什么形成指引。

针对性教学的效果如何

我 1976 年在加州大学伯克利分校和 1978 年到 1979 年在汉密尔顿学院所授的问题解决课程呈现了上述课程的早期形态，它们在内涵上严格遵循了前述对于该策略体系的概述。该策略体系狭义的针对性目标是让学生在课程结束时能解决多种多样的问题，这些问题不一定与课程中所研究的问题相关——就这个目标来说，我的教学是相当成功的。本书的第二部分对相关的教学结果进行了大量讨论，现仅简要表述如下。

我设计了一系列纸笔测试去测量学生对探索策略的掌握情况。测试表明，学生确实能够学会运用许多这样的问题解决方法。就像我们希望看到的那样，学生在与课程中所研究问题密切相关的测试问题上表现出长足的进步。他们在一组"迁移性"问题上也有所提高，这些问题与我们在课程中研究的问题没那么相似但可以用相同的方法解决。最令人印象深刻的结果是，有一组我不知道如何去解决的题目被我精心编排在学生的考试中，而他们做得相当好！详见第 7 章。同时，我也以其他方式对学生的表现进行了研究。附带的问题感知研究表明，在课程之前，学生关注的是问题表述中无关紧要的表面细节；而在课程之后，他们倾向于更多地对问题隐含的"深层结构"予以关注。详见第 8 章。最后，对学生问题解决的过程来说，他们的调控过程有一些明显的改变。口语报告分析表明，学生在课程之后比课程之前花了更多时间来分析问题，并且，在选择和放弃他们所使用的策略上系统性更强。总的来说，学生的行为与表 4.5 中所给出的理想化调控策略趋于接近。

尽管产生了以上的积极迹象，但是后续的工作表明，教授有针对性的调控策略只涉及了问题解决中调控的一小部分角色。下一节将讨论一些更大的话题。

第 4 节　走向更大的调控观

概述

上一节描述了针对专门问题的探索性解决方式,指向的话题可以简述如下:怎样才能让学生学会在不太容易的数学问题解决情境中使用各种探索策略? 可以推得,答案由两部分组成。第一,需要对探索策略进行比以往详细得多的界定。第二,学生需要一套有效的调控策略,以便他们有能力使用他们的探索性资源。本书第二部分给出的数据有助于有力地证实这些推论。在前文所述"管理策略"的帮助下,学生的问题解决表现有了明显的进步。调控被证明是有针对性的问题解决策略的一个重要成分。

现在,我们转向于一个更大的调控观。具有积极意义的调控及其在促进问题解决的成功上所扮演的角色都是很重要的,但同样重要的是,效率低下的调控行为会导致个体对自己具备的问题解决潜在知识资源犹豫不决,从而无法解决那些本该处于他们掌握之中的问题。要关注的话题不仅仅是个体如何使用自己的探索性知识,还要关注如何让个体全部的数学知识发挥作用。

本节的讨论事出有因,它起始于第 1 章中所描述的两对学生解决问题 1.3 时的尝试。让我们简要回顾一下。

问题 1.3　在半径为 R 的圆中作一个内接三角形。要使三角形的面积最大,应如何选择它的三个顶点? 尽可能证明你的答案。

学生 KW 和 AM 都在最近完成了多元微积分课程的学习,该课程中曾给出过问题 1.3 的标准解答。他们在期末考试中都取得了好成绩,有能力轻松地解决这个问题。但他们都把注意力集中在计算所猜测图形(等边三角形)的面积上,并把所有的时间都花在上面。这次徒劳无功的努力注定了他们的失败。学生 BM 和 DK 也有足够的能力处理这个问题,但一连串错误的计划性决策和一个舍弃几乎能够成功挽回错误决策的决定也注定了他们在解决这个问题上的失败。在这两个案例中,糟糕的调控阻碍了学生对自己所掌握知识的使用。

本节的目的是研究调控可以通过哪些方式影响问题解决的进程。大体上

说,感兴趣的话题是:

问题解决者在调控层面的决策如何影响个体对知识的使用方式? 这里的知识包括知识资源、探索策略和任何可能被用于问题解决的东西。这些决策以怎样的方式阻碍或促成个体问题解决的成功?

我们通过观察解决问题 1.2(再次呈现如下)的四个尝试来研究调控对问题解决的影响范畴。表 4.8 概述了从解答该问题的尝试中得出的四种行为类型。

问题 1.2　一个给定三角形 T 的底边为 B。请说明:用直尺和圆规一定能画出一条既与 B 平行又将三角形 T 面积等分的直线。你能用类似的方法把三角形 T 的面积五等分吗?

表 4.8　不同类型调控决策对问题解决成功的作用:一个影响系

A 类型	注定失败的糟糕决定:在徒劳无功的努力中浪费了知识资源,忽略了可能有用的方向
B 类型	成败参半的管理行为:在徒劳无功的努力造成严重后果前遏止了它们,但知识资源并没有发挥应有的作用
C 类型	正向作用的调控决策:精心选择了知识资源,并伴随着仔细的监控进行了恰当的利用或舍弃
D 类型	无须调控:长时记忆(LTM)中具备适合于问题解决的事实与程序

问题 1.2 吸引人之处在于它一直带给了人们比"看起来"要大的困难。虽然会有一些差异,但解决问题第一部分的基本要点如下。假设在图 4.8 中,像图 4.3 一样画出所需的线段(称其为 b),然后 T"上半部分"的三角形 t 必须与 T 相似。根据相似的性质,$\dfrac{a}{A} = \dfrac{b}{B}$。因为 t 的面积 $\left[= \dfrac{ab}{2} \sin X\right]$ 是 T 的面积 $\left[= \dfrac{AB}{2} \sin X\right]$ 的一半,我们有 $2ab = AB$。由此,$a = \dfrac{\sqrt{2}}{2} A$;类似地,$b = \dfrac{\sqrt{2}}{2} B$ 和 $c = \dfrac{\sqrt{2}}{2} C$。一个作图的方法是根据图 4.4 的方法得出点 P。最后,b 有三种作法:(1) 采用图 4.4 的方法作出点 P 后作一条过点 P 且平行于底边 B 的直线,(2) 以与作点 P 相同的方法作出点 Q 后作出 PQ,(3) 作出 T 的高 H 后过距顶点向下 $\dfrac{\sqrt{2}}{2} H$ 的点作 H 的垂线。

无论怎样,上面这些是问题中的数学。现将 A、B、C、D 四个类型的问题解决尝试分别呈现如下(回忆一下表 4.8)。

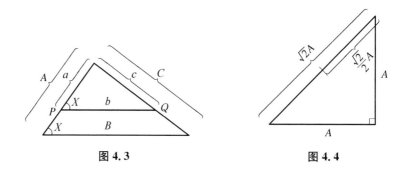

图 4.3   图 4.4

A 类型的例子: 注定失败的糟糕决定

学生 AM 和 JM 是大一学生,他们都学完了一学期的微积分。他们的片段在开始时如下:

AM:[拿着纸读问题]我记得我做过这个,七年级的时候。

JM:[他在读问题之前作了这个说明]问题在于你不应该用那种方式解决它。用那些过于技巧性的定理来解就没意思了。他并不希望我们知道那些。他显然有不同的方式来证明这个⋯⋯

AM:把圆规放到线上去把线平分。然后你从那里画一条一样长的线,这条就会在上面与那条相交。你会在那里得到一个点,另一边也这么做。然后你画一条线穿过这两个点,这就是平分面积的线。[容易理解的是,AM 的猜想是通过作 T 两边中点的连线把 T 分成面积相等的两部分。]

两人拿起直尺和圆规开始作图。几分钟后,他们得到了一个不合适的成果:上面的三角形太小了。为了确定作图的正确性,他们用尺子检查了平分线。结果表明,平分线是正确的,于是,这个猜想被否决了。有了这次失败,JM 力图寻找一个优美的解答。他专注于把三角形对半分,寻找着能平分其面积的线——任何线。他猜测,从一个顶点向对边所作的中线能将该三角形对半分,并对此思索了一小会儿。几分钟过去了,没了想法,他们再次读题。

JM：让我们强调一下问题中的重要部分。好的，我们必须要去作一条底边的平行线。

AM：你记得该怎么作吗？

有了这个想法，他们开始聚焦于平行线的作法，但他们都记不得了。几分钟过去了，他们意识到可以通过两个直角来完成作图。然后，他们发现不知道在哪个位置作这样的图。这使得他们又一次地讨论了如何将三角形对半分，当时间截止的时候，他们正在第二次研究关于中线的想法。

讨论

因为这个尝试与第 1 章讨论的关于解决问题 1.3 的两个尝试相当地相似，所以此处的讨论将非常简短。在开始时，JM 表达了他的期待——会有一个巧办法能解答本题。这与信念有关，但它也影响着调控。对巧妙解答的寻求使他偏离了对更加有效的方法的探求。在 JM 读题的几秒钟内，AM 作出了他的（错误）猜想。未经任何讨论，JM 就同意了，并开始一同作图。这与第 1 章中 KW 和 AM 在解决问题 1.3 时计算等边三角形面积的行为是完全一致的。像那个问题片段中一样，他们在还没有审视一个探索方案的优越性时就着急开始按该方案行动。AM 和 JM 在此处只损失了 5 分钟，但如果作图更加复杂，他们恐怕要损失更多时间。在关于平行的作图之后，有一段关于问题解决方向的持续摸索，但只要稍加思考，就会发现这些方向对于解决给定问题来说没有价值。几乎不存在的调控行为，再加上少量糟糕的调控决定，直接导致了这些学生的失败。[①]

B 类型的例子：避免了严重后果但没起到实际帮助

学生 ED 和 FM 是数学专业的本科生，离毕业还有一个学期。学生 FM 是一名很不错的学生，他后来在毕业时获得了优秀学生的荣誉称号；学生 ED 是一名中等生，尽管也有体面的荣誉记录。FM 大声地读了问题。

---

① 作者注：可能有人倾向于认为，这种曲折的过程之所以会出现，是因为 JM 和 AM 想找到救命稻草。在不知道如何解决该问题的情况下，他们可能尝试任何能想到的东西并希望自己足够幸运。事实上，随后的讨论表明，他们的知识储备足以解决该问题，他们只是没有能够把这些知识用起来。这个主题将在下一章进行详细讨论。

ED: 哦,我本来想猜测这条线会把这个三角形的其他两边平分。

FM: 把它的面积平分。好的,但画得有点奇怪[在草图中,三角形的底边不是非常水平]。让我们看看这个三角形,如果这样做有意义的话。[他画了图 4.5。]我不这么认为,似乎它分得的面积不相等,不会这么简单。要说明的是用尺规进行作图是可能的。

ED: 尺规,那么我们应该寻找圆。我能想到的最明显的一个圆是被那两个顶点确定的。

FM: 对的,三角形的。

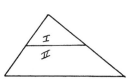 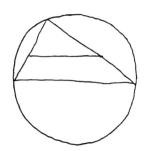

图 4.5 区域 I 和 II 在面积上不相等　　　　　　　　**图 4.6**

ED: 这只告诉我们 B 是一条弦,并没有告诉我们直径或者其他什么,不太值得我关注。这看起来对我们没什么帮助。让我们选一个顶点。我们可以用一边的长度当半径画出许多圆,也可以用它的长度当直径画出一个圆。我们一起来想想这些,当半径还是直径[画了图 4.6]。

FM: 我认为这种做法不好。我觉得我们应该尝试找到这条线可以在哪里,然后去画出它。

ED 的建议没什么意义,但她正对此孜孜不倦。如果她的建议被采纳,那么可能会花费两名学生大量时间并且很可能导致失败。然而,FM 的调控行为遏止了 ED 冲动的投机行为。这样做的结果是,两名学生至少有机会找到合理的方式来解决这个问题。

出于某种原因,他们继续研究了 ED 的草图。他们画出了三角形 T 的高 h(图 4.7a),发现 T 的面积为 $\frac{1}{2}Bh$,因此小三角形的面积就是 $\frac{1}{4}Bh$。

FM：所以让我们在里面画条线，我不确定它画在哪里。我们可以把它叫作底边 C。我们在这个新的线上还能得到另一个高，叫它 j。好了，j 是小三角形的高，h 是大三角形的高。

ED：那个小三角形的底边与 B 平行（图 4.7b）。

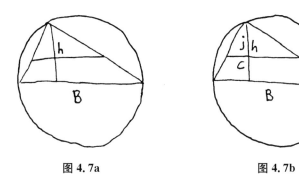

图 4.7a　　　　　　　　　　图 4.7b

他们比较了两块的面积。

FM：这个新图形的面积是 $\frac{1}{2}Cj$，它等于 $\frac{1}{4}Bh$。……这意味着 $2Cj = Bh$。现在，我们得到了……这里面变量太多了，有点奇怪，看起来不太好。我们应该寻找其他关系，比如"对 h 来说，j 是……"。

到了这个时刻，两名学生才意识到这两个三角形是相似的，他们利用这个事实建立了相关的比例关系，要解出怎样用 C 表示 B。他们得出了 $B = \sqrt{2}C$。在 FM 说了"这很有趣，应该能告诉我们什么"后，他们回到了方程里并求得 $j = \sqrt{2}h$。

ED：我们知道了高和这条新线的交点，那么现在它能告诉我们关于边的哪些信息？我们应该能搞清楚关于边的一些东西，不是吗？

他们开始建立一些方程，通过用新的字母表示几个三角形的边来对图 4.7b 进行修改。在此过程中，FM 意识到能这样做是由于两个三角形是相似的。

FM：所有东西都是成比例的，所以边必须在……从 B 对面的顶点到交

点的距离是原来长度的$\frac{\sqrt{2}}{2}$。不管它是什么。好的。记得$\frac{\sqrt{2}}{2}$是余弦值,对应的是$45°$的角,所以我们要采用什么办法得到一个东西里包括一个$45°$的角。

之后,发生了一些相当奇怪的曲折过程,两名学生一直都没有从中摆脱。当问题解决规定的半个小时过去之后,该录像片段被点击停止。

讨论

这个问题解决片段完整文字转录中的进程比呈现在这里的摘录要更加艰难,问题解决的整个尝试可以用百转千回来形容。毫无疑问,调控在问题解决的过程中不是一个正向的力量,因为学生并没有积极地利用起他们所知道的东西。相反地,他们似乎(常常是意外地)会被一些可能有用的东西卷入,然后就以某种方式跟进它。例如,在意识到比较两个三角形的面积只能得到一个有着四个变量的方程后,他们几乎是正好"撞"上了相似。

这个尝试与上面讨论的 A 类型例子的很大差异在于,一些合理的调控决定确保了 FM 和 ED 有机会形成他们的发现。FM 的打断使得 ED 避免了她所建议的涉及圆的无关作图,为两名学生寻找别的选择留出了充分时间。

对 FM 打断 ED 作圆这一行为的本质进行讨论非常重要。如果 FM 在那时对如何解决这个问题有一个很清晰的想法,那么他的打断可能就不是一个真正的调控决策,而只是代表着要把他的探索方案简单地强加给 ED。但这里的情况并非如此。当 FM 叫停 ED 徒劳无功的努力时,他不知道更进一步的计算会是什么,也没有发现图中的三角形是相似的。因此,FM 并没有将探索方案推向一个他知道的可能有用的方向。但是,他在努力避免探索方案向着强烈怀疑会浪费时间和精力的方向发展。这是关于有效的调控决策会如何预防严重后果的很好案例。尽管这样,他们的百转千回的解答尝试却说明他们的调控并没有推动探索方案向前发展。

C 类型的例子:正向作用的调控决策

研究对象 GP 是一位数学家,着手完成问题 1.2 时,他已经很多年没有接触过平面几何。他显然对此感到生疏,记不得相关的结论,不得不"现场"推导出它们。按照某些标准,他的解答会被认为是笨拙的或不优美的。(在学院里的一个会议上，这个解答受到了一位有点自命不凡的同事的奚落，下一小节 D 类型文字转录中的解答就是这位同事给出的。）然而，从我的角度来看，这却是展现问题解决中堪称一绝的调控能力的典型案例。

在第 1 章关于知识资源的讨论中（第 20 页），我们看到了 GP 刚开始解答时的情况。他把问题看成已经解决，画出了所预期的线段，然后他发现了示意图中的两个三角形是相似的。现将相关文字转录继续呈现如下。

是的，现在对了，那我就有大三角形的高和小三角形的高了［他画出图 4.8］，所以就有 $\dfrac{a}{A}=\dfrac{b}{B}$。那么，我想要有的就是 $\dfrac{1}{2}ba=\dfrac{1}{2}AB-\dfrac{1}{2}ba$。这不就是我想要的吗？对的！换句话说，我想要 $ab=\dfrac{1}{2}AB$。$\dfrac{1}{4}A$ 乘什么……［困惑地嘟囔］$\dfrac{A}{\sqrt{2}}$ 乘 $\dfrac{B}{\sqrt{2}}$。所以，如果我能作出 $\sqrt{2}$，我就能继续做了！然后我应该能画出这条线……经过一个点，这个点是这条线与从顶点向下作的高的交点。那就有 $a=\dfrac{A}{\sqrt{2}}$ 或者 $A=\sqrt{2}a$，哪种形式都行。

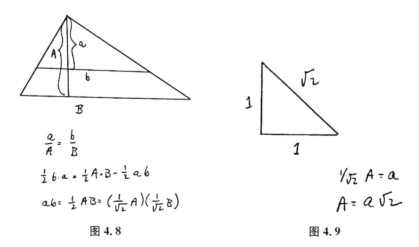

图 4.8　　　　　　　　　　　　　　　图 4.9

我觉得我是能这样做的，因为我好像记得怎么用这些 45° 的角，我用 $1,1,\sqrt{2}$［他画出图 4.9］。如果我想要有一个 a 乘 $\sqrt{2}$……我要做的就是……嗯，等一下……我可以尝试找到怎么画出 $\dfrac{1}{\sqrt{2}}$。

好的。所以我只要想起来怎么画出这个图。我想画一条经过这个点的线，我想要这里是……$\frac{1}{\sqrt{2}}$ 乘 A。我知道 A 是什么——已经给了。所以我要做的只是搞清楚怎么把它乘 $\frac{1}{\sqrt{2}}$。

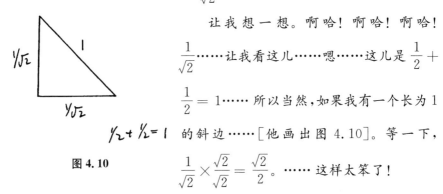

图 4.10

让 我 想 一 想。啊哈！啊哈！啊哈！$\frac{1}{\sqrt{2}}$……让我看这儿……嗯……这儿是 $\frac{1}{2}+\frac{1}{2}=1$……所以当然，如果我有一个长为 1 的斜边……[他画出图 4.10]。等一下，$\frac{1}{\sqrt{2}} \times \frac{\sqrt{2}}{\sqrt{2}} = \frac{\sqrt{2}}{2}$。……这样太笨了！

是的，那我可以利用一个 $45°$、$45°$、$90°$ 的三角形画出 $\sqrt{2}$。好的，这是个容易点的办法。对吗？我把它平分，就得到了 $\frac{\sqrt{2}}{2}$ [他画出图 4.11]。把它乘 A。现在让我回想一下以前我是怎么做的。哦，天呐！以前我们是怎么乘 A 的。最好的方式是作 A……A……然后我们得到 $\sqrt{2}A$，我们再把它平分，那我们就得到 $\frac{\sqrt{2}}{2}A$。好的 [他画出图 4.12]。那会是……什么！嗯……会是那个长度……现在我作一条从这到这的垂线。好的，这将是……哒哒……小 a。

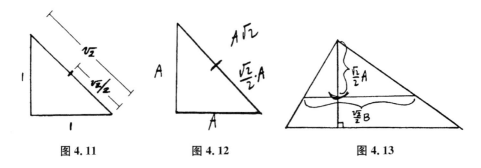

图 4.11   图 4.12   图 4.13

所以我将把 a 表示为 $\frac{\sqrt{2}}{2}A$。好的，我直接再画一条线经过那个点……我会得到 B 乘 $\dfrac{\sqrt{2}}{2}$。好的。［他画出图 4.13。］当我把它们乘到一起

的时候，我得到了 $\dfrac{2}{4}AB$。那我就得到了一半的面积……是吗？对的……

乘一半……所以我得到的上面那个三角形正好是一半的面积，那剩下的

下面三角形的面积也会是一半。好的。

讨论

可以看到，GP 的方案与上一个解答中 FM 提出的计划是一致的："尝试找到这条线可以在哪里，然后去画出它。"虽然 GP 没有出声说明这个计划（他被要求不要对着麦克风"解释"），但他始终坚持目标导向，严格地遵循了这个隐于其中的计划。从文字转录中可以很清楚地看出，GP 不太明确他在寻找什么，因为他在问题解决的过程中会在有所发现时表达出讶异和高兴，也会在发现自己有些笨拙和可以采用更容易的方式时表达出懊恼。研究对象 GP 的目标导向行为卓见成效，他使得自己一直按照正确的路线行进，没有像 ED 和 FM 在上一个尝试中那样不断游离于目标之外。还要看到的是，他始终在对自己所作尝试的状态进行评估。因为他"审查自己的状态"或是回顾已有推进脉络的间隔不会超过 1 分钟，所以没有任何徒劳无功的努力。GP 也会对自己的解答进行细致的检查，从头到尾，他都将解答的当前部分牢牢把控在自己的手中。

问题 1.2 的第二个部分（将三角形分成五个面积相等的部分）更加复杂，GP 在解决该部分时遇到了更多困难。他不太确定这个问题本身是否有解，也对自己的探索方式更加犹疑。在解决该问题的这个部分时，GP 做出了相当多可能无效的努力，足以同时分散一大组问题解决者的注意力，更不要说是一个人在独自面对。但是，GP 避免了自己陷入那些圈套。他通过紧密关注事态的进展做到了这些，甚至是在各个想法生成的那一刻就对其进行评估（如"［我］正在努力回忆起我的代数知识，以便能够全力攻克这个地方"）。第 9 章给出了 GP 问题解决片段的整个文字转录稿。无论如何，现在对他的调控行为及其影响简要总结如下：当有新的念头出现时，GP 会对它们进行即时评估。基于他对这些念头是否有希望成功的感悟，要么（1）采取相应行动，（2）暂

时置之一旁,(3)舍弃。随着解决过程的推进,他会评估自己所采取的途径,根据它们"带来了"什么,修正对它们成功可能性的评价。可能徒劳无功的努力会被迅速遏止,这使得 GP 有足够的时间正向推进问题解决的进程。同样重要的是,GP 在解决问题时始终积极地寻找引起他注意的相关念头。一旦找到这样的念头,如果它看起来有用,就会进行探究和利用。GP 对于调控的运用远不止确保了他不会迷失方向,还确保了他能充分用上自己掌握的知识资源。从这个意义上讲,调控是一种非常积极的力量。

D 类型的例子:无须调控

下面是数学家 JA 解决问题 1.2 第一部分的完整版文字转录。他对第二部分的解答也同样顺利。

我的第一个想法是第一个问题中的两个三角形将会是相似的。

因为我们希望面积的大小是二分之一,而面积与高和底的乘积有关,我们希望小三角形的面积是二分之一……

相似三角形对应部分的面积是成比例的,我们希望高度和底长符合的比例关系都是 $\frac{1}{\sqrt{2}}$。

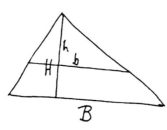

$$bh = \frac{1}{2}BH = \frac{1}{\sqrt{2}}B \cdot \frac{1}{\sqrt{2}}H$$

图 4.14

所以我会画个图……我画出那条平行线,并用代数进行检查。[他画出图 4.14。]我希望你能听见铅笔移动的声音,因为这就是目前正在发生的事情。

现在我要把图上的一堆字母乘出来,把它们乘到一起……把 $\frac{1}{2}$ 留出来,当然,……我希望它[指着 bh]跟它[指着 BH]的一半相等。

所以,这当然看起来是一个合理的解答。那么,我只要能作出 $\sqrt{2}$ 就可以了。我可以用有一个角是 45° 的直角三角形画出它,然后给定一个长度,就是底边 B 上的高,我可以通过作垂线找到它。我想要画出的长度是

它的 $\frac{1}{\sqrt{2}}$ 倍,我可以把原图里的长度扩大倍数得到这个长度。那么,我就做完了这个问题。

当被问及作图的细节时,JA 解释说以上所有这些在他每年开设的几何课程中都会涉及,所以这里也就自然而然这么做了。

讨论

在这个口语报告中,我们看到的是一个典型例子——关于何为人工智能领域和信息加工心理学领域中许多研究人员所界定的"专业性":JA 对正确探索方式的取用几乎是自动的,整个解决过程从开始到结束都很顺利。我们很难不同意把它认为是一个专家级解答。在这里,我想说的是,按照本书中调控的含义,这种对准确解决路径的自动化取用使得调控变得多余。如果你精准地知道你在做什么,就无须担心效率问题。强调这一点的原因是,现在的文献有一种趋势是把专业性唯一地界定为本报告中描述的这种行为,而把除了这种例行公事般成功表现之外的东西都打上"非专家"的标签。当你这样做时,你忽略了 C 类型行为的重要性,这里讨论的调控话题也就变得莫须有。问题1.2 对 JA 来说更多意味着是习题而非问题,从他的转录稿中,我们看到的是对何为精熟的展示。在 GP 的解答过程中,我们看到了真正的问题解决能力——通过有效统筹自己所掌握的知识资源,他设法解决了一个问题,而许多在开始解决该问题时明明具备了更多知识资源的人却最终栽了跟头。

第 5 节　与调控相关的文献

大量文献涉及与调控有关的话题,但是,这些文献很少直接与问题解决中知识资源的调配相关。本书的这部分话题已经在上一节进行了叙述。大多数关于调控的文献都来自人工智能领域以及与之有关的心理学领域,即信息加工心理学和认知心理学。在人工智能和信息加工领域的文献中,调控这一术语被以多种方式进行使用。它是人工智能程序结构中的核心要素,该词在这类情境中的使用具有很强的技术意味,与搜索相联系。它也通常也被用来有针对性地描述对决策的执行和规划情况。与人工智能和信息加工领域的文献相一致,各个领域"智能指导系统"(计算机导学设备)的开发者在尝试利用这样的系统发展人类在该领域的成功表现时,都会力图抓住与调控相关的问题。在心理学的文献中,对这个话题更宽泛的讨论被涵盖在"元认知"这一标题下,最近有一些对数学问题解决中元认知的研究。最后,关于社会互动在内部调控策略发展中的角色这一主题,也有为数较少但颇具建设性的文献。以下将按上面列出的顺序对这些主题进行概述。

人工智能领域中关于搜索和调控的话题

人工智能领域中的许多问题一旦被恰当地表征和结构化,就变成了关于采用某些种类的图或树进行搜索的问题。图上的节点代表问题的各种状态,连接它们的路径代表将问题解决者从一种问题状态带到另一种状态的过程。一个经典的例子来对尼尔森(Nilsson,1980)的改编,用于说明采用问题空间进行搜索这一观点。

八数码问题[①]包括八块可移动的滑片,数字1到8被分别标注在每个滑片上,形成3×3的框架,框架上有一个单元格是空的,任意在该单元格旁边的滑片都可以移动到其中。问题是寻找一种系列化的移动顺序,使得八个数码的布局能从一种变化到另外一种,图4.15是关于这种变化的一个具体例子(摘自Nilsson,1980,p. 19,图1)。要注意的是,图4.15中的初始布局可以有三种变

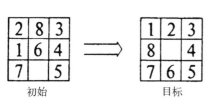

初始　　　　　目标

图4.15

化方式:标有数字5、6、7的滑片都可以移动到空格中去。将它们图式化,得到用图4.16表示的这些变化。

图4.16表示的是八数码问题的第一层搜索树,该图第二行的三个布局分别通过将第一行布局中的一个滑片移到空格中得到,这三个布局还可以用类似的方法继续进行变化,以此类推。对于图4.15中的任务,图4.17是其问题

---

①　译者注:在中国,该问题称为"重排九宫格"问题,被认为起源于"河图洛书",是"华容道"的前身。

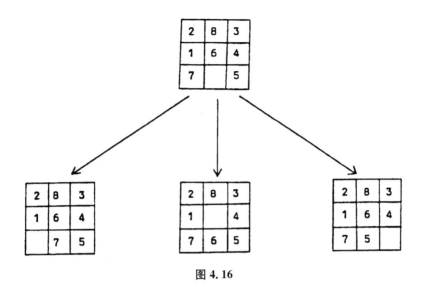

图 4.16

空间中的一小部分(摘自 Nilsson，1980，p.28，图 1.4)。

这种配置方式称为一棵搜索树。当一个问题域以这种方式被表征出来，寻找从初始状态转变为目标状态的变化序列就是一个搜索问题。我们必须找到一条从"开始"状态到目标状态的路径(当有多种解答时，也可能是许多这样的路径之一)。图 4.17 中深色的线代表的是一次成功的搜索，展示的是对给定问题的一种解答。

八数码问题阐释了人工智能领域关于问题表征的一些方面。在这个问题中，我们有一个初始状态(或者使用尼尔森的说法，这是一个"初始数据库")、一组状态转换规则(数据库转换的产生式规则)和一组允许我们确定何时已达成目标的终止条件。许多问题都可以像这样进行结构化，现用下面的方式对此进行简略表示：

问题

IS：初始状态；

TR：变化规则；

TC：终止条件。

例如，思考下面三个问题：问题 A 是大一微积分课程中一个典型的积分问题(见 Slagle，1963)；问题 B 是一个符号逻辑的证明问题(见 Newell & Simon，1972)；问题 C 是一个欧式几何的作图问题。这些问题可以采用以下方式进行表征：

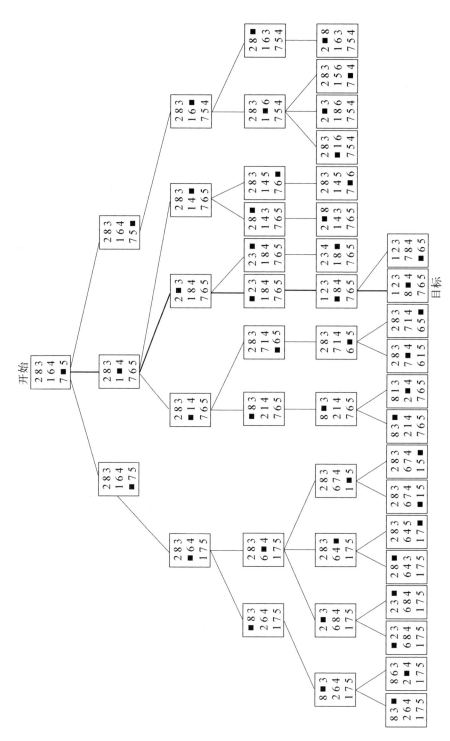

图 4.17

问题 A

IS：一个不定积分，如

$$\int \frac{x^4 \mathrm{d}x}{(1-x^2)^{\frac{5}{2}}};$$

TR：一套将代数式和被积表达式替换为等价形式的代数和微积分方法（新状态是操作结果）；

TC：一个不含积分符号的代数表达式。

问题 B

IS：表达式

$$Q \longrightarrow R, \quad P \vee Q, \quad \sim(R \wedge S), \quad S;$$

TR：用于转换符号表达式的符号逻辑规则（数据库被转换结果扩展）；

TC：任何包括表达式 P 的数据库。

问题 C

IS：图 4.18 和一个内容完备的关于欧式几何中事实和程序的知识基础；

TR：扩展知识基础的规则（包括对图的修改），它们符合欧式几何推理原则；

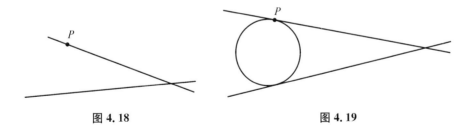

图 4.18   图 4.19

TC：将图 4.19 包含在内的一个图。

这些例子表明，通过适当的形式化，不定积分、符号逻辑和我们自己的问题 1.1 的问题域都可以被转换为搜索空间。虽然如此，在搜索空间里找到正确的路径却不是一个轻松的任务。在八数码问题中，3×3 框架中的滑片共可以有 $9! = 362\,880$ 种布局。它们只是问题空间中的不同状态，贯穿搜索空间的路径的数量要大得多。八数码问题是十五数码问题的简化版，在后者中，数字

1 至 15 被标注在按 4×4 排列的 15 个可移动滑片上。在十五数码问题中,有 16!=20 922 789 888 000 种可能的问题状态,其中的一半可以从初始布局中获得,贯穿该搜索空间的路径的数量大得惊人。然而,与上面的问题 A、B、C 相比,这个问题空间的大小可以算得上是微不足道的!人工智能搜索的主要困难在于要以一种有效的方式调控对问题空间的搜索,以使得搜索能够产生朝向目标的进展(最终达成目标)。人工智能的文献中有大量内容关于搜索和调控,这是因为,在寻找合适方法对问题进行表征这一巨大难题被攻克以后,这些主题就成了人工智能领域问题解决研究的核心议题。

人工智能和信息加工心理学领域研究者认识了两个领域的研究之间极强的相似性,对研究机器智能来说有用的观点或方法一般都被认为可能对研究人类智能有用(反之亦然)。比如,我们发现,纽维尔和西蒙 1972 年的书专门讨论的是人工智能的认知模型,但书名为《人类问题解决》(*Human Problem Solving*)。就问题解决通用程序(General Problem Solver,简称 GPS)而言,基本的问题解决策略是手段-结果分析法,这一结果的得出源自对人类在各具体类型任务(密码术问题,符号逻辑问题,国际象棋)表现的观察及其后的进一步完善。当 GPS 获得成功后,这一成功被用来佐证手段-结果分析法是人类有效问题解决策略的说法。回顾一下西蒙的以下语录(Simon,1980):

> 从我的论述中能得出的教育学启示是非常清晰的。……有一个小型的程序库里储存着问题解决的各种通用程序,它们是从心理学和人工智能的研究中得出的。在本章,我将对其中的一种予以特别强调——手段-结果分析法。(p. 93)

这样的策略确实在人类某些类型的问题解决中扮演着一个重要角色,尽管我们应该非常小心地研究它们在哪些情况下是有效的。手段-结果分析法对人工智能中一些特定类型的结构良好型搜索问题来说是有效的。由此,与人类的问题解决尝试相比较,若问题解决者(1)当前面对的工作情境是一个定义清晰的搜索空间,(2)能清楚地意识到自己掌握的工具,(3)有一个具备明确结构的目标,我们就可以认为,这样的策略将发挥重要的作用。(如运动学问题的"新手"解答,见 Simon & Simon,1978。)然而,在上一节的讨论中,作出 A 类型和 B 类型解答的学生所面临的情况是与这种近乎理想化的情况相反的——学生不得不自己去定义问题空间，他们具备的知识资源是不扎实的、是否能够成功取用也是未知数。学生必须为问题选择一个恰当的表征，为自己去确定怎样构建"合法的"方法，并创建自己的目标结构。在这样的情况下，机器表现和人类表现之间的联系是相当微弱的，我们必须很小心地提出"适用于一类表现的方法也适用于另一类表现"的观点。

调控和规划

当调控一词被人工智能领域开发规划程序和建立规划过程模型的那些研究人员使用时，含义变得更为广泛。虽然如此，这种意义上的调控往往是相当受限的。典型的人工智能规划性任务是为一系列行动的实现而设计高效的具体化实施顺序，如组装一台设备。在这类情况下，其中一些行动可能会对其他行动发生的可能性形成阻碍。经典的例子是一个粉刷问题："同时粉刷梯子和天花板"（Sacerdoti，1977），至少在相当长一段时间内，前者的发生会阻碍后者。

萨切尔多蒂（Sacerdoti）的行为层次网络（Nets of Action Hierarchies，简称 NOAH）可能是最著名的规划程序。NOAH 程序对时序规划运用了连续性修正的方式。首先是明确规定高层次的目标，再把这些目标扩展为子目标，子目标又被进一步扩展，以此类推。NOAH 程序避免了上面提到了种种时序冲突，它尽可能不对行为顺序作严格规定并在制订决策时检查潜在冲突。在上文的例子中，关于粉刷梯子还是天花板的决策是非必须不制订的。当发现粉刷天花板需要使用梯子时，这种冲突就会将粉刷天花板指定为先行。最终，这种自上而下的层次化方式会将一个总体规划方案充实为一个完备的具体化基本行动序列。大多数人工智能完成的规划工作都是类似于这样自上而下和层次化进行的。（见如：Ernst ＆ Newell，1969；Fahlman，1974；Fikes，1977；Sussman，1973）在规划同样处于重要地位的另一个领域，即计算机编程，结构化的编程方式也具有类似的层次性（见 Dijkstra，1976；Dahl，Dijkstra，＆ Hoare，1972）。

人们很少会不赞同建立高度结构化的、按序编排的、层次性强的规划过程的想法。在某些领域，这种过程可能就是符合实际的，如机器装配或某些类型的时序规划。这些领域中的人工智能成功程序表明,层次化的规划过程确实是能够起效的。此外,在一些复合的领域,如计算机编程,对自上而下层次化设计过程的理想化表征可以被设立为新手程序员的有效目标状态,但应当谨记的是,能这样设计是因为该领域内的理想化行为本就如此。而在某些领域,专家行为可能根本就不是高度结构化的。理想化行为可能成为但也可能不能成为检验"真实"行为的有效模板,特别是在真实行为有严重瑕疵时。

未进行强层次化假设但似乎能够反映许多领域问题解决过程中部分结构化特征的规划过程为数不多,海斯-罗斯(Hayes-Roths,1979)的"机会主义"规划模型是其中之一。海斯-罗斯用来建模的行为类型可以用下例来呈现。某人的任务是规划一天的活动,他/她有一张城市地图的简图(假设是他/她居住的城市)和一张任务清单。如果有可能的话,清单上的任务最好在当天完成:去宠物医院拿小狗的药品,为冰箱买一个风扇皮带,和朋友一起吃午饭,看一场电影,预订一本书、买新鲜蔬菜,为住院的朋友订花,等等。很明显,清单上的任务不可能在一天内完成。因此,必须选择最重要的任务并规划如何在一天内办掉它们,以便完成必须完成的事并合理地顾及许多重要的事。海斯-罗斯模型隐含的基本假设如下:

> 人们对活动的规划很大程度上是具有偶然性的。这指的是,在这个过程中的每一个点上,是规划者当前的决策和观察生成了制订规划的各种机会,规划者后续的决策继续对所选择的机会进行跟进。有时,这些决策过程遵循着一个有序的路径并产生了一个自上而下的条理化扩展。……但是,有些当前的决策和观察生成的规划制订机会可能不会那么有序。例如,关于如何实施早期规划活动的决策可能会引发对规划后期活动的某些限制,并使得规划者再次聚焦到被规划的阶段。类似地,对先前理想化规划的某些低层次改进可能会生成另一个理想化规划用以替代原来的规划。(p. 276)

简而言之,海斯-罗斯所持的研究想法是,成功的问题解决行为不仅仅是层次化的和"规划驱动的",它也常常是"事件驱动"的。当个体在某个特定街区完成一些任务的细节时,他/她可能会注意到宠物医院离花店很近。这种偶然的观察所得可能会表明，像之前计划的那样去往城市另一面的一家花店是没必要的，因此，这里就会有一个重要的改动。或者，在列出基本任务并寻找哪里能完成这些任务时，规划者可能会注意到几家商店靠在一起，利用它们可以一下完成不少任务。最好的办法是把周围路线的细节都弄清楚，这样就可以持续推进规划的实施而不用再担心某些任务或某块时间。毫无疑问，以上这个例子是非层次化的。数学问题解决中也有相似的情况。例如，在进行一些次要计算时，某人可能会观察到所解方程的对称性，这可能表明了对称性在原方程中扮演了重要角色，于是就带来了对整个解决方式进行修改的需求。或者，某人可能决定在规划过程的前期阶段把一些琐碎的计算剔除在外，以使得要完成的事情不会过于杂乱。因而，从海斯-罗斯所讨论的意义上说，许多问题解决的成功行为具有偶然性。在上面所说的两种情况中，关键在于对探索方案发展状态的把控并根据新信息采取合适的行动。

计算机指导系统领域中关于调控的话题

本书所持有的视角是，把知识资源和调控看成是关于数学行为的基本特征中虽然不同但深深交织的两个方面。因为对知识资源的讨论在内容上必须包括如何取用它们和如何对它们加以注意，而从广义上讲，这些属于调控的话题，所以把二者界说为两个方面会产生一些微妙的问题。人工智能领域的一些研究者（如西蒙）认为，定性地切割二者不是必须的，在理想化情况下，关于认知的产生式系统模型并没有配备一个独立的调控结构，而是将关于调控的问题自动地作为模型中产生式组织（条件-行动序列）的结果进行处理。这是关于自动化的话题，或者说是关于自动加工和受控加工的话题，这些话题已有很长的研究历史。

> 对思维双加工方式的研究早于信息加工模型。詹姆斯（James，1890）对自动加工和受控加工之间的区别做过一个非常清晰的描述，他强调了自动化为注意力和努力所提供的自由："我们能把日常生活的越多细节交给自动化去不费吹灰之力地照护着，我们心灵的越多力量就能被释放用于它们所合适的工作。"（p. 122）（Brown, Bransford, Ferrara, & Campione，1983，p. 111）

人工智能的许多研究者发现，进行这种区分是很有用的，不仅仅是为编程提供便利，还可以视为对内部认知过程一种特征的描述。在研究学生行为时，由于他们对知识资源的自动取用很难被看作是理所应当就能发生的，这种区分就变得特别重要。不得不以最直接的方式直面这个话题的研究者是那些开发复杂领域中计算机学习系统的人员。基于机器的学习平台是早期对计算机辅助教学(CAI)所进行尝试的衍生，但这些年来已经得到了根本性的发展。它们现在被称为智能指导系统，已经被开发出来用于如电子故障检修这类主题知识的教学、核磁共振图谱的解读、医疗诊断、非正式游戏平台中的训练以及程序-计划的调试。智能指导系统相关文献的精髓可见斯莱曼和布朗(Sleeman & Brown，1982)的撰文。

智能指导系统的设计者通常相当清晰地将知识资源和调控进行了划界，并明确指出了不同的指导策略可能分别适用于哪些类型的知识。许多指导系统关注学生对规划的制订或对战略性决策的制订，并在相应层面上与学生展开交互。例如，米勒(Miller)对编程技能的讨论反映了结构化编程活动的角度：

> 老练的程序员知道的哪些东西是新手程序员不知道的？新手缺乏关于风格、策略、如何组织大型项目中的工作、如何推进程序、如何定位程序错误的知识。
>
> 本文呈现了关于这些知识的调查，描述了一个将它们形式化为若干套规则的模型。与上面提到的那些直觉性知识一致，在模型中，只有最底层的规则与特定编程语言的结构有关。最重要的规则关于以下几个方面：计划(独立于具体形式的代码)、调试程序错误的方法、围绕选择下一步任务的解决顺序策略，以及研究备选设计方案间相互影响的方法。(Miller，1982，p. 119)

围绕战略性知识和战术性知识最精细的讨论来自布朗、伯顿和德克莱尔(Brown，Burton，& de Kleer)关于SOPHIE的报告，SOPHIE是一个培养电子故障专业检修能力的平台。

许多不同类型的知识必须交织在一起，以便为专家的故障检修行为建立一个完备的框架。故障检修的战略负责调控待进行的测试序列。……与这些战略密切联系的是故障检修的战术，它们关乎采用一种测试方式相比较采用另一种方式的难易程度……

此外，优秀的故障检修者必须对电子定律、电路元件和设备功能的整体组织有足够的了解，以使得自己能够基于测试结果得出结论。(Brown，Burton，& de Kleer，1982，p.230)

SOPHIE 中专业的调试程序被设计用于

为了依据定性测试的结果和利用多样化策略，进行功能块层面上的操作以及目的论意义上的测试……

专家的调试策略只依据定性测试的结果。这种定性方式所提倡的因果推理方式被用于发展学生的逻辑思考倾向……

我们要强调的是，我们的专家并不仅仅局限于运用一种策略，而是能够运用许多策略。……通过提供［多样化］方式，我们让每位学生接触到破解问题的不同方式，让他们见证一个足够灵活的专家如何基于不同的原因使用不同的策略。(Brown，Burton，& de Kleer，1982，pp.233-234)

《智能指导系统》的另外两章指出了在许多领域内将知识资源和调控进行区分的必要性，也指出了在这些领域中构建单一自上而下或自下而上认知模型的局限性。克兰西（Clancey，1982）讨论了用于医学诊断的指导系统GUIDON 的开发。GUIDON 系统基于 MYCIN，后者是一个基于知识的专家系统，用于传染病的诊断和治疗。MYCIN 在选择脑膜炎和菌血症抗菌疗法方面的表现被评价为可以与斯坦福大学医学院的传染病学教师相媲美。因此，无须怀疑通过系统使用条件-行动配对的产生式系统表征相关知识的有效性。该系统在很大程度上是一个自下而上的、资源驱动的认知模型。但克兰西发现，对于达成指导目的来说，这种类型的知识组织方式是不够的。在建立GUIDON 的过程中，他提出，有必要也将另外两个层次的组织方式囊括在内：一个是为单个规则提供依据的"支持层次"，另一个是将多个规则组织成模式

的"抽象"层次。

如果一个像 MYCIN 这样自下而上的、资源驱动的认知模型是连续统的一端,那么作为一个自上而下的、层次化的、脚本驱动的模型,程序 WHY 的首个版本则是连续统的另一端,后者被用于指导学生了解降雨的原因。首版 WHY 被认为是颇有不足的,虽然其基于脚本的结构所代表的自上而下的知识呈现方式被认为是有用的(它为指导性互动提供了宏观结构),但人们发现它在许多方面都过于狭隘。根据史蒂文、柯林斯和戈尔丁(Stevens, Collins, & Goldin,1982)的说法,脚本式结构对学生在宏观层面的错误概念非常敏感,能够捕捉到论证中缺失或多余步骤所指向的错误。"它对于学生的一些错误很敏感。但是,它通常忽视了这些错误的原因,虽然修正了表面错误,但未能诊断出那些错误所反映的潜在错误观念"(p. 15)。作者总结,研究特定领域知识的表征需要多样化的表征视角。首版 WHY 所代表的层次化、脚本化观点只是其中的一种视角,就其本身而言,它尚不充分。

总而言之,智能指导系统的开发者发现,定性地区分知识资源和调控是有用的(即使在不是必须的情况下)。此外,无论是自上而下的层次化方式,还是自下而上基于知识的方式,单方式的调控都不能完全满足达成指导目的的需求。

元认知

本章讨论的大部分内容都可以被纳入元认知这一总的类别下。在一篇早期的论文中,弗拉维尔(Flavell,1976)曾将元认知描述如下:

> 元认知指个体对自己认知过程或与之相关的任何东西的认识,如信息或数据中与学习相关的属性。举个例子:如果我注意到我在学习 A 时比学习 B 时遇到了更多的困难,如果我觉得我应该在把 C 接受为事实前再次检查它,如果我完成一个有多项选择的任务时在决定哪个选择最好之前仔细检查了每一个选项……那么我就是正在进行元认知。相对其他事情而言,元认知是对与认知对象或其承载信息相关的认知过程进行积极监控及随之的调节和编排,通常服务于某些具体的目标或目的。(p. 232)

文献中元认知涵盖的范畴某种程度上要比弗拉维尔描述中指明的要窄一

些。根据布朗、布兰斯福德、费拉拉和坎皮奥内(Brown, Bransford, Ferrara, & Campione, 1983)的研究,这些文献可以分为两个部分：关于认知的知识和关于认知的调节。"关于认知的知识指人类思考者对自己和他人的认知过程相对稳固的、静态的、易错的、发展滞后的信息"(Brown et al. , 1983, p. 107)。这方面研究的主要重点是所谓的元记忆,或者说成是个体关于如何储存和检索信息的知识。元记忆的大部分研究都是"发展性"研究,换句话说,特别获得了具体关注的是元记忆随着儿童的成熟而产生成长与变化的方式。关于元记忆的文献概述见弗拉维尔和威尔曼的论文(Flawell & Wellman, 1977)。该领域的许多论文都涉及与此处所讨论内容相关的话题,尽管许多研究的意义都更在于方法论方面而非直接意义。马克曼(Markman, 1977, p. 986)论述了"人们如何开始对自己理解上的失败有所意识这一问题"。拉赫曼、拉赫曼和塞隆尼瑟瑞(Lachman, Lachman, & Thronesbery, 1979)讨论了元记忆在使用个体知识应对环境方面的重要性,还讨论了测量其准确性和效率的方式。林格尔和斯普林格(Ringel, & Springer, 1980)讨论了自我监控作为记忆任务中有效控制行为一个组成部分的重要性。总的来说,研究表明,儿童对自己思维策略的了解和认识是随着年龄增长而发展的(也就是说,年幼的儿童对自己思维策略的认识会有所不足,这种认识将随着儿童的成熟而提高),个体对于许多任务的表现与个体的元认知知识呈正相关。

关于认知调节的研究具有更直接的意义,它们主要以上文所讨论的人工智能和信息加工心理学中与调控相关的种种研究为基础。布朗等人(Brown et al. , 1983)、布朗(1978)和布朗(1984)的研究提供了一个相当全面的概述：

> 这些过程包括处理问题之前的计划活动(预设结果、安排策略、各种形式的其他尝试和错误等)、学习过程中的监控活动(检验、修改、再安排学习的策略)以及对结果的检查(根据效率和效果的评估标准评价任何策略性行动的成果)。人们一直认为,这些活动不一定是静态的,某种程度上是易变的,相对来说与年龄无关,换句话说,它取决于任务和情境。(Brown et al. , 1983, p. 107)

正如本章的题记所说,这些"在大范围的学习情境中,都是有效思考的基本特征"。研究表明,这种行为的存在对智力表现有积极影响。如若缺席,则会产生强烈的负面影响——当对正确知识的取用并非自动化的时候,这已经在本章第一部分关于 A 类型和 B 类型的讨论中得到了呈现。

元认知与数学教育

在数学教育文献中,元认知受到了相当多的关注,其中有一些论述特别吸引人。西尔弗(Silver,1982a,b),西尔弗、布兰卡和亚当斯(Silver, Branca, & Adams,1980)非常关注将心理学研究的成果运用于数学教育中。作为尝试解释中学生数学表现的研究的一部分,莱什(Lesh,1982,1983a,b)在这方面做了大量工作。他认为,个体能够作出问题解决表现的关键是个体具备关于情境(问题)的可用概念模型。专家的行为能做到对恰当资源的例行取用,这是专家具备稳定概念模型的反映。相反地,学生的许多困难是由于他们概念模型的不稳定造成的。

> 最值得关注的元认知功能被认为与概念模型及其使用的四个特征有关:第一,概念模型的发展被认为同时具备等量增长性和离散"跳跃"性(顿悟、阶段化等)。第二,概念模型的稳定程度是影响认知功能最重要的变量之一。第三,构成概念模型的结构同时作为低阶结构的"形式"和高阶结构的"内容"而存在,并且,在这样的层次化结构中,高阶结构对低阶结构的影响和低阶结构对高阶结构的影响同样重要。第四,在数学问题解决的情境中,并行加工是典型的认知运转方式。(Lesh,1982,pp. 9 - 10)

这些观点对本章研究的许多主题形成了回应。莱什的第一个观点是,在解决某问题的过程中,学生常常会将该问题进行与其本身有根本性差异的再概念化。实际上,当解决一个问题时,学生可能会经历多次这样的再概念化。由此,那些被视为理所当然关联于情境的已有观点(如条件—行动配对的产生式系统)所构建的认知模型,或许不能够创造出一个适当的机制使得这些行为得以表现。另外,任何关于适合实施于已有系统的策略(如手段-结果分析法)的讨论可能对于描述学生未固化的行为来说意义不大。他的第二个观点可以视为是关于知识资源与调控间相互作用的论述,概念系统(知识资源)的欠缺会导致调控层面产生问题。莱什划分了两类不稳定的子系统：概念性的和过程性的。

（1）如果信息只能用可调节性弱的概念系统来提取（或解释），那么可以预计，学生将会（i）没能"读出"一些重要的事实或性质——只关注问题比较明显的特征，而忽略了未得到凸显的特征，（ii）"读到"了一些主观的信息或含义——扭曲了对情境的解释，使之与前概念相符。

（2）如果只能执行可调节性弱的过程系统，那么可以预计，学生将会（i）当将注意力集中在执行具体步骤，无法锚定整体目标（或程序所归属的网络），（ii）当将注意力集中在整体目标（或程序所归属的网络）上时，无法正确地执行具体步骤。（Lesh，1982，p. 13）

麦茨（Matz，1982）讨论学生在代数中的错误时也提出了同样的观点：

在执行程序时产生的错误迫使学生离开对算法的简单执行而转向一个更加侧重战略的状态，他们必须去决定是否要重启和探求其他目标。当一个局部性失败被错误地判定为全局性失败时，比如在利用某特定程序求出预期结果上产生失败，一些学生就会放弃，而不是寻找其他方式。同样地，当站位较低时，学生会失去对问题解决所有可能方式的把握，而仅把自己锁定在某一个方式上。（Matz，1982，p. 45）

莱什还叙述了稳定性差的过程性系统的一些其他特征，它们阻碍了人们在不太熟悉的领域中进行问题解决。这些特征包括（1）不灵活；（2）程序执行的僵化；（3）实施某些行动时无法预见其结果；（4）认知上的"目光短浅"，当实施某些行动较为费力时就没有多余的精力可以用于监控；以及类似的一些。（3）（4）两点夯实了这样一个观点——知识资源和调控是紧密联系在一起的，本章提出的对二者的定性分离应该只能止步于现在呈现的这个程度。

社会互动与调控策略的发展

优秀问题解决者的标志性调控行为之一是，当他们在进行问题解决时，似乎能够始终关于他们推进解答的方式进行自我对话。对他们来说,问题解决的规划不是很简单就制订出来的,它们总是在被评估并与其他可能的计划相对比;新的信息总是在被寻找并被考察潜在的可利用性;解决的进程始终被"在线"监控和评价,负面的迹象提示了对当前方式的可能终止和对其他方式的更多思考;完整的解答同时被检查了正确性以及是否有信号表明可能遗漏了更简单的、更一般的内容。通俗地说,我们可以认为,成功问题解决者部分的调控行为是——只要在解决,就在与自己争辩。[①] 他们是如何发展出这样的技能的?

维果茨基(Vygotsky,1962,1978)开创性地研究了这个领域,近年来的大量研究都可以归属到他建立的研究框架中。维果茨基(1978)《社会中的心智》的一个主要论点是,社会互动在塑造内部认知结构上扮演着不可或缺的角色。

> 该过程的一个很好的例证是儿童关于"指向"的发展。最开始,这个手势只不过是关于试图抓住某物的不成功尝试。……儿童力图抓住他够不着的东西,他的手伸向那个物体,在空中保持着姿势,手指做出抓取的动作。在早期阶段,"指向"表示儿童指着某物这一动作,仅此而已。
>
> 当母亲来到儿童身边并发现这一动作表明了什么,情况就发生了根本性的变化。"指向"成为对他人的一种手势。儿童不成功的尝试产生的反应不是来自所指向的对象,而是来自他人。因此,这种不成功的抓取动作的主要含义是由他人确定的。……此时,该动作的机能发生了一个变化:从导向物体的动作变成了导向他人的动作,成为建立关系的方式。抓取动作成为指向行为……它的含义和机能首先是由客观情境创造,然后由儿童周围的人塑造。(Vygotsky,1978,p.56)

---

① 作者注:采用这种说法并不是在作一个无聊的比喻,比如,在人工智能领域中,这种观念已经得到了相当多的重视。关于调控的一种观点是,有一个独立的"管理者"负责做决策。这种自上而下的层次化方式被反映在如萨切尔多蒂(Sacerdoti,1977)的 NOAH 这样的程序中,尽管 NOAH 还不是严格意义上的自上而下并且保有一定程度的灵活性。另一种关于调控的观点则相当不同,该观点认为,这样的决策是由一个所谓的"管理委员会"做出的。这个委员会中各个成员的工作在一定程度上是互相独立的,他们会各自提出可能的建议供给思考。这些建议先被记录在一个共用的数据结构中,然后由管理委员会作出决定接下来要做什么(有时会有某位委员会成员"喊得最响",此时就会根据它的命令完成这样的决定)。这种方式在赛尔弗里奇(Selfridge,1959)的 PANDEMONIUM 中得到了实施,也是海斯-罗斯(Hayes-Roths,1979)"机会主义"规划模型的核心。

现将维果茨基所持的坚定立场表述如下：

> 在儿童文化发展的过程中，每种机能的发展都会出现两次：第一次是社会层面的，第二次是个体层面的。前者发生于人与人之间（心理间交互的），后者发生于儿童头脑内部（内部心理的）。这同样适用于有意注意、逻辑记忆和概念的形成。所有的高级机能最初都源于现实中人与人之间的关系。（Vygotsky，1978，p. 57）

这种从人际间过程到个体内部过程的转变被认为需要经历一系列漫长而缓慢的发展事件，并且，在任何时候，发生转变的可能性都受维果茨基所说"最近发展区（Zone of Proximal Development，简称 ZPD）"的限制。作为一个独立的个体，儿童的表现可能会达到某个特定的智力水平。如果在成人的引导下或与能力更强的同伴合作，该生可能会在相对更高的水平上有所表现。超出学生目前的表现但属于能在他人帮助下进行的表现，这其中的技能范围就是 ZPD。维果茨基的假说包括两个方面：（1）直接能获得的发展不会超过 ZPD，（2）发展的产生是社会互动的结果。

虽然我们有时很难评价维果茨基为他的假说所提供的证据，但是从各种不同的信息来源看，他的这些观点在一定程度上是能被证实的。在研究皮亚杰的传统观点时，杜瓦斯、马格斯和佩雷特-克莱蒙特（Doise，Mugny，& Perret-Clermont，1975）曾报告了关于研究学生通过开展合作完成任务的两个实验。

> 第一个实验显示出，两个孩子一起合作时，能够成功地完成一个涉及空间协调的任务；而同龄孩子单独作业时，无法完成这项任务。第二个实验显示出，不具备皮亚杰液体守恒任务中某些认知操作技能的学生，在社会协作任务中完成这些操作后就会获得这些技能。（Doise et al.，1975，p. 367）

马格斯和杜瓦斯（1978）在后续的实验中研究了认知发展的原因。研究结果表明，"具备不同认知策略的儿童在一起完成任务比具备相同认知策略的儿童在一起完成任务能产生更大的进步；并且，当他们之间有交互时，不仅是水平较低的儿童获得了进步,水平较高的儿童也会有所进步"(p. 181)。佩蒂托(Petitto,1985)近期的研究扩展了这些结果。在通常情况下,一对学生完成估算任务的方法都与单个学生完成该任务的方法有质的不同。对于前者来说,新方法是在问题解决的过程中作为两个学生互动的结果被不断演变出来的。一旦新方法得以形成,它就会成为个体学生全部技能中的一部分。由此,这样的社会互动就激发了个体认知的发展。

现在直接回到调控的话题上,大部分的相关文献仍然是关于幼儿,发展的模式可以总结如下:

> 这类学习[通过社会过程进行内化]中的大部分都涉及将对管理的控制权从专家转移到儿童。儿童首先在他人在场的情况下经历起到积极作用的问题解决程序,然后逐渐具备能够自己执行这些程序的操作方式。这个内化过程是渐进的:首先,成人(父母、教师等)对儿童的活动进行调控和引导;但逐渐地,成人和儿童开始互相分享问题解决的各种操作方式,采取的手段是儿童主动、成人在儿童停步不前时指出错误并进行引导;最终,成人将控制权移交到孩子手中,自己主要作为给予帮助和支持的旁观者。(Brown et al.,1983,p. 122)

当然,大多数的学习并不像上一段中描述的那样具有结构良好的序列,对本章讨论中所涉及调控的多个方面的学习尤为如此。这些方面包括:从不同视角看待一个情境,规划,评价新的念头,在问题解决的过程中监控和评估探索方案,等等。这些行为从何而来? 个体是怎样学会在进行问题解决时与自己争辩的? 在这里,维果茨基的假说似乎是合理的。这种合理性指的是,在合作进行问题解决的过程中,当自己的念头受到他人质疑时不得不对这些念头进行检查,并反过来也留意着合作者可能犯下的错误,于是,这样的过程就构成了一个环境,该环境使得个体能够发展那些作为良好调控必备成分的技能——以内化的方式。值得注意的是,从目前的现实来说,除了小学阶段,对所有的数学教学而言,学习数学和进行数学练习在很大程度上都成为个人单枪匹马的努力,我们的教学活动剥夺了学生协同作战的机会,这样做可能会妨碍学生发展出有效的调控策略。

第 6 节　小　　结

调控，即问题解决表现过程中知识资源的调配，是决定问题解决成败的一个主要因素。本章的第一部分讨论了两种针对学生问题解决表现的调控策略，并通过讨论总结了好坏程度不同的调控策略对问题解决表现的影响方式。第二部分论述了相关的一些文献。

本章以一个基于具体而微视角的案例研究作为开始，内容是数学领域中积分的方法。关于积分的研究产生了两个研究结果：（1）哪怕是在简单又直接的领域，学生也没有形成高效的调控策略，他们的问题解决表现因此受到影响；（2）一个有针对性的调控策略可以让学生的表现获得显著提高（在总时间更少的情况下）。

积分方面的研究实际上是一个预研究，力图尝试的是通过探索策略来处理一般问题解决中的类似问题。如果差劲的调控会减弱积分时算法策略的影响，那么它就也可能完全消弭探索策略的作用。在积分的案例中，我们制订了一个有针对性的"管理策略"，并让该策略同时成为高年级和低年级本科生数学问题解决课程结构的主干。各种测试（详见第 7、8、9 章）表明，在培养学生使用探索性方法时，如果这样的培养符合针对性调控策略的适用情境，那么学生的问题解决表现就可以获得显著改善。

无论探索性问题解决是有针对性的还是其他的形态，它只覆盖了问题解决全部谱系中的一部分。本章的第 4 节研究了调控对问题解答生成方式的影响系。该节刻画了关于负面调控的例子，在这些例子中，学生具备足以能轻松解决某个问题的学科内容知识，但由于做出了徒劳无功的努力并浪费了潜在有用的个体已有知识资源（包括时间），最终，他们失败了。本节也描述了该影响系另外一端上的例子：某人通过对所掌握知识资源的绝佳使用，精准地解决了一个问题，尽管他在刚开始解决该问题时具备的学科内容知识比许多未能成功解决该问题的人还要少。第 9 章给出了对这些行为进行宏观分析的严格框架。

本章的第二部分总结了相关领域中的有关研究。调控是一个从人工智能领域中借用来的术语。由于计算机和认识论方面的原因，人工智能和信息加工领域的许多研究者发现，对知识资源和调控做一个定性的区分是很有用的。更宽泛地看，越来越多关于元认知的文献记载了成功的管理过程在促进有胜任力的智力表现上所扮演的角色。最后，我们讨论了社会互动在调控发展过程中的作用。维果茨基的观点提示了我们，成功问题解决者的"内部对话"来源于对他们曾参与过的合作性问题解决片段中某些方面的内化。反之，合作性问题解决经验的缺乏可能会阻碍个体调控策略的发展（剥夺了学生接触到调控行为外化模式的机会）。

第5章　信念系统

第 1 章对人们关于数学的信念以及这些信念在数学情境中影响人们行为的方式进行了简要讨论。该章描述了大学生 SH 和 BW 使用尺规解决一个作图题(问题 1.1)的尝试。SH 和 BW 使用的方法完全是经验性的：他们提出猜想,然后用作图来检验,接受或拒绝某个可能可行的探索方案的唯一标准是作图结果的准确性。(事实上,他们拒绝的是一个正确的解答,拒绝的理由是作出的图不够美观。)从他们的行为来看,似乎对几何推理根本不熟悉。但是,后来的证据却表明,他们完全有能力通过推理论证得到问题 1.1 的解答,只是没有想到要以这种方式处理问题。

在研究对象中,并不是只有 SH 和 BW 表现出这种行为。超过一百名高中生和大学生曾被要求解决问题 1.1,其中只有一名学生完整得出了问题的解答,另外有一名学生利用已有经验得到发现后通过证明证实了自己的解答。这些学生中的大多数都像 SH 和 BW 一样,当被要求完成一些证明题时基本不会遇到什么困难,而对于这个问题,他们只是没想到这样做会是有效的。这种行为是本章关注的重点,为了解释学生推理论证与作图论证的分离,本章创设并阐述了一种可能的解释思路——朴素经验主义。

本章的第 1 节提供了对其他学科相关研究的一个介绍。朴素物理学、日常推理、决策论领域中的研究说明,人们的某些认知方式是由他们的信念系统塑造的。该系统设定了人们的心理环境,在这样的环境下,他们能取用和调控更多"纯认知"的知识资源。本节也简要讨论了关于学生几何学习的一些文献以及关于数学表现中情感的话题。

为了为学生的表现建立一个可比较的标准,第 2 节给出了专家对一个几何作图题的完整解答并进行了分析。第 3 节回到了 SH 和 BW 的口语报告中,提供了一个与他们表现颇为吻合的经验行为模型。尽管在行为层面上的吻合度较高,但该模型显然运用了夸张手法,哪怕它对经验主义者极端形象的刻画离经验主义者应当被认真研究的标志性特征并不远。第 4 节和第 5 节介绍并详述了朴素经验主义这一概念。在第 4 节中,我们分析了一个复杂的口语报告。该报告呈现出,当使用其他方法失败时,两名学生转向了经验主义。我们探讨了对此的另一种解释,即在寻找探索方案的早期,他们外显的推理尝试与专家的方法(在第 2 节中已给出)在本质上有很大不同。第 5 节集合了围绕更多问题的描述,在这些问题中,明显可以看到学生会舍弃从几何证明中所得的结果。

第 1 节　选择一些相关文献

本节思考了来自三个领域的证据,它们表明,即使是在相对理想的认知环境下(即尽可能减少由负面情绪、压力等产生的影响),人类也并不能达到自己所认为的那般理性。然后,我们简要讨论了学生几何知识资源的话题以及关于情感的话题。以下的讨论从与数学学习有最明显和最直接关联的研究领域开始。

朴素物理学

正式物理学的许多内容是反直觉的。有明确证据表明:

1. 人们具备关于对各现实系统机能的一套强烈直觉,但这些直觉通常与这些系统的机能恰恰相反,当然,也与物理课程中所学的这些机能的正式特征相反。

2. 人们已形成的关于周围世界的直觉(前概念、错误概念)常常会干扰课堂上对物理学中正式原则的学习,它们在教学后往往仍旧存在。在某些情形下,它们取代了正式的知识;在某些情形下,它们与正式知识共存,此时,个体同时"相信"彼此矛盾的知识体系。

朴素物理学研究中两个最简单且最经常被讨论的问题如下:

问题5.1　图5.1是一根弯曲的金属细管。你俯视着图中的这根管子，换句话说，这根管子是平放在地上的。一个金属球被从图示箭头所指的管子的一端放入，并从管子的另一端高速射出。请画出球从管子射出后的运动路径，忽略空气阻力以及球可能发生的所有旋转。（McCloskey，1983a，p. 300）

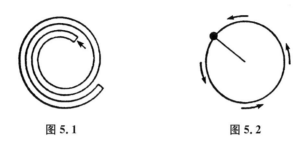

图5.1　　　　　　　　　　　图5.2

问题5.2　想象有人将一个金属球拴在一根绳子上，然后在他/她的头顶转了一圈。图5.2代表你正俯视着这个球。圆圈显示了这个球走过的路径，箭头表示球的运动方向，圆心到球的那条线是绳子。设球在图中所示位置时，绳子在连接球处发生了断裂。请画出球与绳子断开后球的运动路径，忽略空气阻力。

根据牛顿第一定律，在没有外力的作用下，运动中的物体将沿直线运动。因此，问题5.1和问题5.2的正确答案应该分别如图5.3A、图5.3B所示。很多人不能正确地解答这两道题，包括许多在课堂上接受过物理教学的人。他们的错误答案显然是因为他们认为开始时是曲线的轨迹就会一直保持弯曲，这种信念常常会始终贯穿在学习中。一系列关于弹丸运动的实验表明（Caramazza et al. ，1981；McCloskey，Caramazza，& Green，1980；McCloskey，1983a，b），在回答问题5.1时，有大约一半在高中没学过物理的大学生、三分之一学过一年高中物理的大学生和七分之一学过一年大学物理的大学生都会按图

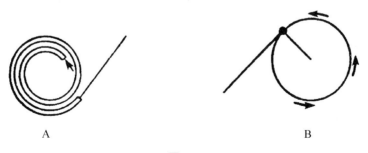

A　　　　　　　　　　　　　B

图5.3

A   B

图 5.4

5.4A 预测路径;在回答问题 5.2 时,大约每三个研究对象中就有一个缺乏经验的人会按图 5.4B 预测出这种曲线路径。

在更复杂的力学问题上,这样的错误率要高得多(见如:Clement,1983)。在某些情形中,人们关于客观存在现象的错误直觉强烈到扭曲了他们的感知和记忆。洛海德(Lochhead,1983)曾报告了一些学生如何描述被向上抛的球的运动轨迹:这个球向上运动了一会儿,然后停一会儿,接着再向下走。迪塞萨(diSessa)曾指出,个体记错先前的经历是由于他们具备的概念有错误。

迪塞萨使用现象学的原始术语(缩写为 p-术语)对物理学中的错误概念进行了解释,这样的一个术语是一个"可见现象的集合,这些现象能被用来看见这个世界,有时也能被用来解释这个世界"[①](p. 16)。其中一个这样的 p-术语是指能产生运动的力:

> 另一类错误直觉也得到了相对完整的记录,这种直觉来自缺乏经验的新手学生。这些学生会认为,力会让物体沿着力的方向运动,而不受先前运动的影响[图 5.5A]。我们打算通过假设一种最常见情况来对之进行说明,我们将把物体从静止状态开始推动该物体的力抽象为最优先的 p-术语,人们会用它来预测一般情境中的运动。……更大胆一点,我们还可以推测,专家理解的发展包括面对多个可用但存在矛盾的原始术语时提高使用其中某个进行分析的优先级。……[图 5.5B]中的方向改变就是在"力作为运动产生者"的案例中表现出了这样的矛盾。(diSessa,1983,pp. 30-31)

———————————

① 译者注:在现象学中,宽泛地说,"现象"与"体验"同义,本质就在现象之中。

图 5.5　"力作为运动产生者"和"力作为方向改变者"的现象

（来自 diSessa，1983，p. 31）

迪塞萨进一步指出：

> 关于朴素物理学的一件令人讶异的事情是，如果让情境足够令人信服，人们确实会发现方向改变存在于某些现象中。在通常情况下，我们只是不考虑它而已。（diSessa，1983，p. 31）

迪塞萨的后一句话引出了一个主题，我们需要对该主题进行强调和进一步阐述。在文献中，有一些论点是关于学生可能持有哪些对运动的朴素看法（即什么是所谓的朴素物理学），但是，这些讨论都没说到重点。首先，很多客观存在的现象都有许多互相矛盾的解释。第二，更重要的是，人们的头脑能够同时持有这样互相矛盾的看法。

迪塞萨提出的观点是，现象学原始术语被现象的发生背景所制约。也就是说，它们以类似于图式的方式运行，个体唤醒的用于解释特定现象的概念性框架可能是由现象本身可感知的特征所提示的。值得注意的一点是，在回答问题 5.1 时画出像图 5.4A 这种图的人中，有相当多人已经完成了一年高中或大学物理的学习。我们可以考虑以下的思维实验。假设完成物理中相关内容正式学习的人没做过问题 5.1，但被要求解决问题 5.3。

问题 5.3　图 5.6 是一个弯曲金属细管的俯视图。一个金属小球被从图示箭头所指的管子的一端放入，并从管子的另一端高速射出。小球射出点的坐标为 $(2，-2)$。（坐标以米为单位）小球射出时的方向向量为 $(3i+4j)$，刚射出时的速度是 500 米/秒。请给出小球离开管子 1 秒后的坐标。

有一个很好的机会能够让相当大比例的学生获得对问题 5.3 的正确解

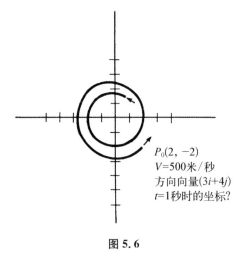

$P_0(2, -2)$
$V=500$ 米/秒
方向向量$(3i+4j)$
$t=1$ 秒时的坐标?

图 5.6

答。贯穿问题 5.3 的线索来自课堂中能学到的正式物理知识,包括对于坐标系、方向向量、术语初始速度的使用,它们应该足以唤起关于向量物理学正式知识的图式。在这个例子中,许多学生甚至都不用考虑小球的曲线轨迹就能够完成该问题。也就是说,同一个人可能会借助正式的物理知识解决一个问题的某个版本,但又会使用相反的定性说法解释该问题另一个版本中的现象。

总而言之,个体的头脑中可以同时持有具有明显矛盾的信息团。个体对于特定情境具备的特定知识就好像是同时关于该人经验和问题背景的函数。关于情境特定型知识这一主题,将在后文讨论几何时再次出现。

日常推理

关于日常推理的研究也指出了思维过程具有受背景制约这一特征。珀金斯(1982)和珀金斯等人(Perkins et al.，1983)研究了人们针对四个话题展开论证时的尝试。现将这些话题简要总结如下:

恢复征兵会不会大大增加美国影响全球性事件的能力?

电视中的暴力会不会大大增加现实生活中暴力出现的可能性?

马萨诸塞州一项拟实行的法律要求为每个瓶子和罐头缴纳 5 美分的押金,这能不能显著减少乱扔垃圾的行为?

伦敦泰勒画廊中由极简主义雕塑家卡尔·安德烈设计的一堆砖头是一个具有争议性的现代雕塑,它真的是一件艺术品吗? (Perkins，1982，p. 9)

成功讨论这些话题需要具备的推理类型可以被描述如下:

推理[这些话题]时会遇到的一个讽刺是:许多日常情境看起来都包

含了大量信息，街上的男人或女人具备关于生活方方面面的实际经验，比如养育子女、买车或者是为办公室应聘者投票。……日常的各种环境看起来都是信息丰富的，但其实不然。在进行日常推理时，人们必须通过编织起一张由合情猜想构成的网来将手头知识中的所有可能真理加以凝练，以使得这张网能够完备到足以令人坚信。（Perkins et al.，1983，p. 178）

珀金斯和他的同事对 320 个被要求对上述四个问题其中两个进行论证的人进行了访谈。研究对象被要求就其中一个题目进行 5 分钟的思考，并在可能的情况下给出自己的立场。然后，他们被要求陈述自己的立场并提供证明该立场之所以合理的理由。接着，访谈者提出跟进的问题，包括"你的理由怎样对你的结论形成支撑"和"你能想到任何观点可以反驳用于支撑你结论的理由吗"。之后，访谈被转录和分析，特别关注了对研究对象论证中不足之处的析出。在这些论证中，大约只有四分之一的瑕疵表现为有错误的推理，原因是他们陈述的结果与根据正式推理过程推得的结果存在矛盾。大多数错误的表现可能应被称作"不充分的模型构建，即关于考虑如何使用现有知识建构一个更加精细和现实的情境分析时的各种失败"（Perkins，1982，p. 4）。例如，推理者进行论证时的一种典型疏忽是忽略了正在提出的论断具有一个明显的反例。但特别有趣的是，许多论证不力的人在被要求找出他们刚刚论证中的瑕疵时，却基本上都能找得出来，而且，他们还能根据要求给出比之前论证更加妥帖的论证（例如，反驳自己的观点，然后反驳自己的反驳）。珀金斯对这种多少有些自相矛盾的行为给出了如下解释：

> 缺乏经验的推理者可能可以被说成是持有一种"有意义认识论"。当然，这并不意味着他们对于信念得以产生的必要条件是什么具备明确的思想态度，但这确实意味着从外显行为能推断出的一些东西：这种推理者的行为就好像是将检验真理的标准设定为一个感觉上有意义、看起来正确、听起来真实的命题。他们察觉不到对确实有意义的理由进行评价或改良的必要性——凭直觉足矣。（Perkins et al.，1983，p. 186）

简单地总结一下，那些认为作出一个令人信服的解释不需要进行严谨推理论证的人不太可能严谨地提出推理论证[①]——甚至是想不到去提出它们——尽管事实上他们能够毫不费力地做到这一点。

决策论

本书早前讨论中(尤其是在第 4 章)的一个重要主题是问题解决中个体决策制订过程的质量是决定成败的强有力因素。至少是从概率角度来说,人们会对理性思考后制订的决策能够取得成功有所期待。同样地,人们在利用相对客观的概率评估建议作出判断时,可能产生对理性的偏离,以致对问题解决表现有所妨碍。由于这个原因,从总体上看,关于决策制订(即决策论)的文献是重要的。

大量研究表明:(1)人们的决策制订尚远达不到理性,即使是在几乎没有干扰的实验环境下;(2)对理性的偏离通常是系统性的,也通常能够追溯到具有系统性的偏见或信念。关于心理学中决策论研究广泛且重要的综述见艾因霍恩和霍格斯的工作(Einhorn & Hogarth, 1981)。关于该领域论文的最丰富合集见卡尼曼等人(Kahneman et al., 1982)的工作。这里要举几个例子来说明这些研究所关注的话题种类。

对此的一个主要发现是,在一定情况下,人们的判断较少取决于情境中的客观现实,而更多取决于对情境进行心理构建的方式。特沃斯基和卡尼曼(Tversky & Kahneman,1981)曾将下面两个问题出示给斯坦福大学和不列颠哥伦比亚大学的学生。

问题 5.4 设想美国正在为一种罕见疾病的爆发做准备,该疾病预计将导致 600 人死亡。已有两种防治该病的备选方案被提出,假设对这两个方案成效的准确科学估计如下:

如果采纳 A 方案,将有 200 人获救。

如果采纳 B 方案,有 $\frac{1}{3}$ 的概率将使 600 人都获救,但同时将有 $\frac{2}{3}$ 的概率没有任何人获救。

在两个方案中,你更倾向哪一个?

---

① 作者注:就像上面引用珀金斯等人(1983)所说的那样,这并不意味着这些人会明确宣称自己持有那些信念,但他们外显的行为却与此并无二致。

问题 5.5　设想美国正在为一种罕见疾病的爆发做准备，该疾病预计将导致 600 人死亡。已有两种防治该病的备选方案被提出，假设对这两个方案成效的准确科学估计如下：

如果采纳 C 方案，将有 400 人死亡。

如果采纳 D 方案，有 $\frac{1}{3}$ 的概率将没有人死亡，但同时会有 $\frac{2}{3}$ 的概率有 600 人死亡。

在两个方案中，你更倾向哪一个？（Tversky & Kahneman，1981，p.453）

我们要非常理性地看待这两个问题，尽管它们描述的情境有不同的架构，但其实是相同的。问题 5.4 的架构围绕的是拯救人们的生命，共有 152 人作答了该题，有 72% 选择了方案 A，只有 28% 的人选择了方案 B。问题 5.5 关注的是可能会死亡的人数。在关于这个问题的回答中，比例反过来了：在 155 名作答者中，只有 22% 选择了方案 C（该方案与方案 A 相同），有 78% 选择了方案 D（该方案与方案 B 相同）。行为上的巨大反差表明了人们不是非常理性。

卡尼曼等人（1982）所描述的大部分行为也显现了这种不理性，而且此时的这种不理性具有一致性。一个一致性偏见行为的例子关于作者所指由"代表性"带来的思维惯性。许多概率问题在呈现关于某事物 X 性质的信息后会提出"X 是 A 类型事物中一员的可能性有多大"的问题。研究表明，人们将根据 X 的特征与 A 类型事物典型特征的匹配程度来作出判断。如果对于某人的描述是"极端聪明，天生擅长于科学，酷爱弄清事物缘何如此"，那么人们将其认为是核物理学家的可能性将相当高，而认为其是农民（举例）的可能性会相当低，尽管我们社会中的农民远多于核物理学家才是事实。基础的统计数据在代表性面前被弃置了。实际上，基于这种启发所得的判断违背了概率规则。概率的基本定律之一是，如果 B 是 A 的一个子集，那么 B 的概率一定小于等于 A 的概率。在一项研究中，卡尼曼和特沃斯基（1982）用以下文字向研究对象呈现了对某人的简述，人们对此的回应也在下文给出。

琳达，31 岁，单身，非常率真，非常聪明，主修哲学。在学生时期，她对歧视和社会公平相关话题进行了深度关注，她还参与了反核的示威活动。

作答者被问到的问题是,在下面两种关于琳达的说法中,哪种更有可能:(A) 琳达是一名银行出纳员;(B) 琳达是一名积极参与女权运动的银行出纳员。来自缺乏经验的本科生的大样本数据显示,在他们之中,有 86% 认为第二种说法更具可能性。来自心理学研究生的样本数据显示,只有 50% 选择了(B)。然而,当将这两个关键选项嵌入到一张包含八个关于琳达的说法的列表中时,缺乏经验作答者和经验丰富作答者的差异却消失了,两组中都有超过 80% 的人选择了(B)而非(A)。

讨论

信念是一个微妙的话题。本讨论尝试澄清该术语在本书中的含义,并为本章的其余部分建立一个话语背景。

在决定数学行为的主要认知因素和主要情感因素中,信念的话题处于一个可摇摆的居中位置。到目前为止,本书关注的重点是决定行为的认知因素:很明显,个体对某个领域的理解为其能够利用这些理解构建哪些东西设定了范围。但情感的话题也同样重要,它们同样也限定了范围并决定了行为。对此,在情感领域中,也许有两个例子能够最明显地说明这一点,它们分别与数学焦虑和对成功的恐惧有关,在这两方面的强大表现力都会削弱数学表现本身。

数学焦虑是众所周知的,几乎不需要再进行说明。面对数学情境时,一些人直接会僵住;而另一些人则会尽己所能地避免可能会涉及使用或讨论到数学的情况。该问题的重要性已被公认,数学恐惧症已经被纳入词汇表,市面上也有大量的书籍与之有关(Buxton,1981;Tobias,1978)。许多研究文献都建立在使用数学焦虑等级量表或 MARS(Suinn,Edie,Nicoletti,& Spinelli,1972)的基础上。对成功的恐惧没有那么为人所知,但是,它呈现的是社会因素和自我感知的状况如何塑造智力表现的另一个例子。简要地概括一下就是,在数学上取得成功可能会对女性存在负面影响。这些女性(尤其是在学校环境中的年轻女性)可能会害怕自己因成功而被社会所不容,也可能会害怕因为在典型的男性领域中获得成功而失去自己的女性气质。对这种恐惧采取行动的后果是显而易见的。对相关文献的评论可见于特雷塞默(Tresemer,1976)和莱德(Leder,1980)的成果。

情感领域相关文献的主要关注点如下(某种程度上有些互相重叠)：数学焦虑可以被认为是数学态度的一个子集,该领域通常会假设态度和成绩是相关的。对此,艾肯(Aiken,1970,1976)和库姆(Kulm,1980)给出了文献述评。动机在表现中扮演的角色是有目共睹且举足轻重的(Atkinson & Raynor,1974；Ball,1977)。同样重要的还有被感知到的个体调控(Weiner,1974；Stipek & Weisz,1981；Lefcourt,1982),这指的是个体认为自己的行动能够影响周遭事件的程度。根据推测,相信自己的努力会获得回报的人比不相信的人更有可能作出相应努力。另一个影响数学情境中人们行为的个体归因是人们对风险的承受度。对这些归因中各变量的变化范围及不同变化范围所产生影响的研究,就是对个体差异和认知风格的研究。芬内马和贝尔(Fennema & Behr,1980)围绕数学方面的相关文献进行了回顾,更多的讨论可在维特金和古迪纳夫(Witkin & Goodenough,1981)以及梅西克(Messick,1976)的成果中找到。

虽然情感变量的重要性毋庸置疑,但它们本身是不在本书讨论范围之内的,不过,这并不意味着这些话题会被忽视。(例如,在第 9 章关于口语报告分析的讨论中,我们强调：由于没有对情感的问题进行考虑,一些关于"纯认知"的实验室研究结果完全被错误解读了；即使这些研究不是针对情感领域的各变量而设计,它们的影响也是始终存在的。)而对于这里来说,我们想要关注的是那些看起来是纯认知的行为(即仅是一个基于推理的操作),并指出这些行为很可能包含了情感成分。正是从这个意义上说,信念的话题跨越了情感领域与认知领域。

有一个非数学的例子可用于说明信念这一术语在这里的使用方式。最近,在一个数学教师会议上,一张折成图 5.7 所示形状的纸片被从离地约 8 英尺的地方扔下。当该纸片非常缓慢地落到地面上时,观众们被要求思考其下降速度之所以缓慢的原因。观众的数量超过 200,他们被给定一些时间来提出可能的解释,所有的解释被要求与风向还有关于 Y 形状物体所受空气动力有关。尽管观众们被要求考虑所有可能说得通的解释,但毫不意外的是,没

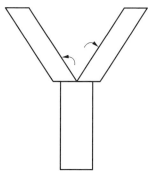

图 5.7　一个"纸飞机"(Y 的左半部分背朝读者叠,Y 的右半部分朝向读者叠)

有任何人提出存在纸片下降的速度会因心灵感应而变慢的可能性。这一点后来被进一步追问：是否有人向自己提出过或许存在心灵感应的可能性然后以不靠谱为由将之舍弃？答案是没有，甚至没有任何一名观众怀有过这个想法。

在这里，我要说的是，信念这个概念与对这种行为的解释有关。这个话题并不像问一声"你是否接受有超自然现象的存在？比如心灵感应"那样简单，尽管在这个案例中以信念问题为话题的重要性是很明确的。换个说法，这也并不等同于问观众中是否有人公开承认自己相信笛卡尔主义的物质与精神的分离。（尽管大部分观众可能都会在二者中择其一，有一些观众很可能不倾向于持有这种非黑即白的立场。）

对他们上述这种行为的一个可能合理的解释是，观众们的世界观与笛卡尔的心物二元论完全一致，这种世界观驱动了他们的行为，驱动的方式与已被外显的信念驱动行为的方式基本相同。以观众们的经验来看，物理中的因果关系可以被用于解释几乎所有客观存在的现象。因此，他们会自然而然地想到要使用物理因果关系来解释现实中看起来寻常的现象。在成为习惯并一般化之后，这种模式就会不仅是自然的，而且是唯一的。关于其他领域的解释不会被先考虑再放弃。相反地，朴素心物二元论者根本不会考虑利用除了物理因果关系之外的任何东西进行解释。在这种方式下，个体的世界观就不一定是被意识到的，也不一定会被个体纳入自己外显信念结构的一部分，而正是这样的世界观决定了个体面对给定情境时会产生的系列想法。这种尚难言喻的世界观可被认为是信念的前身，一旦被个体意识到和接纳，它就成为清晰可辨的信念结构中的一部分。

上一段描述的这种行为是天生的，而且一般来说是实用的。人之所以能精准地高效运转，是因为能够从经验中抽象出自然而然的行为模式，再将所得的抽象之物用于引导自己的行为。这其中的大部分都缺乏有意识反思的参与。例如，当一个人过马路或试图抓住一个正在空中的球时，他/她并不会从头开始推断迎面而来的汽车或球的轨迹，而是基于过去的经验组织当前的行动。这样做的结果是近乎自动化且十分高效的行为，能够满足"所有现实目的"。然而，这个过程偶尔也会产生问题。朴素物理学的研究表明，人们对于客观存在现象的抽象尽管对日常生活中的种种目的来说是有效的，但可能会与物理学中的正式定律相矛盾。当这种情况发生时，个体的"物理世界观"或者说是关于客观世界运作方式的信念体系，会导致各种困难：个体可能会对事件进行错误的感知和解释；可能会将特定情境附加上一些无关的或错误的信息；可能会因为受到朴素物理学的干扰而在学习正式物理学时遇到困难。

类似地，学生会同时从关于数学对象的自我经验和数学学习经验中抽象出一种"数学世界观"。他们某些方面的数学世界观可能是难以言喻的，而某些方面则可能会被吸纳为清晰可辨的信念。这些观点会影响学生面对数学问题时的行为方式，既影响着他们对何为问题中重要之处的感知，也影响着他们会使用哪些系列观点或认知资源。本章的重点是对这些观点的研究，特别是与几何相关联的观点。

第2节　数学家解答一个作图题

本节呈现了一位数学家关于问题5.6的解答，该问题的底层结构与问题1.1相同。本解答所使用的解决方式是重要的，因为它表明，对于数学家来说，数学论证是一种发现的方式。在解决这个问题时，这位数学家通过使用数学证明程序来帮助自己找到解答。在问题解决中使用推理作为工具是数学家利用推理的典型方式。这个解决过程用以与第1章中SH和BW表现出的经验主义形成鲜明对比，也用以为本章所讨论的学生行为建立一个可比较的表现标准。

当被要求完成问题5.6时，这位数学家回到了他曾经熟悉但现在不太适应的领域，他已经有10年没有接触过几何内容。他在读题后开始进行研究，以下是对他所做尝试的完整转录。

问题5.6　请用尺规在下面的三角形（图5.8）中作圆，使得该圆在三角形的内部且与三角形的三边都相切。

好的，所以这个图看起来要像这样［画出图5.9］，问题显然是要找到圆心。……关于圆心，现在我知道什么？我们需要在这儿有些线。那么，几条半径都要在切点处垂直，所以这个图要像这样［画出图5.10］。……这看起来不对，少了什么东西。如果我用线连接顶点和圆心呢？［他画出图5.11。］好多了，里面一定有全等三角形……

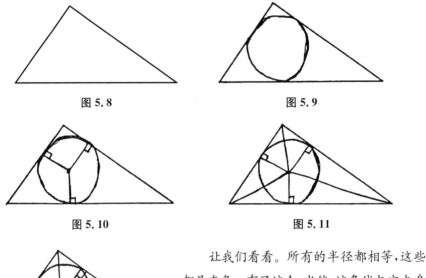

图 5.8　　　　　　　　　　　　　图 5.9

图 5.10　　　　　　　　　　　　图 5.11

图 5.12

让我们看看。所有的半径都相等,这些都是直角。有了这个,当然,这条线与它本身相等[在图5.12中标出 X],所以这两个三角形全等[左下角顶点处的两个]。很好。哎呀,这是 ASS,哦不,这是直角三角形,我可以使用勾股定理或 HL,或者其他什么名字。没问题了,所以圆心在角平分线上。[他转向我]我已经解决了。你希望我把图画出来吗?

问题5.6的这种解决方式与 SH 和 BW 研究问题1.1时表现出来的经验主义方式有相当大的不同。当然,这位专家在解决这个问题上的成功有很多因素:更好的调控行为,对相关事实更可靠的回忆,以及更相信一切都会有利于自己(这一点不可低估),但最重要的是他采用的基本方法。由于缺乏目标圆的相关信息,他通过使用几何论证来推得他需要的信息。在证明猜想之前的很久,他就已经开始寻找全等图形——“里面一定有全等三角形”。对这名问题解决者来说,数学论证不是事后的想法或者用于事后验证的手段,而是一种发现的手段。(我相信波利亚所说的,几何学是利用错误图形进行正确推理的艺术。)依靠论证获得信息很大程度上是数学世界观的一部分,这一点在本解答尝试的最开始就表现得很明显[①]。同样明显的是,从结果中推得的事实确保了解答的正确

---

① 作者注:这种表达并不是说专家不依靠直觉或经验性分析进行研究。成功的数学表现会充分发挥直觉和经验主义的作用——但这只是他们许多工具中的两个。

性。这位数学家知道，没有必要为了证实解答是正确的而把图画出来。这一点从他的表达中可以看出，"我已经解决了。你希望我把图画出来吗?"

第3节 视学生为纯经验主义者：经验主义行为的模型[①]

本节根据"经验主义公理集"和用以预测学生解答作图题(比如问题 1.1，再次呈现如下)时表现的初步模型，给出了纯经验主义者的特征。虽然这种描述有夸张的成分，但它在行为预测方面却非常有用。学生的行为往往与模型所提示的表现相当一致。这至少表明了一种可能性，即学生的行为是由经验主义观点"驱动"的。学生是否持有某些特定的观点(或其他观点)、他们对自己的观点有多坚定、这样的一个观点如何与个体的问题解决表现互相作用等微妙的问题，我们将在后续进行探讨。

问题 1.1 如图 5.13，平面上有两条相交的直线，点 P 在其中一条上。请用直尺和圆规作圆，使该圆与两条直线都相切且 P 是其中一个切点。

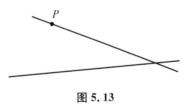

图 5.13

经验主义公理集是隐含在该模型背后的"信念结构"，它们如下：

公理 1 洞察力和直觉来自作图。作图越精确，越有可能在其中发现有用的信息。

公理 2 有两个因素在生成和排序关于解答的假说时会占据主导位置。它们是：(1)探索方案的"直觉可理解性"，(2)问题某些自然特征的知觉显著性。也就是说，(1)如果你更能"看清"一种可能的作图方式从头到尾的"推进路线"，而不是另一种，那么你将会把前一种排在更优先的位置，且更早地对其进行验证。这一点在大部分时候都成立，除非(2)你能感知到问题的一些特征是作为解答中必不可少的主导成分而存在。比如，问题 1.1 中右边顶点处

---

① 作者注：这个关于学生行为的模型在匈菲尔德 1983 年的论文(1983a)中进行了首次呈现。

角的平分线。如果是这样的话,包含了知觉主导特征的可能探索方案会被排在最优先的位置(这些方案之间是按可理解性排序的)。

公理3 有可能说得通的假说是逐一被检验的:先检验假说1,接受或拒绝它后再检验假说2,以此类推。

公理4 对假说的验证过程是纯经验性的。作图的正确与否是通过把这个图作出来进行验证的。当且仅当一个图呈现出了目标结果,它才是正确的(个体有不同的容错范围)。

公理5 数学证明与发现和验证(使用个人化的方法,而非正式方法)的过程都毫不相关。如果特别有必要的话(比如教师要求),可能可以用一些证明方法来验证一个结果。但这只是按规则行事,是在非主动的情况下验证已经知道会是正确的东西。

回到问题1.1,我们来观察一些可能引起学生注意的知觉特征。要注意的是,这和"知识资源"一章中对"事实"和"程序"的讨论类似,学生认为正确的问题知觉特征可能正确,也可能不正确。学生常注意到的六个特征是:

特征F1 目标圆的半径与上面一条线相切于点 P(一个回忆起的事实)。

特征F2 目标圆的半径与下面一条线相切于切点。

特征F3 下面一条线上的切点 P' 到右边顶点的距离与上面一条线上的切点 P 到右边顶点的距离相等(通过感知到的某种对称性)。

特征F4 一个端点为 P、另一个端点在下面一条直线上的"看似合理"的任何线段都有可能是目标圆的直径。

特征F5 圆心位于两条线的中间位置,因此会在那个角的角平分线上(同样,也是通过感知对称性而得到)。

特征F6 圆心位于始于右边顶点并过点 P 的一条弧上。

在这六个特征中,F4 和 F5 往往会占据知觉上的主导地位。一般来说,注意到其中之一的学生将能够根据该特征作出进一步的猜想。另外,特征 F6 通常在 F5 之后才会被注意到,此时问题解决者会想要去确定角平分线上的哪一点会是目标圆的圆心。(图 5.14 用于说明 F4 和 F5 的主导地位。)特征 F1 的作用很有趣,学生常常能回忆出 F1,但它很少会占据知觉上的主导位置;相反地,它会被作为一个验证条件,无论学生通过哪种推理进行了作图,这个图最终都必须满足特征 F1。

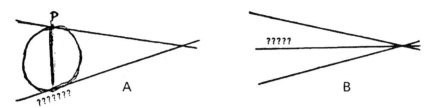

图 5.14 （A）特征 **F4** 占据主导地位：把下面一条线上的哪一点假设为直径的另外一个端点；（B）特征 **F5** 占据主导地位：角平分线上的哪一点更有可能是圆心

上述特征的不同组合产生了关于问题解答的假说。其中的八个假说是这样产生的：特征 F4 与特征 F1、F2、F3 分别结合，产生假说 H1、H₂、H3。目标圆的直径是——

假说 H1 在两条给定直线之间且与上面一条线垂直于点 P 的线段。

假说 H2 在两条给定直线之间且与下面一条线垂直并过点 P 的线段。

假说 H3 连接点 P 到点 P' 的线段。

特征 F5 与特征 F1、F2、F3、F6 分别结合，得到了下面的假说。目标圆的圆心是右边顶点上角的平分线与——

假说 H4 过点 P 的垂线的交点。

假说 H5 从点 P 向下面一条线所作垂线的交点。

假说 H6 连接点 P 到点 P' 的线段的交点。

假说 H7 始于右边顶点并过点 P 的弧的交点。

最后，将非主导特征 F1、F2、F3 结合起来，产生了——

假说 H8 圆心是分别过点 P 和点 P' 的两条垂线的交点。

前述的公理集与一些实施规则结合，为行为预测提供了准则。四条这样的实施规则如下：

规则 R1 学生能注意到的特征决定了备选的探索方案集。因此，只有当特征 F5 被注意到时，假说 H4—H7 才会成为备选，以此类推。

规则 R2 学生最开始的草图决定了各备选方案的合理程度（从而决定了不同备选方案的排序）。例如，如果大致的草图类似于图 5.15A，那么假说 H3 的排名就会靠前，并且可能成为第一个用作图进行验证的假说。而如果最开始的草图像图 5.15B，那么假说 H3 将会被排除在考虑之外。（见后文 AM 和 CS 的解答尝试。）

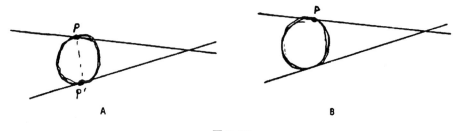

图 5.15

规则 R3 当特征 F1 没有被注意到时,特征 F3 是一个默认的条件;当特征 F5 没有被注意到时,特征 F4 是一个默认的条件。

规则 R4 除非最初的草图提示了相反的情况,假说 H8(对三个非主导特征的组合)在备选假说中的初始排名都会是在最后位置。

第 4 节　模型与表现间的一致性

读者不妨回顾一下 SH 和 BW 解决问题 1.1 时的尝试(相应的描述在第 1.6 节)。本节的下面部分将他们的表现与模型所预测的行为进行了比较。

当开始着手这个问题时,SH 和 BW 都没有回忆起特征 F1,也没有察觉到特征 F5。根据模型(见规则 R3),默认条件 F3 和 F4 应当被触发,学生应当能给出假说 H3 的猜想。这确实就是实际发生的情况。(注意:这样的行为绝非特例。在研究问题 1.1 的学生中,大约有一半的学生将假说 H3 作为了他们的第一个猜想。)

学生 SH 在画图 1.20 时没有进行出声思维,所以只能从他的草图来推断他的意图。不过,他的意图似乎相当明确。首先,SH 画出了图 1.20 中最下面的那幅图,这是对假说 H1 的验证。这个大致的草图表明,假说 H1 是无效的,所以假说 H1 没有通过作图检验。然后,学生 SH 画了图 1.20 中最上面的那幅图,这是对假说 H2 的验证。再一次地经历了相同的过程。到此为止,该生的行为与模型均一致。随着假说 H3 的实施,"直径的特征",即特征 F4,在知觉上开始占据主导。由于特征 F1 较 F2 更占据优先位置(理由很明显),假说 H1 会比 H2 先得到验证。在考虑其他猜想之前,所有与 F4 有关的猜想都被按适当的顺序进行了验证。

此时,SH 形成了关于特征 F5 的初步建议("整个过程可不可能涉及角平分线")。如果继续下去,特征 F5 很可能会成为一个占据主导位置的知觉特征[①]。但 BW 恰恰回避了这个建议。当 SH 提出特征 F5 时,BW 已经开始研究假说 H8。她对于 SH 建议的回应("我们可以试试")是将对特征 F5 的研究推迟到她目前的假说产生检验结果之后。可以看到,SH 和 BW 的研究顺序是 H3→H1→H2→H8,与模型预测的完全一致。

有件事不是我在这里想要断定的。这就是,因为纯经验主义的模型与 SH 和 BW 在行为层面的表现是如此契合,所以 SH 和 BW 就一定相信前述的公理 1—5。(事实上,许多人工智能领域研究目前面临的一个困境是对一个默认假设的突破,这个假设是——行为层面上表现的匹配就意味着我们已经抓住潜在心理过程的本质。)我为了强调一些东西,把这些公理刻意夸大了。无论如何,就像下面两节的分析所表明的那样,这些公理并不像它们看起来那么夸张。

第 5 节 深度观察经验主义：CS 和 AM 研究问题 1.1

本节关注的是对解决问题 1.1 的一个尝试,它比 SH 和 BW 对这个问题的尝试以及数学家对问题 5.6 的解答都要复杂得多。相对来说,后面提到的两个解答片段都是简单的,因为问题解决者的行动和观点在尝试解决该问题的全过程中都具有稳定性。学生 SH 和 BW 从一开始就采取了一种经验性方式,并将它在整个解决过程中一以贯之。因此,他们的行为与上面给出的纯经验主义模型非常契合——尽管由于他们后来被证明是有能力解决问题 1.4 和问题 1.5 的,使得他们对于几何论证的回避尚待解释。虽然数学家解决问题

---

① 作者注：SH 迟迟没有将特征 H5 引入解决方案,由此,我们需要对主导型知觉特征的本质做进一步的解释。当学生察觉到一个特征,并对其深信不疑,还将其明确用于问题的解决时,这个特征才占据主导位置。这是 F4 在此处所讨论的解决方案中扮演的角色,也就是 SH 和 BW 对于特征 F4 的使用方式,还会是下一节中 DW 和 SP 对于 F5 的使用方式。然而,在 SH 和 BW 的解决方案中,F5 甚至没有被作为一个重要特征来引入,更不要说是将之作为主导型特征。当 SH 提出 F5 的时候,他并不是真正坚信该特征的;恰好相反,他是在他的其他假说失败的情况下寻找一些能尝试的东西。

5.6 的方式与学生的方式有很大的不同,但同样保持了始终如一的稳定性:他从一开始就以推理为立场,并在整个解答的过程中坚持了这种立场。

当着手解答问题 1.1 时,大多数学生处于上面所描述两种情况的中间状态。学生对数学论证有明确的意识,在开始对问题进行解决的时候,也经常尝试着去推导出一个探索方案。但当这些尝试失败时,他们似乎就转向了经验主义;并且,在问题解决的过程中,他们对经验主义的依赖程度越来越高。对学生这种行为的一种解释是:问题解决片段中的学生对于会用到哪些几何知识还不够清晰,因此将成为经验主义者作为终极手段;他们倾向于使用几何论证,但是还没有能力去利用标准方法形成令人信服的论证,于是,他们转而使用"作图证明",并将之作为用以说明自己所持假说具备有效性的唯一可用方式①。

下面的问题片段是典型的,它通过口语报告分析展现了学生对经验主义的依赖是怎样发展的。但是,这一片段的结局却比绝大多数片段要更令人感叹。

解决问题 1.1 时,AM 和 CS 都是大一下学期的学生。AM 是非常优秀且非常自信的学生,他常常保有对事情最终总会有好结果的信心投入到问题解决尝试中,实际结果也总是能遂他愿。而学生 CS 的数学基础则不太扎实,信心也比较缺乏。由于学习情况和个性上的差异,这两名学生合作解决问题的努力有时在对话上会出现语言的重复。大部分的发言是 AM 作出的;有时,CS 会被 AM 征询意见;还有时,当 AM 转向新任务时,CS 会"扫尾"原任务。

在这个片段开始时,AM 大声地读出了问题,然后他说"所以我们要做的是画出像这样一个圆……",并随之画出了图 5.16。接着,他开始在图上添些东西。当他这样做的时候,看起来像是全心全意地在尝试推导出问题 1.1 的答案。从某些方面来说,这样的尝试似乎与数学家的尝试在

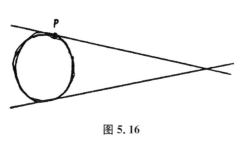

图 5.16

————————

① 作者注:以下对这种解释进行了探讨。学生在推理和经验主义之间不断摇摆的许多片段,确实会让人对纯经验主义的模型产生怀疑。虽然该模型捕捉到了学生产生的行动序列,但它似乎违反了学生方法的"内在本质"。我下面要说的是,这种差异并不像看起来那么大,用朴素经验主义这一微妙的说法有助于统整这里讨论的所有例子。

本质上是相似的。但是很可惜，他的尝试不成功。

　　AM：在三角形里作一个圆的方法是什么？圆的半径乘……乘什么东西，就能得到面积；乘什么就能得到周长。……好吧，如果我们再画一条这样的线，比如说画一个让我们能够完成题目要求的三角形，……我们可以在这里画一个正方形，因为它有一个直角。……我们总是可以在一个三角形里画出一个正方形。[他画出图 5.17。]这个 r 与这一条线相等，也等于这个，也等于这个……而这

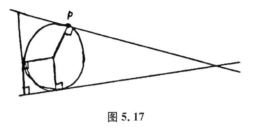

图 5.17

是另一个直角，因为任何，好的，这个角[长时间停顿]。

在这么说时，AM 对他的图做了许多改动和补充，他希望得出的图看起来像一个他知道如何去解决的问题。（当然，如果匹配完美，问题就已经解决了。）左边的线段被画出来，形成一个三角形。现在，该问题已经被"简化"为在三角形里作一个圆。AM 知道这个问题是可以解决的，但不巧的是，他不记得作图的步骤了。他在图中添加的内容也没有暗示出什么直接可用的东西。当他盯着图 5.17 希望能想到点其他东西时，CS 提出了一个我们之前看到过的建议。

　　CS：哦，哦，我已经搞定了……你可以画一条直线，然后把它平分[画出图 5.18]。

学生 AM 看了看他之前画的草图（图 5.17），然后拒绝了 CS 的建议，徒手勾勒出图 5.19 用以代替。

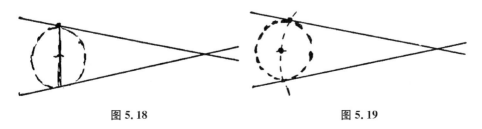

图 5.18　　　　　　　　　　　　　　**图 5.19**

AM：但是，你要的不是一条直线，而是要一条曲线。

这个建议显然是基于经验主义的。观察图 5.16 就会发现，他们想要画出的圆的圆心在 CS 建议的点的左边，所以，学生需要的是在这个方向上能得到一个点的步骤。有一条曲线将满足这个限制（更确切地说，这段弧是圆心在两条直线交点且过点 P 的圆上的一段弧）。

CS：但是，一旦你在两点之间连了一条直线，你就不能只是……

AM：嗯，你可以把这个角平分，对吗？ 因为你知道圆心的那点会在中间的位置，所以你可以把这个角平分。……

CS：两种方式都可以做。

AM：是的，平分这个角。然后画出一条曲线，或者你画吧？ 你画一段弧。……圆心那点不是在弧上吗？[AM 在考虑他自己的建议。]对了，这对了。我也不知道为什么。它为什么会对呢？……然后[他看着图 5.17]，我们也知道这段的长是 r。这告诉我们什么？ 这个图不太对称，我们的弧[草图]画得不太好。好吧，不管怎么样……证明，是的，怎么……嗯[再次读题]展示如何作出……好的，我们已经展示了如何作出，但是……我们无法证明它是对的。我们确实能画出来。……[他对此作了强调。]

"我们已经展示了如何作出"这一说法反映了 AM 对他所提出的作图方案有信心。但是，他也确实表现出了对能否证明他所作图形正确性的担忧。显然，AM 无法用严格的证据具体地验证他的观点（"我们无法证明它是对的"），随后，他向经验主义迈了一步（"我们确实能画出来"）。因为 CS 重申了"直径假说"（图 5.18），两人有了更多交流，但 AM 提供了一个有力的证据让 CS 坚信自己的想法应该被舍弃。AM 拿起尺规，开始按他的想法作图。他画得很快，但有些不精确。图 5.20 是所得结果。

AM：嗯嗯……这看起来不那么好。我认为我们应该没犯什么错误……

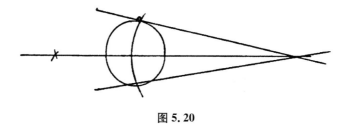

图 5.20

CS 指出,这个作图是不精确的:对这个所谓的角平分线来说,它的上半部分看起来明显比下半部分大。CS 在思考这个问题时,AM 回看了图 5.17。他担心的是,圆的半径是否应该与切线在切点处垂直。

AM: 我的意思是,如果我们在点 P 处画一条切线的垂线,这样做对不对?

这就产生了一个新的作图(这条垂线以 P 为垂足并与角平分线相交),恰巧,这样做是正确的。但又不巧,像上一个尝试那样,作图上的马虎使得他们得到了一个不精确的图(图 5.21)。因为看起来是错的,故图 5.21 也被认为不正确。此时,学生 CS 发愁的是图 5.20 和 5.21 中角平分线不精确的程度。因为没有一张图是精确的,他开始考虑对这两张图进行修改。与此同时,AM 继续研究以 P 为垂足的垂线。

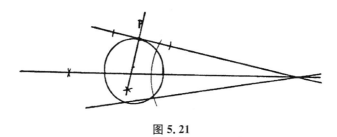

图 5.21

AM: 让我们假设这是垂直的……这样我们就可以得到这条直线……[不再研究以 P 为垂足的垂线]……然后你就可以画出这条垂线,像这样[画出一条与下面的线垂直的线,如图 5.22 所示]……但这里的距离[点 P 到所谓的圆的圆心]和这里[到下面这条线的距离]相同吗? 这是个问题。它们的交点应该是正好在中间。……现在我们能证明这一点吗? 好的,把圆画出来,看看它对不对。[他对此作了强调。]

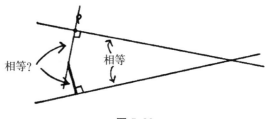

图 5.22

作为纯经验性探索的结果,AM 得出了猜想 H8:目标圆的圆心位于以 P 为垂足和下面线上对应点为垂足的两条垂线的交点。更重要的是,AM 采用了经验性验证作为他的证明标准,他将通过"看看它对不对"来证明(他的原话)他的猜想。此时,CS 和 AM 开始同步作图。AM 在努力实现他的猜想,CS 在尝试改进图 5.20 和图 5.21 中明显不太精确的角平分线。现在,三个猜想看起来都挺不错的:图 5.23 是 AM 画的,图 5.24 中的两个图是 CS 画的。

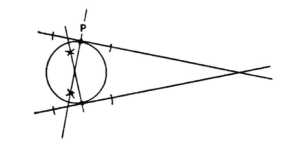

图 5.23

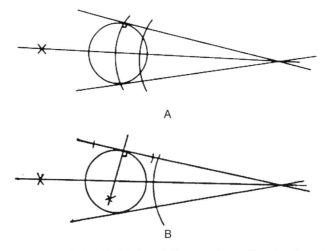

图 5.24 (A) 改进后的弧和角平分线;(B) 改进后的垂线和角平分线

CS：所以……我们用两种方式证明了这一点。

AM：是的，因为它们是相切的。好的，这很好。

我打断他们。"从我听到的来看，你们的方向基本上是正确的。你们最终的决定是什么？"学生 AM 说"我们能用两种方式来进行解答"，接着，他告诉我这两种方式是：（1）按图 5.23 作图；或（2）按图 5.24 中的两个图那样"用弧或垂线"作图。

在这个片段中，AM 和 CS 似乎已经逐渐形成了对检验解法正确性纯经验性标准的依赖，这种依赖使得他们的行为近乎怪异。在尝试解决问题 1.1 的早期，弧和垂线（图 5.16 和图 5.21）都因为不符合经验性标准所以被舍弃了——尽管带有一些犹疑。而由于有这些犹疑，CS 改进了两个作图（图 5.24），这样一来，这两个图看起来都还不错。如若个体仅是靠纯粹的经验性规则行事，那么两个初步的方案应该要么都被采纳，要么都被拒绝。于是，CS 和 AM 提供给我两个互相矛盾的作图，它们是同一步骤的不同形态。

需要指出的是，AM 知道比推导问题 1.1 的解答所需多得多的几何推理知识。在他们研究完问题 1.1 几分钟后，我要求他们"帮我解答几个高中问题"。不出所料，AM 承担了尝试解决这些问题的任务。他在总共不到 4 分钟的时间里就解决了问题 1.4 和问题 1.5。因为他在早前曾说过，"我们已经展示了如何作出，但是……我们无法证明它是对的"，他现在的这种表现就特别值得注意。

讨论与决议

理解学生对问题 1.1 解答尝试的关键，在于将他们的知识与表现统整起来。知识的问题是很清楚的：被我们讨论解答的两对学生[①]都具备足够的知识，足以毫无困难地得出问题 1.1 的解答。在录像的后一天，SH 和 BW 在一个略有差异的课堂环境中解决了问题 1.4 和问题 1.5，此时的他们没有进行额外训练。在解决完问题 1.1 几分钟后，AM 在与之前完全相同的环境里花了

---

① 译者注：还有一对指的是 1.6 节 5.4 节中提及的 SH 和 BW。

不到 4 分钟就解决了那两个证明问题。而且,他们(可能除了 CS 以外)确实理解论证的一般化内涵是什么。表现的问题就没那么清楚了。两对学生都对问题 1.1 采用了经验主义的方式。问题解决的每个尝试都持续了 15 分钟以上,在其中的大部分时间里,他们都手握尺规。就像前文指出的那样,两种方式看起来有很大的不同:SH 和 BW 从一开始就一直使用了经验主义的方式;但 AM 和 CS 似乎是随着他们探索方案的发展而最终被迫使用了经验主义的方式。在这里,我要说的是,这些差异并没有它们看起来的这么大。如果学生被看作是朴素经验主义者,那么上述所有的行为都可以得到逻辑连贯的解释。

这里的根本区别实际上是朴素经验主义和模型中所指那种显性经验主义的区别。根据模型中的公理 4 和公理 5,持纯经验主义的学生选择将尺规作为工具,由于认为数学论证没有价值,他们主动地、有意识地放弃了数学论证。虽然 SH 和 BW 使用了经验主义方式,但不是特别明显能看出他们是否放弃了推理。相反地,他们好像是没有意识到这一点。此外,AM 和 CS 也显然不是反对推理的,他们只是在推理方面不太成功。从这个角度出发,让我们从这个连续统的另一端开始我们的讨论。

对数学家来说,习惯于将论证作为发现的一种形式是习得的行为,是经验在发挥作用。这种思考方式不是"天生的",几乎没有数学专业的本科毕业生具备它。那些成为数学家的人通常在研究生阶段开始发展这种思考方式,从非常生疏到将之作为行为准则。开始时,"证明"是强制性的,是被动接受的行为规范。当他们逐渐适应了数学,使用这类术语开展研究就变得很自然。"向我证明"开始意味着"向我解释它为什么正确",论证开始成为进行解释的一种形式、传达理解的一种手段。当数学家开始研究新的问题(也许是论文)时,这种发展仍旧持续。数学论证成为说服自己某些东西应当正确的方式。因为持续的失败凸显了个体在理解上有所缺漏,所以即使是不成功的尝试也变得有价值。在多次尝试证明某个特定的结果后,个体可以从失败中看到一种模式,由此会认为这个结果可能不正确。为了确定它是否真的有错误,个体可能会尝试创设一些运用到这些缺漏的例子。如果个体尝试的例子中没有任何一个能够说明结果是错误的,那么他就可以再次开始相信结果的正确性——并且,前述所指产生于失败例子中的模式可能会对最开始的尝试中缺失了什么形成提示。由此，数学论证成为数学家在自己所疑为真之物和所知为真之物间进行辩证思考的工具。简而言之，推理成为发现的工具。

这几乎不会是大多数学生的经历。具备之前所讨论表现的学生在正修读微积分课程的大一学生中很常见。他们在高中都学过一年的几何并将该课程学习的大部分时间花在与证明有关的活动上。从这些学生的视角看，数学论证（或"证明"）的角色非常特殊。在大部分时候，这些学生运用数学论证的情形局限于以下两种中的一种：

1. 证实一些在直觉上很明显的东西（比如，在几何中经常出现的东西）。此时，证明似乎是没必要的，甚至是多余的。或者，

2. 验证被他人告知是正确的东西（参见问题 1.4 和问题 1.5）。此时，完成整个练习的目的是进行一种训练。在这种情况下，数学论证就像拉丁语动词的词形变化一样，（据说）被认为有益于发展严密的数学思维技能。

让我们回到本章第 1 节末尾用于总结的讨论。那时我们曾提出，在任何领域，人们对经验规律的抽象（并不一定是有意识的）会形成他们的世界观，这种世界观会被用于塑造他们在这个领域中的行为。"朴素心物二元论者"是对此的一个很好的例子。对习惯于在物理因果关系的范畴中为客观存在的现象寻求解释的人来说，向习以为常的范畴之外寻求解释这一想法甚至都没有出现的可能性。就他们的行为而言，是否公开宣称自己认为心物是分离的，并不会产生多大差别。

从学生的几何学习经验来看，类似的抽象化过程也是很可能发生的。对于那些将几何论证经验也作如上这样抽象化的学生来说，把推理作为信息发现手段的想法甚至都不会出现。无论这些人是否公开宣称数学推理与发现的过程无关，就他们的行为而言，也不会产生多大差别。这些朴素的经验主义者最终接受的只是经验层面上对他们猜想的"证明"。

一旦从这种角度来看待，上面所描述的两个问题片段就可以被视为是完全一致的。SH 和 BW 的尝试是上述情况的代表，学生的朴素经验主义足以解

释为何他们的几何知识没能被使用①。由于他们没有想到数学论证会有效,他们就不会想到要将之作为问题 1.1 的解决方式,(自然地,)他们就依靠直觉来洞察、依靠作图来验证。AM 和 CS 的尝试更有意思,现在可以按下面的方式重新诠释。

对学生 AM 开始时所作尝试的最佳描述可以是"核心转储"。图 5.17 所呈现的一系列行动不是在尝试获得有用的信息,而是在尝试从记忆中提取这些信息。他关于"在三角形里作一个圆的方法(!)"的寻找是在试图回忆起能够直接解决问题的东西。他对于原图的各种改动(画出半径、标出直角、在图上增加一条线以使得目标圆内接于尚未确定的三角形)是在力求想起正确的内容。如果他想起的内容与他的图相匹配,那么问题将能够解决;如果基本能匹配得上,那么问题差不多就解决了。这是非常合情合理的行为,不应该受到轻视,但是也不能把它与试图通过数学论证来获得有用信息的行为相混淆。

当尝试回忆曾解决的相关问题失败后,AM 和 CS 发现他们与 SH 和 BW 开始尝试时面临的境地相同——他们都不具备能简单处理该问题的方式,只能依靠直觉的引导。CS 给出的第一个想法正是我们认为学生面临这个情境时会产生的做法,而也正如我们认为的,由于经验方面的原因(见 AM 的第一个草图,即图 5.16),该想法被舍弃了。这两个学生在问题解决过程中出现的各种情况,根本不是意味着他们从最初对数学论证持开放态度向"将成为经验主义者作为终极手段"的演变,而表现的是两个学生从开始时的朴素经验主义者向显性经验主义者的演变。

第 6 节 关于朴素经验主义的进一步证据:DW 和 SP 研究四个互相关联的问题

为了探讨上一节提出的话题,从 1983 年开始,我大范围地开展了系列化访谈。每次我都把学生完成四个问题的过程录像,之后我会与学生一同观看

---

① 作者注:用认知心理学的语言来说,学生对于问题的最初表述形成一个排除了推理知识的问题空间形态。在问题空间被改变之前,学生不可能建立与推理的相关联系。

录像并以"临床访谈"的方式讨论他们所做的事情。研究中使用的四个问题如下：

问题 A　与问题 1.1 相同。

问题 B　你记得用尺规作角平分线的步骤吗？如果记得，(1)按照这个步骤平分(一个给定角)，并(2)解释该步骤为什么正确。

问题 C　图 5.25 中的圆与两条给定的直线分别相切于点 P、Q。利用高中学到的几何方法证明 PV 的长度与 QV 相等。

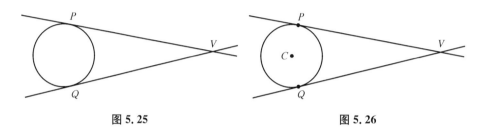

图 5.25　　　　　　　　　　　　　　　　图 5.26

问题 D　图 5.26 中的圆与两条给定的直线分别相切于点 P、Q，圆心为 C。利用高中学到的几何方法证明直线 CV 平分 $\angle PVQ$。

我告诉学生，问题 A 有一个简单的解答，但很多学生似乎对此感到有困难。他们应当仔细地去确定他们的答案是否正确。为了让他们更加仔细(也为了看看在有额外奖励的情况下，他们是否会想到要用数学论证来推导或证实他们的结果)，如果他们最终得出了正确的解答，我就会给他们 5 美元。

当被录像的时候，DW 和 SP 正在修读第一个学期的微积分课程，他们是自愿被录像的。从许多方面来说，他们都基本上是很理想的研究对象：他们性格外向且友善，互相间能够很好地合作。他们对使用"出声思维"来研究问题很适应，他们的对话很好地记录下他们问题解决的推进过程。他们比大多数人更加清醒，能力也更强。他们喜欢这些问题并且努力地进行研究，还在录像结束后花了一个多小时与我进行讨论。关于他们的片段转录如下。

学生 DW 大声地读出了问题 A，然后两名学生一起重读了几遍该问题以确保理解了它。

　　DW：哦，所以想要的就是在这里画个圆，这个圆要碰到这里[P]，还要碰到这里[指着下面一条线]。

SP: P 是切点。好的。所以它就在中间。

DW: 对。所以一个圆要先碰到这里［上面的线］,然后也碰到这条［下面的］线……好的,这是个开始。我想我们应该把这些线平分。你知道怎么用圆规来做。……这样一来……我们就知道了圆心该在那条平分线上［即角平分线］。它必须是。对吗?

两名学生在关于模型中的主导特征 F5 上达成了一致。学生 DW 建议说可以作角平分线,他们确实也作出来了——尽管(随后的讨论证实了这一点)他们还没有开始困扰于角平分线上哪一点是目标圆的圆心。作图的过程花了他们好几分钟,而且相当混乱。在作图时,DW 想起来半径应当垂直于切线,于是他得到了一个恰当的结论:

DW: 现在我们要做的是画一条在这里［点 P］垂直的线……这里的垂线,希望那样会出现我们要的圆心。

他们重新作图。像大多数学生一样,一是他们觉得便宜的圆规会带来麻烦;二是他们完全没有进行任何形式的数学论证。

DW: 哦,我希望这有用。现在我们要画,把这个［在角平分线上］画的和那个一样大。我不喜欢这个圆规。

SP: 那么它应该同时碰到这些地方［点 P 和下面的线］。

DW: 我们希望它能这样。如果它不能,我们做的就有问题。［他们摆弄着圆规。］

SP: 嗨!看起来基本上是合适的。

DW: 这个,我觉得挺不错,唯一的原因是这个圆规不够大。我认为这里的所有误差都源于我们画得不够准确。我认为我们做到了,我认为我们的想法是正确的。［他们在检查作图。］

SP: 对。是的,完全正确。

DW: 嗯,好的。现在让我们来写这个。现在让我们总结一下:"这是对的,哪怕它看起来是歪的。"

出于对自己解答的自信,他们完成了图 5.27。

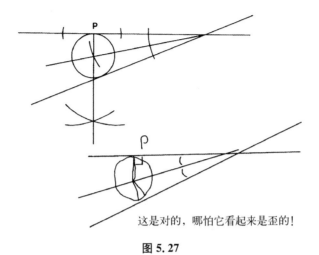

这是对的，哪怕它看起来是歪的!

图 5.27

他们基本上没花什么时间就解决了问题 B。因为已经完成了作图,所以他们边读题边在笑。

DW: 现在,如果你想要把这个真正地方法化……这条线要从这到这,而且它们的长度相同[图 5.28 中的 *PV* 和 *QV*]。这条线是从这儿到这儿[*PX* 和 *QX*],你可以作出三角形!

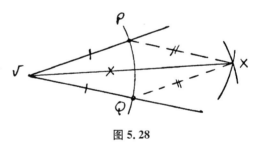

图 5.28

他们不费吹灰之力地论证了全等。

学生满怀信心地开始了问题 C。因为图 5.25 中没有标出圆心 *C*,所以他们在开始时有些为难。由于认为必须要知道点 *C* 才能证明,因此他们决定利用角平分线和垂线(穿过下面的线,"以示不同")作图来确定点 *C*。以这种方式确定点 *C* 之后,他们花了不到 2 分钟时间就正确地论证了全等。①

———————————

① 作者注:通过作图来确定点 *C* 从道理上讲是不可以的。导致他们过程混乱的原因是点 *C* 在图中并没有给出。如果给出了点 *C* 或者他们仅根据"让点 *C* 是给定圆的圆心"就开始论证,那么他们的论证将完全正确。

在问题 D 中,该用何种方式作图寻找圆心这一问题把他们绊住了,他们意识到了一些困难。当被要求证明点 C 在角平分线上时,他们发现,采用他们的作图方法确定点 C 将会陷入一个循环("这就像我们把这些问题反过来做")。由此,他们试图利用全等来进行几何论证,以避免让本题的一些东西可能与他们在问题 C 中使用的图过于相似。这个不太恰当的决定让他们有超过 10 分钟都陷入徒劳无功的努力中。幸亏该决定最终被一个很好的调控决定终止了:"我想,最好的办法是从一开始就回顾一下我们知道的东西,慢慢来。"接着,DW 和 SP 重新开始,他们在大约 1 分半的时间里完成了正确的全等论证。

总结一下,从 SP 和 DW 研究片段的录像来看,他们关于问题 A、问题 B 和问题 D 的解答是正确的,关于问题 C 的解答基本正确(论证全等的部分是正确的)。跟预想的一样,学生对于问题 A 采取的方式完全是经验性的,他们基于直觉提出假说并利用作图来验证。他们对问题 C 和问题 D 的研究表明,他们具备能够验证所作图形正确与否的推理知识;他们对问题 B 的研究表明,他们理解几何论证的一般角色。此外(如"把这些问题反过来做"这一说法所指),他们充分地意识到了四个问题是相关的。

我请 SP 和 DW 谈谈他们关于这些问题的解答。他们开始同时仅使用程序性和直觉性的术语谈论起问题 A。

SP: 我们首先将这个角平分[在顶点上],用这里,然后我们连接——

DW: 嗯,我们知道……告诉他,是的,我们知道当我们平分那个[在顶点上],那就必须是圆心,因为——

SP: 因为它到这两条线的距离相等。

DW: 然后我们做了……我们只画了一条垂线,它们相交的地方就是圆心。因为[指着垂线]那是半径,我们知道[指着角平分线],对,必须是那样——像我说的,这条[角平分线]过圆心,这条线是半径,它们的交点是圆心。

SP: 我们需要两条线来确保我们找到的点是恰当的,如果我们只有一条线,我们不能确定它就是圆心。所以我们也画了另一条线,我们刚画了这条线。

AHS：嗯，图看着不错。不仅如此，你们还说明了它是正确的。

这个说法得到了两名学生热情的齐喝"耶!"从他们的回应中明显可以看出，这是他们第一次确认了对问题 A 的解决方式是正确的，而且，直到现在，他们还没有完全确定他们的作图是正确的。

在录像回溯的后期，我们一起回到了问题 A。

AHS：你们怎么知道圆心会在角平分线上？你在这里[指着他们的研究单]说它会。然后我说"哦，是吗"，你说"是的"。但我现在想知道的是，你是怎么知道的？

DW：因为如果你画，如果它会同时碰到两个圆，如果每条线都会碰到两个圆。让我看看怎么不把这个说得太乱……

我指着她图中的平分线重复了问题，学生 DW 回到她的图上说"因为从这里到这里的距离必须是……"，她边说边勾画出与上下两条线距离相等的点的集合，这样就能从直观上看出角平分线的位置（图 5.29），但她没有提供"强有力的证据"。

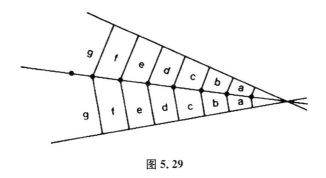

图 5.29

她坚持：

DW：它就是的，它就是的。我说得这么大声，你会相信的，[我说得]很肯定的。……好吧，嗯，给我一分钟，我会告诉你确切的原因。

AHS：好的。我会给你一分钟。

DW：好的。[她看着图，列举她能够确定的东西。]这个与这个是相切的。告诉我们这个圆与这条线相切，这条线过这个点和这个点。好的。所以，我们一点儿不用怀疑这一点。而且——

学生 DW 再次开始从定性的角度开始尝试证明她的直觉，这是她在整个问题片段中常表现出的典型行为。无论是在关于他们解决四个问题的半小时"事后讨论"中，还是在随后半小时的一般性谈话中，SP 和 DW 都没有为了证实他们的上述断言而提到哪怕一次他们在问题 C 和问题 D 中已经证明出来的所有东西。任何时候，当被问及为什么正确的时候，学生的回应总是经验性的和直觉性的，从未提过证明。之后的讨论显现了更多能够说明学生如何看待证明的作用的证据。在访谈结束时，我告诉了学生这套问题的目的。为了提供一些背景并解释数学论证如何作为发现的手段，我告诉了学生专家对问题 5.6 的解答（已在本章的第 2 节进行了讨论）。

AHS：[描述专家的解答。]现在他做的就是数学家使用数学论证的方式。数学论证告诉了他答案会是什么并确保了答案是正确的。

DW：然后你就回过头证明它。

这个说法表明，DW 并没有把握住这个例子的要点。于是，我进一步作了解释并与学生的行为进行了对比。

AHS：这就是数学家运用几何的方式。我认为，大多数学生在这里会觉得"证明"是在你已经知道答案的时候教师强迫你做的事情。所以，当你试着去解决一个问题的时候，像这里[问题 A]，你甚至不会想起证明这件事。哪怕我问你们为什么这是正确的，甚至就算你们刚刚在这儿（问题 C 和问题 D）就完成了证明，你们还是不会想起它。……[在高中]你们没有学到的是，证明是真正可以帮助到你们的。它就在那里，就藏在一个上面标有"高中几何，不到万不得已请勿打开"的小盒子里——

SP：[打断 AHS 的话]我想，因为在[微积分]课堂上我们会先得到方程再证明它，所以我们正在学习这类知识。因此，在这里我们也会延续这种做法。

由于关于几何中证明的角色的观点来自实验者而非学生,因此我们很难把学生对这些观点的同意就看成是他们持有这些信念的强有力说明。但是,总的来说,上面的讨论支持了实验者的观点。而 SP 把她以前的几何学习与现在的微积分学习相提并论的事实至少可以表明,对他们观念的上述假设性描述引起了他们的共鸣。从学生的视角来看,"证明"的作用是有痕地确认个体所知确为真。

讨论

SP 和 DW 的问题解决片段为本章提出的许多观点提供了一个例释。在例释中,学生的行为比较复杂,有时行为还互相矛盾。在详尽阐述他们的行为之前,应该强调的是,这两名学生都相当聪明,他们对几何学科知识的掌握都比一般学生要好得多,而且他们的积极性也很高。在事后回顾的片段中,SP曾说,因为他们在问题 A 和问题 B 上的表现实在太好,所以他们决意以破纪录的时间解决全部四个问题,成为"世界冠军"。

让我们从讨论学生对问题 B 的研究开始,它清楚地记录了学生如何理解几何论证具备证实和解释这两种角色。在研究问题 B 之前,无论是学生(研究问题 A 时)还是我,对于这些片段的设计都没有提到过证明。此外,问题 B 的字面表述也没有提到证明,它是请学生解释为什么他们的作图是正确的。于是,学生采取他们的那个方式就是颇有道理的。他们几乎毫不犹豫地就开始进行对全等的论证,用以证明图 5.28 中的 $\angle PVX$ 等于 $\angle QVX$,由此得到线段 VX 平分 $\angle PVQ$。从这一行为来看,学生似乎对"证明型论证"的角色是完全理解的,他们能理解到"证明论证"不仅能够证实几何作图一定是正确的,还能解释为什么正确。从中可见,他们对证明的一般化本质的理解完全没有问题。

现在来思考学生在问题 A、问题 C 和问题 D 上的行为。如果暂时忽略问题 B,SP 和 DW 在这三个问题上的研究以及后续的讨论中都强烈地表现出了自己是朴素经验主义者。学生对于问题 C 和问题 D 的解答表明,他们的学科内容知识储备是充足的,能够让他们推导出问题 A 的解答。然而,他们对于问题 A 所采用的方式却从头到尾都是经验性的,贯穿了从产生假说时直觉的运作方式到检验假说时的作图方式。我们至少可以说,从他们采取的方式来看,他们的直觉优先于推理类的知识。虽然这么说,但这里还有一个更明显的例子。事实上,对于问题 C 和问题 D 的解答已经能确保他们对问题 A 的解答是正确的,但现实是——当他们解答完这两个问题后,仍然不确定自己给出的问题 A 的解答是正确的。当被告知作图正确时,他们表现出了发自内心的安心和惊喜。随后的行为表明,他们并没有真正接受自己的证明是令人信服的论证。例如,当被问及为什么圆心在角平分线上时,他们可以说"因为我们证明了它在"。但他们转向了一个直觉性的理由,这个理由来源于他们感知到一个很明显的对称性。在问题片段的自始至终,这种行为都在发生。学生看起来像是对问题 A、问题 C 和问题 D 之间的联系毫无觉察。

上面的描述引出了两组问题。第一组与上一段所给出的评价是否准确有关。对于学生的所有行为,我们几乎都可以提出其他假说。那么,即便我们忽略了学生在问题 B 上的行为,用朴素经验主义者来描述 SP 和 DW 就真的合理吗? 第二组涉及将他们在问题 A、问题 C、问题 D 上看似体现出的朴素经验主义表现与他们在问题 B 上的表现重新联系起来考虑。在研究问题 B 时,他们完全意识到了推理型论证本质中的解释性。他们是如何能在一处运用一类知识又在其他处对之忽略的? 尤其是他们已经清楚地意识到所有的四个问题都相关时。

第一组问题是没有明确答案的。可以说的是,关于学生的各种行动,我已经在相当大的范围里考虑了各种其他的假说,但这些解释都没那么令人满意。例如,思考一下当我告知学生他们关于问题 A 的答案正确时,他们为何会松一口气。这是否会是一个与专门训练有关的话题? 这指的是,无论个体是否确信自己的答案(或者是否证明了答案的正确性),教师是否才是正确与否的最终判断者? 当学生被问到这个问题时,他们对此给予了否定。但他们又并不能完全地肯定自己的作图是正确的,证明中所使用的表述没有把他们真正说服。类似地,对学生在证明了圆心在角平分线上之后仍然试图通过直觉的手段来证实该说法的现象,我们也可以找到另一种解释。以下是两种这样的论点。

第一种论点是,学生得出的数学证明为圆心在角平分线上提供了保证,这已经是可以被接受为事实的东西。然而，（在理解上多少有些难度的）全等论证并没有给出一个因果机制，它仅仅是说了什么东西必须是正确的。DW 尝试用手指描绘出圆心的位置可以被看作是对于因果机制的一种尝试，她在试图演示圆心为什么在角平分线上。如果是这样，那么她的论证不应当被认为与数学论证相矛盾，而应被认为是数学论证的补充。

第二种论点是，也许 DW 真的坚信她所得出的形式化证明。从她的角度来看，因为她诠释题目要求的方式是证明她的作图是有道理的，所以她认为自己给出的可能就已是关于如何确定位置的论证。而又因为她已经给出了一个正式的证明，所以她可能认为我是在要求她给出其他更多的东西。

这些假说都是合理的，但如果从整个解答的前因后果来看，它们都不太令人信服。这两个假说都基于这样一个观念：学生认可问题 C 和问题 D 中的证明是合理的，但认为其他问题中要求的东西更多。然而，如果学生真正接受了问题 C 和问题 D 中证明的合理性，他们就能够确认他们关于问题 A 的答案——但他们没有能够确认。实际上，他们只要接受问题 C 和问题 D 的表述，就能够知道他们对问题 A 作图的正确性是有把握的。由于他们并没有建立起这种联系，因此我们很难承认上面两个论点。我们可以为关于学生行为的其他可能解释找到类似的反对理由。综上，将 DW 和 SP 行为的特点定位在朴素经验主义上似乎有相当大的适切性；而且，从全盘来看，其他解释经不起仔细的推敲。

那么，学生在问题 B 上的复杂行为和在其他问题上表现出的朴素经验主义之间明显的不一致之处是什么？我认为，他们行为上的这种差异可以追溯到问题背景的差异。正如关于朴素物理学的文献所表明的那样，人们能够同时坚信互相矛盾的理论，还能把它们外显和比较。如果情境足够令人信服，在某些情境中唤起"力作为运动产生者"观点的人也能在其他情境中唤起"力作为方向改变者"的观点（diSessa，1983，pp. 30 - 31）。问题的背景决定了个体在特定情境中使用的解释性框架，即使个体在有密切联系的情境中使用了完全不同的知识，不同解释性框架之间的矛盾也不会被察觉。此处就是发生了类似情况。问题 B 问了学生在问题 A 中使用的步骤，而学生对这个步骤有绝对的信心，他们知道他们作角平分线的步骤是正确的。进一步说，问题 B 就是微不足道的，是一个练习而非一个问题。有鉴于以上，SP 和 DW 将问题表述中的术语解释解读成了他们对教科书上练习题中这个术语的解读：根据要求向教师进行解释，这样的解释需要用到正式的几何步骤。DW 最初的说法"如果你想要把这个真正地方法化……你可以作出三角形"清楚地表明了她明白正在进行的是一个特殊的游戏。像她这么好的学生，知道怎么按规则来玩。

现在，学生在问题 B 上的行为可以被看作是他们持朴素经验主义的进一步佐证。DW 和 SP 都确实有能力使用证明进行解释。无论何时，只要教师要求，或者他们看到问题表述中有这样的要求（可以是隐含在里面的，但指向要是清晰的），他们就能够这样做。但是，这些恰恰是学生能够自由地唤起这类知识的情境——当他们感觉到自己是在根据教师建立的规则玩一个专业游戏时。而当背景不同时——特别是当学生认为自己需要在真正的问题解决情境中发现信息时，他们就不会直接想到要唤起这类知识。在一些情况下，这样的行为源自清晰的和显化的信念结构；而在另一些情况下，这样的行为则是由于学生持有一种特殊的数学世界观，这样的世界观让学生想不到使用数学论证可能会有效。无论哪种情况，结果都是类似的。当被置于存疑的情境中时，学生的行为就好像数学论证的使用与发现和问题解决毫无关联一样。

后记

本章关注的重点相当聚焦，在开篇的文献回顾之后，都只集中在几何学上。但是，信念系统或数学世界观对于表现的影响远远不局限于几何学，它们几乎渗透到所有的数学行为之中。关于几何学的讨论应当只是被作为一个恰当的例子。正如第 1 章关于信念的简要讨论所表明的那样，人们关于数学本质的信念系统有助于他们决定是否要唤醒自己正式的数学知识以解决"真实世界"中的问题；这些信念塑造了人们尝试学习数学的方式（是记忆还是试着理解）；它们决定了人们愿意为数学问题的研究花费多长时间，等等。本章只研究了冰山一角上的一角中的某些点，还有太多的工作等着我们去做。同样地，本章只是暂时地简要提出了个体的数学世界观作为抽象之物形成自数学相关经验的方式。以上这些对于数学教学方法可能产生的影响是丰富而深刻的，我们需要对这个领域进行更多的研究。在第 10 章中，我们将回到这个问题进行更详细的讨论。

第 7 节　小　　结

本章主要讨论了人们的数学世界观在数学情境中塑造人们行为方向的方式。第 1 节提供的是一个简短的文献综述，对其他领域的类似情况进行了探讨。本节描述了朴素物理学、日常推理和决策论中的相关研究，讨论了信念怎样处于认知领域和情感领域间的临界位置。第 2 节描述了一位专家（一位专业的数学家）解答一个作图题的方式，研究对象采取推理的方式解决了一个明显需要发现的问题。推理和发现是同一个硬币的正反两面这一观点是这位数学家世界观的一部分。正如后来描述的各个例子中所示，学生（在绝大多数情况下）并不以同样的方式来看待事物。

本章的其余部分专门研究了学生在几何方面所持经验主义的本质。第 3 节基于"经验主义公理集"给出了纯经验主义的特征，以及一个用以预测学生如何检验简单尺规作图问题假说序列的模型。虽然该模型在行为层面上很好地捕捉到了学生的活动，但它对于学生行为形成原因的描述却过于简单。该模型基于外显的经验主义而建立，但尚没有足以令人信服的证据能表明学生会主动地公然否定数学论证的重要性。本章的最后两节使用朴素经验主义这一说法非常详尽阐释了学生的这些行为。

从大体上说，几何学上朴素经验主义的形成与朴素物理学（例如）上它的形成基本类似。关于后者的想法是，个体利用对自身经验的抽象逐渐建立关于"现实世界"现象的模型，最终使得自己能够在真实的现实世界中有效地使用这些模型。比如，这些模型能够让他们在过马路时不被迎面而来的车辆撞倒、能够抓住空中的球等。但遗憾的是，对个体来说，这样的模型不一定是外显的、不一定会被编码化，还可能产生与物理中的正式定律相矛盾的情况。这种从经验中进行抽象的机制是自然形成的，也是高度实用的。当互相矛盾的情况发生时，这样的机制会导致相当多的困难。

数学中的情况类似，但由于个体难以具备关于数学中许多正式抽象结构的现实经验，可能导致的问题会更多。此时，学生在课堂学习中所产生经验的本质就显得尤为关键。学生的数学世界观抽象自与特定数学观念相联系的经验。如果学生关于特定数学观念的大部分经验都发生在课堂上，那么学生的数学世界观将会以这些经验为基础。在几何学中，学生关于数学论证（宽泛地说，即"证明"）作用的看法源自课堂上使用证明的方式。在大部分学生的经验中，数学推理只被用于验证教师提出的命题，这些命题已经（被权威告知）是正确的。于是，这样的经验被学生抽象为数学世界观的一部分，这部分观点是：数学论证只是为了验证已经被确认了的知识，论证（证明）与发现或理解的过程无关。由此，完全有能力推导出给定问题答案的学生因为想不到证明作为发现或理解方法的价值，就不会用它们来解决问题。这样的学生可能看不出他们已经解决的"证明问题"已然为他们正在尝试解决的相关"发现问题"提供了答案。再准确点说（见第 10 章），他们对当前的发现问题所给出的答案，可能与他们方才推导出的相关证明问题的答案相矛盾。

最后，应该要指出的是，朴素经验主义只是人们关于数学本质的信念塑造人们行为的一个例子。但这是一个具有一般化意义的话题，意涵丰富。

第二部分
实验和观察研究、方法论议题、研究展望

概　述

　　第一部分包括了第 1 章至第 5 章,勾勒并详释了一个用于研究数学思维的纲领性理论框架。该框架界定了数学知识与行为的四个主要类别:知识资源、探索策略、调控和信念系统,这些界定被由观察所得的数据加以充实。该部分还选择了关于数学行为的若干例子作为案例,用以厘清所讨论行为的本质。

　　第二部分叙述了一系列研究,它们在一定程度上严谨地支撑了第一部分的讨论。第 6 章至第 9 章各自介绍了用于分析数学问题解决表现某些方面的一套工具。这些章节的写作都具有双重目的:一方面,每一章都对第一部分泛泛刻画的某些行为进行了更为详细的阐述;另一方面,每一章本身又都是一个方法论研究,在较长时间内,各章叙述的工具或许都可被证明至少具备与说明此处所述特定结果时一样的有效性。因此,对其中一些方式的优缺点和如一致性及信度这样的方法论议题进行了进一步的讨论。

　　第 6 章叙述了 20 世纪 70 年代后期进行的一项小规模实验室研究。在那个时代,关于探索策略培养的文献虽然具有启示意义,但较为模棱两可。简单点说,没有确凿的证据表明学生能够通过学习掌握探索策略。对此,一种关于是什么阻碍了这类研究的假说是,大多数研究都缺少了对调控或执行行为的关注。就本章的这项实验来说,其开展的形式一是尽可能地最小化了较差调控可能导致的研究困难,二是能够对学生使用各个探索策略的方式进行探究。该实验表明,学生能够掌握各个探索策略,但在通常情况下,我们对学生掌握这些策略所需的大量条件估计不足。本章呈现的实验形式可以被改良以用于对探索策略的更深入探究。

第 7 章和第 8 章从实验室转向了教室,重点是对能捕捉问题解决各方面表现的纸笔测试的开发。第 7 章叙述了对问题解决表现在三个方面上的测量:(1)学生产生问题解决各种探索策略的频率、探寻这些策略的程度和会获得怎样的成功;(2)学生对自己问题解决行为的主观评价;以及(3)当面对与探索策略培养时所遇问题相关程度不同(从非常相似到完全不相关)的问题,将先前问题中的探索行为迁移到当前问题时的表现。第 8 章叙述了对第四个方面的测量。本章对认知心理学中的卡片分类任务进行了改编,使之能被用于研究人们对数学问题结构的感知。所有这些测试都同时在参与问题解决课程的学生和对照组学生中进行了实施,对这些结果的比较研究表明了问题解决课程可以产生哪些学习效果。

第 9 章和第 10 章都将课堂教学片段的文字转录和人们用出声思维研究问题的口语报告作为了原始数据。第 9 章涉及的是有关口语报告分析方法论的若干议题。本章给出了一个在宏观层面上剖析口语报告的框架,该框架能够呈现调控行为的细致特征并追踪调控决策对问题探索方案演变的影响。本章再一次讨论了发生于问题解决课程前后的多个口语报告,为研究问题解决教学能够产生的影响提供了另一个视角。第 10 章也对上面提及的这类口语报告进行了研究,此时的着眼点是信念系统。本章描述了一个课堂教学片段,在该片段中,负面的"数学世界观"被无意中增强,同时,本章也提出了一些需要进一步思考的议题。

第6章 影响问题解决表现的因素：是否切实开展探索策略的教与学[①]

本章呈现了1977年至1978年间在加州大学伯克利分校进行的一项小规模研究的结果。它比较详细地描述了七个大学高年级学生研究一系列问题的过程，这些问题都可以通过应用一种或多种探索策略获得解决。在这项研究中，我要求两个小组的学生完成同一组可以采用探索性方法解决的问题，之后，我把问题的解答给了他们。两组学生研究这些问题的时长是相同的，他们看到的解答也几乎相同。两组学生在研究中的主要区别是，实验组看到的解答明确地提到了解决问题所需的探索策略；对照组看到的解答是一样的，但没有对其中的探索性方法进行详释。该实验的三个主要目标如下：

1. 首先，力图洞察切实学习了五种探索策略使用方法的学生，是否有能力在后测中运用这些策略解决与学习时所遇问题相近但不相同的问题。更一般地说，是力图洞察对探索策略哪些方面开展教学可能使得这些策略能够迁移到教学后的问题中，以及力图研究达成这种迁移的必要条件（也可能是充分条件）。

2. 力图检验"问题解决的经历足以确保对探索策略的领悟"这一假说。如果该假说成立，那么在相同时长内研究相同问题并看到相同解答的对照组学生，应该能够凭着来自他们问题解决经历的直觉感知到这些策略并在后测问题中运用它们。

---

① 作者注：第6章是对匈菲尔德论文（1976b）的扩展和修订。衷心感谢《数学教育研究》期刊允许转载该论文的部分内容。

3. 通过对两个小组的比较,力图洞察明确开展对探索策略的教学是否会导致差异。这样的差异同时经由两个方面的结果得以确证,分别是:对两个小组学生前后测中改进量的测量,以及这些学生在测试中所使用问题解决程序的倾向。

第 1 节 对相关文献的简要讨论

在开展本章这项研究期间,曾见及贝格尔(E. G. Begal,1977 年 3 月,私人通信)写道:"在我看来,问题解决是数学教育的最重要成果。而对于本科高年级学生的问题解决,目前还没有认真地研究过。"由于这个缘故,与本章这项研究相关的文献(特指关注问题解决过程而非其产出的数学行为研究)涉及的大部分问题解决任务都比本章讨论的任务容易,或者说,对数学知识基础的要求更低。下面是对数学教育中相关研究的简要总结。

数学探索策略研究的起点毫无疑问是波利亚。作为问题解决研究许多想法的来源,波利亚的书(1945、1954、1962、1965)为我们研究探索策略奠定了基础。但它们本身并没有研究学生可能以哪些方式学习这些策略的话题,也没有涉及大学层次的问题解决教材(Rubinstein,1975;Wickelgren,1974)。利普森(Lipson,1972)研究了参加探索策略课程学习的高年级数学专业学生,但研究的重点是探索策略的教学对这些学生的学生所产生的传递性影响(她的研究对象是职前教师),因此,她的研究与这里讨论的研究没有直接关联。

戈德伯格(Goldberg,1974)的博士论文研究了非数学专业的学生修读数论课程的行为,为明确开展探索策略的教与学能够加强学生构造证明的能力这一观点提供了一些证据。尽管该研究与本研究存在许多不同的方面,但它启迪了我们。解决本研究中问题所需的数学水平和本研究中研究对象的数学修养都远高于戈德伯格的研究。那个研究是一个"教学实验",而本研究是一个"实验室研究"。

史密斯(Smith,1973)的博士论文呈现了另一个教学实验。该研究着重关注了对探索策略的学习能产生的迁移,但很不幸,研究结果令人沮丧:学生对一般化探索策略的迁移远远达不到人们的期望。以本书第三章对探索策略的讨论作为参照,这一发现应当不会让大家感到惊讶。探索策略比它们表面看起来的要复杂和微妙得多,即使是在非常理想的情况下,对它们的掌握也是很不容易的。而迁移又比掌握更不容易得多,这是因为,对学生来说,就算在一种情境中掌握了某种策略,知道要如何在另一种情境中使用该策略也可能是相当困难的。在实际的问题教学中,这样的困境可能更加突出。这是由于,在实际教学时,许多事情会同时发生,而学生可能很难分辨出其中的哪些是必不可少的。综上,除非已经完全夯实了达成迁移所需的基础,我们不应当期望迁移的发生。

卢卡斯(Lucas,1972)研究了学生在微积分课堂上对探索策略的使用。研究结果尽管具有启示意义(给探索策略组的学习时间更少,核对他们的解答时也更细,但很可惜,对表现的测量结果却没有显示出他们会产生明显的进步),但不幸的是,它难以清楚地阐释出一个问题在现实中需要多少教学和需要多少关于探索策略的学习资料。

在数学教育中,有大量的文献关于问题解决研究。对于 20 世纪 70 年代中后期该领域研究样态的最完善理解,或许可见于哈维和隆伯格(Harvey & Romberg,1980)的专著。该书提供了一份文献综述以及对九篇关于问题解决博士论文的详细总结,其中的大部分研究给出的都是具备一定重要性但或模棱两可或存有缺陷的研究结果。鉴于问题解决已经成为一个热门话题,我们有许多对已有文献的回顾可供选择。美国数学教师协会 1980 年的年鉴《学校数学中的问题解决》和研究手册《数学教育中的研究》(1980)、玛丽·林德奎斯特(Mary Lindquist,1980)的《数学教育话题选编》、弗兰克·莱斯特(Frank Lester,1982)的《数学问题解决》和《研究话题》,以及监管与课程发展协会(1981)的《数学教育研究:80 年代的可能影响》中都有相关的调查研究。对 20 世纪 70 年代之前围绕问题解决的数学教育文献的全景回顾,可见于基尔帕特里克(Kilpatrick)1969 年的文章。实际上,无论所有这些研究是怎样的,都可以用贝格尔的"一声叹息"(1979,pp. 145 - 146)来总结:

为了弄清学生解决数学问题时使用的策略,研究者们做了大量努力。……这些研究的结果没有能为数学教育提供清晰明确的方向。……这篇关于我们对数学问题解决已有认识的简要回顾确实相当令人沮丧。

导致这种沮丧结果的部分原因是，探索策略的复杂性一直都被低估了。事后诸葛亮一点来看，这些研究显示出，关于掌握探索策略所需的基础性工作，我们尚做得不够充分。另一部分原因是，大多数关于探索策略行为的研究都依托于比较性的实验干预，这样的比较发生于常态课堂教学和修正后的课堂教学之间。而在实际教学中，其首要的关注点总是一个特定的学科内容知识块，这样的知识块可能适宜也可能不适宜使用探索性的方式，那么，大量的事情就会同时发生。此时，教学中就将混合对学科内容知识和探索策略的关注，于是，学生就会试图同时掌握二者。在这些情况下，要准确说出教了学生什么是不太容易的。如果他们没有达到理想或预期的水平，就很难以去确定他们学到了学科内容知识的哪些方面，也难以确定是什么让他们无法学会探索性方法。这一类的困难因研究采取了比较性干预而有所加剧。虽然来自给定测试的数据比较将能够表明两组学生的表现是否有显著差异，但无法呈现出研究对象到底做了什么。因此，如果案例中得出的结果是负面的（干预没有产生显著差异），就一般化情况来说，这样的评价措施就不具有参考意义了。出于差不多相似的原因，使用"过程编码方案"分析问题解决口语报告获得的结果也是如此①。

　　基于以上原因，本章叙述的这项研究特意缩小了研究范畴并加强了对研究过程的控制。该实验是以实验室的模式进行的，对教学和训练的细节保持了尽可能多的控制。它只涉及了少量的探索策略，因此，执行或调控行为的相关问题就不会对两个组的表现产生实质性的影响。该实验还详细地说明了实验组和对照组之间所接受的培养方式的差异，因此，他们在教学后表现的差异（如果有的话）就具备了追溯到他们培养差异上的可能性。在评价教学后学生的成果时，本研究聚焦于学生完成后测问题时的过程。这样一来，如果能够发现任何差异，也就具备了追溯到他们行为差异上的可能性。

---

　　① 作者注：在20世纪60年代到70年代间，对干预比较的统计性测量不能深入洞察出问题解决的过程已变得越来越明显。基尔帕特里克1967年的论文代表了将问题解决表现报告编码的第一个重要尝试。基尔帕特里克的编码方案被修改后用于卢卡斯1972年的研究，并在自此之后的许多研究中都以修改后的形式被使用。这些测量方式和其他类似的测量方式都将在第9章中进行详细讨论，所以这里只是简单地提到它们。在现阶段的情境中，重要的是要知道如何使用这些测量方式。一般来说，为了形成对问题解决的记录，会对探索性的行为进行编码。然后就是着手进行数据分析，寻求的是建立问题解决的成功与使用某些探索策略之间的关联性。这样的研究确实产生了一些结果，比如，基尔帕特里克在1977年观察到，这种成功常常与使用目标导向的探索策略相关。然而，这种建立相关性的方法却并没有显示出探索性策略是如何被使用的。如上所述，当"探索组"和"对照组"之间的表现没有明显差异的时候，通常情况下就说明了这样的统计性方式是不具备参考意义的。

第 2 节 实 验 设 计

本研究的参与者是七名科学专业与数学专业的高年级本科生,他们是我从加州大学伯克利分校修读本科高等数学课程的学生中招募的。当时,关于本实验的目的,我告诉他们是要让他们"完成一些由我专门选择、旨在提高他们问题解决能力的问题"。我随机地将这七名学生中的四名设置为实验干预对象。实验组中有两名学生是数学专业,对照组三名学生中的两名也是数学专业,所有学生的数学背景情况都是类似的,具有可比性。

为了能尽可能详细地获得关于他们问题解决过程的信息,我逐个培训和测试了所有学生。在实验之前,我训练了学生如何在解决问题的同时出声地表达出自己的解决过程。之后,每名学生都完成了一个包括表 6.1 中五个问题的前测。他们出声地对每个问题都研究了 20 分钟,或者说是,研究到他们确信自己已经解决了该问题。(这一过程在包括表 6.9 中问题的后测里也是如此。)每名学生产生的"数据"同时包括他们问题解决的纸笔成果和他/她的出声思维口语报告转录稿。

表 6.1 A 测试:前测

A1:令 a 和 b 是给定实数。若 c 为任意正数时,方程 $ax^2+bx+c=0$ 的根都是正实数,请论证:此时 a 必为 0。

A2:十个人围坐在一张桌子旁边。若他们的平均收入是 10 000 美元,每个人的收入是他左右相邻两人收入的平均值,则每个人可能的收入范围是多少?(收入以整数表示。)

A3:令 n 是一个给定整数。请证明:若(2^n-1)是质数,则 n 也是质数。

A4:给定实数 a、b、c、d 均在 0 到 1 之间。请证明下面的不等式成立:

$$(1-a)(1-b)(1-c)(1-d) > 1-a-b-c-d。$$

A5:求和:

$$\frac{1}{1 \times 2}+\frac{1}{2 \times 3}+\frac{1}{3 \times 4}+\cdots+\frac{1}{n(n+1)}。$$

如果可以,证明你的答案。

实验的主题包括五个探索策略,见表6.2。每个策略都特别地适用于解答一个前测问题和相应的后测问题。应当要指出的是,在测试中,几乎所有的问题均可以用两种不同的方式来解决,许多问题的解决方式都在四到五种。当然,我不会为任何问题的任何解答赋分,尽管这些问题具有相当的难度。因此,能预期到的是,由于探索性方法对这些问题的解决来说通常是更为直接和有效的方式,如果有能力使用这样的方法,将有助于大大地提高后测的成绩。

表 6.2 问题解决的五个探索策略

1. 只要可能,画一张图。

即使你最终通过代数或其他手段解决了问题,图也能帮助你对问题有个"感觉"。它可能会引导出一些想法或可能合理的答案。你甚至可能可以用图像来解决问题。

2. 如果有一个整数参数,寻找一个归纳论证。在问题中,是否有"n"或其他参数的取值是整数?如果你需要为 $f(n)$ 找到一个公式,你可以尝试以下一种方式:

a. 计算 $f(1)$、$f(2)$、$f(3)$、$f(4)$、$f(5)$;按顺序列出它们,看看是否存在某种模式。如果存在,你可以通过归纳法对之进行验证。

b. 看看研究对象从 n 到 $n+1$ 时会发生什么。如果你能说出 $f(n)$ 是怎么到 $f(n+1)$ 的,你或许就能通过归纳逐步得出 $f(n)$。

3. 考虑利用反证法或逆否命题进行论证。

逆否命题:对于命题"如果 X 是真的,那么 Y 一定是真的"的证明,你可以通过证明命题"如果 Y 是假的,那么 X 一定是假的"作为替代。

反证法:为了进行论证,你可以假设待证明的命题是假的,然后利用该假设证明问题中的某个给定条件不成立、你知道的某个正确的东西不正确,或者待证明的命题是真的。如果你能证得以上任何一个,你就证明了你希望证明的。

当你因为缺少可利用的东西而很难直接地开始一个论证时,上面两种方法都特别有用。如果否定一个命题能给你一些确实可用的东西,这可能就是可利用的方法。

4. 考虑一个变量较少的类似问题。

如果一个问题因为有很多变量而过于杂乱,难以轻松解决,那么就可以构建并解决一个变量较少的类似问题。然后,你可能就能够

a. 调整该问题的解答方法使之适合更复杂的问题,

b. 利用较简单问题的结果,在此基础上建立后续研究。

5. 尝试设立子目标。

你能否得出部分答案并从那里切入?

你是否能把问题分解,以使较容易得到的一些结果能够结合起来形成你想要的完整结果?

教学序列包括 20 个问题实例,涵盖了 5 个前测中的问题。每个探索策略都有 4 个用于教学该策略的问题实例。表 6.3 是一个例子,呈现了关于如何使用归纳法的完整问题集。

表 6.3　适合采用归纳法的问题

1. (前测)求和下式：

$$\frac{1}{1\times 2}+\frac{1}{2\times 3}+\frac{1}{3\times 4}+\cdots+\frac{1}{n(n+1)}。$$

　　如果可以,证明你的答案。
2. 平面上有 n 个点,任意三点都不在一条直线上。如果每条直线都必须经过 n 个点中的两个,你最多能画出多少条不同的直线？
3. 令 x 是任意奇数。请说明：x^2 除以 8 的余数是 1。
4. 确定如下乘积式的计算公式：

$$\left(1-\frac{1}{4}\right)\left(1-\frac{1}{9}\right)\left(1-\frac{1}{16}\right)\cdots\left(1-\frac{1}{n^2}\right)。$$

　　如果可以,请证明。
5. (后测)令 S 是一个包含 n 个元素的集合。S 有多少个不同的子集？（包括空集）

　　整个课程的教学为期两周,每名学生都要参加五个单独的课程。在课程进行期间,我尽可能地控制了所有可控的重要教学变量,并监测了其他变量的变化。几乎所有的教学都依托于书面文字材料并辅以录音素材开展。在每个单独的课程教学中,我都向他们分发了一个录音机和一本小册子,小册子里包含了 4 个供他们研究的问题实例。对每个问题,学生最多都可以研究 15 分钟,或者是研究到该问题已被他们解决（在 15 分钟之内）。当时间截止或是问题已解决,他们就把小册子翻到问题的下一页,上面呈现了问题的解答；与此同时,他们还应打开录音机,听取对解答的解释。（这些解释与书面解答是一致的,但不完全相同。录音带的目的是让学生以听的方式获得解答,这通常有助于理解。）如果在对问题的解答思考了 10 分钟后,学生仍感到有疑问,他/她可以问我。但如果这些问题的答案就在教学材料中,学生需要回到材料中去自己找到答案。其他的问题通常就是一些技术性问题,如"真命题的逆命题不一定总是正确,但其逆否命题却总是正确,是吗"。

　　在教学录音带付诸使用之前,我的一些同事曾完整地收听了它们,并比较了实验组和对照组所要听到的解释。他们得出的判断是,两种教学干预在表述时的热情程度和清晰程度上都没有明显区别,因此,两组之间任何的得分差异都不应该归因于"研究者偏见"。在课程实施的过程中,对照组和实验组被分配到的（和实际花费的）用于解决问题的时间都始终相同。伴随下文所述的一些细微不同,两组学生看到（和听到）了相同的解答。两组之间所获干预的差异如下：

1. 实验组学生在第一次课程学习开始时就（通过录音）被告知，这一实验试图证明的是五种专门策略会帮助他们解决问题。然后，他们得到了策略清单（表6.2）。在所有的课程学习和后测期间，这份清单都很醒目地放在他们面前。在第一节课时，这组学生收听了一个总体介绍这些策略的 10 分钟录音，该录音实验同样也对对照组的学生开放。学生被告知，这些问题和教学都是我精心挑选的，目的是培养他们的问题解决技能，同时，他们也被告知了该如何使用相关材料。

2. 尽管两组学生看到的每个问题解答都是相同的，但探索组学生除了每个解答之外还看到一块额外内容。这块内容指出了哪种探索策略适用于解决当前问题以及如何使用该策略。表 6.4 至表 6.8 给出了每个前测问题的完整解答，各解答分别阐释了对五个策略其中之一的使用。实验组看到了每张表上的完整内容；对照组也看到了页面上的内容，但他们看到的页面去除了最左上角方框内关于探索策略的描述①。这是两组学生所见书面文字材料的唯一区别。

每个组听到的录音都重现了文字解答中的基本观点，尽管这种重现不是逐字逐句的。例如，在与表 6.8 相关的录音中，非探索组听到的录音是"让我们做些关于和的计算，看看会发生什么。第一项是 $\frac{1}{2}$"。而探索组听到的是"注意，问题表述中有一个 n。当我们看到一个整数参数时，我们应该计算一些值，然后看看会发生什么。第一项是 $\frac{1}{2}$；……"。需要强调的是，我的同事们听完了所有的录音，他们确定，两组学生听到的录音在清晰度、论述水平和表述的热情程度上都没有区别。

3. 这些问题的呈现顺序在两个组中有所差异。在每个课程中，实验组聚焦于对某个特定策略的学习。他们所学四个问题实例中的前三个提供了关于如何使用该策略的教学。第四个问题与前三个有些不同，这既是为了多样化，也是为了防止学生在不经意间陷入模式化。对于非探索组来说，问题的顺序是被打乱的。将对照组中问题顺序打乱的原因将在后文叙述。

4. 最后一个细微差异是在后测中的。两组学生在完成后测问题时，每隔

---

① 译者注：方框内的内容在表 6.4—表 6.8 中以"方框内——"示出。

5 分钟就会收到一次预警。在处于这些周期性预警时,对照组学生获得的是以下的告知:"你已经做了 5 分钟了。你的思路可能正确,也可能不正确。但是,先停下来深呼吸一下,看看你目前的做法,然后决定是否要继续朝着你现在的方向前进。"实验组获得的告知是:"你已经做了 5 分钟了。你的思路可能正确,也可能不正确。但是,先停下来深呼吸一下,看看探索策略清单,然后决定是否要继续朝着你现在的方向前进。"后文也将给出进行这样系统化介入的原因。

表 6.4　前测问题 1

令 a 和 b 是给定实数。若 c 为任意正数时,方程 $ax^2 + bx + c = 0$ 的根都是正实数,请论证:此时 a 必为 0。

方框内——这是一个简单方程:画个图。

你怎样能够呈现出某个东西是 0?

假设它不是 0,然后证明一个给定的表述与之矛盾。(当你假设 $a \neq 0$,你就有许多东西可利用了。)

一张关于会发生什么的图通常能够对如何论证有所提示。

解答

如果 a 表示的数不是 0 呢? 那么,它要么是正数(情形 1),要么是负数(情形 2)。分别考察两种情形。

情形 1: a 是正数会发生什么?

$y = ax^2 + bx + c$ 的图像呈现为一个"开口向上"的抛物线。当我们说方程($ax^2 + bx + c = 0$)的根都是正实数时,实际上,我们说的是抛物线会与 x 轴相交。但 c 表示的数会带来什么? c 越大,我们就会越把抛物线向上移(图 1)。

对非常大的正数 c,曲线会上升到与 x 轴不相交。这样一来,该方程的根就不是实数,与题设条件矛盾。所以,a 不能是正数。

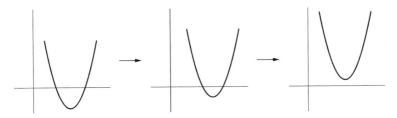

图 1:抛物线 $y = ax^2 + bx + c$,当 a 是正数时,若 c 的值不断增加

情形 2: a 是负数会发生什么?

现在,$y = ax^2 + bx + c$ 的图像呈现为一个"开口向下"的抛物线。如果我们把 c 不断增大,我们就要将抛物线不断上移,抛物线与 y 轴的交点也不断上升(图 2)。对于较大的 c,该点会在 x 轴的上方,于是,方程就会有一个负根。这就与题设条件矛盾,因此,a 不能是负数。所以,a 既不能是正数,也不能是负数,它必须是 0。

续　表

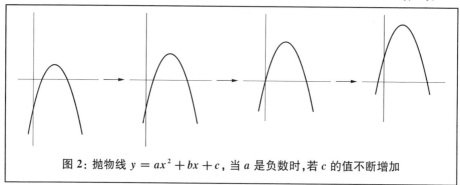

图 2：抛物线 $y = ax^2 + bx + c$，当 a 是负数时，若 c 的值不断增加

表 6.5　前测问题 2

十个人围坐在一张桌子旁边。若他们的平均收入是 10 000 美元，每个人的收入是他左右相邻两人收入的平均值，则每个人可能的收入范围是多少？（收入以整数表示。）

方框内——你可以从哪里开始？

　　设立一个子目标。

　　选择一个特定个体，确定他的收入情况。

解答

　　如果赚钱最多的人是 A，他（或她）的收入是怎样的？我们被告知的是，他的收入是他左右相邻两人收入的平均值。现在，如果这两个人中有一个人赚的钱少于 A，那么另一个人赚的就必须多于 A。因为 A 赚的钱最多，那这就是不可能的。也就是说，这三个人赚的钱得是一样多的。假设我们把 A 右边的人称为 B，那么 B 右边人 C 的收入是怎样的呢？B 与 A 的收入一样多，但 B 的收入也是 A 与 C 的平均值，所以 C 的收入与 A 和 B 都一样。我们可以采用这种方式同样地论证桌边的所有人，每个人赚的钱就都完全一样：10 000 美元。

表 6.6　前测问题 3

令 n 是一个给定整数。请证明：若 $(2^n - 1)$ 是质数，则 n 也是质数。

方框内——目标是：证明 n 是质数。

　　你将如何证明？没有太多可利用的东西。

　　如果我们从反证法或逆否命题开始，这个论证就可以始于……

n 不是一个质数，所以

$$n = a \times b。$$

这给了我们许多可利用的东西。

解答

　　设 n 不是一个质数，则 $n = a \cdot b$，此时 a 与 b 都是大于 1 的整数。

　　我们可以把 $2^n - 1$ 写成 $2^{ab} - 1$ 或 $(2^a)^b - 1$。

现在，任何可以表示为 $(X^b - 1)$ 的式子都有一个因式是 $(X - 1)$，所以 $2^n - 1 = (2^a)^b - 1$ 有一个因式是 $(2^a - 1)$。注意，$2^a - 1$ 这个因式，它比 1 大但是小于 $2^n - 1$。这告诉我们，$(2^n - 1)$ 不是一个质数，与给定的事实矛盾。因此，n 必然是一个质数。

表 6.7　前测问题 4

给定实数 a、b、c、d 均在 0 到 1 之间。请证明下面的不等式成立：

$$(1-a)(1-b)(1-c)(1-d) > 1-a-b-c-d。$$

方框内——四个变量的问题太复杂了。

我们可否从一个简单些的单变量问题中学到什么？没法儿。

那类似的双变量问题呢？这容易解决。

我们能利用它的结果吗？是的……在此基础上研究三个变量的，……再研究四个变量的。

记住，当一个问题是复杂的，……考虑一个变量较少的简单问题。然后，利用它的方法或结果解决原问题。

解答

让我们从证明下面的式子开始：

$$(1-a)(1-b) > 1-a-b。 \tag{式1}$$

如果我们把式 1 的左边乘开，当且仅当如下情况时式 1 成立：

$$1-a-b+ab > 1-a-b，当且仅当 ab > 0。$$

但因为我们得到的给定条件是 a 和 b 都为正，所以 $ab > 0$ 成立。于是，式 1 得证。现在，让我们在此基础上继续研究。因为 c 介于 0 到 1 之间，所以 $(1-c)$ 为正。将式 1 的左右两边都乘 $(1-c)$，我们得到

$$(1-a)(1-b)(1-c) > (1-a-b)(1-c)，$$

或者说是

$$(1-a)(1-b)(1-c) > 1-a-b-c+ac+bc。$$

因为 ac 和 bc 都为正，我们得到

$$(1-a)(1-b)(1-c) > 1-a-b-c。 \tag{式2}$$

同样地，我们知道，$(1-d)$ 为正。将式 2 的左右两边都乘 $(1-d)$，我们得到

$$(1-a)(1-b)(1-c)(1-d) > (1-a-b-c)(1-d)，$$

或者说是

$$(1-a)(1-b)(1-c)(1-d) > 1-a-b-c-d+ad+bd+cd。$$

和上面一样，我们有 ad、bd、cd 都为正。因此，

$$(1-a)(1-b)(1-c)(1-d) > 1-a-b-c-d，$$

这就是我们想要证明的。

表 6.8 前测问题 5

下列式子的和是什么?

$$\frac{1}{1\times 2}+\frac{1}{2\times 3}+\frac{1}{3\times 4}+\cdots+\frac{1}{n(n+1)}$$

如果可以,证明你的答案。
注意整数参数……

解答

计算当 $n=1,2,3,4,\cdots$ 时的值

让我们来研究其中几项的和。

第一项是 $\frac{1}{2}$。

前两项的和是 $\frac{1}{2}+\frac{1}{6}=\frac{2}{3}$。

前三项的和是 $\frac{2}{3}+\frac{1}{12}=\frac{3}{4}$。

前四项的和是 $\frac{3}{4}+\frac{1}{20}=\frac{4}{5}$。

从这种模式中猜出公式→目前为止,我们可以相当地确定,前 n 项的和是 $\frac{n}{n+1}$。

用归纳法来验证

像往常一样,我们通过归纳法验证这个公式。当 $n=1$ 时,前 n 项的和是 $\frac{1}{2}$,公式得证。设前 k 项的和是 $\frac{k}{(k+1)}$,也就是

$$\frac{1}{1\times 2}+\frac{1}{2\times 3}+\frac{1}{3\times 4}+\cdots+\frac{1}{k(k+1)}=\frac{k}{k+1}。$$

那么,前 $(k+1)$ 项的和是

$$\frac{1}{1\times 2}+\frac{1}{2\times 3}+\cdots+\frac{1}{k(k+1)}+\frac{1}{(k+1)(k+2)}$$

$$=\frac{k}{k+1}+\frac{1}{(k+1)(k+2)}=\frac{k^2+2k+1}{(k+1)(k+2)}=\frac{(k+1)^2}{(k+1)(k+2)}=\frac{k+1}{k+2}。$$

这就是 $n=k+1$ 时应有的公式。于是,我们完成了论证。

表 6.9 B 测试:后测

B1:设 p、q、r、s 都是正实数。证明下面的不等式:

$$\frac{(p^2+1)(q^2+1)(r^2+1)(s^2+1)}{pqrs}\geqslant 16。$$

B2:当"a"为何值时,方程组

$$\begin{cases} x^2-y^2=0, \\ (x+a)^2+y^2=1, \end{cases}$$

有 a) 没有解？ b) 一个解？ c) 两个解？ d) 三个解？ e) 四个解？

B3：令 S 是一个包含 n 个元素的集合。S 有多少个不同的子集（包括空集）？

B4：求证：任何三个连续整数的积可以被 6 整除。

B5：令 A 和 B 是两个给定整数。A 和 B 的最大公因数 C 是同时是 A 和 B 因数的整数里最大的那一个。例如，12 和 39 的最大公因数是 3，30 和 42 的最大公因数是 6。求证：A 和 B 的最大公因数是唯一的。

第 3 节 结　　果

本研究使用的后测在表 6.9 中给出。需要指出的是，与后测中问题解决最相关的探索方式分别是：（B1）"较少的变量"方法，（B2）画一张图，（B3）归纳，（B4）子目标，（B5）反证。表 6.10 总结了测试的结果，其中包括了衡量正确程度的两种标准。第一种标准是严苛且界限清晰的，对学生解答的判定采取了非对即错的方式，赋 1 分表示问题完全解决，其他情况均赋 0 分。这些结果呈现在表 6.10 的前两列中。由于学生的问题解决能力在实验开始时就可能有很大的不同，因此衡量教学材料效果的最恰当手段是关注每个学生在前后测上的得分差异。这些差异被记录在第三列。

观察可得，探索组的四个成员从前测到后测时均有提高，而非探索组只有一个人做到了。事实上，非探索组平均获得的得分增长是 0 分，而探索组则超过了 2 分。更重要的是，接受探索策略培养的全部四名学生的分数都超过了另外三名没有接受培养的学生。这种情况随机发生的概率是 $\frac{1}{35}$，因此，学生的表现差异在 $p < 0.05$ 的时候具备统计学意义[①]。

第二种衡量正确程度的标准总的来说是关注了"几乎完全解决"的问题。在有些案例中，学生在完成后测问题时会犯小的算术方面的错误。在非对即错的方案中，这将被赋 0 分，着实是一个非常残酷的评分，而一个稍微宽松些

---

① 作者注：当样本量是 4 和 3 的时候，其实很少进行统计学分析。我最初只是打算考察学生的解答记录报告，想从中寻找他们问题解决表现的差异。上述结果的差异之大多少有些出乎我的意料，但我并不反对当具备统计学意义的结果自然而然出现时将它们呈现。

的赋分方案将能够提供弥补这种残酷结果的机会。此外,由于学生在解决每个后测问题的时长在达至 20 分钟时就被喊停了,我们就可以试问,如果再给他们 5 到 10 分钟,是否能明确知道他/她将解答出该问题。在答案为"是"的情况下,学生将被赋 1 分,否则得到的就是 0 分。判定学生成果最宽松的"几乎"给分方式,将在下文讨论 1 号研究对象关于问题 B1 的解答方法时进行描述,这样一来,读者就能知道可以如何应用该标准。第二位评分人员独立盲评了学生的成果,他在所有学生的所有问题上的评分都与我一致,只有一个问题除外(在该问题上,他对实验组里一名学生的部分解答方案给出了"几乎"的分,但我没有)。表 6.10 的最后三列呈现了用"几乎"标准得到的结果。此时,对前三列中数据适用的评价结论仍然适用——这些结果在 $p < 0.05$ 时有显著性差异。

表 6.10 在纸笔测试中学生取得的分数

	完全解决的问题			几乎完全解决的问题		
	前测	后测	差异	前测	后测	差异
非探索组学生						
S1	2	2	0	3	4	1
S2	1	2	1	2	3	1
S3	2	1	−1	2	1	−1
探索组学生						
S4	2	5	3	3	5	2
S5	0	2	2	0	2	2
S6	2	4	2	2	5	3
S7	0	2	2	0	2	2

上面的数据清楚地表明,与非探索组相比,探索组学生的表现提高得更多。然而,这些数据并没有显示出这些提高是如何发生或为什么会发生。为此,我们转向于对问题解答方案口语报告的思考。让我们考察一下七名学生是如何研究后测问题 B1 的:

设 p、q、r、s 都是正实数。证明下面的不等式：

$$\frac{(p^2+1)(q^2+1)(r^2+1)(s^2+1)}{pqrs} \geqslant 16。$$

如果采用策略清单中的第四个策略"考虑一个变量较少的类似问题"，那么该问题解决起来就容易了。在问题表述中，变量 p、q、r、s 扮演的角色是相同的。不等式的左边是（本质上是）四个完全相同的项的乘积，每个项的形式都是 $\frac{x^2+1}{x}$；右边是 2^4。因此，我们只需要证明一个单变量不等式

$$\frac{x^2+1}{x} \geqslant 2。$$

我们可以依次用 p、q、r、s 代替 x，取四个结果不等式的乘积。

非探索组中的三名学生都没有解决这个问题，尽管 1 号研究对象的大致方法正确并且努力形成的成果获得了"几乎"的赋分。1 号研究对象所采用方式的总体路线与我刚才描述的解决方案很像。在读完问题表述的几秒钟内，她说"好的，我必须要呈现出 $\frac{p^2+1}{p}$ 总是大于等于 2"。然后，她的注意力转移了。她发现，当 p 是 1 的时候，商等于 2，而 2 是为这个函数设定的最小值。在发现当 p 等于接下来的几个整数时，$\frac{p^2+1}{p}$ 的值都会增加后，她尝试通过归纳来证明这个结果。到了第三个"5 分钟预警"时，她放弃了这个想法，转而开始画出 $f(p) = p + \frac{1}{p}$ 的草图。这个草图是正确的，但她不能通过分析证实该草图的正确性。在分配的 20 分钟结束时，她刚好完成了题目的解答。被问及对自己的解答是否满意时，她给出了肯定的回答。当被问"如果我们感到不满意呢"时，她说，"我想我总可以通过积分求出 $p + \frac{1}{p}$ 的最小值。"她在很短的时间里就求出了这个最小值，这使得她在该问题上达到了"几乎"。如上所述，这是所有赋分中以最宽松的条件得到部分分数的情形。

在 1 号研究对象向我展示了她的解答后，我称赞了她。她的回应是这样的："我注意到，无论何时，当题目里有许多变量的时候，你会尝试去做个单变量或双变量的问题，所以我在这里也尝试这么做。"我们将在下文的讨论中再

回到这段观察。

虽然 1 号研究对象的行为从前测到后测发生了很大变化，但 2 号和 3 号研究对象的后测行为却与前测行为非常相似。这两名学生在前测问题 A4 上都陷入了繁杂的代数运算，他们在后测问题 B1 上也有相同的行为。在第三次的"5 分钟预警"时，他们中的每个人都在坚持尝试通过某种巧妙的因式分解来证明

$$(p^2+1)(q^2+1)(r^2+1)(s^2+1) - 16pqrs \geqslant 0。$$

在剩下不到 5 分钟时，2 号研究对象决定设 $p=q$、$r=s$，但这没有带来任何用处。之后，他耗尽了所有时间。3 号研究对象观察到，用 1 替换 p、q、r、s 的值会得到最小值 16，然后就没时间了。两名学生都没有触及问题解决方案。

探索组的表现则截然不同。4 号研究对象在读完问题表述后说"这是一个更少变量的问题"，然后就试图分析下面这个双变量不等式

$$\frac{(p^2+1)(q^2+1)}{pq} \geqslant 4。$$

对此，她没有取得成功。大约 8 分钟后，她停了下来："那单变量问题呢？"然后，她在 4 分钟内解决了整个问题。

在后测的全部过程中，5 号研究对象有意识地依赖策略清单。在读完 B1 的问题表述后，他翻开清单，逐一筛选了各个策略："让我看看，我不认为我真的能画出这个题的图。这里也没有整数参数，所以我没法做归纳。让我看看，它的逆否命题会是什么？ 不，这行不通。好的，那较少变量呢？ 对的。让我看一下单变量问题是否能走得通……"他在第一个预警时就解决了原问题。

与 2 号和 3 号研究对象一样，6 号研究对象开始时直接陷在了一个繁杂的代数困境里；当收到"5 分钟预警"时，她正忙于计算。在那个时刻，她停了下来，审视了策略清单，从中选择了合适的一个。在一个双变量问题上花费几分钟后，她正确地解决了原问题。

7 号研究对象先尝试通过说明四项的积必小于 16 来反证问题的表述，花了 8 分钟左右，他发现这种逻辑是错误的。之后，他把不等式的左边写成了四个相似因式的乘积，然后决定通过为 p 代入一些值，看看当 p 增加到无限大时会发生什么，以此来探究 $\frac{p^2+1}{p}$ 的性质。当时间耗尽时，他仍与问题解决方

案有很大的距离。

以上对学生关于问题 B1 解答的简要介绍支持了来自统计数据的结果：有意识地应用问题解决策略确实能够对问题解决表现有积极影响。在实验组的四名学生中，有三名学生通过对探索策略的精心使用解决了该问题。对照组的三名学生中只有一名学生解决了该问题，而且她是因为凭直觉运用了曾观察到的他人所表现出的该策略。在前测的问题 B4 中，两组中都没有任何一名学生使用该策略。

对于可用归纳法解决的问题 A5 和问题 B3，结果的差异更明显。在前测中，有两名学生（每组一名）通过回忆微积分学习时的经验（即给定数列可以被二次表征为"裂项的数列"）解决了问题 A5；其余学生一无所获。实验组的四名学生均解决了后测中的问题，但另一组中的学生都没有。观察到问题表述中整数参数 n 的每名学生都想到了归纳法是解决该问题的一种方法，而每名没有观察到这一点的学生都没能够解决该问题。对于"画图"的问题（A1 与 B2），结果也与上文相似，但没那么明显。前测中的这个问题相当难，没有一名学生在此题上表现得足够好。在后测中的相应问题（B2）上画图的学生都取得了一些进展，无论他们最终是否得分；而那些没有画图的学生很快就在繁复的计算中迷失了方向。

关于其他两种策略的结果还尚无定论。后测中的问题 B5 困扰了一些学生，他们要么是识别不出哪些需要证明，要么是在经由反证法完成证明的具体方式上陷入迷茫。两组学生的表现情况差不多，都令人失望。也许更多的教学或者不同的后测问题可能会带来不同的结果。

两组学生在"子目标"问题（A2 和 B4）上的表现也不相上下。就我目前知道的来看，这符合大家普遍认为的情形。使用子目标是一个非常复杂的策略，指望学生在研究完五个问题实例后就对该策略有足够的了解，并能够用它来解决后测中的问题 B4，实在是一个天真的想法。

第 4 节　两个方法论问题

在讨论研究结果及其意义之前，应当首先解决实验设计一节引出的两个方法论话题：(1)为什么要有"5分钟预警"？(2)为什么对照组拿到的问题被打乱了顺序但实验组没有？

直截了当地回答问题1就是，如果没有定期提醒学生要停下来进行整体评估，他们可能会陷入徒劳无功的努力。如果陷入了这样的情况，不良调控产生的影响可能会消弭探索性学习产生的积极影响。本实验的一个主要目的是了解学生是否可能学会对五种探索策略的使用，以及在什么样的情形下他们能够学得会。因此，必须确保学生有机会去使用这些策略，否则，我们可能永远不会发现他们是否有能力做得到。

正如6号研究对象在后测问题B1上的表现所体现的，这种担心是合理的。尽管6号研究对象参加了一个旨在教授五种探索策略的实验，策略清单也一直在她眼前，并且她完全有能力使用"较少变量"策略（就像她的口语报告所展示的），当面对问题B1时，她仍然完全忽略了该策略。当读完问题，她就立即投身到能够直接让她花上20分钟的复杂运算中去了，这种运算与她曾在前测中相应问题上花掉20分钟卖力进行的运算相似。只有在处于"5分钟预警"时，她才停下来重新思考。在调整了自己的解决方式后，她很快解决了该问题。这样的行为在学生的后测中不止一次出现。例如，在面对后测的问题2时，4号研究对象迅速地开始计算两个具有相同未知数的给定方程的代数解。当被要求"来个深呼吸"并重新思考时，她正深深地卷入在一个不正确的解决方案里。这句话足以作出了提示——在说完"哦，当然，画个图吧"之后，她很轻松地就解决了该问题。

应当回忆一下的是，对照组同样收到了这样的"5分钟预警"。与实验组一样，对照组的反应也因人而异。有些学生在短暂的停歇之后按照原方向前进，而有些学生则停顿下来进行了反思。预警在两组间带来的主要行为差异是，对照组没有像实验组那样因预警而触发对探索策略的获取。

关于对话题2的回答，将问题做了不同排序是出于以下原因。在探索组中，明确地按序排列各个问题是为了将培训效果最大化。再说一遍，我的想法是了解学生是否可能学会使用探索策略。对于对照组来说，按照这种顺序可能只意味着是一种堆叠，因为实验的目的之一是了解这些学生是否有可能仅基于自己的问题解决经历就会自觉使用或凭直觉把握探索策略。虽然如此，哪怕是打乱了顺序，问题的堆叠方式仍然有利于对照组掌握这些探索策略。

在两周的时间里,对照组研究了全部的 20 个问题,我也向他们展示了全部的解决方案。其中的四个采用归纳法解决,四个采用画图,四个采用反证,四个经由较少的变量,还有四个经由子目标。如果个体能通过进行问题解决就学会问题解决(这是我的同事们常常持有的观点),那么没有必要切实开展对问题解决方法的教学这一断言就得到了证实。否则,像本研究的培训课程中使用的那些专门问题就应当成为个体探索策略茁壮成长的沃土。

第 5 节 讨　　论

让我们按顺序思考本章第 1 节列出的问题。以下是这些问题的简缩版。

问题 1A　学生是否掌握了实验中教授的五种探索策略?

数据表明,通过实实在在的教学,学生能够学会去使用一些探索策略。尽管培训中的题量有限(只学习四道问题实例基本不可能过量),当完成后测问题时,探索组的学生确实学会了如何使用五种策略中的三种(较少变量,归纳和画图)。

嗯,也许是这样吧。确定这些学生在关于探索策略的培训中究竟真正学到了什么,是一个微妙的话题。当实验开始的时候,所有这些学生都具备相当坚实的数学基础,他们都已经掌握了应用探索性方法所需的技能,而且,他们很可能已经使用这些技能解决了许多问题。对实例学习片段中所发生事情的最可能解释是,明确提及探索性方法让学生能够意识到这些技能,也能帮助学生将自己已有的知识以某种方式编码和重组,使得这些技能现在可以更容易地被获取和使用。对于数学基础薄弱的学生来说,他们既要掌握数学方法,又要学习识别这些方法的适用时机,就不一定会产生与前一类学生相同的进展。这是一个尚需实证的问题。

问题 1B　一般来说,能支持学生学习和迁移这些及其他探索策略的必要条件可以有哪些?

从某种意义上看,本实验中学生的失败表现比成功表现更重要且更具启发性,这些失败是学生陷入困境之处。学生在关于子目标和反证法的问题上都表现得不太好。

"建立和使用子目标"是一个使用广泛但较为复杂的探索策略。"马后炮"一下,学习四个与后测问题(在形式上)不具备紧密关联性的问题实例显然不能充分保证迁移的发生。本实验没有提供足够的实例,使得学生有可能掌握使用子目标程序的具体方法;也没有足够明确地给出如何分解问题和如何选择适合于各个问题的子目标。什么可以称得上充分? 这又是一个尚需实证的问题。如果要改进本研究,可以加入更多的子目标问题,也可以更清晰地划分这些问题的子类型,还可以更详细地教授该策略的使用方式。关于需要做些什么才能使学生掌握该策略,涉及上述方面的后续工作将呈现出更深的洞察。

　　针对反证法,难点似乎在于唯一性这一概念,而这一概念在问题实例中没有被挑出来进行专门处理。在后测中,学生似乎正是被这个概念困扰着(尽管唯一性论证就真真切切地存在于他们的经验中)。他们好像觉得问题 B5 的答案是显而易见的,"没什么需要证明的"。从学生对待该问题的反应中可得的启示是,在教学生如何论证唯一性时,必须对潜在支持运用这种论证的基本原理给予更多关注。如果我们期待学生能掌握唯一性论证,简单地将之作为运用反证法论证的一个子类型,而不专门关注它们,可能是还不够的。

　　上面的几段观点还只是初步的。之所以这样说,是因为我们显然需要对探索策略有更多的了解才可以给出类似的定论。虽然如此,这里给出的数据却着实凸显了第 3 章中强调的一点:探索策略是复杂而微妙的,低估实施它们所需要具备的知识体量和教学体量是危险的。这些数据也起到了其他作用:它们开始显示出,在理想情况下需要哪些条件才能掌握其中的三种探索策略;同时,它们也显示出,为了让学生掌握另外两种策略(同样是在理想情况下),还必须考虑哪些条件。与上面所说的一样,对这些话题的解答尚是待实证的未知。但是,现在我们已经有了开展这样实证探索的坚实实验基础。

　　关于学生表现的数据也指出了问题解决中自我调控决策的重要性。简单点说,学生能够掌握某种问题解决方法并不能保证他们就会使用该方法,即使是把学生置于一个非常有利于使用该方法的环境中。尽管策略清单一直就摆在眼前,也定期收到关于存在这些策略的提醒,但是在后测的许多问题上,实验组的学生仍然冲动地直接上手尝试解答(有时的尝试是相关的,还有时是无关尝试)。虽然所有的情境都支持着对探索策略的使用,但只有到定期预警的时刻,学生才会停下来重新思考,这样的预警使学生不至于在徒劳无功的努力中浪费分配到的 20 分钟(关于给定的每个问题)。这个话题将在下文得到讨论。

问题 2　问题解决的实践不是你真的需要的所有东西吗?

这个话题关乎于通过进行问题解决来学习问题解决。毫无疑问,人们就是这样做的。在第 3 章中,当我们思考个体发展他们问题解决的个性化方式和策略时,这一假设已经得到清楚的确证。我们认为,经过几年的时间,个体能够被他们的数学经验"训练"出一些问题解决方法,这些方法对他们来说是能开花结果的,渐渐地,他们还会慢慢地建立起对这些方法的依赖。无论怎样,本实验的数据把一点显露得非常明确:个体从自己的问题解决经验中汲取探索策略是一个极其事倍功半的过程,可能是一场背水之战。

本实验中的对照组在 2 周的时间里学习了共计 20 个问题实例,每个探索策略对应 4 个问题,这是一个十分密集的问题解决训练课程。如果"经验"是理解探索策略的全部条件,那么显然,这些学生就应该能搞得懂这些策略并有效地使用它们。但在大部分时候,该组学生并未做到以上两方面。

学生在"较少变量"问题上行为的表现模式堪为典型。就像我在前文所说的,1 号研究对象的确注意到了较少变量这一策略并且在后测中对之使用;而且,她是在实验中自己习得了这样的行为。在要求学生证明

$$如果 0 \leqslant a、b、c、d \leqslant 1, 就有$$

$$(1-a)(1-b)(1-c)(1-d) \geqslant 1-a-b-c-d$$

的前测问题 A4 中,1 号研究对象将左边的项都相乘,花光了 20 分钟进行代数操作。在研究该问题时,她没有表现出自己具备任何相关探索策略的苗头。正如她在后测结束后的自述中所说,在后测时,她已经意识到这种探索策略的使用方式,并且学会如何去使用它,这是学习问题实例的结果。但是,这种情况只是偶尔发生。虽然后测问题与问题实例的操作是完全相同的,但 2 号和 3 号研究对象都没有建立起像 1 号研究对象这样的联结——说实话,鉴于实验环境的特征,这样的联结看起来并不是很难以建立。相比之下,实验组在后测中对该策略的使用取得了一些成功。

学生在归纳出问题上的表现更加令人印象深刻。对照组的学生都是来自高等数学课程中的志愿者,他们都对运用归纳法进行论证的具体方式很熟悉。

因此,在研究问题实例时,他们不需要掌握新的方法,只需要认识到——通过寻找一种模式就可以"发现"某些定义良好型问题的答案。在四个问题实例中,有三个都可以在问题表述中清楚地看到一个整数参数 n,而令 $n=1$, 2, 3, 4……,就可以经由正确的计算开始对这些问题的解决。虽然归纳型问题 A3 中的 n 是隐含的,但其解决过程也是相同的。根据先前经验,如果要在本实验的探索策略中选择具备最大迁移程度的一个策略,毫无疑问,归纳法将会被认为是可能性最大的一个选项。然而,这一方法却完全没能得到迁移!在完成问题 A3 的过程中,没有一名对照组的学生尝试通过计算 n 为较小整数值时的解答来发现其中蕴含的模式。需要予以强调的是,这种迁移的缺乏并不是由于缺乏记忆。实验结束后,学生都被告知了实验目的是什么。当我向对照组学生展示后测问题的解决方案时,他们通常都能自发地回忆起一个或多个用类似方式解决的问题实例(他们的回忆几乎是一字不差的,同时伴随着懊恼)。一言以蔽之,问题 2 的答案是"不是"。

问题 C　切实开展探索策略的教与学能起到很大作用吗?

再一言以蔽之,"是的"——当这些策略被个体掌握,只要所处的环境支持对它们的使用即可。

第 6 节　研究意义与研究路向

尽管本研究的规模很小,但它在教学方面的意义确实不言而喻。该研究将学生置于一个信息丰富的环境中,这个环境包括了少量的探索策略,也提供给学生精选的相关问题实例。尽管如此,对照组学生能够自发抽象出合适的探索策略以解决后测问题的程度却微乎其微。此外,实验组虽然刚刚掌握了一些探索策略,但可能在后测中完全忽视新学到的技能;在后测的一些问题上,他们似乎准备好了要将分配到的时间都用在徒劳无功的努力上。

上文提及的问题在信息丰富的实验情境里已经很重要了,当考虑开展"现实生活"问题解决的教学时,它们还会变得更加重要。这项研究表明,问题解决策略的教学必须丝丝入扣且班班可考。只要使用探索策略,就应明确地指出它们;只要可能,就应明确地给出选择这些策略(如归纳型论证中的整数参数)的理由;同时,实施这些策略的具体方式也应得到细致的阐释;管理行为或调控的问题同样也必须加以明晰。如果不给学生独立使用探索策略的机会,那么这样的教学将无益于他们对这些策略的掌握。

这项研究还表明,学生有能力掌握某些探索策略,至少是在信息丰富的实验情境中。课堂中产生的经验不会那么聚焦,而是广泛得多。我们现在有了一个关于三种探索策略学习的"存在性证明"。我们知道了另外两种策略需要进行更多的培训,尽管究竟需要多少培训和这些培训的确切特征仍需进一步研究。综上,目前还有许多尚待实证的话题。

我希望,本研究所使用的实验方式及其变式能够被用来帮助解决上述问题。就目前的这一形式来说,可以采用它来研究已被相关文献析出的大量问题解决探索性方法中的任意一种。通过对被研究策略及其教学体量进行系统变化,我们可以开始积累起大量信息,了解学生在相对"理想"的情况下需要哪些条件才能掌握这些策略。目前为止,这些信息还很匮乏,但它们的极大效用终会得证。

本研究中的"学习环境"是刻意构设的。通过录音带进行教学,是为了尽量减少实验组和对照组之间的表现差异被归因于实验者的热情或偏好于探索组的可能性。在将来,当更多的探索策略和更多关于旨在让学生在实验室环境下掌握这些策略的培训方式被开发出来后,将不再需要通过录音带进行教学,这种形式可以被调整至接近于课堂环境。到那时,教学可以由教师面向一小组学生进行,如一次施教六名学生。到相关的掌握条件被明晰到能够让学生在符合条件的情境中学习使用探索策略的时候,实验的进行也可以重回这种形式。然后,教学就可以被迁移到常态的课堂环境中去。进而,有了(相对)大量的学生,我们就可以更好地验证本研究的研究结果。

第7节　小　　结

本章描述了一个小规模的实验室实验,旨在探究学生对五种探索策略的掌握。有两组学生参与了本研究,研究中使用的教学素材是录音带和纸质小册子;所有的材料都由外部审查人员对可能存在的偏见进行了检查并由此确认了它们的可比性。对照组研究了 20 个问题实例,在完成后,他们被分发到了纸质的问题解答,并听取了预制录音带中对解答的解释。在实验时,实验组拥有一份当前问题所涉探索策略的清单,该清单在实验期间始终都放在他们眼前;他们在相同的时长里研究了与对照组一样的问题。实验组收到的纸质小册子上的解答文本与对照组一致,但他们额外获得了一份可称为"探索策略包"的内容,该内容清楚地指出了当前使用的策略,并给出了该策略正在怎样被使用。在教学后的测试中,对照组每 5 分钟被提醒一次,内容是"停下来深呼吸一下,看看你目前的做法,然后决定是否要继续朝着你现在的方向前进";而实验组所收到的 5 分钟提醒的内容是"停下来深呼吸一下,看看探索策略的清单,然后决定是否要继续朝着你现在的方向前进"。前后测都是单独对每名学生进行的,我用录音记录下了他们出声研究问题的过程,用于分析的数据同时包括学生关于问题解答的纸笔成果和录音带。

本研究结合两类不同的评分方案,将后测相对于前测的增益作了两种比较。结果显示,实验组的表现明显优于对照组。除此之外,还有来自口语报告资料分析的更重要结果。它们表明了以下几点:

1. 只进行问题解决实践是不够的。在大多数情况下,虽然实验环境的基本特征之一是信息丰富,但是对照组的学生没有能够理解问题解决实例中使用的探索策略,而这并不是由记忆能力不佳造成的。在实验结束后,当我向他们解释了实验的目的,这些学生通常可以自发地回忆起(几乎一字不差)培训中对应着每个探索策略的问题。这说明,切实开展探索策略的教与学是必需的。

2. 在相当理想化的实验环境中,学生能够把某些探索策略掌握得很好,衡量标准是能在相关但非同构的问题中运用它们。所谓理想化的实验环境,指的是管理或调控行为被保持在最低水平、探索策略被明确地命名并得到细致的阐述、练习的体量被精心制订。

切实开展探索策略的教与学的确可以(或能够)使得问题解决表现产生很大改变。但是,本研究只是实验环境下对之的存在性证明。关于阐释学生需要怎样的培训和怎样的条件,还有更多的工作需要完成——哪怕是仍在实验环境中。关于调整本研究的发生条件以使得它们更加地接近于课堂教学中的环境,也有许多的工作等待完成,这样一来,我们就可以更多地了解到在一般的教学情境中掌握探索策略所需的必要条件。我期待,本章所述的实验形式能够成为成就上述这些探索的有力工具。

第7章 问题解决表现和问题解决 教学的评价措施[①]

本章的首要目的是介绍和讨论三种围绕问题解决表现的纸笔测试。正如下文中的讨论所呈现的那样,聚焦在问题解决过程上且信度高、信息多的测试程序一直很稀缺。为了研究大学层次问题解决课程的效果,我们开发了三套这样的测试(以及相应的评分程序)。现将这些测试的特点简述如下。

评价措施1使用了一套前后匹配的测试(前测和后测)。这些试题前后匹配的依据不是问题的类型,而是解决方法。尽管两份试题中的关联问题在问题形式上不一定是相似的,也不一定都来自同一数学领域,但是从一般化角度看,它们的问题解决思路是一致的。评价措施1对应了两种评分方案,它们被用于评价(1)学生问题解决思路的数量和种类,(2)学生对这些思路的采用程度,(3)学生采用这些思路后的成功程度。

评价措施2是对评价措施1的定性补充,考察了学生对自己问题解决行为的主观看法。该措施记录下了学生的两类自我感知,第一类围绕自己在评价措施1中问题研究活动的计划与组织情况,第二类围绕自己在这些问题中的困难。

评价措施3中的测试针对探索策略的迁移。该措施融入具体的问题解决教学中,也包括了一套依据解决方法匹配的测试(前测和后测),两套试题包含的问题集与问题解决的教学可能(1)紧密相关,(2)有些相关,(3)毫不相关。学生在三类问题上的表现能够表明他们将新学技能一般化的程度以及将这些技能迁移到新情境中的程度。

---

① 作者注:第7章是对我(1982a)论文的扩展和修订。衷心感谢《数学教育研究杂志》允许部分地复制该论文。

本章的第二个目的是开始详细讨论和评价一个数学问题解决课程。本章所描述的"实验干预"指的是一个关于通过探索策略实施问题解决的强化课程，该课程是我于 1980 至 1981 年间在汉密尔顿学院(纽约)执教的，为期一个月。本章所描述的三种评价措施主要聚焦在探索策略的使用上，它们是用于研究学生接受问题解决教学前后表现的工具之三，对学生行为的其他考察将在后文逐步给出。第 8 章着重研究了为问题解决提供支持结构的知识组织形态，第 9 章关注的是调控行为，第 10 章关注的是信念系统。在这些章节中，相对于讨论更一般化的理论性、实验性和方法论意义话题，评价学生的表现尽管居于次要地位，但将四章内容相结合，则能够获取到相当翔实的资料记录，这些记录说明了我们可以期望学生通过这样的课程能掌握的技能种类。

第 1 节　对相关研究的简要讨论

与本章主题的双重性相呼应，本节的文献也将分为两个部分。对问题解决实证研究文献的讨论已经在第 6 章呈现，这里不再重复。用一句话总结就是，数学教育界一直对"教授通过探索策略实现问题解决"这一构想保有研究热情，但关于怎样有力地支撑这样的研究热情，已有文献几乎没有给出任何信息。

也许更值得一提的是，无论是出于研究的目的还是为了供给教师使用，涉及测试的文献都没有提供能够直接研究个体问题解决各个尝试过程的方法。几乎所有对问题解决表现的考察都采取了结果导向的方式而非过程导向的。换句话说，这些考察使用的测试大多集中在评价学生问题解决方案的正确性上，而非集中在评价学生尝试实施问题解决时的诸多过程。

围绕数学能力和数学表现的测试相当多，其中的不少已经以市场化方式运作①。事实上，所有这些测试都是标准化测试，通常会为了实现施测的规模化和评分的简化而被设计成多项选择的形式，用于将被评价的群体(某个学生、某个班级、某个学校或某个学区)与参考群体进行比较。在市场化的测试中，尚没有一个测试考察了学生解决具体问题的方法；相反地，这些测试的赋

① 译者注：在美国，有许多测试的试题和评价体系是市场化的。这指的是，学校或学区等(甚至是州)可根据不同的需求加以选择后购买。

分和排名(关于部分或全部试题)依据都是学生正确答案的数量。对这类测试的研究方法在绝大多数时候是统计学的,"数学能力"是经由对表现数据的因素分析得出的,进而寻求个体具备的这些能力与各种各样数学表现间存在的联系。这种类型的研究确实有其价值,特别是在大规模评估各种教学项目的成效方面。然而,这对于调查问题解决表现来说却没什么实质性帮助。原因很简单,它没有告诉我们学生在问题解决时采取的实际过程。在一般意义上对统计学方法局限性的讨论以及对隐含在这种测试背后观点相当严厉的批判可见于克鲁切茨基(Krutetskii, 1976)著作的第 2 章。对已有可用市场化测试工具的详细讨论见扎勒斯基(Zalewski, 1980)和韦恩(Wearne, 1980)。扎勒斯基对市场化可用测试的总结评价如下:

> 对作为数学问题解决评价手段的市场化测试的调研显示,这些测试的有效性值得怀疑,理由如下:(a)"问题"通常只是简单的文本条目;(b)评分只关注答案的正确性,而不考虑采用的过程;(c)测试在给予学生实践问题解决方法的机会上设了限;(d)除了常规的内容效度声明,测试编写者没有给出其他方面的效度测量。基于以上,我们作出判断,市场化测试不是评价问题解决的有效方式,由此,我们探究了其他的评价程序。(Zalewski, 1980, p. 121)

扎勒斯基发现,其他的评价程序(主要来自心理学和数学教育的研究)也同样不够理想,这与韦恩在她文献述评中提及的一致。关于评价方式,本章在试图更新这些述评时也未能发现目前的状况有多少的改观。在大多数情况下,现有的纸笔测试都是关于答案是什么,而不是过程是什么。(扎勒斯基和韦恩在 1980 年的成果中都曾试图开发其他方式,但成败参半。)这种"答案导向"评价措施的一个著名的例外来自马龙、道格拉斯、基萨内和莫特洛克(Malone, Douglas, Kissane, & Mortlock, 1980),他们引入的评分程序实际上与评价措施 1 的其中一种评分程序相似(见下文)。除了他们的这种方式以外,我尚不太知道任何以有意义的方式介入探索过程的纸笔评价措施。

像第 6 章所说的那样,近年来,有相当多的研究都聚焦于问题解决过程,这些文献将在第 9 章中进行比较详细的回顾。大多数相关的数学教育研究

（如 Kantowski，1977；Kilpatrick，1967；Lucas，1972；Lucas，Branca，Goldberg，Kantowski，Kellogg，& Smith，1979）都是建立在详细分析口语报告的基础上。实施这样的分析是一个极其耗时的任务，而且往往导致研究资料由学生使用各个探索策略的"频数统计"组成（至少到目前为止使用的措施都是这样）。评价措施 1、评价措施 3 中呈现的两个测试给出了如何直接评价和简便获取探索策略的熟练度与迁移度。对于相当大范围内的探索行为，它们能够替代口语报告分析进行前后测对比。这样一来，研究者就能节约花在艰难且耗时的口语报告分析程序上的精力，而将这些精力用于专攻其他方面。此外，教师在课堂中也可以将这里给出的评价措施既用于追踪学生的问题解决表现，也用于评估教学产生的成效。我希望，这些评价措施在成为研究工具的同时，也能对教师有些实际用处。

第 2 节　实验干预与对照干预

　　本章描述了对评价措施 1、2 和 3 的使用，它们被用于评价两组学生在一个课程前后的问题解决表现。该课程开设的时间是 1980 年冬季，开设的地点是纽约北部的一个小型文理学院——汉密尔顿学院。与常规学期的课程不同，冬季学期的课程是简短而密集的，该学期会持续一个月，包括安排的考试时间。学生在冬季学期只被允许修读一门课程，而且被要求把所有的注意力都集中在这门课程上。大多数课程的上课时间共计 18 天，包括这里所指被用于实验干预和对照干预的课程。每天的课堂时间是 2.5 小时，每天的作业需要学生花上 4 到 5 个小时，这些差不多就是每门课程在冬季学期的学习量。但不管课程安排多么密集，以这样简缩的方式进行学习有利有弊：一方面，修读某门课程的学生将在一个月内学习一个科目，而且只学习这个科目，那么由于集中精力攻克一块内容往往可以激发深度理解，学生就显然会从这样密集的学习经历中获益；但另一方面，因为如此短暂和密集的课程只留给学生很少的时间去消化和反思，可能就不利于发展需要较长时间才能形成的技能。

　　本研究的"实验组"包括 11 名选择修读第 161 号数学课程"问题解决的方法"的学生。该课程中的所有学生都是大一或大二学生，其中的 8 名刚刚完成大学微积分第一学期的学习,另外 3 名学生刚刚学完的是微积分系列课程第三学期的内容。对照组由 8 名具备类似学习基础的学生组成(5 名学了一个学期的微积分,3 名学了三个学期),这些学生是我从名为"结构化编程"的同期课程中招募的。从成绩情况来看,两组大体相似。

实验干预

将第 161 号数学课程描述为"关于问题解决的工作坊课程"最为贴切。该课程主要的重心放在探索性方法上,但也有大量的时间花在讨论调控行为上。读者可能还记得关于第一份课程讲义的讨论,它提供的是该课程的一个简介(见第 4 章第 3 节"为探索性问题解决的调控策略建模")。关于我这门问题解决课程结构和组织形式的更多描述,可见于我的《数学课程中的问题解决》(1983c)。这里只来谈谈 1980 年冬季学期的这门课程与本书相关的几个方面。

正如预期,在课堂上,我们把几乎所有的时间都用于问题的解决和对问题解答的讨论。一个典型学习日的大致活动如下:课堂通常从讨论家庭作业中的问题开始,这些问题的解答一般由学生呈现。讨论结束后,我会分发一张问题单,然后整个班会分成几个小组(每组 3—4 名学生)研究问题单上的各个问题。在他们小组活动时,我会作为"巡回走动的顾问"在教室里走来走去。当学生取得合理的进展或已经筋疲力尽时,我就会让大家暂停小组活动回归大组,我们一起讨论大家获得的成果并攻坚克难。

当然,我也会以讲授的方式讲解问题解决策略并示以解答样例。在课程中,我们会讨论应当如何在研究各个问题时使用特定的探索策略并考虑调控决策。当呈现解答样例时,我会通过直接的"身体力行"示范决策制订的过程。当我把解决方案推进到一个关键点时,我会提出三个或四个可能的后续方案选项并逐一评估。在评估的基础上,我会选择一个选项进行探索(可能是错误的选项)。几分钟后,我就继续评估当前方案的进展并思考是否要对问题采取其他思路,以此类推。以这种方式进行口头解答的意图是想要揭示一些隐含其中的思维过程,而这些过程是学生学习学科内容时通常无法观察到的。

当全班学生一起讨论问题时(占课堂总时间的 40％至 50％),我充当的是协调学生建议的人。虽然有时我会在适当的时候就一些特殊的数学观念或方法进行说明，但我的作用不是引导学生找到某个既定的解答。对于学生完全有能力解决的问题，我的任务是言传身教有效的调控行为——为了帮助他们最大限度地利用自己的知识，我会提出各种问题并示范决策制订的过程。讨论一般从"你觉得我们应该做什么"开始，有些学生会随之提出建议"让我们做X"。这样的建议来得太快了，这表明该生还没有充分地考虑到问题的要求或是这个建议会在多大程度上有用。于是，我就会问全班学生："在我们按照X做之前，大家都确定自己理解了问题吗？"来自一些学生的否定回答会将我们引向对问题的细致研究。在进行完这样的研究之后，我们会回到X，把X看作一条可能的解决思路是否仍然看起来合理？此时的答案往往是"不"。当答案是"不"的时候，就形成了一个提醒学生的机会，它让学生知道在急于开始构建一个解决方案之前确保自己已经做到对问题的理解是非常重要的。

即使学生给出的第一个建议就可以用来直接形成问题的一种解决方案，我也会要求全班学生给出其他可能的想法。当有三到四个建议的时候，就需要进行一些讨论，主题是：我们应当尝试实施哪种建议？为什么？对这些建议的尝试将在黑板上完成。无论我们是否正沿着能够形成解决方案的思路在前进，在对问题研究了一会儿后，整个过程将暂停下来以对目前的进展进行评估。这时，我会问全班学生："我们已经做了5分钟了。它有用吗？或者，我们是否应该转到别的什么上去？（以及，为什么？）"根据评估的结果，我们可能决定（也可能决定不）继续沿着先前的方向前进；我们也许会决定要在尝试其他东西之前再给它几分钟。一旦形成了一个解决方案，我就会及时进行总结。总结性讨论的目的是总结全班做了什么，并指出在哪些方面可以提高效率，也可能会展示怎样利用全班已经共同放弃的想法解决问题。当全班基于共同形成的一个建议成功解决了问题时，我们也会回到其他建议中去看看那些建议是否也能得出不同的解决方案。在结束对一个问题的研究之前，我们通常会使用三至四种不同的方式来解决它。

因为大家都会设法解决问题，所以在小组中进行的问题解决活动（也占课堂总时间的40%至50%）为学生提供了个体间一同研究的机会。在这部分的教学中，从本质上说，我的角色是问题解决辅导者，辅导的内容有的关于方法，有的关于战略。方法的辅导比较简单，战略的辅导相对复杂。学生的决策过程通常较为内隐，而且几乎不会受到什么关注。当学生没能够解决一个问题的时候,可能很难让他们相信自己的失败可以归因为决策制订上的失误而非知识的缺乏。针对这个话题,本课程是这样处理的:在整个学期里,表 7.1 始终被张贴在教室的显著位置。教师可以在学生研究各个问题时随时叫停他们,并要求他们回答表 7.1 中的三个问题。在学期刚开始时,学生无法回答这些问题,并会因为自己无法回答而感到尴尬。于是,为了避免使自己继续尴尬下去,他们开始互相讨论表上的问题。到了学期的中段,当教师再叫他们回答这些问题时,他们一般都能给出回答。到了学期末,自问自答这些问题(当然,不一定是以这样的问题形式)已经成为一些学生自然而然形成的习惯。

表 7.1 在问题解决课程上张贴的问题

你(到底)在做什么?
(你能准确描述一下它吗?)
你为什么要这样做?
(它是怎样与解决方案相匹配的?)
它对你有什么帮助?
(当你得出结果后,你会怎么办?)

对照干预

这一组的 8 名学生是我们从冬季学期的结构化编程课程中招募的,他们的数学基础与问题解决课程的学生相当(无论是在经历还是成绩方面)。该课程与问题解决课程是同时进行的,对学生的学习要求也基本一样。它的教学时间也与问题解决课程一样,同样需要学生每天在机房里花上 4 到 5 小时完成编程任务。对照组的学生没有学习问题解决课程里的数学问题;不过,他们的教师认为,计算机编程课程也应该是问题解决技能的教学工具。该课程被明确地设计为"旨在教授用结构化的有序方法处理问题"。

由于对照组学生没有与实验组学生学习一样的问题,对照组的对照作用就显然很有限。虽然存在这样的局限性,但对照组起到了两个举足轻重的作用。第一,作为前后测难度可比性的一种验证工具,它在一定程度上证实了评价措施本身的信度。(数据显示,对照组在后测中的表现并不比前测好,因此,实验组分数的提高不能归因为测试难度的差异。)第二,它给出了一个关于学生表现的参考标准,使得实验组的分数具备可比性。

关于样本量的说明

在本研究中,实验组的样本量只有 $n=11$,对照组的样本量是 $n=8$,这一情况可能会引起关注。它们很难称得上是大样本,不过,本研究并不是我首次使用这三种评价措施。1976 年到 1977 年间,我在伯克利分校开发出了评价措施 1 和评价措施 3,预实验 $(n=8)$ 及改进也在相同年间进行;1979 年,我在汉密尔顿学院实施了全部三种评价措施,实验组的样本量只有 $n=20$。从以上两种测试情境中得出的结果都与下面即将介绍的结果非常相似。尽管如此,似乎迟一些揭晓这些结果会更加合适,揭晓的时机可以是这样的结果得到更多复刻之时,并且,此时来自对照组的测试结果要能够有助于确认这些评价措施的有效性。

第 3 节 评价措施 1：关注对已完成的问题解决中合理思路的分析

评价措施 1 包括了互相匹配的前测和后测,各包含 5 个问题。每名学生都分别在学期的第一天和最后一天完成这两个测试,以下是两个测试中的问题。

评价措施 1：前测

1. 若 S 是任意集合,我们定义 $O(S)$ 是包含 S 中奇数个元素的子集的数量。例如,$\{A,B,C\}$ 的"奇"子集是 $\{A\}$、$\{B\}$、$\{C\}$ 和 $\{A,B,C\}$,那么 $O(\{A, B, C\}) = 4$。现若集合 S 中有 26 个元素,求 $O(S)$。

2. 设 p、q、r、s 都是正实数。证明下面的不等式：

$$\frac{(p^2+1)(q^2+1)(r^2+1)(s^2+1)}{pqrs} \geqslant 16。$$

3. 设 T 是图 1 中给出的三角形。请给出一个数学论证,证明存在如图 2 所示的四个顶点都在 T 边上的正方形 S。

4. 当"a"分别为何值时,方程组

$$\begin{cases} ax+y=a^2, \\ x+ay=1 \end{cases}$$

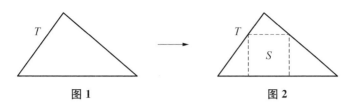

图 1　　　　　　　　　　　图 2

无解？有无数解？

　　5. 如图 3,G 是一个 9×12 的矩形网格。如果矩形的边必须在网格线上,那么,G 中一共可画出多少个不同的矩形？（包括正方形,也包括边在 G 边缘线上的矩形。）

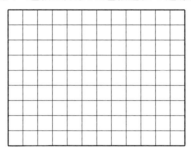

图 3

评价措施 1：后测

1. $(x+1)^{37}$ 的系数之和是多少？尽可能地写明为什么你认为答案是你说的那样。

2. x、y、z 都是正实数。证明下面的不等式：

$$\frac{(x^2+x+1)(y^2+y+1)(z^2+z+z)}{xyz} \geqslant 27。$$

　　3. 设 T 是图 1 中给出的三角形,P 是 T 外缘上的任意一点。请证明：存在如图 2 所示的三个顶点都在 T 边上且有一个顶点为 P 的正三角形。

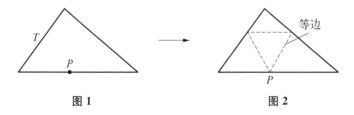

图 1　　　　　　　　　　　图 2

　　4. 当"a"分别为何值时,方程组

$$\begin{cases} x^2-y^2=0, \\ (x-a)^2+y^2=1 \end{cases}$$

无解？有一个解？有两个解？有三个解？有四个解？

　　5. 盖戈学院的学生会由从学生中随机挑选的 2 名男生和 2 名女生组成。如果盖戈学院有 12 名男生和 9 名女生,可能选出多少种不同的学生会成员组合？

两次考试的考试说明是相同的,都告诉学生:考官"对你在研究这些问题时围绕它们展开的所有思考都有兴趣。包括(a)你做了尝试但不成功的东西;(b)你认为可能会成功但没时间尝试的问题解决思路;(c)你为什么尝试了你实际做的那些东西"。学生被要求用纸笔方式完成测试,这样评分者就能看到他们所写的一切。学生还被要求不要用橡皮擦擦掉写下的东西或是将它们涂黑,而只需在他们认为错误的地方打上一个大"×"。每题的完成时间限定为20分钟。

评价措施1中,前测和后测的问题都与学生在问题解决教学中学到的相关,问题本身与第6章关于探索策略的教学时所讨论测试问题的命题方式基本相同。两次考试中的问题是"匹配的",这指的是,有助于解决前测中某个问题的探索策略同样有助于解决后测中的相应问题。"归纳法"对每个问题1有用,"较少变量"对每个问题2有用,"开发更容易的相关问题"或"放宽一个条件,再重新加上"对每个问题3有用,"画图"对应着每个问题4,"设立子目标"对应每个问题5。虽然在课程学习时没有借助与考试中问题的同构问题例析这些方法,但都切实开展了对每一种方法的教学。

评价措施1的目的是要实现对问题解决过程的关注,它旨在考查学生面对数学问题时产生、选择和采用合理思路的能力。在评分时,一个"合理的"思路并不必须要形成问题的一个解答,但它必须具备恰当的引导性。由此,"尝试 $n=1,2,3,4,\cdots$ 时的值并寻找一个规律"的建议可以被看作是问题"求 $\sum_{n=1}^{\infty}\frac{1}{n(n+1)}$"和"求 $\sum_{n=1}^{\infty}\frac{1}{n^2}$"的合理思路,尽管该建议能引出第一个例子的解答但在第二个例子中不适用。但是,对于问题"若 a 和 b 是给定正数,求 $\lim_{n\to\infty}(a^n+b^n)^{\frac{1}{n}}$",这个建议就不被认为是一个合理思路。

评价措施1中的每个问题都可以采用不同的方式来解决。例如,前测和后测中的问题1都可以通过两种简单的归纳方法和一种组合型方法得出解答,而且可能还有其他解决方案;两个测试中的问题3则都可以经由三种或更多的方法获得解决;大部分的其他问题也都是如此。关于评价措施1的评分程序,有一点非常重要,需要牢记在心,这就是:虽然问题解决课程的一个主要目标是教授如何通过使用探索策略实施问题解决,也虽然我们会对使用探索策略能改观学生问题解决的表现有所期待,赋分却并不唯一地根据探索策略的使用,任何合理的问题解决思路都会得分。

以下是评价措施 1 的两种评分方案。第一种方案采取了多重计分制,学生每给出一种说得通的思路以及他/她谙于该思路的证据就可以得到相应分数。以这种方式进行评分的原因有两个。第一个原因是,能熟练产生问题解决的多种合理思路是很宝贵的。当个体开始研究一个问题时,并不一定知道哪条思路会被证明有益,当他/她能够产生破解问题的更多方式,他/她能解决这个问题的可能性就越大。第二个原因是,以两种不同方式解决一个问题的学生付出的努力,确实比只提出一个问题解决方案的学生要更多。在第一个评分方案中,使用两种不同方法成功解决问题的学生在两个正确解答上都能得分。

多重计分制

设 P 是某个测试中的一个具体问题。针对这个问题,首先,将至少被 1 名学生采用过的所有合理思路列表;然后,将每名学生对问题 P 尝试过的解决方案与问题 P 在列表上的每一种合理思路对照,思考下面的问题后,按照相应的方式打分。

1. **证据**。学生是否给出了某些证据表明他/她已意识到问题 P 的这种特定思路? 学生可能会用语言描述出所用的策略:"我尝试寻找了归纳的模式。"或者,学生的成果上可能呈现出了证据。例如,他/她可能在做前测或后测的问题 4 时画了一张图,或是在做前测的问题 5 时探求了 $(1 \times n)$ 时的特殊情况。

2. **采用**。学生是否采用了某种思路? 由于被要求呈现"你在研究这些问题时所想到的一切",某学生可能会提及一种思路但并没有采用它。

3. **进展**。如果学生确实采用了一种思路,他/她在使用这种思路解决该问题上取得了多少进展? 这些进展可分为四个水平:

a. 较少或无进展(少)。例如,对于前测问题 1,学生很可能计算了包含 1 个、2 个和 3 个元素集合的 $O(S)$,但没有作出猜想;也许会在其中一个计算上出错。

b. 有较合理的进展,但还称不上对如何解答已经胸有成竹(一些)。例如,学生在研究后测中的问题 4 时,认为 $x^2 - y^2 = 0$ 的解是直线 $y = x$,但正确画出的是方程组中第二个方程的图像。

c. 进展到接近于正确解答,但有少许计算上的瑕疵(几乎都)。例如,在后测问题的 B1 上,某学生说:"我认为答案是 2^n,但 $(x+1)^4$ 的系数之和是 15。我卡在这儿了。"

d. 形成了一个完全正确的解答(*解决了*)。

学生在上述各类赋分中的得分要么是 0,要么是 1。对于"进展",是将 1 分赋在学生成果所达到的最高水平类别上。照这样,如果某名学生采用一种特定的思路几乎解决了一个问题,那么他/她在"证据""采用""几乎都"这三个类别上都会拿到 1 分,在其他类别上则拿 0 分。学生在某一问题上的最终得分都是一个包含了各类赋分的列表,总分是他/她关于该问题的所有合理思路的得分之和。所以,如果一名学生采用一种思路解决了一个问题、在第二条思路上取得了一些进展、提到了第三条思路但没有按照它研究,那么他/她累积得到的分数就是 3(证据)、2(采用)、0(少)、1(一些)、0(几乎都)和 1(解决了)。

虽然这样的评分标准乍看起来非常主观,但令人惊讶的是,事实证明,将行为按照这种细致程度进行的大致划分可以达到高度的一致性。我对这些问题打的分和我助手们共同打的分之间在信度上超过了 90%。我们采取的评分步骤如下:评分由三名高年级的本科生协助进行。在学生对所有答卷评分之前,我与他们讨论了每个问题合理且正确的解答的基本特征。然后,我与他们分别完成评分工作,他们要对每个解答协商出一个一致的得分。实验组与对照组的答卷是混在一起的,并且都是盲评赋分——助手们都只看得到每份答卷的代号。表 7.2(控制组)和表 7.3(实验组)汇总了使用多重计分制得到的数据,对每个问题计算了所有学生合理思路的得分之和。

表 7.2 在评价措施 1 中使用多重计分制:对照组($n=8$)[a]

问题	证据	采用	进展			
			少	一些	几乎都	解决了
1	6(10)	3(5)	1(3)	0(1)	1(0)	1(1)
2	8(6)	1(2)	1(2)	0(0)	0(0)	0(0)
3	0(0)	0(0)	0(0)	0(0)	0(0)	0(0)
4	7(5)	3(0)	3(0)	0(0)	0(0)	0(0)

续　表

问题	证　据	采　用	进　展			
			少	一些	几乎都	解决了
5	8(8)	0(7)	0(0)	0(1)	0(4)	0(2)
总计	29(29)	7(14)	5(5)	0(2)	1(4)	1(3)
人均	3.63(3.63)	0.88(1.75)	0.63(0.63)	0(0.25)	0.13(0.5)	0.13(0.38)

[a] 在每格中,前面是前测的分数,括号里是后测的分数。

表 7.3　在评价措施 1 中使用多重计分制:实验组 $(n = 11)$[a]

问题	证　据	采　用	进　展			
			少	一些	几乎都	解决了
1	6(14)	6(11)	3(1)	0(0)	2(1)	1(9)
2	9(11)	3(10)	2(0)	1(1)	0(2)	0(7)
3	2(11)	2(11)	0(1)	0(4)	1(5)	1(1)
4	13(15)	4(10)	3(4)	0(1)	0(1)	1(4)
5	12(12)	1(11)	1(0)	0(2)	0(1)	0(8)
总计	42(63)	16(53)	9(6)	1(8)	3(10)	3(29)
人均	3.82(5.73)	1.45(4.82)	0.82(0.55)	0.09(0.73)	0.27(0.91)	0.27(2.64)

[a] 在每格中,前面是前测的分数,括号里是后测的分数。

"最佳思路"计分制

　　从某些方面来说,使用上述的多重计分制方法能够比使用标准评分方案更全面和准确地反映出学生的问题解决表现。例如,在无论是前测还是后测的问题 1 上,同时采用了归纳方法和组合型方法应对问题的学生,确实比只采用(采用的程度一样)一种论证方式的学生付出了更多的努力。多重计分制为班级内学生产生和采用问题解决合理思路的整体能力提供了一种快速且简易的分数统计方式,向学生和教师都提供了有用的信息。它具备的另一个优点是,能够嘉奖对问题尝试了不止一种思路的学生。对研究者来说,它还能够不太费事地对口语报告的分析形成补充。虽然如此,这种评分方案可能存在两个严重弊端:(1)少数高产的学生可能会贡献出大量的分数,这会增加解释班级平均分含义的难度;(2)由于评分不是逐生开展的,因此就难以对学生个体的分数进行排名或作出解读。下面是一个用于替代"标准"多重计分制的计分制,它嘉奖的是学生在每个问题上成果的优质程度(而不是成果的多样程度)。

首先,学生在一个问题中实际涉及的所有思路都会按照下面的方式单独打分。如果一个思路未被采用,那么就赋 0 分。如果一个思路在多重计分制下会被认为取得了"少"的进展,那么根据进展程度的大小赋 1 到 5 分。比如,如果在前测问题 A1 中,某名学生成功地计算了并以某个顺序排列了包含 1 个、2 个和 3 个元素集合的 $O(S)$,但没有给出一个猜想,那么他/她会得到满分 5 分;计算错了其中一项的学生将会得到 2 分。以此类推,取得了"一些"进展的成果会被赋 6 到 10 分,"几乎都"的是 11 到 15 分,"解决了"的是 16 到 20 分。赋 16 分表明答案正确但过程和给出的理由都不太充分,而 20 分则表明具备连贯的过程和清晰的理由。

对每个问题,学生得到的分数都是他/她采取的所有思路里被赋到的最高分数。(更简单点说,被评分的是学生的最佳成果。)在这个评分方案上乘一个比例系数,就得到了马龙等人(Malone et al.,1980)提出的方案。与多重计分制一样,我的助手们对实验组和对照组的成果进行了盲评,达成了关于如何打分的一致意见,他们打的分与我打的分之间信度超过了 90%。每个问题的满分都是 20 分,每个测试中五个问题的总分都是 100 分,结果呈现在表 7.4 中。

表 7.4 在评价措施 1 中使用"最佳思路"计分制[a]

组 别	每个问题上的平均分					总 计
	#1	#2	#3	#4	#5	
对照组 ($n=8$)	9.0(7.6)	2.9(2.4)	0.2(0.0)	0.8(1.5)	1.1(12.5)	14.0(24.0)
实验组 ($n=11$)	8.4(17.9)	2.7(14.3)	3.9(11.3)	3.9(11.3)	1.8(17.4)	20.8(72.2)

[a] 在每格中,后测的分数在括号内。

第4节　对测试结果的讨论

就评价措施1的实施结果而言,除了问题5的分数以外,对照组在后测上的表现与在前测中基本完全相同。从表7.2和表7.4中分别可以发现,无论是多重计分制还是最佳思路计分制,结果都是这样。既然如此,对照组在后测问题5上表现的提高就可以归因为问题本身的特征,而非由于学生知识的增加。该问题比它在前测中的对应问题更适合于"死算",学生的得分也反映了这一点。(回忆一下,所有合理的思路都会得到分数。)此外,实验组和对照组在前测中的表现是相似的,那么,对照组就称得上达成了自己有限的使命。评价措施1的前后测可被看成是基本等价的,对照组的分数提供了一个参考标准,使得实验组的表现可以被用来比较。

对照组在前后测中的表现说明了两件事。第一,参加前测并没有为学生在后测中产生更好的表现提供条件,这与前一章得到的结果完全一致。第二,学习一种"有结构、有层次、有顺序地处理问题的方式"并不一定能改进问题解决表现。之所以会这样,或许是因为对照组的学生没有掌握他们所需的具体工具(在本研究中,这指的是探索策略);也或许是因为需要进行更多的实践才能确保可以从一个领域(编程)迁移到另一个领域(数学)。

实验组学生的表现则清楚地表明他们确实学到了一些东西,那下面就要弄清楚他们学到了什么以及为什么学到了这两个问题。我认为,将学生的大多数进步归结为由于他们学会了有一定效率地使用问题解决的一些探索策略,而不是简单地说成是由于他们研究了大量相关问题,是合理的。几条不同的论据链都对这一结论形成了支撑。首先,第6章的研究表明,仅靠经历一些问题解决并不足以产生这里所见的表现提高。第二条论据链来自即将讨论的评价措施3。该措施中的一些测试问题与教学中使用的问题完全不相关,来自问题解决课程的学生在这些问题上的表现有很明显的进步,但对照组并没有。显然,光练习无济于事。第三,从问题解决课程前后的录像来看,实验组学生在探索行为和调控行为上的改变很明显,这些可分别见于第 9 章和第 10 章的一些"前"与"后"转录稿样例中。

第 5 节　评价措施 2:关注学生对自己问题解决的定性评价

评价措施 2 旨在对学生自己关于评价措施 1 表现给出的定性看法进行评估。在他们对评价措施 1 中(前测和后测)的每个问题研究了 20 分钟后,我都给了他们 4 分钟时间回答以下问题。

评价措施 2:学生对自己问题解决的定性评价。

在评价措施 1 的每个问题后都回答。

1. 你是否曾见过这个问题?　是＿＿＿＿　否＿＿＿＿

2. 你是否曾见过一个紧密相关的问题?　是＿＿＿＿　否＿＿＿＿
如果"是",你在哪里见过?

3. 在完成本问题前,你是否曾对怎样入手这个问题产生过想法?　是＿＿＿＿
否＿＿＿＿

4. 你是否曾制订过解决这个问题的计划?还是"一头扎进"了它?

　　　　请勾选一个方框:

A	B	C	D

　　　　　　我一头扎进去了　　我做了点计划　　我先制订了计划

5. 你认为你对这个问题的研究是否条理清晰?

　　　　请勾选一个方框:

A	B	C	D

　　　　　　多少有点随意　　有点结构化　　条理清晰的

6. 请对本问题的难度进行评估。

　　　　请勾选一个方框:

A	B	C	D

　　　　　　　容易　　　有思路且能解决的　　　难

表 7.5 汇总了评价措施 2 的问题 1～问题 3 中回答为"是"的百分比总数。

表7.5 在评价措施2的问题1～问题3中回答为"是"，
围绕评价措施1的五个问题[a]

组　　别	回答"是"的百分比		
	1：见过吗？	2：见过相关的吗？	3：知道怎样入手吗？
对照组（$n=8$）	2（13）	56（53）	53（53）
实验组（$n=11$）	2（0）	25（75）	48（92）

[a] 在每格中，后测的回答在括号内。

我们可以基于这些数据得出以下结论：在前测的时候，两组学生对自己知识的感知大致相当。相较实验组，对照组认为自己能看出更多"紧密相关"的问题。（我不知道为什么会这样。）后测时，对照组在问题1上的正面回答有所增加，这是因为该组的一些学生认为后测问题与前测问题是一样的（这是在我问他们"如果'是'，你在哪里见过？"时听到的回答）。这是一个合理的说法，因为两次测试的间隔时间是一个月，而且两次测试中的问题也相当类似。

不过，有趣的是，实验组的学生能够更加细致地辨别出问题之间的差异，而且没有人认为自己曾见过这些问题。认为研究过"相关问题"的百分比总数大幅增加，但没有任何学生说前测中的问题又被使用在后测中了。还有一点也很有趣，回答"相关问题"的百分比总数只上升到75％，但后面回答"知道怎样入手"的百分比总数却上升到92％。所以，对于问题之间的关联性，学生有限定性强的标准，因此才会感知不到一些情境中的关联性；于我而言，这些关联性是能被感知到的；而学生则会认为自己本就知道如何解决感知不到情境与先前问题关联性的其他许多问题。

虽然有如上这些结论，也许更值得关注的是学生对评价措施2中问题4～问题6的回答，我将它们呈现在表7.6中。

表7.6 评价措施2中问题4～问题6的回答，围绕评价措施1的五个问题[a]

问　题	干预类型	回答百分比			
		A	B	C	D
4	对照	45（22）	21（42）	21（17）	12（19）
	实验	35（15）	37（20）	21（30）	8（35）

续　表

问　题	干预类型	回答百分比			
		A	B	C	D
5	对照	33(18)	23(26)	33(26)	12(29)
	实验	32(11)	32(18)	25(45)	11(25)
6	对照	0(13)	20(18)	25(33)	55(38)
	实验	4(25)	20(24)	20(35)	46(16)

ᵃ 在每格中,后测的回答在括号内。

　　按照一般的看法,在看到问题后,学生就会立马着手实施他们能想到的任何合理思路;如果问题表述中的某些内容让学生感到熟悉,他们就可能"闭门造车",丝毫不顾回忆起的内容会给他们什么方向的提示。如表 7.5 中的数据所示,从前测到后测,学生具备关于怎样入手一个问题的想法上的百分比总数随着时间推移近乎翻番。那么,我们也许会猜测,立马着手实施解答的百分比总数也会增加。但表 7.6 中关于问题 4 和问题 5 回答的汇总数据却显示,刚好相反。在课程开始之前,来自实验组的回答中,只有 29% 的回答呈现出学生会适当进行一定程度的计划(将 C 选项与 D 选项结合);在课程结束之后,这一数值是 65%;对照组的相应数值分别是 33% 和 36%。在课程开始之前,实验组只有 36% 的解答尝试可被称为"有点结构化"及以上,而关于后测的数值是 70%。对照组在此项上的相应数值分别是 45% 和 55%,这一增长很可能是由于学生在学习编程课程后对结构性的关注度增加所致。只有 10% 提升,不能被解读为他们没有在编程中学习到结构化,而应该被解读为它凸显的是迁移的困难。在编程情境中(这样的情境对如何将程序按层次、按顺序结合到一起从而有具体的行动准则)学习到的行为可能不太容易延伸到另一个知识资源更加隐性化的复杂领域。如果我们希冀能够发生调控方面的迁移,那么需要为之做好相应的准备。

　　回忆一下,在教学过程中,我非常注重培养实验组学生发展恰当的"管理"行为。我曾强调,在开始构建一个解决方案之前,学生必须阅读和分析问题。学生自己的主观判断表明,他们确实做到了;问题解决课程前后学生问题解决的录像也证实了他们的这些判断。在课程前的问题中,学生不但更容易"一头扎进"对问题的解决过程中,而且大部分直接指向的是对一些细枝末节的实施——这些东西常常与问题毫不相关或是会将解决过程引上歧途。(第1章和第4章讨论的 KW 和 AM 的录像以及 DK 和 BM 的录像都是前测中学生这类行为的典型案例。)从本质上说,学生是在找救命稻草来抓。他们寻找任何可以关注的东西,一旦找到,就投身于对这些东西的研究中,从来无法意识到自己的这类行为会产生多大的反作用。在教学之后,来自录像带的证据清晰地表明,学生更加深思熟虑了,他们阅读问题的速度变慢了,重读的次数变多了,分析问题的时间也变长了,等等。我坚信,实验组学生行为上的这些改变是促成他们获得成功的一个重要因素。

第6节　评价措施3:关注探索策略的熟练与迁移

在新的问题情境中,优秀的问题解决者往往有能力从与当前思考的问题仅有些许关联的任务中寻找到有价值的方法,并调整这些方法使之适用于当前情境。从而,在面对不熟悉的问题时,优秀的问题解决者常常就能够形成合理的思路(按照上一句说的方式)。问题解决教学的目标之一应是培养这些技能。由于评价措施1较为详细测试的是学生关于问题解决课程中所学五种探索策略的表现,该措施就没有能够涉及学生问题解决行为的上述这个侧面。此外,评价措施1中问题的内容覆盖范围略显狭窄,因为该措施研究的是已经在课程中进行了充分讨论的策略,我们就可以认为它只是一个关于特定内容主题的测试。实际上,学生可能并未从课程中学到如何成为一名优秀的问题解决者,也可能他们只算是学到了一些新的内容主题("归纳""特例"等),而评价措施1以新的方式测试了他们对这些主题内容的掌握。

设计评价措施3旨在对以上这些可能性作出判断,探究学生从本课程中可能学到的内容有哪些外延。该措施中的测试围绕的是迁移,关乎的是学生在新的和不熟悉的情境中形成合理思路的能力。于是,这种测试就适合于让学生研究内容覆盖范围尽可能广泛的问题,但这样一来,这类测试所需的时间就会较为难以把控。在评价措施1和评价措施2的每个测试中,我给到学生的完整作答时间都是 2 小时。除此之外,我还设计了另一个能让我收集到数据的测试,该测试要求学生在 1 小时内完成 9 个问题,他们只需要制订关于如何解决这些问题的计划,而不是尝试去完成问题解决。这就是评价措施 3 中使用的方式。以下是关于本测试的部分说明。

请阅读每个问题,思考几分钟后写出你的解决计划。换句话说就是,如果你有两到三个小时来研究每个问题,你打算怎么做? 你认为解决这个问题的合理思路可能是什么? 你可能怎样入手? 你的论证可能朝着什么方向发展? 把你的想法写下来告诉我。

以下是评价测试 3 的前测与后测试题。

评价措施 3:前测

紧密相关的问题

1. 给定△ABC(图 1),请确定一点 P,使得如图所示的三个三角形的面积相等。

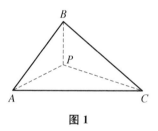

图 1

2. 请说明:对于所有的正整数 n,表达式 $n^2(n^2-1)(n^2-4)$ 能被 360 整除。

3. 令 P 是空间中的一个斜四棱柱(图 2)。请证明:P 的四条体对角线(每个底面顶点到顶面相对顶点之间的连线)相交于一点。

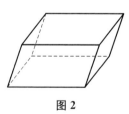

图 2

有些相关的问题

4. 设 C_1 和 C_2 是平面上两条光滑的不相交曲线。请证明:连接 C_1 和 C_2 的最短线段同时垂直于 C_1 和 C_2。

5. 请证明:若(2^n-1)是质数(除了 1 与它本身以外,没有其他因数),则 n 也是质数。

6. 如图 3,已知一个底面为正方形的正棱台。如果上底面的边长为 b,下底面的边长为 B,该棱台的高为 H,求这个正棱台的体积。

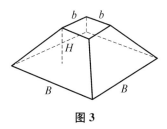

图 3

毫不相关的问题

7. 令 A 是由等差数列 1, 4, 7, $\cdots$, 100 中任意 20 个不同整数组成的集合。请证明:A 中一定有两个不同的整数,其和为 104。

8. 设 a 和 b 是给定正数。求

$$\lim_{n \to \infty} (a^n + b^n)^{\frac{1}{n}} 。$$

9. 如图 4,A、B、C 分别是线段 CF、AD 和 BE 的中点,$\triangle ABC$ 的面积是 3。求 $\triangle DEF$ 的面积。

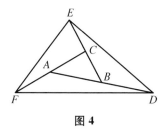

图 4

评价措施 3:后测

紧密相关的问题

1. 图 1 分别是三角形 T 的某条边 A 及其上的高和中线。根据以上信息,你能用尺规作出三角形 T 吗?如果能,怎样作?

边 A

高

中线

图 1

2. 请说明:对于所有的正整数 n,表达式 $n^5 - 5n^3 + 4n$ 能被 120 整除。

3. 如图 2,已知空间中的一个正四面体(正三棱锥),你想要作出这个正四面体的外接

球。为了做到这一点,你需要知道哪些信息? 你会如何求出它们?

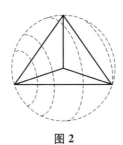

图 2

有些相关的问题

4. 如图 3,设 C_1 和 C_2 是平面上的两个凸区域。请说明:存在一条直线能同时平分两块区域的面积。

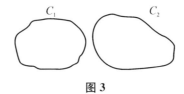

图 3

5. 令 P_1 和 P_2 是两个连续质数。若 $P_1 + P_2 = 2Q$,请说明 Q 一定是合数。

6. 如图 4,已知一个正圆台。如果上底面的半径为 r,下底面的半径为 R,高为 H,求这个正圆台的表面积。

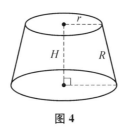

图 4

毫不相关的问题

7. 一台电脑在 12 天内共被使用了 99 个小时。请说明:这台电脑连续两天被使用时间之和一定存在大于 17 小时的情况。

8. 令 X_0 和 X_1 为给定的数。我们定义 $X_{n+1} = \frac{1}{2}(X_{n-1} + X_n)$,那么 $X_2 = \frac{1}{2}(X_0 + X_1)$,$X_3 = \frac{1}{2}(X_1 + X_2)$,等等。

$\lim\limits_{n \to \infty} X_n$ 存在吗? 求之。

9. 如图 5,令 P 是正方形的中心,以 AC 为斜边作直角三角形 ABC。请证明:BP 平分 $\angle ABC$。

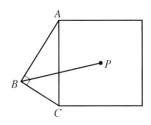

图 5

在实际考试时,问题的顺序是被打乱的;此处只是为了便于呈现而把它们按照类别的一致性做了分组。每个测试的 9 个问题都被分为三组,每组都包含 3 个问题,它们分别与教学紧密相关、有些相关、毫不相关。如果一个问题可以使用一种与课程中解决某个问题的方法非常相似的方法来解决,那么它就被归在第一组中。例如,对于问题:

令 A 是一段穿过半径为 1 的球 S 内部的一段弧。设 A 的两端都在 S 的球面上,如果 A 的长度小于 2,请说明存在与 A 不相交的 S 的某个半球。由于我们曾在课堂上通过类比二维情境中相似问题的解答解决了课堂上的那个问题,而前测和后测中的问题 3 因为都可以采用相同的方法来解决,它们就都可以被称为是与教学紧密相关的问题。但如果课堂上仅讨论过一般意义上的类比,从来没有研究怎样通过类比低维情境来解决几何问题,那么这两个问题就会被称为是"有些相关"。如果课堂上没有讨论过任何哪怕是遥相呼应的东西,那么这两个问题与课堂上问题的关系就是"毫不相关"。例如,课堂上从未讨论过关于添加辅助元素的问题,而这个策略同时有助于前、后测中的问题 9。

设计完评价措施 3 后,我打算将每组中每个问题合理思路的数量列出来。根据假设,探索策略的教学应当能够发生一些迁移,于是我们推测,学生能产生的合理思路的数量将和每个问题与教学的相关程度有所关联。从数据来看,学生的结果比我们预想的要丰富得多,所呈现的分析也细致得多。虽然在每个问题上分配到的时间只有 6 到 7 分钟,但后测时,实验组的学生在一些问题上给出的是详细的解决方案框架,而在另一些问题上则给出了完整的解答。鉴于这些结果,本研究对评价措施 1 中所开发评分方案的使用是合适的。表7.7 是数据汇总。

表 7.7 评价措施 3 的评分[a]

问　题	干预[b]	证据	采用	进展的程度			
				少	一些	几乎都	解决了
1,2,3 "紧密相关"	对照	6(6)	1(0)	1(0)	0(0)	0(0)	0(0)
	实验	12(30)	0(23)	0(5)	0(4)	0(5)	0(9)
4,5,6 "有些相关"	对照	7(5)	1(1)	1(1)	0(0)	0(0)	0(0)
	实验	15(38)	3(16)	3(10)	0(2)	0(3)	0(1)
7,8,9 "毫不相关"	对照	2(2)	0(0)	0(0)	0(0)	0(0)	0(0)
	实验	13(18)	6(8)	6(4)	0(3)	0(1)	0(0)
总　计	对照	15(13)	2(1)	2(2)	0(0)	0(0)	0(0)
	实验	40(86)	9(47)	9(19)	0(9)	0(9)	0(10)

[a] 在每格中,后测的分数在括号内。
[b] 对照组($n=8$),实验组($n=11$)。

对结果的讨论

从前测到后测,对照组的表现基本没有变化,这在一定程度上说明了两个测试基本等价。在所有用于考查学生问题解决表现的测试中,包括下一章所述的问题感知研究和录像片段,这是唯一一个实验组和对照组前测分数存在差异的情况。"证据"一栏显示,对照组 8 名学生的平均分是 1.9 分,而实验组的 11 名学生则是 3.7 分。我不知道如何解释这一差异。

由于评价措施 3 的前三个问题都与教学联系紧密,我们自然就会设想实验组的得分会有所提高(与评价措施 1 的实施一样)。正如我们设想的那样,合理思路的数量、被采用思路的数量、被采用思路的成功程度都增长了。"有些相关"问题上呈现出的结果更加值得关注。对于问题 4、5、6 来说,由于相较于问题 1、2、3,它们更加远离于教学,因此我们可能会认为关于它们合理思路的数量会比问题 1、2、3 少;但相反的是,它们的数量却更多。我猜想这可能是因为,实验组的学生在面对紧密相关的问题时如若找到了(并采用了)合理的思路,就会觉得没有必要再去寻找其他的思路了;但如果他们对自己的答案不太确定,就会想方设法挖掘其他可能行得通的思路。

考察实验组学生在"有些相关"问题上的表现可以发现关于迁移的清晰证据。例如,课堂上讨论过的唯一一个与后测问题4以某种直接方式相关的问题是"用尺规作两个给定圆的外公切线"。虽然该问题的解答确实使用了"特例"或"更容易的相关问题"来过一点作圆的切线,但是无法从此出发直接推断出后测问题4的解答。

尽管没那么明显,从"毫不相关"的问题上也可以看到实验组的一些提升。在对照组的表现没什么改变的情况下,实验组合理思路的数量增加了一半,被采用的思路略有增加(我并未要求学生这么做),成功程度也略有提高。

第7节　对调控若干议题的简要讨论

关于对本章所呈现数据的解读,其实仍存留了许多问题;沿着本章的研究思路,还有许多的工作等待完成。例如,在本研究中,对照组的作用较为有限;还有,由于这两门课程的教师不同,设计的内容主题也不同,如果仅从两组之间的比较来给出结论,无论是什么结论,不管怎样都会多少有一点站不住脚。特别地,对照组在"执行"层面的表现引出了两个值得关注的话题。

第一个话题关于意图将对照组学生培养出"在问题解决的思路上具备条理性和层次性"。虽然在编程课堂上没有进行正式的前后测比较,但执教教师表示,学生的编程行为确实有了非常大的改变。学生在评价措施2中的主观判断是,相较于前测,他们在后测中"一头扎进问题"的时候变少了、条理性也更好了。但是,从这些学生问题解决表现并没什么改善来看,他们的实际改变是相当小的,甚至可能并不存在他们所以为的这些改变。当然,他们在计算机课程中学到的执行技能从一定程度上说是具有领域特应性的,我们还不清楚这些技能是否能够在很大程度上发生迁移。探讨怎样的条件能促进这类迁移的发生会是一个有趣但艰难的任务。第二个话题是,无论执行行为发生了什么样的改变,学生的表现都没有反映出相应的成效。从很大程度上说,这种情况的发生是由于学生不太擅于构建问题解决的合理思路。简单点说,缺乏知识资源的执行者没有能力同时应对太多事务。这是知识资源和调控之间的关系存在问题的又一个表现。

第8节 小 结

本章介绍了针对问题解决过程的三种纸笔评价措施。所有的三种措施都包括互相匹配的前测与后测,它们关注的重点是当尝试进行问题解决的时候学生做了什么,而不是他/她最后做出的解答是什么。

评价措施1的两个测试都包括5个问题,每个问题都有2到3种解决方式,也有的甚至有4到5种。两个测试中的问题不是按形式或内容主题匹配的,而是按照解决方案;适用于前测中某个问题的解决思路也同样适用于后测中的相应问题。为评价措施1开发的两个评分程序关注(1)学生在一定范畴内产生问题解决相关思路的程度,(2)这些思路被采用到什么程度,(3)这些思路被采用后的成功程度如何。第一个评分程序会将一个问题的多种解决方案都"多重赋分",实际上评定的是学生问题解决的熟练程度,并对学生问题解决知识的广度形成提示。第二个评分程序评定的是学生在每个问题上的最佳努力,因此,虽然它保留了对解决过程的强调,但与传统的评分方式更相似一些。

评价措施2要求学生就自己关于评价措施1中问题的研究情况给出定性的看法。从这些看法中,我们清楚地了解了学生对每个问题感知到的熟悉程度如何、他们是否制订了问题解决的计划、他们问题解决的过程是否有条理,以及他们对问题难易程度的感受。

评价措施3的前、后测都包括9个问题,与评价措施1中一样,都是按照解决方案的类型匹配的。测试中的问题都分为了3类,每类都包括3个问题,每类问题与问题解决课程中内容的关系分别是(1)紧密相关,(2)有些相关,(3)毫不相关。由此,评价措施3提供的是一个关于探索策略迁移情况的测试。学生在这三类问题上的表现表明了他们能在多大程度上将课程中学到的东西应用到与课程中所涉及问题相关程度逐渐减弱的问题上。

所有的这三种措施都被用来评估学生在数学问题解决课程"前后"的表现。作为实验对象的对照,学习基础具有可比性的学生是从一个同时开课的结构化编程课程中招募的。对照组主要是被用于对问题解决评价措施的难度大小进行信度方面的验证,这组学生的表现从前测到后测基本保持不变,因此,实验组表现所呈现出的任何前后差异都不能归因为涉及后测比前测更容易的观点。这些差异是关于学生表现的,而且相当明显。

评价措施 1 探讨了学生在与课程中所学内容相关问题上的表现。在后测中,实验组能够产生的相关问题解决策略在数量上是前测的 1.5 倍;至少从某些有意义的程度上说,他们采用这些策略的次数是前测的 3 倍;获得问题解决完整解答的个数近乎 10 倍于前测。使用"最佳思路"计分制赋分时,从前测到后测,实验组学生的平均分从 21% 提升到 72%,但对照组只从 14% 改变为 24%。第 6 章所述的实验表明,仅靠经历问题解决并不会对问题解决表现的提高有所帮助。不知道是否能算作站得住脚,运用了评价措施 1 的这个研究可能能够作为首份清晰的证据而存在,这些确凿的证据说明了学生在问题解决课程中可以学会运用多种探索策略。

评价措施 2 可能是最值得关注的,因为它研究的是学生问题解决计划的制订与组织情况。在后测中,由于实验组关于如何开始解决问题的优质想法的数量是前测的 2 倍,因此我们设想学生也会产生数量倍增的解决方案。相反地,学生认为自己"一头扎进"解决方案的时刻反而在原来基础上减少了一半的数量;与此相应,他们认为自己所给出的问题解决尝试达到"有点儿结构化"及以上水平的百分比从 36% 增加到 70%。

评价措施 3 所呈现的明确证据不仅涉及探索策略的掌握,还涉及迁移。在每个测试的 9 个问题中,学生只被要求制订关于解决方案的计划,谈谈如果他们在每个问题上都有几个小时解决时间的话,他们打算怎么做。与之前一样,对照组的表现从前测到后测基本没有变化。在后测中,实验组不但在与课程"紧密相关"问题上所产生的相关解决想法差不多是前测的 2.5 倍;而且,虽然时间有限,他们还是超额完成了考试说明要求他们做的事情——相当多的后测问题已经被他们解决。在与课程"有些相关"的问题上,实验组学生相关想法的数量从 15 个跃升到 38 个,其中的一些想法(不一定是那么有效的)被他们采纳为解决方案。他们在与课程无关的问题上也有所提高(相关想法的数量从 13 提升到 18),但表现上的前后差异总的来说很小。这表明,正如我们设想的那样,随着问题变得越来越不熟悉,探索策略的迁移程度会逐渐降低。与评价措施 1 一样,评价措施 3 提供了明确的证据表明学生可以掌握探索策略——也能在具备一些新颖程度的情境中使用这些策略。

第8章 问题感知、知识结构、问题解决表现[①]

本章介绍了一个关于问题感知的研究,它与第7章所述的研究是同时进行的。该研究的重点是作为问题解决表现支持结构的知识资源,尤为关注了当个体在问题表述中"看见"某些东西后选择解决方法的方式。像前两章一样,本章也是一个具有"双重目的"的章节。

本章的主要目的是探讨问题感知与问题解决表现之间的关系。在大多数时候,已有文献中的研究给出的都是关于这一话题的间接证据。例如,专家-新手比较中的多个对照研究表明,两类人群对问题的感知是不同的。在这些研究中,感知的差异常常被归因为专业程度的差异。然而,需要注意的是,严格说来,这样的推断并不合理,参与比较的各组之间几乎总存在若干方面的不同,如能力基础和机体成熟程度,而这些不同常常可以被用于解释他们在问题感知上的差异。本章的这个研究探讨了当学生逐渐成为精熟的问题解决者时在问题感知上的变化。经由这样的探讨,我们直接研究了问题感知与问题解决精熟程度间的关系。本章的另一个目的是呈现通过学习问题解决强化课程能在问题感知上产生的各种变化。首先应当强调的是,本课程并未明确地对问题结构或问题感知给予专门关注。

在学生参与数学问题解决强化课程的前后,我都调查了学生对数学问题结构关联性的感知,我使用了一套分类题卡中的任务来评价学生的感知情况。学生被要求将他们认为有类似解决方案的问题归类到一起,我采用聚类分析

---

① 作者注:第8章是对我和赫尔曼(1982b)论文的扩展与修订。衷心感谢《实验心理学杂志:学习、记忆和认知》允许部分地转载该论文。

的方法对关于分类结果的数据进行了分析。我将实验组学生教学前后的分类结果与另外两类人群的结果进行了比较,第一类结果是与专家(大学数学教师)的比较,第二类结果是与同期非数学问题解决课程的对照组学生的比较。

来自教学前分类结果的数据在再现先前研究结果的基础上有了进一步延伸。与其他领域的专家一样,数学专家似乎也是基于学科原理或解决方法的原型建立对问题间联系性的感知,这些原理和原型被称为是问题的深层结构。新手倾向于根据问题的表层结构将问题分类,更关注问题表述中较为显眼的语词或对象。

来自教学后分类结果的数据表明,学生对问题结构的感知发生了巨大的变化。在教学后,学生对问题的分类结果从表层结构上看不再是同质的,他们似乎是根据问题深层结构的特点将问题聚类。由多种评价措施所得的结果均表明,学生在教学后的分类比教学前的分类(或者使用对照组的分类结果进行对比,这部分的结果仍保持了以表层结构为依据)更接近于专家的分类方式。从以上数据直接能产生的结论是,当学生在某个领域内的能力越来越强时,他们对问题的感知会发生改变,这样的"专家型"感知可以被认为有利于专家型表现的出现。

第 1 节　研　究　背　景

本章所讨论内容的总体背景是第 2 章关于个体如何在熟悉领域中例行取用相关知识这一话题的研究。为了论述这个话题,我们曾提及许多不同的表征框架(脚本、图式、帧、通过产生式系统建模,等等)。无论是什么样的框架,它们都隐含着以下这个不变的基本假设:对任何特定领域具备丰富经验的人都能够将他们关于该领域的先前经验分类,进而使用这种分类阐释当前情境并取用到能够应对这些情境的相关方法。从微观(比如,让我们识别出工作语境中词汇的那种感知)到宏观(就像具备理解关于外出吃饭一事的"餐厅脚本")的各个层面上,他们都能实施这种归类过程。下面对其中的一些进行简要回顾。微观与宏观之间的中间地带即为问题感知。读者可能还记得下面这个对亨斯利、海耶斯和西蒙观点的引述:

(1) 人们能够把问题分为不同类型。

(2) 人们可以在没有完全将一个问题转化为其解答的情况下就将问题分类。

(3) 人们具备有关各个问题类型的一套信息,这些信息对制订这类问题的解决方案来说可能有用。……直接关注重要的问题元素、作出相关性判断、找到与建立方程有关的信息,等等。

(4) 人们会在实际解决问题的过程中经由识别问题的不同类型来将问题转化。(亨斯利,等,1977,p.92)

普遍认为,个体对特定领域内问题解决任务的感知与他/她在该领域内问题解决上的表现有密切联系;特别地,有充分的理由可以猜测,问题感知的能力会随着专业程度的逐渐增长而有所改善。广义地说,问题感知与问题表征是联系在一起的。许多研究(Chi, Feltovich, & Glaser, 1981; Hayes & Simon, 1974; Heller & Greeno, 1979; Larkin, McDermott, Simon, & Simon, 1980; Simon & Simon, 1978)提供的证据均表明,优秀问题解决者对熟悉领域中现象的表征与新手不同。关于知识表征和问题解决表现的话题已有大量文献,其中的很多文献都被格里诺和西蒙(Greeno & Simon)在他们即将出版的成果中进行了评介。正如两位作者所指出的,"已有研究显示,具备某一领域内专家知识的人在识别其专业领域内信息的复杂模式方面能力非凡。这一情况已经被证实的领域包括国际象棋、围棋、电子学、计算机编程和放射学"(Greeno & Simon, 1988, p.60)。据推测,感知复杂模式的能力使得专家能够选择有效的解决机制来合理解决复杂的问题。如果没有这种模式识别的帮助,个体就会被囹圄于对繁琐程序的使用中。

沙维尔森的一系列研究(1972,1974;Shavelson & Stanton, 1975)提供了关于感知与专业性之间具有各种各样关系的初步证据。这些研究表明,随着对一门学科的学习,学生关于该学科各个部分之间结构关系的知识越来越向专家靠拢。也就是说,学生对该领域组织方式的感知会变得越来越像专家。由于沙维尔森是在一个非常笼统的层面上开展研究,他并没有直接触及问题感知,因此其研究结果也没有具体地呈现出问题感知与问题解决表现之间的关系。有关这种关系的最直接证据来自对专家行为的研究

(通常是为了建立计算机专家系统)和对专家—新手的比较研究。比如,国际象棋专家能根据常见棋局模式或棋盘的一般情况来感知棋子的位置(以组块形式,如"黑象走子后王车易位的局面"),新手却不能(Chase & Simon, 1973;de Groot, 1965;Simon, 1980)。与这个话题非常相关的研究是琪、费尔托维奇和格拉泽(Chi, Feltovich, & Glaser, 1981)对物理中问题感知的研究。

琪、费尔托维奇和格拉泽让研究对象将一组 24 个教科书上的问题分类。这些研究对象一部分是高年级的研究生,被称为专家;另一部分是学完一门力学课程的学生,被称为新手。针对高年级学生给出的问题分类结果,从问题表述的表面特征来看,每类中的各个问题都有所不同,但是这些问题却具有一致性,这是因为用于解决各个问题的物理学原理相同(如能量守恒定律)。作者称,这是根据问题深层结构进行的分类。与专家的分类相反,新手倾向于将问题表述中提到相同物体(如滑轮、齿轮、杠杆)或相同物理术语(如力、动量、势能)的问题聚类到一起。作者称,这些是表层结构的相似性。这项研究的意义在于,它指出了随着经验的积累,人们能够识别出学科的深层结构,并根据这种感知将问题分类。

查托夫(Chartoff, 1977)和西尔弗(1979)关于小学数学的研究印证了一个观点:随着精熟程度的提高,感知能力会越来越像专家。由于对代数中简单文字问题所含的数学结构存在共识,因此查托夫和西尔弗的研究都没有收集来自专家的数据。在这两项研究中,问题的结构都是由实验者预设好的。两个研究所得的结果都表明,在解决代数中简单文字问题上达到精熟的学生,对这些问题的感知与专家的感知情况基本相同。也就是说,优秀的学生比精熟程度较低的学生更同意专家对问题结构的感知。

从研究方法上说,由上面提及的所有研究获得的关于专业程度与感知能力间关系的证据都还是间接的,尽管它们已经相当强有力。围绕代数文字问题的研究显示了这种相关性,其他显示相关性的是专家—新手比较研究。这些研究一致地表明,专家与新手对问题的感知存在差异,但这些研究的设计不能够形成关于这些差异缘何产生的明确结论。问题解决研究中所指的专家通常是学科教师或专业人员,虽然偶尔也是高年级研究生。他们通常年龄较大,接受过比较完整的培养,总体上说在问题解决方面的经验比新手丰富。在测试或实验情境中，他们对自己能力的信心通常比新手（往往是低年级本科生）更充足，也更不容易感到局促。当他们还是新手的时候，对于研究所涉及的领域，他们的能力基础很有可能本来就比现在用于比较的新手群体要更好。我们可以推测，专家和新手在感知上的差异同时源于所接受的培养与所具备的经验两方面的不同。虽然如此，假设这些差异会受到年龄不同、自信心不同等的影响也是合理的。在上述专家与新手的比较研究中，并没有对上述这些范畴的变量进行控制。特别要提及的是，对照组的设计可能将专业程度与能力基础混为一谈了。当然，像对照组这样的设计会带来模棱两可的结果并不是只发生在关于专业性和问题感知的研究中。这种研究设计上的困难是普遍存在的，在心理学的某些领域中，这些困难被视为作推论时不可逾越的障碍（见如：Schaie，1977）。本章描述的研究，通过探究同一批学生在接受问题解决课程教学前后对问题间相关性的感知情况，避免了上述这种方法论上的困难。

　　作为最后的一点说明，需要提到的一个注意点是，上文的讨论关注的是专家型感知在精熟程度逐渐提高时的发展。由于个体问题感知的质量很可能对问题解决表现产生较大影响，因此二者之间的关系并不是单向的。如果一切进展顺利，个体对问题表述中一些基本方面的正确感知能够对他/她相关问题图式的获得形成提示。这些图式可能就直接包含着问题的解决方法，也可能或多或少能自动将问题解决者引向值得继续思考的方向。关于例行取用相关解决程序的大量研究（见第 2 章）支持了这一说法，关于代数的研究则提供了直接的证据。如果一切进展没那么顺利，个体对问题表述中关键之处的不正确感知可能会对问题解决表现产生强烈的负面影响。如果取用并实施了不合适或无关的解决程序，个体的错误感知就导致了他/她对解决方法的尝试起步自错误的方向。这样一来，在最好的情况下，错误的感知导致的是时间和精力上的耗费，它们必须经由优良的调控才能扭转；而且，即使个体最终获得了成功，所产生的表现也会逊于其本应能达到的理想程度。在最坏的情况下，这种错误的感知会导致的是徒劳无功的努力，使得个体根本毫无所获。总而言之，感知能力与专业程度的关系可能在某种程度上类似于鸡和蛋的关系形态。本章描述的研究或许有助于澄清关于专家型问题感知如何发展这一问题的某些方面，但它依然留下了许多仍待探索的谜题。

第 2 节　研　究　方　法

研究对象

　　参与本研究的群体有三类。第一类包括了来自卡尔盖特大学和汉密尔顿学院数学学院的 9 名教师,这些无偿参与本研究的专业数学研究人员被称为专家。第二组和第三组就是上一章描述的实验组和对照组。实验组成员包括 11 名汉密尔顿学院大一或大二的学生,他们在 1980 到 1981 学年的冬季学期修读了为期一个月的数学问题解决强化课程,参加本实验是修读该课程的前提条件。对照组由 8 名学生组成,他们是从结构化编程课程中招募的,该课程与问题解决课程同期进行,对学生的学习要求也类似,他们会因参与本实验而得到 20 美元。

　　如第 7 章所述,两组学生的数学基础基本相同。所有的学生都学过一个或三个学期的大学数学,报名参与冬季学期的数学课程可以被看作是他们具备学习数学积极态度的标志。

　　针对本研究中新手一词的使用,我应当做些简要说明。特别要指出的是,实验组与对照组的所有学生都具备足够的数学基础来解决本实验中使用的问题。由于高中数学课程很少直接关注本实验中的问题,因此这些问题是"非标准"的,学生不太可能已经在他们过去的学习过程中接触过完全一样的问题。尽管如此,这些问题的解决既不需要高深的数学知识,也不需要用到学生不熟悉的数学方法。在前测时,所有的新手都已经掌握能够解决所有这些问题的数学知识,他们缺少的是问题解决的丰富经验。

研究素材

　　本研究的分类任务包括 32 个问题,完整的问题集在本章的附录中。每一个问题涉及的都是学校高中课程中常见的数学对象,并且这些问题对具备高中数学基础的学生来说是可以解决的,没有一个问题的解决需要用到微积分。

　　在这些问题被用于分类之前,我逐一刻画了每个问题的表层结构和深层结构。隐含在我刻画表层结构背后的想法是,我想要捕捉到一个缺乏经验的人会从问题表述中读出哪些东西是重要的。如果一个问题解决者对一个数学问题的内在结构没什么理解的话,当被问及问题中的重要之处时,他/她可能会关注问题表述中涉及的对象(如整数、圆、多项式)或该问题来自的主题领域(如几何、代数)。而与此相反,一个老练的问题解决者可能会认为,对于问题的内在结构来说,这些对象是次要的,重要的可能是问题的形式或推理的模式,这些才是解决这个问题必须要感知到的东西。刻画深层结构的意图是为了捕捉到老练的问题解决者会视哪些东西是问题中的重要之处。作为一个例子,让我们考虑问题 1。

问题 1 请说明:从 1 开始连续奇数的和总是一个平方数。例如,

$$1+3+5+7=16=4^2。$$

该问题涉及的是整数;更准确地说,是连续奇数的和。一个缺乏经验的读者可能看到的就是该问题的这个方面。一个老练一些的读者可能看到问题表述中隐含的 n,然后将问题改写如下:"前 n 个奇数的和总是关于 n 的一个函数(已知该函数与平方有关),这个函数是什么?"求出这个函数可能需要尝试 n 的不同取值以寻求获得某种模式;一旦确定了这种模式,就可以用归纳法进行验证。基于上述这些考虑,我将问题 1 的表层特征设置为"奇数之和",它是"整数问题"的一个子类型;而将它的深层结构特征设置为"模式;归纳法"。我对使用的全部 32 个分类问题都预先进行了这样类似的判定。

下面的这个例子用于对比表层结构和深层结构,并用于指出具备不同老练程度的问题解决者可能会给出的相关性判断的类型。考虑问题 15、问题 17和问题 19:

问题 15 给你以下假设。

ⅰ.平行线不相交;非平行线相交。

ⅱ.有且只有一条直线同时过平面上任意两点 P 和 Q。

证明:对任意两条不同的直线 l_1 和 l_2,如果它们不平行,那么一定唯一地相交于某个点 P。

问题 17 请说明:如果一个函数有反函数,那么该反函数是唯一的。

问题 19 如果任意 3 点都不在同一直线上,那么过 37 个点可以画出多少条直线?

从表层结构的层面看,问题 15 和问题 19 涉及的都是点和线,而问题 17 则涉及函数与反函数。因此,一个缺乏经验的人可能会认为问题 15 和问题 19 密切相关,而不会认为问题 17 与其他两个问题有所关联。但从深层结构的层面看,情况则不同。问题 15 和问题 17 都要求给出关于唯一性的论证,即:证明只有一个对象(分别是一个点和一个函数)具备特定的某些属性。这两个问题的内在结构是相同的,数学家会发现它们紧密相关。而问题 19 要求的是给出"计数论证",完全不同于另外两个问题。这样一来,问题结构的感知差异就会形成不同的分类结果。

本章的附录呈现了对每个问题表层结构和深层结构的刻画。厘清表层结构是一个相当简单的任务。在大多数时候,我们只需要像上面讨论问题 1、问题 15、问题 17 和问题 19 时一样确定问题表述中最明显的特征即可。但厘清这些问题的深层结构就没有那么简单了,其中的许多是基于本能的判断。有一些问题的最佳描述方式似乎就是它们的形式,如问题 2 是"一次不定方程";大部分问题的最佳描述方式似乎是其最适合的解决方法,如问题 1 的"模式;归纳法"。应当强调的是,我所给出的这些判断具有主观性。从这个角度来说,数学和物理学中内容间的差异是很大的。

在物理学中,代表深层结构的各个类别(即物理学原理),已经得到了一致认同。更重要的是,这些类别就是教学时使用的类别。换句话说,在物理学中,不同人关于"(1) 解决这个问题的基本原理是什么? (2) 这个问题可以被归入的教学主题是什么?"两个问题的答案常常是相同的。例如,将一个问题称为"动量守恒问题"意味着该问题是经由这个原理来解决;并且,常常能在标准教材中"动量守恒问题"部分的练习题里找到除这个问题之外的类似问题。我们可以认为,物理学是根据学科的深层结构来组织和开展教学的。但是,数学并不具备在学科原理和教学组织方式上的这种一致性。在数学中,有时会出现解决问题的内在原理和该问题的内容主题表述从本质上完全独立的情况。"寻找模式""进行唯一性论证""利用类似问题"是优秀的数学问题解决者可能普遍会使用的方法,但是,数学教学的开展却不是遵循这些主线进行的。例如,一般来说,从实际上看,学生几乎在所有的高等数学课程中都会遇到需要寻找模式(或进行唯一性论证等)的问题。然而,这些问题却不会以这种标签被标注出来。随着时间的推移(以及运气的帮助),学生可能会开始了解到这些论证方式会带来帮助。但这是学生自己完成的一种整合。没有任何一个标准的数学课程中有关于寻找模式、进行唯一性论证等的教学单元；没有标准的教材中有关于这些主题的章节。事实上，如果教学通常就是遵循这种方式架构的，那么波利亚的想法就很难称得上是革命性的。

关于当该实验的设计完成时数学家们对分类题卡中所使用问题的深层结构特征是否具备共识，我们不一定非要有确凿的依据才能做出肯定的论断。如上所述，这些问题中的许多都是非标准的，而且，在大多数情况下，它们并不来自课程中容易引起关注的部分。由于这个原因，数学家 JTA 在完成题卡分类时记录下的"初念"就具有一定的意义。JTA 是一位很高明的问题解决者，在题卡分类完成之前，他没有与我讨论过任何问题。表 8.1 比较了 JTA 写下的归类结果与我刻画的问题深层结构，JTA 将他的归类结果作为了后续分类的基础。

在表 8.1 呈现的问题特征中，JTA 的"初念"和我预先给出的深层结构归类只在 5 个问题上存在差异：问题 4、问题 8、问题 16、问题 18 和问题 31；而且，在这其中，有两个问题的特征归类差异是表面的：问题 4 和问题 31。我们可以继续商榷另外三个问题的特征归类差异，但这些差异都比较小。总的来说，JTA 的"初念"有力地佐证了我预先给出的归类。

表 8.1 问题的两种刻画

问 题	深层结构的刻画	JTA 的"初念"
1	模式，归纳法	归纳法
2	一次不定方程	不定方程
3	模式，归纳法	归纳法
4	类比（较少变量）	注意 $x = y = z$；运用 $\left(x + \dfrac{1}{x} \geq 2\right)^{a}$
5	画图，解析几何	解析几何
6	待定：海伦公式或解析几何	解析几何
7	特例	提取 a^{b}

问　题	深层结构的刻画	JTA 的"初念"
8	特殊不定方程	试错[c]
9	反证法	反证法
10	反证法	反证法
11	一次不定方程	不定方程
12	模式;德摩根定律	迭代(模式)
13	特例(类比)	举例
14	模式;数的表征	同余[d]
15	唯一性;反证法	反证法
16	特例,画图	对称性,解析几何
17	唯一性;反证法	反证法
18	辅助元素	解析几何
19	模式,组合数学	组合数学
20	数的表征	同余
21	德摩根定律	组合数学
22	更容易的问题,模式	迭代(模式)
23	画图	1,2,3搭不了三角形[e];无字问题
24	特例	约去 x[5]
25	一次不定方程	不定方程
26	模式,归纳法,数的表征	迭代(模式)
27	模式,归纳法	组合数学,归纳法
28	画图,解析几何	解析几何
29	画图	无字(用图做)
30	类比	做二维情况(即类比)

续　表

问　题	深层结构的刻画	JTA 的"初念"
31	类比	反证法[f]
32	数的表征	同余[d]

[a] JTA 描述了此处如何运用较少变量策略。

[b] JTA 的解决方案将问题简化为了特例。

[c] 从方法上说,这个方法与其他不定方程的方法不同(JTA 是一名数论学家)。

[d] JTA 和我用不同的话说了同一件事。

[e] 画图可知这个三角形搭不起来。

[f] 二维的类似问题经由反证法解决。

研究过程

专家在他们空闲的时候各自完成了一次题卡分类。在 1980 至 1981 学年汉密尔顿学院冬季学期的强化课程即将开始前和刚刚结束后,实验组和对照组都各完成了一次题卡分类和一次数学测试。分类的过程如下。

32 个问题中的每一个都被打在一张 3×5 的卡片上。每位研究对象都是按随机编排的顺序拿到这些问题,然后被要求决定哪些问题可能"从数学上说是相似的,可以采用相同的方式解决"。研究对象需要将相似的问题夹在一起作为一组交还给实验者;如果研究对象认为某个问题与其他所有问题都不相似,那就将它单独放入只包括一张卡片的"组"。研究对象被告知,他们可以把所有问题分成 1 到 32 中的任意组数交还给实验者。所有研究对象都在 20 分钟左右完成了分类任务。

对实验组和对照组进行的干预已经在第 7 章中进行了说明,现在没有必要再重复这些细节。像前文曾说过的那样,所有的问题在前测时就是学生能够解决的。当然,在问题解决课程中,我没有提到过关于问题感知的内容,也没有直接讨论过问题的结构。虽然如此,应当注意的是,课程中讨论过的许多问题解决方法都有助于提高对问题表述中重要内容的感知能力。在课程中,我鼓励学生在着手解决一个问题之前先确定自己是否已经完整地理解了一个问题的表述。我告诉学生,他们要仔细地探讨问题的条件、找些例子来获得对问题的"感觉"、检查给定数据的可靠性和结果的合理性,等等。课程中对数学

细节的这种强调可能促进了学生问题感知的改善。为了两组间的平衡，同样要注意的是，在对照组的结构化编程课程中，对"理解"的强调程度与实验组不相上下，甚至在准确性方面强调了更多。

第3节　关于题卡分类的研究结果

专家

让我们从专家的题卡分类开始。图 8.1 呈现的是使用约翰逊（Johnson，1967）方法对 9 位专业数学家分类情况的聚类分析，我们可以采用相当直接的方式对这些聚类图进行阐释。通过追溯两个项目（本案例中指的是两个问题）从左往右直到交汇的路径，我们可以大致地了解研究对象对两个问题相关程度的感知。两个问题交汇的位置越靠左边（关联程度越高），这些问题越容易被研究对象归类为同一组。约翰逊方法的步骤从将紧密相关的两个问题两两括在一起开始，然后将若干个两两配对逐渐推演成常常会被归类在一起的题组。图 8.1 左边的括号是按约翰逊方法可能得出的题组，每对被括起来问题之间的关联程度超过 50%，由此，32 个问题在最细致的层次上被归为了 16 组。这样的括号可以被看作是研究对象视角下对什么是紧密相关问题的共识，每组被括在一起的问题称为一个强聚类。

简要考察图 8.1 可以得出，每一组专家强聚类的问题内部在深层结构的刻画上都始终保持了同质性。在专家的 11 组强聚类里，有 8 组内的各个问题都具备共同的深层结构特征；相比之下，在这 11 组聚类中，只有 4 组内的问题在表层结构上是同质的——其中的 3 组在深层结构上也同质。

本研究使用两种方式衡量了聚类图中每组内结构的同质程度，结果呈现为表 8.2[①]。方式一分别按表层结构和深层结构汇总了被两两配对的问题拥有相同表征结构的比例。如前所述，有些强聚类内的问题在表层和深层两个层次的结构上都是同质的。为了得出当表层结构同质且深层结构不同质的情况下（或当表层结构不同质且深层结构同质的情况下）研究对象的感知倾向，

---

① 作者注：感谢吉姆·格里诺（Jim Greeno）建议我使用这些方式。

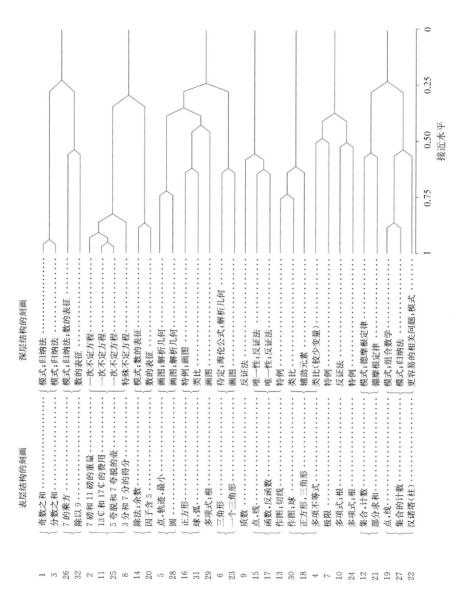

图 8.1　专家题卡分类的聚类分析

本研究在运用方式二时剔除了表层结构和深层结构都同质或都不同质的两两配对（剩余的两两配对称为"不一致的配对"）。表 8.2 的第一行是专家分类的数据。在图 8.1 总计 22 对的两两配对中，有 13 对（59%）内的表层结构相同、18 对（82%）内的深层结构相同，但共有 10 对内表层结构和深层结构要么都同质要么都不同质。若不考虑一致的配对，余下的 12 对中只有 3 对（25%）内在表层结构上是同质的，但这 12 对中有 8 对（67%）内都在深层结构上同质。

表 8.2　将所有强聚类中问题两两配对时具备相同表征结构的配对数目比例

组　　别	方式一 （所有配对）				方式二 （不一致的配对）			
	表层结构		深层结构		表层结构		深层结构	
	%	n	%	n	%	n	%	n
专家	59	22	82	22	25	12	67	12
实验组，教学前	81	26	58	26	58	12	8	12
对照组，教学前	91	23	57	23	82	11	9	11
所有新手，教学前	76	21	62	21	67	9	11	9
实验组，教学后	58	24	79	24	09	11	55	11
对照组，教学后	83	24	58	24	64	11	9	11

教学前的新手

图 8.2 呈现了所有新手（$n = 19$）在接受课程教学前的分类题卡聚类图，为了节省纸张位置，没有单独给出实验组（$n = 11$）和控制组（$n = 8$）的聚类图。所有这三张图是很相似的。[约翰逊方法是从 $n \times n$ 的对称矩阵生成聚类图。其中，a_{ij} 项指的是问题 i 与问题 j 被归类到一起的次数。来自图 8.2 的矩阵与来自实验组前测的矩阵（$r = 0.918$，$df = 496$，$p < 0.001$）、对照组前测的矩阵（$r = 0.889$，$df = 496$，$p < 0.001$）都显示出了强相关性。]

通过对图 8.2 的考察可知，该图中的聚类方式与图 8.1 中存在巨大的反差。在这个图中，将问题分类的主要标准似乎是表层结构。在 10 个强聚类中，有 8 个在表层结构上是同质的，而只有 6 个在深层结构上同质；在这 6 个深层结构同质的聚类中，有 5 个在表层结构上也同质。剔除这些后，在表层与

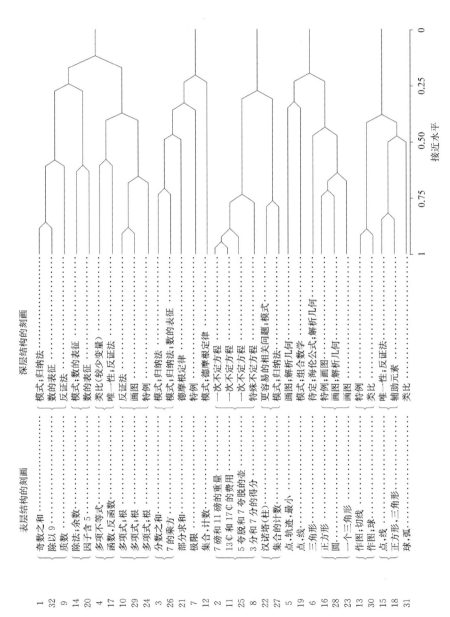

表层结构的刻画　　　　　　　　　　　　深层结构的刻画

			表层结构的刻画	深层结构的刻画
1		奇数之和	模式;归纳法
32		除以 9	数的表征
9		质数	反证法
14		除法;余数	模式;数的表征
20		因子含 5	数的表征
4		多项不等式	类比(较少变量)
17		函数;反函数	唯一性;反证法
10		多项式;根	反证法
29		多项式;根	画图
24		多项式之和	特例
3		分数之和	模式;归纳法
26		7 的乘方	归纳法;数的表征
21		部分求和	德摩根定律
7		级限	特例
12		集合;计数	模式;德摩根定律
2		7 磅和 11 磅的重量	一次不定方程
11		13¢ 和 17¢ 的费用	一次不定方程
25		5 今脱和 7 今脱的壶	一次不定方程
8		3 分和 7 分的得分	特殊不定方程
22		汉诺塔(柱)	更容易的相关法(问题;模式
27		集合的计数	模式;归纳法
5		点;轨迹;最小	画图;解析几何
19		点;线	模式;组合数学
6		三角形	待定;海伦公式;解析几何
16		正方形	特例;画图
28		圆	画图;解析几何
23		一个三角形	画图
13		作图;切线	特例
30		作图;球	类比;唯一性;反证法
15		点;线	类比;反证法
18		正方形;三角形	辅助元素
31		球;弧	类比

接近水平　1　0.75　0.50　0.25　0

图 8.2 所有新手在教学前题卡分类的聚类分析

249

深层结构同质性不一致的聚类中,表层同质与深层同质的两两配对数目比例是 5：1。表 8.2 包含了来自实验组、对照组和所有新手组的数据,这些数据证实了前述的说法。在所有这三个群体中,表层结构的同质性比例都远超深层结构同质性的比例。

教学后数据

上一章详细讨论了问题解决教学的成效,而这里基本上是在给出统计分析,那么就需要注意到下面这些显著性检验的结果。回忆一下表 7.4,在运用问题解决评价措施 1 的"最佳思路"计分制时,实验组和对照组在教学前的均分分别是 20.8 分和 14.0 分,教学后的均分分别是 72.2 分和 24.0 分。对这些均分的方差分析表明：经过一学期,两组的均分都有所增加 $[F(1, 17) = 47.5$, $p < 0.001]$,实验组增加的比对照组更大 $[F(1, 17) = 130.6$, $p < 0.001]$;在整个学期后,实验组与对照组研究对象的分数差异达到了显著 $[F(1, 17) = 48.2$, $p < 0.001]$。 这一简单的成效测试表明,实验组在这一学期的学习成效达到了显著 $(p < 0.01)$,但对照组没有。或者换句话说,在数学问题解决方面,实验组的学生似乎更加地精熟了,但对照组的学生并没有。

图 8.3 呈现的是教学后实验组分类情况的聚类分析。从对图 8.3 的考察中,可以看出学生感知的改变：实验组在教学后分类的 8 个强聚类中,有 6 个在深层结构上同质,只有 4 个在表层结构上同质;而且,这 4 个表层结构同质的强聚类同时也在深层结构上同质。

相比之下,对照组在冬季学期结束后的分类表明,他们的感知与教学前基本上没什么差异。为了节约篇幅,此处不再给出该分类的聚类图,其与图 8.2 非常相似。在这个聚类图的 10 个强聚类中,有 7 个的表层结构同质,4 个的深层结构同质,所有这 4 个深层结构同质的聚类在表层结构上也同质。从表 8.2 和表 8.3 可以看到用以说明对照组教学后分类的统计数据。

表 8.2 的最后两行提供了教学后实验组和对照组分类的同质比例,这些数据证实了人们从图 8.1、图 8.2 和图 8.3 获得的感受。采用关于 t 的二项近似比较各种情况下的深层结构与表层结构可知,除了下面提到的一个例外,无论是差异的趋向还是差异的幅度,每一个比较至少是在 $p < 0.05$ 的水平上都呈现出了显著性。

在差异的趋向和幅度上,比较各组间深层结构和表层结构所占比例的差

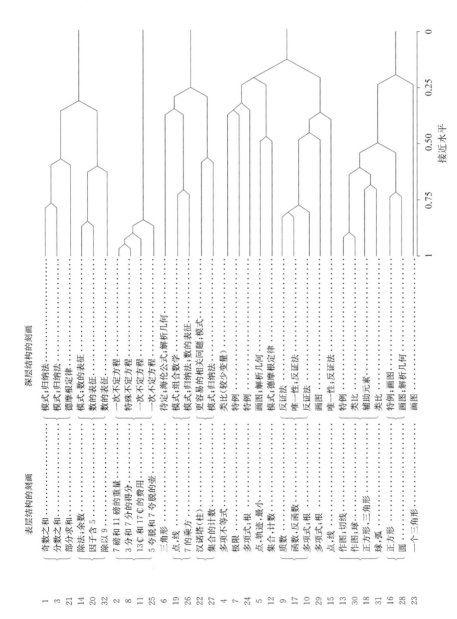

图 8.3　实验组在教学后卡分类的聚类分析

别可以看到,与专家分类存在差异的组别共有四组,分别是:教学前的实验组 [评价措施 1:$t(18) = 2.33$;评价措施 2:$t(18) = 4.09$]、教学前的对照组 [$t(15) = 2.61$;$t(15) = 4.98$]、教学前的所有新手组 [$t(26) = 1.88$,$p < 0.1$;$t(26) = 4.81$]、教学后的对照组 [$t(15) = 2.31$;$t(15) = 3.99$]。类似地,关于这一比例的差别,与完成问题解决课程后的实验组在 $p < 0.05$ 水平上存在差异的组别共有三组,分别是:他们自己在教学前的情况 [$t(11) = 2.38$;$t(11) = 4.51$]、教学前的对照组 [$t(17) = 2.65$;$t(17) = 5.48$]、教学前的所有新手组 [$t(28) = 2.39$;$t(28) = 5.41$]。实验组教学后的情况也与对照组教学后的情况存在差异 [$t(17) = 2.34$;$t(17) = 4.37$]。

这种表层结构与深层结构比例的比较间接地表明了一点——实验组学生的问题感知在他们越来越向优秀问题解决者靠拢的过程中越来越像"专家型"。对照组的表现没有提高,他们的问题感知也同样没有。测量学生感知"专家型"程度的更直接手段,是求出这类群体的每个组别教学前后的分类矩阵与专家组分类矩阵的相关系数。表 8.3 呈现了这些相关系数。

在 $df = 496$ 时,表 8.3 给出的所有相关系数都具有显著性。教学前每组新手的矩阵和教学后对照组的矩阵与专家组矩阵的相关程度(在 $p < 0.01$ 的水平上),均显著地小于实验组教学后矩阵与专家组矩阵的相关程度。

表 8.3　新手与专家分类矩阵的相关程度

新　手　组　别	相　关　系　数
实验组,教学前	0.551
对照组,教学前	0.540
所有新手,教学前	0.602
对照组,教学后	0.423
实验组,教学后	0.723

第 4 节　讨　　论

由于本研究的设计考虑到实验组学生问题解决精熟程度的变化是他们问

题感知变化的直接原因这一可能,现对前文所述的方法要点进行回顾。虽然没有什么理由怀疑从对照组研究中获得的关于感知和表征的证据,但也不代表这些证据就天衣无缝;在专家—新手研究中,被比较的群体之间通常存在多方面的差异,这些差异可能会导致感知和表现上的差异。关于对新手在某一学科上的表现是如何提高的这一问题的清晰理解,由于专家在该学科上的能力在绝大多数情况下都远超新手,因此这样的理解无法从新手组与专家组表现的比较中获得。同样地,如果将某位仅从表现来看就会被认为不太可能成为某领域专家的培养对象作为研究起点,也无法从中获得关于专家感知的理解。

在讨论实验组感知的转变之前,有必要稍加讨论这些学生知识的增长。正如前测的分数所说明的那样,要求学生解决这些问题(以及进行分类)远非易事。话虽如此,前测的分数也并不能就被简单地解读为学生在分类时不了解相关的数学知识[①]。参与这个研究的"新手"都已经学习了 12 年或更长时间的数学,并且是自愿修读问题解决课程;对于具有高中背景的学生来说,他们已经可以理解研究中涉及的问题及其解决方法。实际上,研究所采用的问题复杂程度中等,这已在分类的表层结构标签中得到反映。例如,我给问题 2、问题 8、问题 11、问题 25 预置的表层结构标签是"组合整数",尽管这四个问题的表述涉及了不同的对象。如果大学生不能够看出将关于质量、花费、液体体积和得分的整数组合时都需要用到整数的运算,我们显然会感到非常惊讶。(正如西尔弗 1979 年的研究和查托夫 1977 年的研究所表明的,不能对中小学生作出这一假设。)

表 8.2 中的数据清晰地显示出,实验组对于问题相关性的感知从基于表层结构得出转变为基于深层结构得出。作为对这种感知转变的阐释,让我们来看看实验组在问题解决课程前后对问题 9、问题 10、问题 17 的分类方式。

问题 9 令 n 是一个给定整数。请证明:若 $(2^n - 1)$ 是质数,则 n 也是质数。

问题 10 证明方程 $x^{10} + x^8 + x^6 + x^4 + x^2 + 1 = 0$ 不存在实数解。

问题 17 请说明:如果一个函数有反函数,那么该反函数是唯一的。

---

① 作者注:这一点很重要。如果学生在教学前并不熟悉解决这些问题要涉及的相关方法,那么他们教学前分类结果的内在价值就大大减少了。实际上,这些学生对于需要用到的数学知识具备充足的经验,存在的问题其实在于他们是否能以恰当的方式对这些知识进行编码以供给自己使用。

在问题解决课程之前,学生对每个问题的归类都与问题的表层结构特征一致。问题 9 涉及质数,或者更广泛地说,涉及整数。该问题被学生按表层结构的同质性与其他两个整数问题(问题 1 和问题 32)分在一个聚类中,而这三个问题的深层结构特征都相异。问题 10 涉及的是复杂多项式的根,它被学生按表层结构的同质性与问题 24 和问题 29 分在一个聚类中,这两个问题也是问到了多项式的根;同样地,三个问题的深层结构特征不同。问题 17 与(非具体)函数有关,(勉强)能与问题 4 聚类,后者是让读者分析一个复杂的有理函数。

问题 9、问题 10 和问题 17 都是通过被称为反证法的方法来解决的。在教学后,尽管这三个问题在表层结构上有明显不同,但实验组仍将它们分在一个聚类中。这样的聚类方式并不完全等同于专家关于反证法的聚类,但已经比较接近。它表明,实验组学生的感知明显向专家的感知发生了转变。表 8.3 呈现了实质性证据。该表显示,专家分类矩阵和实验组分类矩阵之间的相关性从教学前的 0.540 跃升至教学后的 0.723。这种短时间内相当巨大的改变表明,把主要的重心放在理解上的问题解决课程可以同时对问题感知和问题解决表现产生强烈影响。

尽管实验后分类结果的总体特点发生了很大的变化,但学生在教学后的感知并不能称得上是"专家型"。专家更渊博的知识和更富足的经验让他们能够完成新手无法企及的区分。例如,看看三个图中包括了问题 1 的括号聚类:专家的问题聚类 {1, 3}、新手教学前的问题聚类 {1, 32, 9} 以及实验组学生问题解决课程后的问题聚类 {1, 3, 21}。在课程之后,学生剥离了问题 32 和问题 9 与问题 1 的联系。这种做法是合适的,因为它们与问题 1 的相似性局限在三者都涉及整数。问题 3 与问题 1 具有相同的深层结构(都可以通过寻找模式和通过归纳进行验证来解决),学生将二者聚为一类。虽然如此,他们却没有完全地复刻出专家的感知,因为问题 21 也被他们加入了其中。问题 21 的加入表明,在完成问题分类的那个时刻,学生比上不足、比下有余,或许也可以被称为"熟手"。恰巧,问题 12 和问题 21 曾被囊括在题卡分类中用以观察专家是否会将它们聚类在一起。问题 21 的部分数学结构关于的是这一事实:9 的倍数和 4 的倍数都包括 36 的倍数(它们的交集);当我们同时剔除 4 和 9 的倍数时,我们必须因为将 36 的倍数剔除了两次而再加回来一次。在形式化层面,这一看法在结构上与德摩根定律 $N(A \bigcup B) = N(A) + N(B) -$

$N(A \bigcap B)$ 相似,该定律是解决问题 12 的基础。这是一个非常微妙的看法,专家在组合学问题上的经验可能使得他们能够产生这一看法,尽管这还远远不算是一个不容置疑的结论(事实上,对于专家的分类而言,问题 12 和问题 21 只是极其勉强地能被他们算成是一个强聚类)。经过一门问题解决课程,我们不能奢望新手能够看出这样微妙的东西;事实上,他们确实也没看出来。因此,新手由于缺乏这样的知识而认为"寻找模式"能够有助于解决问题 21 就是合理的——作为结果,将之与两个"模式"问题分在一类也是合理的。

结论与意义

本章所述的研究与先前关于问题感知的研究一致并有所扩展。简而言之,本研究支撑了这些论点:

论点 A　某个领域内的新手(再提一遍,是有些经验基础的学生)可能会以相似的方式感知问题。但遗憾的是,这种雷同的感知并不一定有效;学生可能会聚焦于问题表述("表层结构")中的对象,而这些对象对问题的本质来说是次要的,它们会将问题的解决引向错误的方向。

论点 B　某个领域内的专家会从问题情境中感知出潜在的结构("深层结构")。他们的问题解决表现由这些感知所引导,并因此获得根本性的推进。

论点 C　随着学生对问题解决的逐渐精熟,不但他们的表现越来越像专家,他们对问题的感知也是如此。

这些意涵广泛的断言留下了许多需要认真思考的问题,有待于(必要时)进一步的考察。从某种意义上说,数学介于物理和国际象棋之间,这两个学科已经进行了大量的相关研究。这种居间的位置意味着什么,我还说不清楚。琪、费尔托维奇和格拉泽(Chi, Feltovich, & Glaser, 1981)的研究表明,物理学家从问题表述中"看出"的东西就是这些问题的深层结构,即物理学原理。对于从事物理教学的教师来说,非常幸运的是,物理教学本身就是按照这些线索组织的。此外,从该研究还可以得出一些关于物理教学合理的可实施教学建议——例如,应当明确地向学生说明问题解决中受到表层结构误导时会带来的危险,应当在问题分析时强调潜在的原理(深层结构)。

如前所述,数学中的推理模式和学科内容知识之间几乎是互相独立的。

上述关于物理学的教学建议可能在数学中仍然合理①，但怎样实施这些建议却没有不言自明。在根据数学主题和根据潜在数学结构之间合理预置出教学对二者应把握的平衡绝非易事，现有的研究尚未给出什么引导。来自国际象棋（Chase & Simon，1973；de Groot，1965）及其相关领域的研究，让这个问题变得更加高深莫测。虽然棋手们总是谈论着数不胜数的策略（"坚守中心位置"等），但他们大部分的常规能力却都来源于"词汇"，这些"词汇"包含大约50 000个组块，每个组块由极其具体的知识构成，并非所有知识都是基于原理的（或者说成是基于深层结构，如果想用这个词的话）。这种情况与数学中的知识组织有一些相似之处，但我不确定这些相似之处的含义可能会是什么。目前，我们还不太清楚应该在多大程度上强调数学知识特定具体"词汇"的发展，也不太清楚怎样高效地习得这样的"词汇"。国际象棋的研究让人们对策略的普遍性和影响力产生了不确定的感觉，但如何寻求策略和"词汇"之间的正确平衡在很大程度上仍是一个悬而未决的问题，日后还需要开展大量关于这些话题的研究。

言及于此，也许值得回到由本章和上一章的细节所产生的信息中去。这两章中的"实验干预"是同一个问题解决课程，该课程重视理解——重视个体能够确保自己对问题的探究建立在认识问题的潜在结构基础之上，也建立在个体了解自己正在进行的探究是否合理和是否尽在掌握的基础之上。这两章提供的强有力证据表明，对理解给予的这些关注是能够开花结果的，学生对问题的感知和问题解决表现都会越来越像专家。尽管本研究仍存留了许多尚未破解的问题，但对当前的实践也既以形成了诸多有益的启示。

第 5 节　小　　结

本章探讨了个体数学问题解决精熟程度与他们对数学问题结构的感知二

---

① 作者注：应注意到的是，我们必须提防自己会从合理的研究中得出不合理的结论。关于问题图式的研究（如亨斯利等1977年的研究）相当扎实，但是，由此假设让缺乏经验的学生去模仿专家的知识组织方式会带来益处就很危险。有一些建议认为，数学课程应当围绕这样的图式来组织（如对于初中阶段，建议将"溶液混合问题""速度问题"等的图式作为独立的对象由教师教授），这种看法不但是想得太简单了，而且有悖于数学深层结构的真正内涵（符号系统的有意义使用），所以它们同样是无效的建议。

者之间的关系,对问题感知的评估通过将题卡分类任务的结果做聚类分析进行。我为分类任务 32 个问题中的每一个都配置了"表层结构"特征和"深层结构"特征,前者来源于从问题表述的表面就一下能看出的方面,后者来源于实验者对与问题相关的数学原理或解决程序的评定,后者还经由一位同事的单独分类完成了验证。本研究中的专家是大学数学教师,他们的分类数据被作为参考标准与学生的分类数据进行对比。两组学生(新手)参与了这项研究:实验组由参加问题解决强化课程的学生组成,对照组由基础差不多但参加同期其他数学课程的学生组成,新手在课程前后都完成了题卡分类。

总的来说,专家会将具有相同深层结构特征的问题分为一类,而不太会去考虑问题的表层结构特征。在专家的分类里,11 个强聚类中共有 8 个在深层结构上同质,它们中的 5 个只在深层结构上同质而在表层结构上不同质;但 11 个中只有 1 个仅在表层结构上同质而在深层结构上不同质。我还通过关注"不一致的配对"开展了评估,用以了解被研究对象强配对的问题中至少在表层或深层结构中的一者上相异的比例。可以看到,专家的两两配对中有 67% 具备相同的深层结构、有 25% 具备相同的表层结构。

新手教学前的行为在很大程度上可以说成是处于另外一个极端——与专家的分类几乎是正好完全相反。在新手的分类中,10 个强聚类中的 8 个在表层结构方面是同质的,这 8 个中的 5 个在深层结构上不同质;而 10 个中只有 1 个在深层结构上同质但在表层结构上不同质。关于不一致的配对,新手的配对中有 67% 符合表层结构相同,只有 11% 符合深层结构相同。

本研究的教学干预是一个聚焦在探索策略和调控策略上的问题解决课程。该课程强调理解,特别强调对于问题进行细致的分析和在问题解决的过程中监控及评价自己的实时成果。尽管课程中学习的许多方法(探究"条件和目标",思考具体例子,等等)有可能增加了学生对于问题结构的关注并或许由此改进了学生的问题感知,但它并没有明确地触及关于问题感知的话题。正如第 7 章所述,实验组学生的问题解决表现有了明显的提高。

实验组教学后的分类结果呈现出了向专家型问题感知靠拢的巨大转变。在课程之后的分类里,8 个强聚类中的 6 个在深层结构上同质;4 个在表层结构上同质,而且这 4 个也都在深层结构上同质。关于不一致的配对,现在有 55% 的配对符合深层结构相同,而只有 9% 符合表层结构相同。实验组分类矩阵与专家组矩阵的相关系数从教学前的 0.540 跃升至教学后的 0.723。

以上这些数据有三点意义。一是支持了先前研究曾得出的"专家的感知基于深层结构但新手的感知基于表层结构"这一结论。二是直接产生了一个结论：随着问题解决精熟程度的逐步增长，个体的问题感知会越来越向专家靠拢。三是说明了关注理解和分析的问题解决课程同时能对问题感知和问题解决表现产生重要影响。

附录　分类题卡中使用的问题

SSC 表示问题的表层结构特征；DSC 表示该问题的深层结构特征。

1. 请说明：从 1 开始连续奇数的和总是一个平方数。例如，

$$1+3+5+7=16=4^2。$$

SSC：奇数之和

DSC：模式；归纳法

2. 给你不限量的 7 磅砝码、11 磅砝码，以及一个 5 磅重的土豆。你能用天平称出这个土豆的质量吗？如果是一个 9 磅重的土豆呢？

SSC：7 磅和 11 磅的质量

DSC：一次不定方程

3. 求出下式的和并证明之：

$$\frac{1}{1\times 2}+\frac{2}{1\times 2\times 3}+\frac{3}{1\times 2\times 3\times 4}+\cdots+\frac{n}{1\times 2\times 3\times \cdots\times (n+1)}。$$

SSC：分数之和

DSC：模式；归纳法

4. 请说明：如果 x、y、z 均大于 0，那么

$$\frac{(x^2+1)(y^2+1)(z^2+1)}{xyz}\geqslant 8。$$

SSC：多项不等式

DSC：类比（较少变量）

5. 若平面上的点集$\{(x,mx)\}$与到$(0,6)$距离为 3 的点集的交点恒存在，求满足条件的最小正数 m。

　　SSC：点，轨迹，最小

　　DSC：画图；解析几何

6. 某个三角形三条边的长度是公差为 d 的等差数列。（也就是说，三边长为 $a,a+d,a+2d$。）若该三角形的面积为 t，解这个三角形。特别地，求出当 $d=1$、$t=6$ 时的解。

　　SSC：三角形

　　DSC：待定；海伦公式；解析几何

7. 设 a 和 b 是给定正数。求

$$\lim_{n\to\infty}(a^n+b^n)^{\frac{1}{n}}。$$

　　SSC：极限

　　DSC：特例

8. 在一个名为"简易足球"的游戏中，一支球队一次射门得分的分值是 3 分，一次触地得分的分值是 3 分。可以发现，这支球队的总分可能会是 7 分但不可能是 8 分。那么，在该队不可能取得的所有总分分值中，最大的分值是多少？

　　SSC：3 分和 7 分的得分

　　DSC：特殊不定方程

9. 令 n 是一个给定整数。请证明：若(2^n-1)是质数，则 n 也是质数。

　　SSC：质数

　　DSC：反证法

10. 证明方程 $x^{10}+x^8+x^6+x^4+x^2+1=0$ 不存在实数解。

　　SSC：多项式；根

　　DSC：反证法

11. 如果捷克货币由面值 13¢ 和 17¢ 的硬币组成，若你要买一份 20¢ 的报纸，你能收到刚好的找零吗？

　　SSC：13¢ 和 17¢ 的费用

　　DSC：一次不定方程

12. 若 $N(A)$ 表示"A 中元素的个数",则 $N(A \bigcup B) = N(A) + N(B) - N(A \bigcap B)$。求 $N(A \bigcap B \bigcap C)$ 的计算公式。

SSC：集合,计数

DSC：模式；德摩根定律

13. 用尺规作一条直线同时与两个给定圆相切。

SSC：作图；切线

DSC：特例

14. 对任意奇数,将之平方后再除以 8,余数可能是 3 或 7 吗?

SSC：除法；余数

DSC：模式；数的表征

15. 给你以下假设：（ⅰ）平行线不相交；非平行线相交。（ⅱ）有且只有一条直线同时过平面上任意两点 P 和 Q。证明：对任意两条不同的直线 l_1 和 l_2,如果它们不平行,那么一定唯一地相交于某个点 P。

SSC：点,线

DSC：唯一性；反证法

16. 有两个边长为 s 的正方形,若其中一个正方形的一个顶点与另一个正方形的中心重合,则这两个正方形重叠部分可能的最大面积是多少?

SSC：正方形

DSC：特例；画图

17. 请说明：如果一个函数有反函数,那么该反函数是唯一的。

SSC：函数,反函数

DSC：唯一性；反证法

18. 令 P 是正方形的中心,以 AC 为斜边作直角三角形 ABC。请证明：BP 平分 $\angle ABC$。

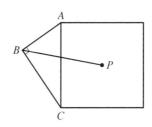

SSC：正方形,三角形

DSC：辅助元素

19. 如果任意 3 点都不在同一直线上,过 37 个点可以画出多少条直线?

SSC：点,线

DSC：模式;组合数学

20. 任意五个连续整数相加的和一定能被 5 整除吗?

SSC：因子含 5

DSC：数的表征

21. 1 到 200 中不是 4 或 9 的倍数的所有数之和是多少? 你可能会用到这一事实:

$$1+2+\cdots+n=\frac{1}{2}n(n+1)。$$

SSC：部分求和

DSC：德摩根定律

22. 你的目标是将左图转变为右图。你一次只能将一个盘子从一个柱顶移到另一个柱顶,而且永远不能将大的盘子放在比它小的盘子上面。你会怎么做?

SSC：汉诺塔(柱)

DSC：更容易的相关问题;模式

23. 求边长为 25、50、75 的三角形的面积。

SSC：一个三角形

DSC：画图

24. 若 $P(x)$ 和 $Q(x)$ 的系数相反,如,

$$P(x)=x^5+3x^4+9x^3+11x^2+6x+2,$$

$$Q(x)=2x^5+6x^4+11x^3+9x^2+3x+1,$$

关于 $P(x)$ 和 $Q(x)$ 的根,你有什么看法?

SSC:多项式;根

DSC:特例

25. 你有两个未做标记的壶,你知道其中一个的容量是 5 夸脱,另一个是 7 夸脱。如果你走到河边希望准确地取回 1 夸脱的水,你能做到吗?

SSC:5 夸脱和 7 夸脱的壶

DSC:一次不定方程

26. $(\cdots((7^7)^7)^7\cdots)^7$ 的尾数是多少? 其中,指数 7 共有 1 000 个。

SSC:7 的乘方

DSC:模式;归纳法;数的表征

27. 观察以下奇妙的排列,你能用多少种不同的方式得出序列"ABRACADABRA"?

A

B B

R R R

A A A A

C C C C C

A A A A A A

D D D D D

A A A A

B B B

R R

A

SSC:集合的计数

DSC:模式;归纳法

28. 角落里的一张圆桌与房间的两面互相垂直的墙都相触。若桌边的一点离其中一面墙 8 英寸,离另一面墙 9 英寸,求桌子的直径。

SSC:圆

DSC:画图;解析几何

29. 令 a 和 b 是给定实数。若 c 为任意正数时,方程 $ax^2+bx+c=0$ 的根都是正实数,请论证:此时 a 必为 0。

SSC:多项式;根

DSC：画图

30. 描述如何作一个正四面体的外接球（棱锥的四个顶点都触及球体）。

SSC：作图；球

DSC：类比

31. 令 S 是一个半径为 1 的球，A 是一段两端都在球面上的长度小于 2 的弧。（A 的中间部分可以在 S 的内部。）请说明：存在半球 H 与 A 不相交。

SSC：球，弧

DSC：类比

32. 请说明：当且仅当一个数各个数位上的数字之和能被 9 整除时，该数能被 9 整除。例如，考虑 12345678：$1+2+3+4+5+6+7+8=36=4×9$，所以 12345678 能被 9 整除。

SSC：除以 9

DSC：数的表征

第9章 口语资料、口语报告分析以及调控议题[①]

第1节 概　　述

本书中的许多讨论都是基于对"出声思维"问题解决片段的总结性描述而进行，特别是关于第一部分提出的分析性框架各个方面特征的讨论。在大多数情况下，这些描述包括对问题片段的简要概述，有时也用直指问题本质的几句对话作为补充。从一定程度上讲，这样的证据可能会被认为是轶事性的，它们或许确实可以被用来说明一个观点，但难以作为严格的方式来证实这个观点。乍看起来，对这些描述的分析非常主观。为了使人们意识到分析结果的准确性，我们有必要对所使用的分析方法作更多的揭示，这样一来，人们可能就会愿意认为对问题片段的描述或是对问题片段中发生了什么的解释是准确的。也许更重要的是，人们就有了充分的理由去思考，像出声思维问题解决片段的转录文稿这样的"口语资料"是否可以被认为是可靠的证据。这些议题是本章关注的重点。

所谓的口语方法是有争议的。有人曾严肃地提出这样的问题：出声思维问题解决片段的转录文稿提供的是否是对个体问题解决时所采用过程的准确反映？或者说，是否能准确反映他们没被要求以出声思维完成问题时所采用的过程？这些问题是本章第2节和第3节的重点。第2节简要回顾了关于口

---

① 作者注：第9章是对匈菲尔德(1983b)一书中所撰写章节的重要扩展和修订。衷心感谢学术出版社允许部分地转载该章节。

语方法的背景材料,并述评了形成目前争议的文献动向;第 3 节细致地研究了一种特殊的口语方法,其中所述的例子表明,口语资料并非总是像它们看起来那样,仅从表面含义来使用这些资料会陷入误区——哪怕这些资料的收集是在纯实验环境中开展且在方法论上进行了恰当的细致思考。相关的总结性讨论提出,每一种收集口语资料的方法论都可以被看作是一种镜头,可能使行为的某些方面受到强烈的关注,但也可能使行为的其他方面被模糊或失真。这表明,阐释从这些方法中获得的资料时必须非常小心。在这样的背景下,本书中用于生成口语报告的方法论值得被纳入考虑。

本章的主要内容是讨论一个对问题解决口语报告进行宏观分析的分析框架,重点是管理或调控行为。如前所述,第 1 章和第 4 章中对调控的讨论本质上可以被看成是轶事性的。尽管我们确实在总结问题片段时尽可能努力做到了客观,也尽可能平衡地节选了对转录文稿的讨论,但是在着手处理这些分析时,我们也必须去思考关于信度和可推广性的问题。在口语报告(或录像带)中,其他人也能看出同样的东西吗?他们会赋予这些东西同样的重要性吗?在理想情况下,人们会希望能有一个客观的框架来开展分析,分析者应该能独立在口语报告中确定出相同的"关键点",并赋予它们相同的重要性。

本章的第 4 节回顾了过去开发口语报告分析框架时的一些尝试。第 5 节回到第 1 章中简要介绍的两个问题片段,即两对学生(KW 和 AM,DK 和 BM)解决问题 1.3 时的尝试,这两个片段的完整转录在此处进行了呈现。对学生成果的分析表明,现有的口语报告分析方案具有局限性;更重要的是,这些分析显现了问题解决行为的一些基本方面,这些方面需要采用分析框架进行捕捉。

第 6 节介绍了对一个完整口语报告分析框架的开发,它是首个在调控层面上的分析框架,隐含的基本分析思路如下:口语报告被划分成一些大的组块,称为环节。在同一环节中,个体问题解决者(或问题解决小组)从事的系列行动属于相同的单一类型或具备相同的某个特征,如计划或探究。当以这种方式划分一个口语报告时,我们就比较容易能从中确定出战略性决策的潜在位置——个体关于追寻或放弃什么的决定通常是在两个环节衔接的当口做出的。一旦我们能识别出这些关于管理的决策,我们就能相当容易地追踪到它们在后续研究过程中所发挥的影响。因此,这种在宏观层面上的口语报告分析程序提供了一种方法,使我们可以用这种方法确定个体在问题解决片段中所作的决策在大范围内会产生的后果,也可以用之厘析出会对成功与否起到关键作用的那些决定。同样重要的是,这种方法指出了那些本应思考或作出管理性决策的地方。如此一番,我们就能够追踪到缺乏管理性决策的后果,特别是关于未能遏制徒劳无功的努力或是未能利用可能有用信息的情况。

第 7 节给出了对于一个问题解决口语报告的完整分析。这一详细的分析补充了前文所述的对两个片段的讨论,并且展示了如何精确地具体使用分析方案。第 8 节提供了对一些问题解决片段的简略描述,这些描述同样也是使用分析框架得出的。尽管这些简略的描述约省了一些细节,但是它们以更多的资料为基础,让我们对于口语报告中管理行为的典型性有了更好的认识。本节所总结的问题解决片段紧邻地发生在第 7 章和第 8 章中所指实验干预的问题解决课程之前和之后。因此,这些片段成为该课程的又一个教学效果的"前后对比"措施。

本章以对分析框架主客观性、准确性、可靠性和局限性的讨论作为完结。我们还有许多问题需要去解决,该框架只指向了其中一些问题的解答。尽管如此,值得我提及一下的是目前该框架具有稳定性的一个表现——本章所有口语报告的语义分析都是由三名本科生组成的小组完成的,他们在接受了关于如何使用该框架的培训后被要求独立开展分析,他们的分析成果好到了可以不加改动地加以使用。

第 2 节　研究背景——第 1 部分：口语方法

关于现在所采用的口语方法,其先前的发展史很长,而且以往的形态往往都存有争议。由于这样的方法常常通过简要的描述"走马观花"地关注了本应"下马看花"的话题,因此其研究成果就很难达到"货真价实"。信息加工视角下的相关文献可见于埃里克森和西蒙的工作(Ericsson & Simon,1980,1981,1984)。

揭示"创造性思维的规则"的常见方法之一是内省或者是对自己的思维过程进行反思。笛卡尔的《方法谈》(*Discourse on Method*)和《指导心灵的原则》

（*Rules for the Direction of the Mind*）都是内省的成果，直到 19 世纪末的绝大多数哲学和心理学专著都是如此。这么多世纪以来，使用内省法和对口语报告进行分析不仅被认为在方法论上是合理的，而且被认为是关于人类认知复杂性的主要信息来源——特别是在数学方面。这种思考方式体现在格式塔主义者对内省和反思性分析的依赖中，如阿达玛（Hadamard，1954），庞加莱（Poincaré，1913）和韦特海默（Wertheimer，1959）的作品中。

到了 20 世纪中期，格式塔主义及与之相关的方法论都逐渐衰落到不再引起关注。这种情况之所以发生的部分原因是，由于格式塔主义强调灵感是潜意识活动的产物，那就基本上把主要的那些话题判定为不存在的了；当个体一开始就假设最重要的认知现象是不可知的，那几乎就不再有什么可讨论的话题了①。但更重要的是，这种情况的发生是由于内省和自我反思本身呈现出了作为研究认知的方法时的不可靠性。

格式塔主义关注的基本上是难以研究的心理过程，它处于心理学谱系上的一端；另一端是行为主义，随着格式塔主义的衰落，它自 20 世纪中叶开始到现在不断发展壮大。从行为主义的视角来看，或者至少说是从一些更加著名的研究者的观点［见如：斯金纳（Skinner，1974）］来看，问题解决及其他复杂的智力行为全部都可以用行为来解释。那么最终，行为主义持有的观点是，对复杂智力表现的完整解释可以是系列化的刺激-反应序列。斯金纳认为，"心智"和"心智主义"是多余的理论结构，对它们的研究是在浪费时间，重要的是可感知的、可观察的行为。如果有待证实的心理机制会产生一些如"形体人"之类的荒谬说法，那最好还是完全避免这些研究。

刚才描述的行为主义观点可能采用归纳的方式对科学主义作了谬化，但这算不上出乎寻常，它只是心理学和社会科学普遍趋势中的一个极端案例。在所有的这些领域，包括数学教育，都开始非常强调"社会科学"中的"科学

---

① 作者注：邓克的《论问题解决》（*On Problem Solving*）是格式塔主义的经典文稿，其中有一个例子。在该例中，邓克讨论了"关于 13 的问题"：为什么所有形如 abcabc 的六位数都能被 13 整除？正如邓克所描述的，当利用潜意识看出 1 001 这个公因数后，问题的困难就消失了。确实如此，如若我们能看到 $\overline{abc}$，$\overline{abc} = (\overline{abc})(1001) = (\overline{abc})(7)(11)(13)$，那么关于 13 的这个问题就不再是一个问题。虽然这种观察几乎是一种同义反复，但采用这些术语来界定这一话题，就会使真正的问题得到细化：公因数 1 001（可能）是怎么来的？以及怎样研究形如 abcabc 的数码将能够得出 1 001 这个数？格式塔主义强调灵感是从潜意识的活动机制中自己冒出来的，这就导致了它无法有力地把握对这些问题的研究。

性"。其中蕴含的想法是,要尽可能做到严格和方法论上的不容置疑,并且要在使用精确的实验方法和统计方法时做到严谨。要做到科学性,假设必须是可检验的,方法必须是可靠的,结果必须是可复制的。直截了当地说,内省和反思并不符合这些标准。格式塔主义的方法论与时代精神相抵触,容易成为大家攻击的目标①。口语方法在 20 世纪 60 年代的整个 10 年以及 70 年代的大部分时间中都处于颓势。

在过去的十年中,对口语方法的观点发生了变化,主要的原因可能是由于人工智能将口语报告分析作为了主要的研究工具,所以其合法性得到了承认。这类研究表明,人们可以从对人类问题解决口语报告的分析中抽象出一些规则,用来顺利地为计算机设计问题解决程序[见如:纽维尔和西蒙(1972)]。这些程序成功地证明了某些类型问题解决策略的重要性,至少就机器的实施来说是如此。具有同等重要性的是,它们使发现这些策略的方法论变得具有可信度。

另一个主要原因来自皮亚杰工作的影响。发展心理学方面的研究清晰地表明,经由细致的临床调查研究能够产生可复制的结果、可检验的假设以及可以通过实验检验的预测。简单地说就是,人们发现临床调查确实可以为高质量的科学性奠定基础。第三个原因关于苏联心理学家对数学思维的研究(*Soviet Studies in the Psychology of Learning and Teaching Mathematics*,Kilpatrick & Wirszup, 1969 - 1975;Krutetskii, 1976),这尤其对数学教育者产生了影响。苏联的心理学并不是人们所认为的"货真价实"的客观科学。虽然它缺乏严格性,但并不缺乏思想性——其中包括一个相当颠覆过往看法的观点(同样也是由皮亚杰倡导),即:通过实施对人们问题解决过程的观察,可以了解人们问题解决过程中的一些东西。

从本质上说,口语方法"再现江湖"的一个原因是研究界本身的水平变得越来越高,有了几十年的经验,研究者们对用于取代口语方法的"科学"方法论有了更加辩证的看法。随着实证性的文献中堆积了越来越多关于相同话题或模棱两可或互相矛盾的研究,这些实证方法论的局限性开始显现。例如,"X

---

① 作者注:例如,阿达玛《数学领域的发明心理学》(*Essay on the Psychology of Invention in the Mathematical Field*)(1954)书中一节里的"纯真"让人看得近乎发窘。在讨论一个人是否能感觉到灵感即将到来这一问题时,阿达玛基本上是这样说的:"这是个有趣的想法。我得问问我的朋友们是否有过这样的体会。"这种类型的证据很难被认为是科学的研究素材。

干预与 Y 干预"的比较中往往都存在比"严密"实验设计所控制的变量要多得多的变量是很明显的事;同样明显的是,将研究结果从设计良好的实验室研究推广到更复杂的认知现象和环境中时面临的困难被严重低估。于是,向探索性方法的转向正越来越多地发生,其中包括口语报告分析和临床访谈。

正如金斯伯格、高产、施瓦茨和斯旺森(Ginsburg, Kossan, Schwartz, & Swanson,1983,p.7)观察到的,"虽然越来越常见,但口语报告分析还没有得到彻底的方法论分析。人们对它们的基本性质、潜在的使用原理和可靠性都知之甚少。"关于这些话题的观点和相关证据还都存在着分歧。例如,《心理学评论》已经发表的两篇关于出声朗读方法效果的分析:尼斯贝特和威尔逊(Nisbett & Wilson,1977)的论文题目"说出比我们所知的更多的东西:关于心理过程的口语报告"就表明了其结论;埃里克森和西蒙(Ericsson & Simon,1980)的"口语报告作为资料"总结称,某些种类的出声说话指导语似乎不会影响人们问题解决时的表现——比如,要求人们在问题解决时进行口头表达而不要求他们解释(阐述或反思)自己正在做什么。但是,这一问题仍然没有得到彻底解决,下一节将对该问题进行一定程度的探讨,重点讨论一个微妙地影响了口语资料逐步形成的例子。这个例子说明,埃里克森和西蒙结论的成立有严格的限定条件,并指出了在分析口语资料时需要分外谨慎,一些跨文化的人类学内容为本讨论提供了背景。

第 3 节　拨云见日:走近口语资料

乌尔里克·奈瑟(Ulric Neisser)1976 年的《共识的,学术的与人工的智力》一文,在开篇讨论了科尔、盖伊、格里克和夏普(Cole, Gay, Glick, & Sharp)1971 年关于利比里亚科佩勒人认知的研究。没有受过教育的科佩勒人虽然口齿伶俐且聪明,但在一些测试和问题上常常表现不佳,而这些测试和问题对受过一些正规教育的人来说都是很容易的。一段对话提示了这种现象缘何发生:

实验者: 弗劳莫和雅克帕罗总是一起喝甘蔗汁(朗姆酒)。弗劳莫正在喝甘蔗汁,雅克帕罗也会在喝吗?

　　研究对象：弗劳莫和雅克帕罗是一起喝了甘蔗汁，但弗劳莫喝第一杯的那天雅克帕罗不在那儿。

　　实验者：但是，我已经告诉你弗劳莫和雅克帕罗总是一起喝甘蔗汁。某天，弗劳莫正在喝甘蔗汁，雅克帕罗也会在那天喝了甘蔗汁吗？

　　研究对象：弗劳莫喝甘蔗汁的那天雅克帕罗不在那儿。

　　实验者：原因是什么？

　　研究对象：原因是雅克帕罗在那天去了农场，而弗劳莫那天仍然在镇上。(Cole et al.，1971，pp. 187 - 188)

　　奈瑟强调，研究对象的回答算得上是明智的。当研究对象被问及雅克帕罗的行为时，他的回答反映出，为了回应实验者的问题，自己在非常努力地尝试给出关于这种行为的信息。这种情况是完全合理的：在社会情境中，人们会期待这类行为。科尔等人指出，当研究对象在类似的情境中被实验者追问并感知到他们的答案未能令实验者满意时，他们通常会建议实验者直接与雅克帕罗交谈以对问题进行澄清。就像奈瑟所说：

　　这样的答案绝不是欠考虑的，但困难之处在于，这些说法都不是这个问题的答案。回答问题的人不能接受对我们来说几乎是自动化的一个基本规则："要基于提问者的用词来创建你的回答。"因为上学而积累到的特殊经验使得（在科佩勒或者其他地区）上过学的人学会了基于这个基本规则的限定进行工作。(Neisser，1976，p. 136)

　　奈瑟讨论中的一个要点是，对智力行为的评价必须在有上下文的情况下进行；在某些情况下被认为"不明智的"行为在其他情况下可能是相当自然且明智的[①]。比如，设想一下，如果科佩勒人行为所假定情境中的特定细节确实就是一个待解决的"真实"情境中的细节。

---

　　① 作者注：当然，这些并不是新的观点。在人类学家的眼中，"智力"具有情境依赖性是不言自明的，他们持有这一观点已经有相当长的时间了。例如，见巴特利特在 20 世纪 20 年代的成果或科尔等人(1971)、莱夫(Lave，1980)的近期例子。由于认识到了这些问题，一些认知科学家呼吁要将认知科学的研究扩展到"纯粹"的领域之外并超越"纯认知"的领域。

从问题设置者的角度来看,这似乎是一个糟糕的策略。但是,一般来说,这是一个非常明智的做法。在日常生活的各项事务中,我们与谁交谈、采取什么样的措施、处于什么样的立场等都非常重要。环境总是具有无限复杂性,也会出乎意料,我们最好对其中的契机和威胁都保持警惕,它们或许是持续泛在的,也或许是意料之外的。

由于满足各种动机的契机会在同一时刻出现,现实环境中的智力行为往往会涉及要同时满足各种动机的行动——比如,实践动机和人际交往动机。它常常伴随着情绪和感受而产生,这在包含着他人的情境下是合适的。……"自然情境下的智力表现"……可能可以被界定为"基于自己发现的情境中的实际事实,根据自己的长期和短期目标给出的适当反应"。有时,最明智的做法是完全拒绝一项任务。(Neisser,1976,pp. 136 - 137)

呈现与科佩勒人研究对象的对话是为了说明一个方法论方面的问题:当实验者和研究对象开始一个对话(或任何实验性交互)的时候,如果带着不同的期望或是对统摄他们之间互动的话语规则有不同的理解,那么双方都有极大的可能会产生误解和错误的解释。当我们解释研究对象在访谈中提供的答案或是在实验环境中表现出的行为时,必须基于研究对象自己对该互动基本规则的看法或理解来进行。

例如,我们可以把上面引用的对话想象为是智力测试的一部分。如果实验者宣布由于研究对象提供的答案是"错误的",所以他们不聪明,我们就会认为实验者没有把握住要点。研究对象对于二者间对话目的的理解(即对与实验者之间基本交流规则的理解)是,一个人应该通过提供尽可能准确的信息来回应他人郑重索取信息的请求。(这在除了学术情境以外的情况下是很自然的事情。)于是,他的回答就是在真诚地试图提供关于雅克帕罗行为的信息。考虑到生成这些答案的心理背景,哪怕它们是"纯认知"行为的例子,对它们的正确程度进行评价也是不合适的。

我想在此提出的是,目前,即便我们置身于许多方法论上很纯粹的实验室研究中,也有可能出现类似的基本规则冲突;并且,我们认为是"纯认知"的许多东西可能并不是"纯"的,研究对象在实验环境中的行为可以被各种微妙但极其强大的因素所左右。在产生口语资料的研究中,影响口语行为的因素可能包括研究对象对因记录所造成的压力的反应（这使得需要对麦克风进行一些设计）、他们对实验环境性质的看法（某些方法被认为在正式环境中的问题解决上是"合法的"，但在其他情况下就"不合法"），以及他们对学科本身的看法。尽管人们可能采用了所有的方法论保障，但仍不能保证实验室实验的参与者会按照为他们制订的基本规则行事。因此，在解释形成的口语资料时，需要采取恰当的谨慎态度。以下为一例。

在 1978 年的预研究中，我在学生出声解决下述这个问题时进行了系列化的录音。

细胞问题　尽量准确地估计一个中等体格成年人体内可能的细胞数量。合理的上限是多少？下限呢？你对你的答案有多大信心？

细胞问题是一个特别有趣的任务，它是研究人们获取和使用存储在自己长期记忆中信息所采取方式的绝佳载体。虽然乍看之下这个问题并不容易解决，但它并不需要什么特殊的方法信息。其中的一个简单方法可以始于假设"对'人体平均体积'和'细胞平均体积'的合理估计应该存在"，那么，问题就是如何开展这些估计。由于对细胞体积的估计会有许多的估测方式，因此对人体体积的估计就可以相当粗略：一个尺寸为 6 英尺×6 英寸×18 英寸的盒子可能在系数上不超过人体实际平均体积的 2 倍，这其实就已经足够。（一个更精确的数据可以通过估测平均体重并将其转化为体积来获得。但是，没有必要这么精确，这个程度的具体化是一种过犹不及。）近似地计算一个细胞的平均体积需要十分精细地进行估测。我们可以看清楚尺子上 $\frac{1}{32}$ 英寸的标记，那么，$\frac{1}{50}$ 英寸可能就是我们裸眼能看到的尺寸下限。细胞是用早期的显微镜发现的，这些显微镜的倍数可能是大于 10 倍、小于 100 倍的（考虑到放大镜可能放大 5 倍）。那么，如果我们可以把一个"典型细胞"假设为一个立方体（因为这样计算起来比较容易），它的边长则会在 $\frac{1}{500}$ 英寸到 $\frac{1}{5\,000}$ 英寸之间，其余的部分就都是抽象计算了。

第一组研究这个问题的录音对象是大三和大四数学专业的学生。这些学生对我相当了解，对我的研究也比较熟悉；有的学生在高年级的部分项目上自己完成过口语报告分析。我们尽可能地采取了所有的预防措施以使得学生在录音过程中感到放松。我每次对一位学生的问题研究过程进行录音。

口语报告 9A(附录 9A)是 AB 形成的,他是一位以优异成绩毕业的高年级学生。学生 AB 的成果是好学生在被记录问题研究过程时的典型尝试。与大多数人一样,他的解决方案从一个纲要性的计划开始,他决定使用体积(而不是质量)来对比人和细胞的体积:

> 我关于问题第一条可能的思路或许是……试图弄清楚身体各部分的体积。然后,我会粗略地估计一下我认为一个细胞的体积有多少,再算出身体里适合有多少细胞。

他计算的顺序是人体体积在细胞体积之前,这也是典型的。AB 的计算非常细致,也非常耗时。一个"中等"的人体常常会被假设为学生自己的身体,然后利用一系列的几何体进行估测。更老练一些的学生(如 AB)会使用球体$\left(\text{体积计算公式是}\dfrac{4}{3}\pi r^3\right)$估测他们头的形状,用圆锥(甚至是截断的圆锥)估测他们的腿:

> 现在是腿……用一个圆锥可能更合适。我的腿的底部直径大约是 6 或 7 英寸,所以会有$\left(3\dfrac{1}{2}\right)^2\times\pi$,高度是我的裤腰尺寸,大概是 32 或 34,可以取 34,这是一个圆锥,所以必须乘$\dfrac{1}{3}$。

其他不太老练的学生会用圆柱估测腿,当他们不能回忆起球的体积公式时就用立方体估测头。但在所有的案例中,几何体的体积都得到了细致的计算。

与他们对人体体积的缜密计算形成鲜明对比的是,学生对于细胞大小的估计都非常粗略和简短。例如,在口语报告 9A 中,AB 将他对(球形)细胞直径的估计值设定为一个"折中"的数值,介于一个未指明的上限和以单位埃(氢原子的直径)为测度的下限。虽然 AB 承认这是"一个非常粗略的估计",但他也没有试图对之进行完善。另一个成绩优异的学生在花了 10 分钟研究人体体积后说:"好吧,我知道我可以在尺子上看到$\frac{1}{16}$英寸,所以我们可以认为一个细胞的边长是$\frac{1}{100}$英寸。"一般来说,学生花在细胞体积上的时间都只是花在人体体积上时间的一小部分,这种行为模式虽然让人费解,却十分地具有一致性。

这一年的晚些时候,我开始对学生两两合作解决问题的情况进行录音。我一共对大约二十几对学生录了音,他们在接受了与单个学生几乎相同的出声思维指导后对细胞问题进行了研究。(指导中的唯一调整是要求每对学生都作为一个团体合作开展研究,采用这种方式形成口语报告的原因将在下文给出。)没有任何一对学生展现出了上文所描述的那种行为。

事后来看,很明显,单人学生口语报告中的行为完全没有反映出学生"典型的"认知。这些报告中的行为绝对不够理智,而且这种不理智是由实验环境本身引发的。细胞问题超出了学生的经验范围,他们感觉到了不安。在读完问题后,他们就被卡住了,他们从没有在正式的场合研究过这样的问题(如果有的话),对于采用什么样的方式尚没有明确的看法。由于知道一位或多位数学教授会收听他们研究时的录音带,学生对必须要拿出一些实质性的东西以供记录感到了很大的压力。毫无疑问,他们需要产出的"东西"必须是数学方面的。因此,独立工作的学生对这种压力的反应是完成在这种情况下他们唯一能进行的与问题表述有关的正式数学内容:计算几何体的体积。当然,双人口语报告中的学生也感受到了同样的压力。但当两名学生一起研究这个问题时,典型的情况是一名学生面向另一名学生说着比如"我不知道该怎么做。你知道吗"的话。这种对彼此无知的承认就像一个泄压阀,它减轻了环境压力带来的负担。由此,这种压力变得可以承受,避免了像口语报告9A中看到的那样非常不理智的表现。

对这个例子进行详尽的讨论是因为它表明了对问题解决过程的分析中必然会存在的各种微妙的困难。当我意识到导致细胞问题单人口语报告出现不理智行为的环境因素时,我正准备着手写一篇论文,打算在文中描述:(1)学生关于"数量级"的运算能力缺乏到令人惊讶,(2)学生在战略性资源的分配上展现出了非常差的管理型判断。在回看这个例子时我感到,这种从"纯认知"的角度解释他们的口语资料是没什么意义的,就像在评价刚才引用的科佩勒人对实验者问题的回答时,从表面客观的角度给他们打上低智商的标签毫无意义一样。我们没有必要去利比里亚观察实验者和研究对象之间的话语规则冲突,它们就实实在在地发生在我们自己的实验室里,对研究产生了重要的影响。

以这样的方法论话题为背景,我们再来简单地讨论一下本书用来生成口语报告的方法。在大多数的学生口语报告中,学生都是被成对录音的。在他们问题解决的过程中,我除了通过偶尔的提示鼓励他们给出口语表达之外,没有实施任何其他干预。

为何成对?

像口语报告 9A(附录 9A)所呈现的,单人口语报告中可能会出现奇怪的现象。成对记录学生表现的一个主要原因是这样有助于减轻环境带来的各种压力,当学生独立进行问题解决时,这些压力对他们来说是很重的负担。第二个原因是,虽然看起来有些令人讶异,但双人口语报告提供的关于个体决策制订过程的信息常常优于单人口语报告。

人们普遍认为,让研究对象在问题解决时解释他们所作行为的理由会扰乱其问题解决的过程(Ericsson & Simon,1980)。因此,待给出口语报告的研究对象(包括我)通常会被要求出声汇报自己"正在"想什么——而不要进行任何的改编或提供额外的解释。当在单人口语报告中迅速形成这样的决定时,其结果往往是关于形如"我要做 X"的简单陈述,如上文引用的口语报告 9A 中 AB 对其解答计划概述的解读。在这样的口语报告中,没有关于是否考虑过当前方案之外其他方案的说明,也不涉及关于选择该特定方案(或舍弃其他方案)的理由可能是什么的说明。(例如,AB 是否曾考虑过可以用质量而非体积来估测人体和细胞的体积? 许多学生都是这样做的。如果他同时考虑了二者,为什么选择了体积?)

当两名学生一同研究问题时,他们的语言表达要比单人口语报告中丰富得多。在单人报告中,学生可能只说了做 X,而在双人报告中这名学生更有可能说的是"我认为我们应该做 X",还可能阐述了为什么要做 X 的原因。类似地,形如"让我们做 X"的建议有时也会得到像"为什么我们应该这样做"的回应。在这些情况下,关于这些决策的逻辑依据是要公开进行讨论的。

当然,选择这些优势之处也意味着割舍了一些东西。第一,来自研究对象一方的某个问题可能使得研究对象另一方本想实施的解决思路转了向——实验者将永远不知道如果不问这个问题可能会发生什么。第二,也相对更重要的一点是,实时的人际互动可能会以多种方式影响问题解决尝试中发生的事。个性较强的一方会主导两方的研究进程,但不一定会使得整个研究朝着更好的方法发展;两方都有可能干扰对方;"合作"的需求可能被证明是在分散注意力;等等。这些在社会情境下实时发生的情况导致我们很难厘清学生行为中反映了更"纯粹的认知"的哪些方面。

读者可能已经注意到,本书用于讨论的专家口语报告都是由专家个人独立形成的。在大多数时候,相比我的学生,我的同事对于进行"实时"表达这一想法都更感到自如(毕竟,他们"靠这个吃饭")。虽然他们肯定也会感受到录音环境带来的压力,但是他们不太会像单人口语报告中的学生那样受到来自这些压力的严重影响。在这种情况下,社会互动可能具备的缺点可能就超过了其潜在的优点,因此,(在进行了一些简短的预研究之后)我决定单独对每位专家的研究过程进行录音。

为何不作干预?

本书描述的大部分工作是探索性的。为了记录下某些类型现象中的重要之处,必须让问题解决片段顺其自然地进行。了解学生是否能够克服可能徒劳无功的努力或者选择不当的解决方式是否会产生严重后果(见如:附录 9B 中的 KW 和 AM),唯一途径是给予学生完全的行动自由并实施观察。类似地,了解学生在几何作图问题上对尺规依赖程度的唯一和首选方法,是放手让学生独立研究并观察他们有多少时间是将"作图工具"紧攥在手头的。在学生问题解决的过程中实施任何干预都有可能改变他们的问题解决进程,在学生的行为模式得到充分的记录之前,我们无法承受这种风险。不倾向于实施干预的第二个原因是,干预可能带来好比教学那样的效果。比如,如果学生被问及他们在某个问题中朝着特定方向展开研究的原因,他们就很有可能在研究下一个问题的时候开始思考这类问题(为回答实验者的问题做准备),这也许就会改变他们研究下一个问题时的行为。类似地,第一次问出"你怎么知道你的作图会成功"可能会迫使学生思考这一话题，由此，该生在下一个作图问题上的行为就可能发生很大的变化。

非干预立场的方法论仍旧存在必须要注意到的局限性。虽然非介入的方式可能会有助于记录下某些现象发生的频率或存在的重要之处，但它很难服务于对研究过程的阐释，填补相关细节可能需要采用其他一些方法。例如，我们现在有一个关于学生解决几何问题的详细访谈报告，整个访谈分为四个阶段：（1）学生在非干预情境下产出口语报告。（2）在尽量减少实验者干预的情况下，学生给出对自己研究过程的回顾。（3）学生与实验者一同观看他们研究过程的录像带，学生被详尽地问到关于问题解决片段中发生了什么的诸多问题。（4）开展一个临床访谈，探讨从前三个阶段触发的任何值得关注的问题①。

简而言之，本节的重心是意图说明，研究智力行为的任何特定方式都可能在显化该行为某些方面的同时，隐化这一行为的其他方面，并使某些方面被曲解到难以理解。因此，对于同一现象的研究，必须采用不同的方法论从不同的角度开展研究。只有这样，才能让由使用特定方法论所得到的额外性质有机会与被研究现象本身固有的性质相剥离。当然，这些述评并不是在以事后判断的方式全面质疑那些依赖于口语资料阐释的研究的准确性，本节关注的这些要点很可能在许多情况下都是没有意义的。例如，这类情况的其中之一是为了架构人工智能程序而对专家的口语报告进行分析。此时，实验者往往会在他们的同事中寻找可以作为专家的研究对象，这些对象通常都熟悉并且赞同用于口语报告资料收集的方法。于是，在这些时候，口语报告 9A 中各类会歪曲 AB 问题解决过程的异常现象都不大可能发生。这里的关键是，我们不能总是从表面价值来看待口语资料，口语资料可以作为证据，就像一个人（坦诚提供）的证词可以作为司法审判中的证据一样。为了了解事情的全貌，我们应当尽我们所能将这些证据与从其他渠道获得的证据进行比较和对照。

现在，让我们转向关于调控行为的具体问题。

----

① 作者注：应该指出的是，这样的访谈只是探究学生几何行为的一种方式，其他的方法和技术（如课堂观察、问卷等）可用于从其他的角度研究同个现象。

第 4 节 研究背景——第 2 部分：口语报告的其他编码方案和关于调控的诸多议题

　　根据界定，口语报告的编码方案关注的是客观地追溯问题解决过程中个体出现的系列外显活动。这类方案已经被广泛地用于人工智能和数学教育，虽然它们在这两个领域的用途不同。在人工智能领域，口语报告分析是一种发现问题解决行为规律的工具。许多人工智能研究的目的是编写一个程序，这些程序是对给定口语报告中的行为或从许多口语报告中提炼出的理想化行为进行的模拟。在数学教育研究中，一般会对编码后的口语报告进行定性分析，当尝试识别有效策略或刻画它们的有效性时，通常会探求这些策略的使用频率（如目标导向探索策略的出现情况）与问题解决成功程度之间的关联。但不论是哪一个，在这两个领域中，开展的分析都是处于微观层面的。本节关于若干现有方案的简要讨论将从人工智能领域开始。

人工智能领域中的口语报告分析

　　如第 4 章所述，关于调控和执行中决策制订的话题是人工智能领域关注的核心议题。对问题解决出声片段的分析在人工智能关于问题解决的研究中扮演了重要角色，其中口语报告是主要的资料来源。关于人类问题解决者的记录被用于探寻他们的行为规律，这些规律被进一步抽象到问题解决程序中去。

　　人工智能中的早期口语报告分析方案是极其精细的，纽维尔和西蒙（1972）的《人类问题解决》一书对这类研究进行了全面且详细的阐述。在书中，他们讨论了问题解决通用程序（GPS）开发过程中对符号逻辑、密码术和国际象棋等问题中各类策略的分析。在这些分析中，调控在某种程度上是具有限制性的技术手段，常常与在一个问题空间中实施一个有效搜索有关。此时，问题的解决发生在一个精心划定的搜索空间内，问题的初始状态和目标状态都是被明确规定好的，而解决问题的行动则包括在搜索空间内确定一条从初始状态到目标状态的路径。在这样的情况下,选择正确的问题解决策略意味着选择有效的方法在搜索空间中找到正确的路径——或者,直白一些说,决定下一步该做什么。纽维尔(1966,p. 152,图 5)将"在问题空间的某个位置上斟酌"这类决策的特点描述如下:

> 选择一个新的操作:
> 　　它曾被使用过吗?
> 　　它可取吗:它会产生进展吗?
> 　　它可行吗:如果实施,它在目前情况下行得通吗?

这些问题是相当一般化的,在宏观和微观的分析层面上都具有关联性,它们通常都十分聚焦和精细。例如,以下的密码术问题是 GPS 开发过程中被研究的典型问题。

密码术问题　在表达式

$$
\begin{array}{r}
S\,E\,N\,D \\
+\quad M\,O\,R\,E \\
\hline
M\,O\,N\,E\,Y
\end{array}
$$

中,每个字母都可以代表不同数字(从 0 到 9 共十个数字中的一个)的取值,求一组能使所得数字表达式代表正确算法的字母取值。

思考一下尝试解决这个问题时可能经历的一系列步骤。首先,我们可以观察到最下面一行的 M 必须是 1。在将第二行的 M 取 1 后,我们可以观察到,由于 S+M=S+1 会产生进位,因此 S 必须是 8 或 9。我们暂时选择 8 或 9 作为 S 的取值,然后继续对其他字母进行取值。若出现了矛盾,则另一个值就是 S 的正确取值;若没有出现矛盾,则说明第一个值就是正确的取值。按照这个方式,完成对问题表述中所有字母的取值。

在将密码术问题形式化的过程中,问题空间中的一个位置指的是当前的知识状态,而"选择一个新的操作"意味着"决定下一步要尝试哪个数值"。使用本书前面的术语来说,这类决策制订是战术性决策而非战略性决策,制订的决策及对决策制订的分析都是局部的和聚焦的。在《人类问题解决》一书中,口语报告分析是逐行开展的,问题解决者进行的每一项活动(比如,暂时选择

的数值和后续的尝试过程)都被编码为一个独立的分析单元。

随着人工智能方法论的发展,研究人员开始将注意力转向于语义更丰富的领域,分析的水平也变得更加宏观,研讨的问题往往都围绕着"战略"。拉金(Larkin)描述了这些讨论中处于核心地位的一项研究:

> D. 西蒙和 H. 西蒙(D. Simon & H. Simon, 1978)对一位新手解决运动学问题开展的研究表明,对已知方程和目标方程运用手段-结果分析法能够很好地解释问题解决者应用各种物理学原理的顺序。显然,这位新手评估了她已经得到的方程和她所知道的解决该问题所需方程之间的差异;然后,她利用这些关于她现有手段和期望目标间差异的信息来决定要构建什么样的新方程以达到减小差异的目的。(Larkin, 1980, p. 116)

在这些考察相对复杂问题解决领域里问题解决行为的研究中,开展口语报告分析的层面位于对问题解决者选择使用的每个方程进行分析这个层次上。用纽维尔的话来说,"在问题空间的某个位置上斟酌"涉及的是问题解决者在问题解决的某个节点上对应该尝试使用哪个方程的选择。这样的分析仍然是相当聚焦的。

自 20 世纪 70 年代中期以来,人工智能领域的研究工作愈加从越来越细致的角度关注与调控有关的话题,特别是第 4 章所述关于规划的研究。诸如海斯-罗斯(Hayes-Roths,1979)的"机会主义"规划模型等模型清晰地制订了不同层面的规划并论述了它们之间的相互作用。然而,据我所知,在宏观(或战略)层面上,尚没有被明确阐明的口语资料分析方案。

数学教育领域中的口语报告分析

人工智能领域早期研究在口语报告分析上取得的成功,部分地助推了口语报告分析成为数学教育领域研究问题解决过程的工具。数学教育中第一个严格意义上的编码方案,可能应该算作是基尔帕特里克(Kilpatrick)在他 1967年的论文中开发的。与人工智能领域的大多数方案不同的是,基尔帕特里克的分析细致地对那些被称为重要的数学问题解决探索行为进行了编码。与其他方案一样,该方案在一个相当精细的层面上分析了问题解决行为,所得的结果是一长串符号,用以表示问题解决尝试过程中所使用的步骤(见后文)。一旦形成了系列化的编码,它们就会被作为统计分析的资料来源,将通过使用实证研究统计工具探究问题解决成功程度与某些问题解决步骤出现频率之间的相关性。

许多用于数学教育的口语报告分析方案都是基于基尔帕特里克1967年的方案得到。在大多数情况下,研究人员对口语报告进行编码的目的是为了尽可能地做到详细和全面。例如,卢卡斯(Lucas,1972)将自己对基尔帕特里克方案的修改描述如下:

> 我设计了一个行为分析体系来记录和评估问题解决过程中可能出现的许多活动,使用的符号种类、所画图表的数量、图表是否准确地表达了问题的条件,得到优化的图表数量和种类以及研究对象是否回顾了相关的问题或应用了该问题的方法/结果等都是这些活动的例子。对频率的查证采用系列化的程序编码进行测定;查证的类型被分为七类一览表。类似地,两个过程代码被用来辨别与分类结构及实施过程中的错误;使用一览表进一步区分了四种类型的实施错误。此外,我还对记录到的错误实例进行了统计,产生解决方案的策略(如分析法与综合法,试误,类比推理)也有相应的系列化程序编码,解决方案的附带成果(方程、关系式和算法程序)同时被记录。[我设置了编码]对资料作拆解或总结,……回看,……尝试攻克问题的不同模式。……当我非常仔细地考察了重构自有声录制口语报告的全景图,几乎不再有可观察的行为能逃过我的双眼……

> 为了说明该编码方案的形态,将编码字符串

R,M_f,—,DS(Me,Alg)5,DA(Alg)5,C,DS(Me,Alg)4,C

翻译如下:研究对象阅读了问题(R),画了个图(M_f),犹豫了至少30秒(—),开始把信息整合到一起(DS)得出一个方程(Me)。该方程可以用标准方法(Alg)解决,在过程中得到一个结果(5)。接着,研究对象看了看目

标,问自己需要什么才能达成该目标(DA),随之是一个简短的计算(Alg),出现了一个细节错误(↓)。回头检查时(C),研究对象发现并改正了这个错误(*)。研究对象直接继续(DS)推导出另一个方程(Me),求解该方程(Alg)后得到了正确的最终答案(4)。研究对象通过将之与问题条件的核对,验证(C)了这个答案。(Lucas,1980,pp. 72 - 74)

在 20 世纪 70 年代的大部分时间里,研究界都在追求全面性和可靠性。就卢卡斯的方案而言,最终的成果是一份超过两页长的"过程性编码字典"并伴随相当复杂的编码程序(Lucas, Branca, Goldberg, Kantowski, Kellogg, & Smith, 1979)。从某种程度上说,由于这类体系"本性"繁琐且一旦将过程编了码就必须处理大量的符号,因此到了 70 年代末,其他一些研究者选择关注更有限范围内的行为子系统。例如,坎托夫斯基(Kantowski,1977)的研究就呈现出了关注点的减少。她的项目使用一个"关于重要探索过程的编码方案"关注了一些探索步骤,其中的五个与计划有关、四个与对相似问题的记忆有关、七个与回顾有关。库姆和他的同事们开发了一个更加简缩的修订版过程性编码字典(Kulm, Campbell, Frank, & Talsma, 1981)。即便如此,编码仍然是处于微观层面的,资料的分析常常是统计性的,问题解决成功程度与某些类型行为出现频率之间相关性的探寻是反映在口语报告编码过程中的。

与人工智能领域的方案一样,数学教育领域的口语报告分析方法一般也是在战术层面对行为进行编码。当然,这样的研究对战略层面也有影响。例如,坎托夫斯基(1977)的统计分析显示,学生对某些目标导向探索步骤的运用与他们问题解决各个手段表现的成功程度之间存在正相关。然而,据我所知,没有一个口语报告体系直接关注了战略性决策及其对问题解决表现的影响。

最后要说的这点可能看起来微不足道,但也产生了值得注意的影响。根据界定,口语报告编码方案基本上关注的是发生在问题解决尝试中外显的活动,用卢卡斯等人(Lucas et al., 1980, p. 359)的话来说,"所有的行为都要进行显化,否则就不叫编码"。虽然看起来很合理,但这种做法可能导致出现重要的疏忽。正如第 1 章中简要描述的和下一节将要详细讨论的那样,问题解决片段中最重要的事情可能是那些没有发生的事情——例如,当一名学生没有评估解决方案的当前状态或所提解决方式的可能效用就开始走火入魔,那么，他/她问题解决尝试的结果一定是失败。从我的了解来看，目前还没有分析框架的关注点是确定问题解决尝试应该在哪里作出这类决策。

第 5 节　分析时的主要议题：基于对两个口语报告的简要讨论

口语报告 9B 和 9C(附录 9B 和 9C)给出的分别是 KW 和 AM 以及 DK 和 BM 尝试解决问题 1.3 的完整记录。该问题要求学生确定给定圆的内接三角形中哪个面积最大。第 1 章对这些尝试的基本情况进行了概述，读者不妨回顾一下这些讨论。本讨论的目的是关注这些口语报告中管理型行为的若干重要方面，力图强调口语报告的宏观分析框架应该关照到这些话题。

以下三条评论关于 KW 和 AM 所做尝试涉及的调控话题(口语报告 9B)。

评论 1　很明显，最重要的一件事，也是关乎整个努力成功与否的一件事，在这 20 分钟的问题解决过程中都没有发生：学生忽略了对计算等边三角形可能效用的评估(见口语报告中的第 5 条和第 6 条)，就一味地开始进行计算。这导致了整个片段都陷入了"走火入魔"的努力中。

评论 2　在问题解决的过程中，KW 和 AM 没有充分考虑已经出现的其他可能方案的效用，包括最大化圆中矩形的问题(第 28 条)、为了真正地从最大-最小问题的角度进行思考而研究是否能运用微积分(第 52 条)或是使用变分方法论证三角形的形状(第 68 条)。对其中任何一个备选方案的探究都有可能推进问题解决的进程；但相反地，每一个备选方案都逐渐简单地消逝了(见如：第 27 至 31 条)。

评论 3　问题解决的过程中没有对进展进行监控或评估，所以，自开始解决这个问题起，他们就没有可靠的手段来终止自己"走火入魔"的行为。(这与一位专家的口语报告形成鲜明对比。在专家的报告中，问题解决者通过"这太复杂了，我觉得这个问题应该没那么难"阻止自己实施一条问题解决思路。)

如何为这样的口语报告编码？虽然可能是多说无益，但我还是想强调，在这个特定的问题解决片段中，细节方面的问题(比如，学生是否准确地记住了等边三角形的面积公式，见第 73 至 75 条)几乎是无关紧要的。这里适合用军事上的例子做个类比：如果犯了重大的战略性错误（比如，第二次世界大战中欧洲的第二条战线），那么战术方面的问题（比如，前面提到的这条战线上的战争细节）就根本无所谓了。编码方案应当突出的是主要的决策。

第二点，也是更重要的一点，并非所有的主要决策都是外显的：由于缺乏评估和战略性决策，KW 和 AM 问题解决的努力是失败的。任何用于理解该口语报告的框架需要做到的都不仅仅是记录下已发生的事情，还需要表明什么时候应该做出战略性决策，并要使得我们能根据这类决策的是否制订以及质量高低来阐释个体问题解决的成败程度。

分析口语报告 9C 时的核心议题是对问题解决尝试中管理型决策质量的评估和这些决策形成解决方案的方式。口语报告 9C 中的调控过程并不像口语报告 9B 中那样杂乱无章；DK 和 BM 的决策是外显的和清晰的。但这些决策仍然使得学生在解决该问题时一定会失败。下一段简要概述了附录 9C 中出现的问题解决尝试发生了什么，带编号的评论请查阅相应的评论内容。

问题解决方案概要

学生 DK 和 BM 很快就猜出答案应该是等边三角形，然后开始寻找用以说明的方法。学生 DK 显然希望通过某种方式来利用对称性，他提出了他们应该研究其中一条边是半圆直径的三角形。学生在这些限定条件下确定了最大的三角形，但随后用"肉眼"就否定了它，因为它看起来就比等边三角形小（评论 4）。他们仍然执着于对称性上，决定将半圆中直角在直径上的直角三角形面积最大化（评论 5），这就使得原问题成为一个单变量微积分问题，BM 对之进行了研究（接下来的评论 6）。这个尝试并不成功，12 分钟后，它被舍弃了（评论 7）。此后，对解决方案的尝试逐渐沦落为一系列漫无目的的探索，大部分都是对先前尝试的"换汤不换药"（评论 8）。

评论 4 目前为止，学生分析问题的活动都是相当合理的。基于经验的探究完全适合于帮助人们获得对问题的"感觉"，只要它们没有占用太多的时间。学生通过与等边三角形的对比舍弃等腰三角形的行为是合理的，但是，他们做出这种舍弃的方式可能会让他们付出很大的代价。正如我们在第 1 章中看到的，DK 和 BM 用于发现等腰三角形的变分方法具有非常好的一般性，可以用来解决前述的原问题。但学生只是简单地舍弃了他们这一不成功的尝试，而没有去问问自己是否从中能有所得,这样做使得他们忽视了一个能成功的解决方法。

评论5 要解决另一个问题的决策是以一种非常不经意的方式做出的(第24至27条):

> **DK**:[在一个关于对称性的尝试失败后]……你想让它完全对称——但我们可以,如果我们能把这一块区域最大化,然后把它翻过来,如果我们能够假设它将会是对称的。
>
> **BM**:是的,它是对称的。

虽然结果是正确的(具有偶然性),但是从数学上说,学生假设最终的答案会是对称的这一方式并不恰当;在做出这个假设的时候,学生没有把要求他们发现和证明的东西太当回事。他们选择研究的新问题可能对解决原问题有帮助,也可能没有帮助。然而,学生却对此毫不在意,继续研究着这个经过改动后的问题。对这个新问题的研究耗费了他们60%以上的时间,这段时间可能被完全地浪费了。

评论6 学生BM在这里的战术性工作完成得相当不错,就像两名学生在整个解决过程中的大部分战术性工作一样,将问题缩小到单位圆内的决策只是他们专业能力的一个例子。在解决过程中,学生意识到并使用了各种探索策略和算法,但遗憾的是,BM计算过程中的一个算术错误导致了一个实际上不可能的答案,他意识到了这一点,顺利地开展了局部评估。尽管如此,他们开展的全局评估却不够成功(评论4和5)。

评论7 放弃当前分析方法的决策给出得极其随意(第74和75条):

> **DK**:好吧,我们暂时不要讨论这些数字了,看看能不能用几何方法。
>
> **BM**:好的,你可能是对的。

鉴于60%以上的解决过程都是以这种方式放弃的(其实,只要纠正一点小错误就能挽救全部的行动),我们可以认为,这种对他们之前努力横加否定的行为造成了相当严重的后果。

评论 8 在两名学生早一些的尝试中,曾涌现出许多明智的想法。如果他们能对这些尝试进行仔细的回顾,也许就能挽回一些东西。恰恰相反,他们只是简单地对之前的内容"马马虎虎地再做了一遍",而没有对已有的成果进行任何补充。

为了解决本讨论提出的诸多议题,下一节所述的口语报告编码方案将居于宏观层面。该方案力求确定重要调控决策的点位,包括(1)那些确实产生了的决策和(2)那些应该产生却没有产生的决策;力图刻画出这些决策的特征,描述它们(或它们的缺席)对解决方案演变方式的影响。从更广义上说,旨在传递关于问题解决者可以如何很好地取用他们所掌握知识资源的感觉。

第 6 节 对问题解决口语报告展开宏观分析的框架

本节所述的口语报告分析方法关注的是管理或调控层面的决策制订。该方法提供了一种确定解答过程中三类潜在重要决策点位的方式,以及一种研究个体在调控层面的行为方式如何影响解决方案演变方式的手段。

调控层面的决策指那些影响到分配或利用大量问题解决知识资源的决策(包括时间)。因此,在问题解决过程中资源分配发生重大转变的地方寻找管理型决策是合适的,这一观察结果表明了此处所述的口语报告分析方法和确定可能决策点位基本类型的途径。环节指口语报告被按照行为的一致性划分成的大组块;一个环节是个体或问题解决小组从事一项大任务(如 KW 和 AM 在口语报告 9B 中对等边三角形面积的计算,或 DK 和 BM 在口语报告 9C 中对微积分的使用),或一组为同一目标服务的密切相关任务群(如基于经验完成一些计算以获得对问题的"感觉")的一段时间。一旦一个口语报告被划分为若干环节,有一类决策的发生点位就出现了:它们位于两个环节的衔接之处,是问题解决方案的推进方向或基本性质会产生重大变化的地方,至少应在这些时刻考虑调控层面的活动。

接下来是第二类应当考虑的管理型决策发生点位,它们面临的基本情况是新信息或采取另一种方式的可能性被问题解决者(们)注意到的时刻。口语报告 9B 中有三个这样的例子。在第 28 条中，计算等边三角形面积的过程中，AM 第一次提到了与最大化圆内接矩形面积相关的问题，如果能对之进行恰当的研究，这一观察结论可能会引导出问题解决方式的改变。同样，第 51 条和第 68 条中也出现了关于新信息的点位。应当要指出的是，作为一个方法方面的话题，新信息的到来并不一定意味着一个环节已经结束、另一个环节已经开始。在许多时候，问题解决者常常会对出现在一个环节中途的新信息（至少暂时是这样）不予理会或不屑一顾，而继续沿着之前形成的思路实施研究。因此，只有当一条研究思路出现了明显的间断后，一个环节才算终止。

　　第三类管理型决策的点位要微妙得多，也更加难以把控。它们发生在解决过程并没有出现"灭顶之灾"但一连串的小困难已经表明可能需要考虑其他东西的时刻。比如，当实施过程陷入僵局的时候，或是问题解决的过程已经沦落成多少有些无目的探索的时候，就是需要一个"管理型回顾"的时刻。虽然如此，但很难辨别出何时需要开展这样的回顾。关于这种时刻的一个例子体现在口语报告 9B 中。我们很难判定学生 KW 和 AM 在计算等边三角形面积的 20 分钟里到底应该在哪个时刻停下来，但可以肯定的是，他们应该在时间用完之前重新作出考虑。正如本章中的多个例子所表明的，具备胜任力的问题解决者会在研究过程中持续监控和评价他们的解决方法；新手则不然，由此带来了严重的后果。这个话题很重要，以下所述的这个框架的一个局限性就是其没有能够很好地处理这个问题。

　　图 9.1 和图 9.2 分别呈现了对口语报告 9B 和 9C 的解析，图中标明了各环节中新信息的点位。图 9.1A 和图 9.2A 给出的是原始形态的分解结果，关注的是对前文所述三类管理型决策点位的识别。感谢唐·伍兹（Don Woods，1983）将其中的时间线表示为图 9.1B 和图 9.2B，它们用图解的方式说明了这些资料的另一些方面。

　　在思考图 9.1 和图 9.2 中呈现的解析时，应该予以强调的是，两个口语报告都是通过研究问题解决片段中的行为并将它们划分为若干环节来开展解析的，而不是通过寻找决策制定的点位。但是，这两个解析却都得出了口语报告中对解决方案产生了或可以产生重要影响的决策的点位。在口语报告 9B 这一案例中，我们能看到，KW 和 AM 在第 5 条和第 6 条时默契地就计算等边三角形的面积达成了一致，随后为实现这一目标进行了 20 分钟的探索。此外，在第 28、51 和 68 条时都出现了探寻其他方法的机会,但他们没有对这些方法进行研究。类似地,利用图 9.2 环节间的两两衔接之处,我们能确定影响 DK 和 BM 产生各项尝试的决策的位置。

经过少量的训练,将口语报告划分为环节和划定新信息的点位都是相当简单的过程,口语报告解析的信度很高。作为这种信度的一个标志,值得一提的是,本章使用的所有口语报告解析都是由三名本科生组成的一个小组在我不在场的情况下一致形成的口语报告特征刻画,这些解析不需要经过改动就能直接使用。(虽然这样,我并没有说不需要进行形式的改动。详见下面的讨论。)

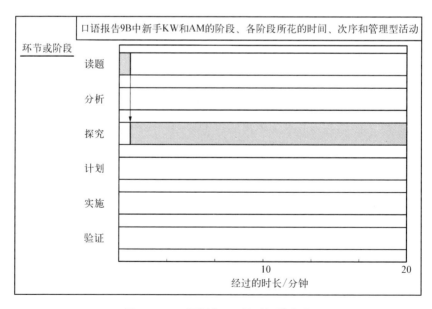

图 9.1A 口语报告 9B 的一个解析[从书面的口语报告中可以看出,第 68 条开始是一个新的环节。事实上,学生从那一刻起似乎就已经失去了所有的动力,只是在乱写乱画;(停止录音后)他们又回到了对等边三角形的思考中去。因此,第 6 至 88 条被认为是一个环节]

图 9.1B 口语报告 9B 的时间线表达

虽然如此，主观性并未销声匿迹，如下文所述，它清楚地出现在了对环节之间过渡期时决策制订的分析中。实际上，它已经存在于图 9.1 和图 9.2 对环节打标签（如分析、探究等）的方式中。这类标签是必不可少的，因为如果缺少这类标签，在刻画管理型行为的时候就可能出现繁多的行为组合。管理型行为包括对问题开展研究时角度和结构的选择、处于各个节点时对问题解决方向的抉择、根据新信息决定是否应该舍弃已经开始实施的思路、确定被舍弃的思路中有哪些东西是可以进行补救的（如果有的话）或者从思考了但没采用的解决方式中可以吸收什么，以及"实时"监控和评价实施过程并寻找能够说明管理型干预可能适切的讯号，还有很多很多。我们对管理型行为分析开展的初步尝试需要对口语报告中所有的管理型决策点位进行研究。在每个点位上，我们都会提出一系列问题来探讨上面提及的话题。我们能证明这种方式是相当全面的，但它实

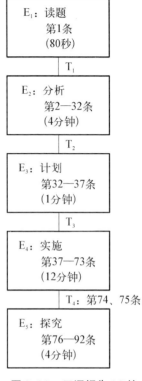

图 9.2A　口语报告 9C 的一个解析

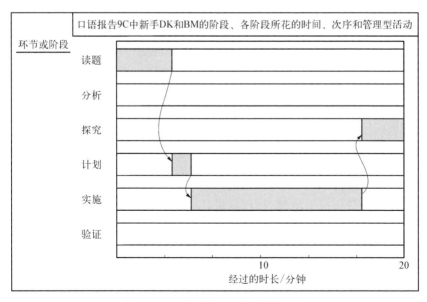

图 9.2B　口语报告 9C 的时间线表达

289

在难以把控。对此,仅举一例:前面提到的(1)研究对象刚刚读完了问题,(2)研究对象被卡住了,(3)研究对象已经获得了解决方案三种时刻,用于评价解答尝试状态的那些问题差不多都是没有关联的。在每一个特定的决策点位上,超过90％关于管理型行为应当问出的一般化问题(即在一些情境中会具有直接相关性的调控问题)都毫不相关。事实证明,在初步尝试中就要达到全面性实在太难以实现,下文将要描述的打标签方式是我开发的一种具有可行性的折中方式。

一旦口语报告被划分为环节,每个环节就都被定性为以下标签之一:读题、分析、计划、实施(或计划-实施,如果两个环节具有关联性的话)、探究、验证、过渡。在解决过程中出现的任何新信息或即时评估都会被详细地记录。至此,由分析而形成的(具有一定客观性的)口语报告特征就类似于图9.1和图9.2所呈现的样态;此时,每个环节及环节之间的过渡都得到了独立的分析。

分析时使用的问题有许多类型,不像人们认为的那样统一或同质。有些问题在口语报告中产生该问题的那个时刻就能得出客观的回答,有的与后来的证据有关,有的需要基于问题解决行为进行推断或判定。除了这些以外,还有的问题关于某些行为的合理性。当然,如果问出这一类型的问题,就引出了一个有意义的话题:合理行为的模型是什么样的? 如何建立这些模型是需要长期进行研究的重要问题,我不打算在这里"耍滑头"。尽管如此,当前的目标是为了更好地理解管理型行为而主观地讨论这一概念,以便未来能够创设这些模型。虽然这些讨论很明显是主观的,但对它们合理性的评定是具有信度的;我的评估结果和我的学生共同记录的结果具有很高的一致性。引用斯图尔特法官(Mr. Justice Stewart)1964年在美国最高法院一项判决中的一句话:"我今天将不尝试进一步界定我已理解的包含于这个简短定义里的那些内容;……但当我看到它时,我明白。"

以下是该分析框架的核心内容,我对每一种环节都进行了简要描述,同时给出了与该环节有关的一组分析性问题。通过将口语报告划分为不同的环节并给出相关问题的答案,就能得出一个口语报告的完整特征。

第 7 节　环节的划分及其相关问题

读题

读题的环节从研究对象读出问题表述开始。它包括花在内化问题条件上的时间，以及读题后可能出现的任何沉默时间——这些沉默也许表示对问题表述的深思、对问题的再次阅读（默读）或仅仅是头脑的放空。这一环节也包含再次出声朗读和用自己的语言叙述问题的部分表述。（可以看到，在口语报告 9B 中，读题环节是从第 1 条到第 4 条。）

读题环节的分析性问题是：

R1. 是否已经注意到问题的所有条件？是明确地注意到了还是隐隐地注意到了？

R2. 是否已经正确地注意到了目标状态？是明确地注意到了还是隐隐地注意到了？

R3. 是否对问题解决者与问题解决任务相关知识的当前状态进行了评估（见"过渡"）？

分析

如果在读完问题后没有马上能推进问题解决过程的方式，下一个（理想的）阶段就是分析。在分析的过程中，当要充分理解一个问题、选择一个适当的角度并利用该角度下的术语重新表述问题、为了思考而引入任何可能适合的原理或基本方法的时候，都将产生问题解决的一个尝试，问题可能由此得到了简化或重构。在通常情况下，分析环节会直接带来计划的制订，此时，该环节就是作为一个过渡存在。但需要注意的是，分析环节可能完全不会出现，就像在图式驱动的解决方案中那样——如果个体已经知道需要使用的相关角度和方式。

分析环节的分析性问题是：

A1. 选择的角度是什么？该选择是明确给出的还是默认的？

A2. 活动是由问题的条件推动的吗？（顺着干）

A3. 活动是由问题的目标推动的吗？（倒着干）

A4. 是否探寻到了问题的条件和目标之间的一种关系？

A5. 整体来看,该环节是否连贯？总的来说(考虑问题 A1 至问题 A4),问题解决者进行的活动合理吗？是否还有可能恰当的进一步评论或观察结果？

探究

从结构和内容两个方面都能将探究环节和分析环节区分开来。分析环节通常都是结构良好的,与问题的条件或结论有很强的关联性;但相反地,探究环节的结构没那么好,与原问题的关系较远。探究环节是在问题空间中进行范围广泛的纵览,搜索出可以纳入分析—计划—实施环节序列的相关信息。例如,如果个体在探究环节发现了新的信息,他很可能会回到分析中,希望能利用对该信息的使用更好地理解问题。

在问题解决的探究阶段,个体可能会发现问题解决的各种探索策略——对相关问题的研究、对类比的运用等。在理想的时候,探索环节并非没有结构;它在问题空间上会限定出一个宽松的衡量标准(基于对原问题的思考而感知到的与目标的距离),这样的限定有助于选择要深思的内容(回忆一下图4.12)。正因为探究环节的结构没那么良好,所以局部评估和全局评估在这里都很重要(也见"过渡")。"灭顶之灾"可能发生于放任自流的"走火入魔",也可能发生于横加否定或有作为的其他思路。

如果在探究环节中出现了新信息但没有被使用,或对它的考察是试探性的("来了又走了"),编码方案需要在该环节中辨别出新的信息。但是,如果问题解决者决定舍弃一种方式而开始另一种,编码方案就需要结束第一个环节,标识(并查看)了过渡环节后,开始另一个探究环节。

探究环节的分析性问题是:

E1. 该环节是由条件推动还是由目标推动？

E2. 活动是有方向的或有重点的吗？它有目的吗？

E3. 对进展是否进行了监控？有/无这样的监控对解决方案产生了什么样的结果？

E4. 整体来看,该环节是否连贯？总的来说(考虑问题 E1 至问题 E3),问题解决者进行的活动合理吗？是否还有可能恰当的进一步评论或观察结果？

新信息或局部评估

新的信息点包括得出或发现任何先前没有注意到的信息，还包括提出有潜在价值的探索策略（新过程、新方式）。局部评估是在微观层面上对解决方案的当前状态进行评估。

新信息和局部评估的分析性问题是：

N1. 问题解决者是否评估了其知识的当前状态？（做法合适吗？）

N2. 问题解决者是否评估了新信息的相关性或效用？（是否合适？）

N3. 有/无这些评估对解决方案产生了什么样的结果？

计划—实施

由于这里聚焦的是调控层面的问题，对计划形成方面的话题不作详细探讨。这里关注的主要问题涉及计划是否结构良好、计划的实施是否有条理、问题解决者是否利用对计划环节的反馈以及局部和/或全局水平上的评估对这一过程进行了监控或评价。其中的许多判断是主观的，如没有任何外显的计划活动不代表一定没有一个计划。事实上，图式驱动的解决方案往往是直接从读题片段推进到对一个连贯且结构良好计划的实施，这个计划并没有用语言表达出来。因此，下面这些问题覆盖的范围很广，应当能适用于一系列的情况，包括从图式驱动的解决方案到研究对象制订一个合适的计划，甚至包括偶然得出一个计划。

计划—实施环节的分析性问题是：

PI1. 究竟是否有关于计划环节的证据？计划环节是外显的还是必须从研究对象行为的目的性中推理出计划的存在性？

PI2. 该计划是否与问题的解决方案相关且相适？它是结构良好的吗？

PI3. 研究对象是否定性评估了计划的相关性、合适性或结构？如果是，这些评估与问题 PI2 的结论有什么关联？

PI4. 实施环节是否按照计划以有条理的方式进行？

PI5. 是否在局部或全局水平对实施环节进行了评估（特别是如果有东西出错了）？

PI6. 有/无这些评估对解决方案产生了什么样的结果？

验证

验证环节的基本特征本身就很明显,它的分析性问题是:

V1. 问题解决者是否回顾了解决方案?

V2. 是否以任何方式检验了解决方案? 如果是,是怎样检验的?

V3. 是否从对过程的评价或自己对结果把握程度大小的评价对解决方案进行了评估?

过渡

在大多数情况下,两个环节的衔接之处是管理型决策将要制订或终止一个解决方案的地方。但需要注意到的是,评估的出现与否或其他外显的管理型决策出现与否并不一定是解决方案好或坏的标志。例如,在专家关于常规问题的解决方案中,我们能看到的唯一活动可能就是读题和实施。这在一定程度上说明了下述内容的矛盾性和主观性。

过渡环节的分析性问题是:

T1. 是否对解决方案的当前状态进行了评估? 既然要舍弃一条解决思路,是否尝试对之进行了补救或从中汲取了一些可能有价值的东西?

T2. 有无评估舍弃先前进展对解决方案在局部水平上产生的影响是什么? 全局水平上呢? 问题解决者进行的活动(或未进行活动)是否合适或必要?

T3. 是否评估了采取新思路会对解决方案产生的短期/长期影响? 还是说研究对象直接扎进了新的解决方式中?

T4. 有无评估采取新思路对解决方案在局部水平上产生的影响是什么? 全局水平上呢? 进行的活动是否合适或必要?

由于前一节已经围绕口语报告 9B 和 9C 给出了关于上述问题的大部分答案,再呈现对这两个报告的分析就显得多余。下一节将提供的是对第三个问题解决片段的完整分析。

第8节 一个完整的口语报告分析

口语报告9D(附录9D)给出了 KW 和 DR 尝试解决下面这个问题时的全部记录：

问题 9.1 考虑周长为定值 P 的所有三角形组成的集合。在这些三角形中，哪一个的面积最大？尽可能说明你的答案为何正确。

这个口语报告发生于1980年到1981年间问题解决课程结束的时候，而口语报告9B和9C是发生在课程开始的时候。研究对象 KW 在口语报告9B中也出现了，参与问题解决课程时，他已经完成了三个学期微积分课程的学习。学生 DR 是大一学生，只学了一个学期的微积分。

图9.3A和B呈现了对口语报告9D的解析，相关的分析也随之呈上。

环节 1：读题(第 1—2 条)

R1. KW 和 DR 明确地记录下了问题的条件。

R2. 注意到了目标状态，但有些随意(见第4—5条、第9—11条)。

R3. 没有反思或评估他们已知的东西或研究方向，就一头扎进了探究中。

过渡 1(无条目)

T1—T4. 学生没有对他们当前的知

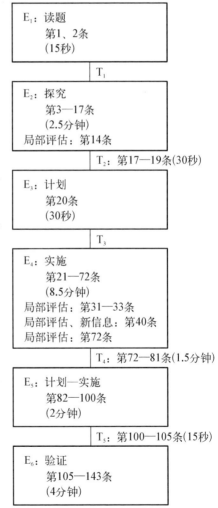

图 9.3A 口语报告 9D 的一个解析

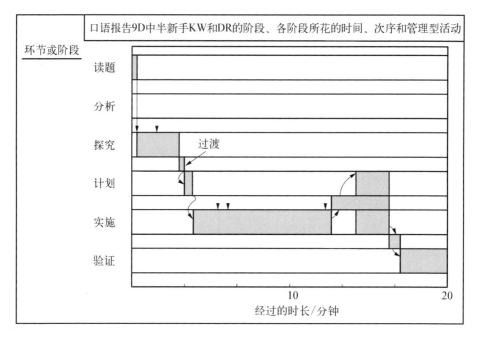

图 9.3B　口语报告 9D 的时间线表达(出现管理型活动的外显标志时以倒三角表示)

识或未来的方向进行认真评估。他们应该给出评估,缺少评估可能导致代价高昂。但其实并没有缺少,评估发生在环节 2 中了。

环节 2: 探究(第 3—17 条)

E1. 这些探究似乎多少有点儿是由目标推动的。

E2. 活动好像没有重点。

E3—E4. 在第 14—17 条时开展了监控和评估,这奠定了探究的基础,引出了过渡 2。

过渡 2(第 17—19 条)

T1—T4. 学生 KW 和 DR 同时评估了他们目前知道的东西和需要做的事情,形成了两个结果:结果之一是确立了一个主要的方向,即决定尝试证明等边三角形具备所需的性质,结果之二是他们创设了一个计划来实现这一想法(见环节 3)。

[注意:如果说我在这个讨论中可能言过其实了,那么可以与口语报告 9B 中 KW 和 AM 在第一个过渡时的行为做个对比。在几乎相同的情况下,他们

没有进行评估,这造成了他们20分钟的努力都一无所获!]

环节3:计划(第20条)

PI1. 这个计划是外显的。

PI2. 这个计划在一定程度上与问题的解决方案相关且相适,它是结构良好的。

PI3. 见对过渡2的讨论。

过渡3(无条目)

T1、T2. 在第20条时,之前的计划几乎没有产生什么效用;没有考虑问题T1和问题T2的必要。

T3. 没有对这个计划进行评估;直接立刻开始实施。

T4. 他们的计划是与解决方案有关联的,但只涉及了问题的一半内容——说明了最大的等腰三角形是等边三角形。问题的另一半是要说明最大的三角形必须是等腰三角形,缺少了这部分的解答是没什么用的。他们在8分钟后的第72条时才意识到这一点,这导致他们浪费了许多精力。但由于监控和反馈机制的运行,这一环节的实施被终止了,这并没有对整个解决方案产生破坏性后果(详见后文)。

环节4:实施(第21—82条)

PI4. 实施过程延续了环节3的思路,虽然多少有些随意。在第一次求导时,他们有些手忙脚乱,接下来的两次局部评估有效地纠正了这种情况(亡羊补牢,为时未晚)。

局部评估(第31—33条)

T1—T4. 形状上看起来不太可能的答案引导他们仔细地考察了已知条件,但并没有由此引发他们对全局情况的重新评估(可能目前还不需要)。

局部评估、新信息(第40条)

T1—T4. 这里的新信息是他们意识到了自己在实施的过程中遗漏了问题

条件的其中之一("我们没有设定任何条件——我们把 P 漏掉了")。这让他们回到了开始的计划而没有进行全局评估,其代价是:直到第 72 条之前都在白费精力。

局部—全局评估(第 72 条)

环节 4 到此结束,见过渡 4。

过渡 4(第 72—81 条)

T1、T2. 前一个环节被合理地舍弃了。但该环节的目标被保留了——"说明它是等边的",这也是合理的。

T3、T4. 在第 82 条,学生 KW 和 DR 轻松地开始了环节 5,我们很难判断该环节的合理性。他们是否是选择了一些没用的东西,对此的考察颇有一番波折——但结论是:这些东西确实有用。

环节 5:计划—实施(第 82—100 条)

PI1、PI2. 计划是外显的,"我们要把底边设为等于某个值"显然是一个相关的探索策略。

PI3. 跟之前一样,他们陷进去了。如前所述,这可能让他们白费功夫。

PI4. 他们使用的变分论证似乎是以一种相当自然的方式在推进。

PI5. 这一次,局部评估(第 95 条)很好地发挥了作用,确保了学生在正确的思路上推进。局部评估引发了第 96 条中对论证过程的回顾,这个时候,DR 明确地"看出了"解决方案的余下部分。除此之外,DR 还开始评估解决方案的质量以及自己对结果的信心(第 100 条)。

过渡 5(第 100—105 条)

T1—T4. 从现在来看,发生的事情更像是两个人互相辩论的结果。看起来,DR 对自己的解决方案很满意(可能还为时过早),尽管他在环节 6 中给出的清晰解释表明了他的自信可能合乎情理。

环节 6:验证(第 100—143 条)

V1—V3. 学生 DR 显然很有信心,两名学生一直研究到 KW 认同该方案的正确性才停下来。

　　［注意：这不是通常意义上的验证环节。在没有理解之前，学生 KW 一直不愿意停下来，这使 DR 完整地演示了整个论证并进行了详细的解释，结果是他们彼此都对（正确的）解决方案感到满意。我觉得，如果只有 DR 一人的话，他会在第 100 条时就结束。（在参与课程之前，KW 是否会这么努力地坚持获得一个解释，也是一个没有定论的问题。）］

第9节　对调控的进一步讨论：基于来自学生的更多资料和对问题解决专家口语报告的分析

　　当我们开展像本章所述这样少许的详细分析时，总是要在深度与广度之间进行权衡。得益于这样的分析，我们开始对一些学生研究某些问题时的问题解决行为有了相当清晰的认识。虽然如此，要理解这些行为的典型性却是非常困难的。出于这一原因，本节概括地描述了其他一些问题解决片段，并围绕口语报告 9B 中的一处典型行为给出一些相关资料。在该行为片段中，KW 和 AM 读完给定问题后立即急于开始探究环节，并将整个 20 分钟都花在了该环节上。

　　与前几章一样，这里对口语报告的讨论也有多个目的。用于形成口语报告的问题解决片段发生在一个问题解决课程的前或后，这个课程是第 7 章和第 8 章所述研究的实验干预。因此，本章开发的聚焦于调控行为的工具为研究问题解决课程如何影响学生问题解决过程提供了另一种方法。在这样的时候，有两个问题是最值得关注的：（1）学生在调控层面的行为是否在课程结束后产生了变化？（2）学生的调控过程是否与专家的相似？

　　本节给出了一个来自专家的问题解决完整口语报告及对它的详细分析，其部分原因是为了建立一个调控行为的标准，这样学生的问题解决过程就能与之对照。除此之外，该口语报告还作为具备内在价值的内容独立存在。被记录的研究对象是一位专业数学家，对要求他解决的这类问题不怎么熟悉。在开始解决这个问题时，他对恰当的解决方法可能是什么几乎没有想法，因此,他称不上一般意义上所指的特定领域"专家"。但与此相反,他的问题解决专业能力非常具有一般性;在调控方面的能力堪称一绝,在以令人惊叹的效率运用他知道的东西后,很快解决了该问题。这些行为引发了一些围绕"专业性"基本特征的重要话题,本节也将对此进行探讨。

口语报告 9B 和 9C 是 1980 年至 1981 年间冬季学期在汉密尔顿学院开设问题解决课程(数学 161,第 7 章已述)开始时完成的录制。它们是这里要讨论的当时 12 个问题解决片段中比较典型的两个[①]。这 12 个片段是六对学生中的每一对围绕两个问题开展的研究。每对学生研究的第一个问题都与口语报告 9B 和 9C 中使用的问题相同,即要找出圆的最大内接三角形;每对学生尝试研究的第二个问题都是问题 1.1,该问题在第 5 章中已进行过深入的讨论,问题解决者被要求说明如何作出与两条给定直线都相切的圆,而且要符合其中一条直线上的指定一点必须是两个切点之一的要求。

现将一些有代表性的教学前口语报告简要"抓拍"如下。这些总结是非常简略的,对于希望能详细开展的研究来说没什么用,但它们确实有力地证实了在调控或战略层面制订决策至关重要;同时,它们也表明了口语报告 9B 和 9C 的典型性。正如下文所见,学生教学前调控层面的活动与教学后的调控行为形成了一定程度的对比,而与专家的活动则形成了鲜明的对比。为了简明扼要地呈现这些材料,表示环节分析的图表将被缩略为一个顺次排列的环节标题序列,如果没有过渡,就将该标题删除。按照这种方式,图 9.1 就被表示成读题/过渡/探究,以此类推。

ET 和 DR,第一个问题:读题/过渡/探究

在短暂地提到最大-最小问题并在过渡的时候简单地提醒了自己一下("但它会适用于所有情况吗?我不知道我们是否能在之后进行检验")后,ET 和 DR 开始计算等边三角形的面积,该活动占据了接下来 15 分钟内的大部分时间,虽然有一些局部评估("这对我们毫无益处"),但总体看起来基本是延续了这一探究过程。结果:完全白费功夫。

[①] 作者注:它们也是其他时候的问题解决课程之前和为了其他目的录制的共计一百多盘录音带中的典型。作为用于说明这一情况的一个佐证,超过半数的这些录音带都可以归属为读题/探究型。

ET 和 DR,第二个问题:读题/探究

在最开始探究时,ET 和 DR 画了一系列的草图,其中包含了他们解决该问题需要的所有关键信息。他们没有尝试开展回顾或评估,这导致了他们忽视了之前成果中的相关信息。他们在尝试解决这个问题的时候是漫无目的和漫无边际的。或许是因为感到有必要做些什么,他们打算亲手画一个实实在在的图,但他们的草图已经说明了自己是不正确的。于是,当他们没有成功实施这个打算时,他们陷入了困境。总的来说,他们的片段展示的是契机的错失、活动的不聚焦和精力的浪费,即便 ET 和 DR 都很聪明是事实,也都完成了第一学期的微积分课程并获得了 A。

DK 和 BM,第二个问题:读题/分析/过渡/探究/分析(问题解决方案)/验证

分析内容的广度较大,连贯性也很强,但紧接着就转入一个不太恰当的作图过程,这使学生将 3 分半钟的时间都浪费在错误的思路上。当发现这样作图不对的时候,他们又回到分析环节并解决了问题。经过仔细的验证后,他们完成了这个问题的解决。在该片段中,管理型决策合理地发挥了作用。

BC 和 BP,第二个问题:读题/探究/过渡/探究

一系列基于直觉的猜想形成了一系列尝试性的作图,巧合的是,最后一个猜想是正确的。尽管两名学生中没有一名知道为什么会这样,但他们都只满足于“看起来正确”。这个录音带表现出的是典型的试错过程,只有在可试错的空间很小的情况下才有可能找到正确的解决方案。虽然录下的过渡中有一个不太到位的评估(靠肉眼判断舍弃了一种作图),但产生的结果只是继续试错。

这些简要描述中呈现的这类行为是问题解决课程开始时以及许多其他录音带中学生表现出来的典型行为。在大多数情况下,解决方案的寻找都始于对某个特定方向的快速选择,缺乏对该方向研究价值的评定。由于学生很少对自己的研究进展进行全局评估,他们就很少有机会能剔除不恰当的解决思路,也不太能补救自己的首个错误尝试,这些导致了探究环节最初几分钟里的

活动常常就已经注定解决过程的失败。下面这些统计数据揭示了学生这些行为的本质。在课程开始时记录的 12 个片段中，有 7 个是读题/探究型且没有过渡。

口语报告 9D 是问题解决课程后对 DR 和 KW 的记录，虽然它可能略好于教学后学生的平均表现，但它是一个具有代表性的样本（另一个样本将在下一章给出）。这个片段几乎比教学前所有的片段都要好的原因并不在于学生解决了问题——他们可能只是幸运地碰上了能够解决问题的变分论证。该片段称得上是一个优质解决过程的实际原因是，凭借合理的调控决策，DR 和 KW 确保了自己有时间去思考变分方法。这些决策让他们在研究问题的时候评价并剔除了一些也许会可行的思路，其中的任何一条都可能会占据他们尝试解决该问题时的所有时间。这种改进后的调控行为是典型的教学后表现。整体来说，在教学之后，学生评价和剔除不恰当解决思路的行为比教学前要多得多，徒劳无功的努力则少得多。在一些时候，这样的做法让问题获得了解决；虽然有些时候也并没有解决问题，但至少没有让低效的调控行为消弭了发现解决方案的可能性。对该环节的分析清晰地显示了教学前后学生表现的差异。虽然教学前记录的 12 个问题解决片段中有 7 个都是读题/探究型，但教学后的 12 个口语报告中只有 2 个是该类型。并非巧合的是，按照第 7 章和第 8 章所述的措施开展评价的结果都显示了学生表现的提升。对于本节开头提出的第一个问题，它的回答显然是"是"。录音带和环节分析都记录下了课程结束后学生管理型行为的大幅改善。（与其他评价措施一样，针对学生的管理型行为，课程前后也都记录了类似的资料。）对第二个问题的回答也可以是肯定的，但一个更实在些的判断结论是，学生在他们管理能力的发展上还有很长一段路要走。教学后录音带显示，学生监控、评估和管理方面决策制订的整体质量仍然相对较弱。

为了说明管理能力如何正向促进问题解决表现，我们研究了数学家 GP 解决问题 1.2 过程的完整文稿，第 1 章和第 4 章曾经讨论了该问题解决片段的部分段落。研究对象 GP 是一位数学知识很广博的数论学家，但（从口语报告中明显可以看到）他被要求解决问题 1.2 时，已经有好多年没有研究过几何问题。将 GP 关于相同问题的解决方案与 JTA 图式驱动的解决方案相比（完整的比较在第 4 章中），可见 GP 的方案显得笨拙且不太优美。但正因为 GP

在研究问题 1.2 时陷入了困境,我们才有机会看到他调控层面的能力带来的影响。与被我要求完成本题的许多学生相比,GP 开始研究该问题时手头拥有的具体内容知识较少,他主要是通过调控层面的活动有效组织了自己的认知资源,从而让自己有能力解决该问题。

GP 解决过程的文本呈现在口语报告 9E 中(附录 9E),相应的环节分析在图 9.4 中给出,该图与前三个环节分析的对比结果是不言自明的。由于显然存在篇幅限制,我精简了对口语报告 9E 的完整分析。

考察口语报告 9E 时的一个关键点是,在尝试进行问题解决的过程中,GP

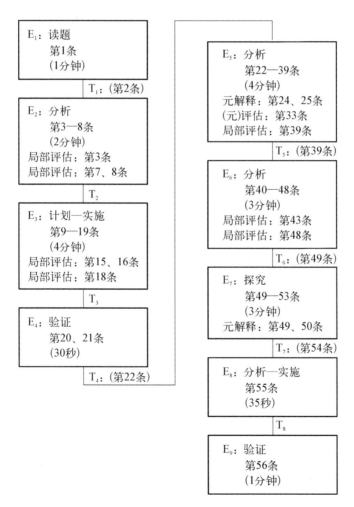

图 9.4A　口语报告 9E 的一个解析

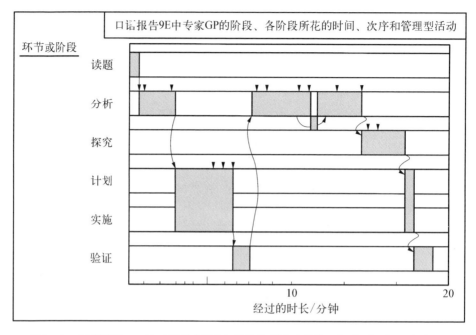

图9.4B 口语报告9E的时间线表达（出现管理型活动的外显标志时以倒三角表示）

一直从容地进行着监控者—评估者—管理者三者之间的角色变换，无论是在局部还是全局层面上，很少有超过1分钟的时间看不到能清晰说明GP正在密切注意和调控整个解决过程的迹象。在问题解决的时候，他首先试图确定自己已经充分理解给定问题。到了第3条时，GP意识到，为了形成一个解决方案，有必要获得一些新的信息或由观察所得的结论。第4条和第5条的活动显然是由目标驱动的；在第6条中，必要的信息产生了；第7条和第8条就立即使用了这些信息。对计划的评估是在第9条完成的，他的阐释清楚地表达出问题的解决取决于他是否有能力构造$\sqrt{2}$；由于他确实知道怎样构造，该计划就可以继续推进了。GP在第9条的后半段说明了完整的计划，对该计划的实施暂停了两次，每次暂停之后都有所改动（第15条和第16条；第18条）。这再一次表明，GP几乎在任何时候都留意着要使解决方案更加清晰和简明。解决过程的第一部分以一个轻巧但完备的陈述论证结束。

　　解决过程的第二部分也是从定性分析开始的。GP在第24条的说法值得注意，"这开始有趣起来了"（换言之，"有难度了"）。我认为，这种对难度的初步评估体现了专家元认知行为的一个重要基本成分。它说明，专家在尝试进行问题解决的早期就评估了问题的难度,之后会根据这个期望标准判断自己在解决过程中的进展。这些对问题难易程度的提前预估(当然,这些预估会被不断修正)可能是专家在问题解决过程中决定探求或剔除多种探究思路的主要因素。

研究对象 GP 问题解决过程的第二部分持续进行着,他正在通过结构良好且连贯的尝试缩减应该要考虑的情况的个数。这里对一种特定情况的分析是在实施第 29 条"这种归纳的想法"中,它看起来是一个"前景光明的"或"有积极意义的"推导,能够验证所有的情况。然而,第 33 条中"没有矛盾"这一短语表明,即使是研究在不断推进的过程中,GP 对自己的作图是否真的可以生效仍旧保持着开放的态度,仍然在探寻可能出现缺陷的地方。比较容易能够看出来的是,当需要他意识到某个作图不能实现的时候,他就有可能使用反证法扭转乾坤。他继续心存两种可能性,一定程度上不偏不倚、不疾不徐地评估着自己解决过程的进展,这在第 49 条中得到了证实。

类似地,他对解决方案的当前状态也进行了相当频繁的评估。在第 40 条中出现的"如果可以的话,就能一下做完了"这一说法表明,解决方案不仅被提前计划好了,在尝试解决的过程中,还会对计划不断进行评估和再评估。二次改动(第 54 条)是相当不常见的,但即使是在这个时候,也有像"全力攻克"这样的说法来作出规限。

这一尝试解决问题的过程可以被总结如下。从表面上看,它似乎设计欠佳,结构性也不强;在问题解决空间内曲折前进的过程中,许多时候都看起来多少有些漫无方向。但实际上,在这个过程中,水平高超的管理与调控表现无处不在。无论是战术还是战略层面,都有对问题解决过程的持续监控,GP 一直在评估着计划及其实施,并根据评估结果采取行动。如此一来,在研究问题的时候,问题解决者就能够考虑许多可能的选择,而不会把精力浪费在徒劳无功的努力上;他就可以通过自己的探究发现有价值的信息并利用它们。在问题解决的过程中,战术性知识和关于内容主题的知识固然重要,但元认知技能或调控技能是成功的关键。

口语报告 9E 中,研究对象 GP 的问题研究过程提供了一个很好的机会,让我们能够围绕人工智能和信息加工心理学中对专家和新手两个术语的使用方式开展讨论,也能够讨论如果按照这些方式使用这两个术语可能会带来哪些误解。

关于专家和新手的许多界定都是特应于具体领域的：专家是透彻了解该领域的人，而新手则是不了解且通常是刚接触该领域的人。关于何为专业性，其具有领域特应性的界定是狭义的和专属的——要求专家对他们所研究的领域是精通的。由于这样的专家是对某个领域了如指掌的，因此他们对这个领域的问题解决图式就能够手到擒来，相应的表现也近乎自动化。数学家 JTA 关于同一个问题的解决方案（完整版已在第 4 章中给出）是阐释这种专业性的典型例子。对于 JTA 来说，分割三角形的任务不是一个问题，只是一个练习，获取相关解决方案的机制几乎是自动化的。

如果按照这种方式定义专家的表现，那么 GP 就不算专家，他在解决问题 1.2 时展现的各种技能也不能被看作包含在可说明专业性的技能清单里。这种观点的隐含意义令人感到不安。尽管 GP 可能不是一位几何学专家，但他是一位问题解决专家；正是他所掌握的大量元认知技能让他能够在其他人失败的地方取得成功，哪怕很多人在开始研究这个问题时拥有该领域的具体知识比他更多。在我看来，面对不熟悉的问题时能够取得巨大进展是有才华的问题解决者的标志。像优秀问题解决者在熟悉领域内开展研究时表现出来的常规胜任力应当受到许多关注一样，这类能力也值得关注，但遗憾的是，它们还未被关注。

新手的标准化定义所涵盖的范畴是比较宽泛的，大体意思是"这个领域对他/她来说是新的"，它使得作为问题解决专家的一些人可以在不太熟悉的领域中能作为新手存在。按照这种说法，一名专业的问题解决者（例如，一位对问题解决过程进行计算机模拟的研究型心理学家）可以是运动学实验中的"新手"——只要他/她没有学过很多年的物理学。这个人从某个特定领域的角度来说可能是新手，但作为一名经验丰富的问题解决者，他/她在面对物理问题时储备着各式各样的问题解决一般方法与策略。目前，对问题解决新手具备什么能力以及他们如何使用自己的技能两方面的认识还不清晰，对新手一词的宽泛定义是造成这种局面的潜在原因之一。例如，D. 西蒙和 H. 西蒙（1978）的研究常常被用于支持"手段-结果分析法"是问题解决新手常使用的弱方法[①]。（见本章第 4 节来自拉金的引文）本研究中的新手是一位问题解决专家，

---

① 译者注：问题解决的方法可以分为强方法和弱方法。强方法是针对具体类型问题的专门方法，效率相对较高但适用范围窄；弱方法是可以应用于许多类型问题的一般化方法，适用范围大但效率可能不高。

但根据一些标准,他对于"手段-结果分析法"的运用仍然可以称得上相当老练。一名真正意义上的新手在这些情况下可能会做些什么,仍旧是一个需要研究的问题。

第 10 节 简要讨论:研究局限和
尚需的工作

本章呈现的口语报告分析框架引出了很多问题。虽然它的呈现方式可能会让人觉得这已经是一个成熟的研究结果,但我们最好把它看成是一项仍在推进中的研究。

该框架背后隐含的想法是意图确定问题解决过程中主要的转折点,这一目标是通过先将一个口语报告在宏观层面上剖分为几个称作环节的大组块,再逐一考察环节间的两两衔接之处来完成的。但是,严谨地来说,环节由什么构成? 正如本章指出的那样,我能够将由本科生组成的编码人员培训到准确和可靠地划分口语报告。然而,完成编码只是完成了一部分工作,仍然需要采用一种严格的方式来刻画这些环节的特征。为了更好地理解整个过程和分析储存下来的各个环节,已经有研究尝试改良了用于表征它们的框架(见如:Bobrow & Collins,1975),以使得这些框架能够用于研究在宏观层面上划分出的各种类型问题解决环节。但那些尝试并没有取得成功。关于精确界定的那个问题也尚未解决,这是一个很令人困扰的话题。

同样重要又棘手的问题是对发生在问题解决过程中监控、评估、决策制订过程开展客观描述和评价。这些过程的作用在口语报告 9E 中体现得很清楚,它们是在管理层面上进行的持续监督,既保证了 GP 的知识资源能够被高效地使用,也保证了他的问题解决过程一直是在正确的思路上前进。但是,这些管理型决策是基于什么而制订的呢? 口语报告 9E 的分析表明,对问题或其子任务难度的早期评估可以成为之后制订管理型干预的依据。然而,这类评估的判断标准是什么、监控过程的基本特征是什么、干预是由什么引发的、最多到什么样的情况都可以不作干预以及其他许多话题,都仍待阐释。

仔细研究每一个这样的话题就又都会产生许多其他的话题。例如,让我们考虑一下评估的作用。在口语报告 9E 中，它显然积极地助推了问题解决方案的演变，但评估并不一定总是合适的或总会带来理想的结果。比如，在一个图式驱动的解决过程中，我们应该直接实施问题解决方案而不进行评估，除非或直到有预料之外的情况发生。如果一个"头脑简单"的模型只是在一系列预先确定的位置（如环节之间的过渡之处和新信息的发生点位）开展评估以做检查，那么就根本把握不住重要的地方。评估能产生的成效取决于当时的情况，要具体说明什么样的情况适合开展评估，还有许多工作等待我们完成。

从长远来看，有必要建立一个关于管理层面上行为的详细模型，该模型需要能以一种严谨的和可靠的方式来关涉上述这些话题。本章中这个框架所提出许多问题都是非常主观的，如 A5"问题解决者进行的活动合理吗"，T2"问题解决者进行的活动（或未进行活动）是否合适或必要"。此时此刻，我们只能通过判断加以回答。希望经过进一步的研究，能够全面地阐述做出这些判断的依据，并提供由应用上面所指的这种细致模型而得出的实证证据。

第 11 节　小　　结

本章始于对两个内容的讨论，一个内容是口语研究方法，另一个内容是当试图解释问题解决出声片段中发生了什么时可能会面临的微妙困难。正如口语报告 9A 所见的，即使是在一看就很纯粹的实验环境中，从表面含义来理解口语资料也是会存在很多问题的。研究对象和实验者之间"话语规则"的冲突或环境压力对研究对象产生的负面影响，都会在口语报告形成的过程中通过许多不同方式无形地使研究对象的行为走样。由此，基于这样的口语报告完成的行为分析就会歪曲问题片段中真正发生的东西。一般来说，对于某个行为，任何方法（包括口语报告分析）都可能会凸显其中的一些方面，但也会掩盖或扭曲其他方面。所以，更为审慎的做法是，从尽可能多的角度来研究特定的问题解决行为案例，这样有助于将行为本身固有的特征和行为与方法间互动产生的东西相分离。

在讨论了口语资料之后，本章转向了对管理或调控行为的研究。两个问题解决片段的转录文稿（口语报告 9B 和 9C）呈现了较差的调控能力会对学生问题解决造成的阻碍,它们尤其说明了监控和调控层面评估的缺席一定会导致问题解决的失败。口语报告 9B 中的学生没有衡量过计算的作用就开始了一系列计算,到很明显能看出(从外部观察者的视角来说)完全是在白费功夫的时候也没有能够对自己的探究进程进行限制。在马不停蹄的过程中,他们不曾检查和利用尝试解决问题时不断产生的可能有用的想法,管理型行为以这种方式的缺位致使他们的问题解决不会取得成功。类似地,缺乏对计划的评估和当舍弃一种还有挽救余地的思路时不进行回顾,是导致口语报告 9C 中学生失败的主要因素。

之后,本章介绍了在宏观层面分析问题解决口语报告的一个框架,也展示了使用它的方式。口语报告的分析需要进行以下操作:首先是需要将问题解决片段划分为若干个环节,一个环节的时长是问题解决者或问题解决小组从事一项大任务或一组指向于同一目标的密切相关任务群时所花的时间。(环节可归属于以下六种之一:读题、分析、探究、计划、实施、验证。)鉴于环节的界定方式,需要在环节的两两衔接之处圈定知识资源分配或问题解决方向发生重大转变的地方。同时,该框架也需要区分出问题解决过程中新信息或其他思路可能出现的地方,以及当探寻了某条思路足够长的时间后应当开展"管理型回顾"的地方。

该框架能大幅改进先前的分析。过去的分析方案只对外显的行为进行编码,只关注已经做出的决策和它们的影响;而该框架则能明确地识别出问题解决过程中应该考虑管理层面活动的点位。通过确定调控决策将产生举足轻重作用的地方,该框架提供了一种机制,用以追踪欠缺这些决策可能会带来的后果。

除了对一些口语报告开展了详细分析以外,本章还对若干其他的问题解决片段进行了简要的概述。这些片段是在某个数学问题解决课程前后录制的,该课程是第 7 章和第 8 章中所述研究采取的实验干预方式。以下的统计数据总结了对这些片段的研究结果:教学之前录制的 12 个片段中,有 7 个是读题/探究型的;这说明,学生们在读完问题表述后就立即投入到长达 20 分钟马不停蹄的努力中。而在教学后的口语报告中,只有 2 个属于这种类型。对其他时候开设的问题解决课程前后的记录也得到了类似的结论。上述数据表明,非常强调关注元认知(回忆一下表 7.1)的课程能够对学生调控层面的行为

产生重要影响。

附录9A 细胞问题的单人口语报告

AB：[读题]尽量准确地估计一个中等体格成年人体内可能的细胞数量。合理的上限是多少？下限呢？你对你的答案有多大信心？

让我想想我可以采用的思路。

第一条思路可能只是利用身体的某些部分来进行，这些部分比较明显，尝试去找出——

我关于问题第一条可能的思路或许是把它们近似地看成几何体，接着试图弄清楚身体各部分的体积。然后，我会粗略地估计一下我认为一个细胞的体积有多少，再算出身体里适合有多少细胞。

我想说的是，从手腕到手臂，差不多是个圆柱体，我不确定，直径大概是 3 或 4 英寸。那么就会有，它的半径大概是 2 或 $1\frac{1}{2}$ 英寸，平方，乘 π，得出我手臂的体积是多少立方英寸。所以，我已经有两个手臂，那么我会得到两个那个。

现在是腿。一条腿——这个可能更合适——这有点差异，那我会说用一个圆锥可能更合适。我的腿的底部直径大约是 6 或 7 英寸，所以会有 $\left(3\frac{1}{2}\right)^2 \times \pi$，高度是我的裤长尺寸，大概是 32 或 34，可以取 34，这是一个圆锥，所以必须乘 $\frac{1}{3}$。

现在是头，非常非常勉强能近似看成一个球。那么就有了一个球——我不知道是多少——我不知道，也许平均直径是 6 英寸。可能有点小，也许直径是 7 英寸。很快就知道公式是 $\frac{4}{3}\pi r^3$。于是我得到了我头的立方，有了 $\left(3\frac{1}{2}\right)^3$。现在还少什么呢？

哦，躯干——这非常重要。嗯，躯干是——可以说大概是一个圆柱体，底面是椭圆的。我可以算出它的面积大概是，我不会准确地计算这个。假设我的腰围是 34 英寸，我在这里可以大概估算一下。如果我要研究它，我能算出这个几何图形椭圆的体积。

AHS： 好吧，给出个大概的估计吧。只是满足我的好奇心，我希望你能给我一个你估计的数。

AB： 我得到了一个椭圆。这可能需要点时间，因为我的几何很差。我有一个周长大约是 34 英寸的椭圆，主轴大概能有 18 英寸长，另一条轴可能——我不知道——18 英寸——嗯——哦，天哪——

是的，这会很乱。我就不算这个了，用一个其他的大致估计来替代吧，宁愿假设我自己是——好吧，我不打算费力去做这个，反正既然它不太精确。但我可以画出一个圆，可能比这个小一点。嗯，这个圆有——多大——差不多 8 到 18 之间，看看，相比高度，我觉得必须要从宽度上拉伸得更多——接近 18——比如说直径是 14。所以，这意味着半径是 7 英寸。这样我就有了 π×49。这是我对它的猜测，高度可能是——我不知道——大概是 15。

现在我已经搞定了两条手臂、两条腿、头、躯干。

好了，现在轮到手了。我得再做一个非常粗略的估计。如果我把我的手握成拳头，我会得到一个底面半径大概是 $1\frac{1}{2}$ 英寸、高为 4 英寸的圆柱体。我有两个高为 4 的手，乘 π，半径是 $\frac{3}{2}$。

但我不知道用什么来当我的脚。好吧，可以把它们看成小长方体。4×2×10。不，实际上差不多对的。

嗯，也许还有脖子。如果想要精确的话，直径差不多是 4 英寸，所以半径是 2 英寸。那么在体积中底面积是 4π。对，4，πr^2。现在我把这些都加起来。我要加它们吗？

AHS： 我们就把这个数用大写的 N 来表示吧。过会儿我来找一个计算器，我们一起去真的算一算，满足一下好奇心。

AB： 好的，这个数是 N。好了，我已经得到了身体的体积，现在我得弄清楚一个细胞的体积可能是多少。

在我看来，这好像类似于［未听清］。氢原子的直径大约是一个单位埃，一

埃大概是 10^{-10} 厘米。这不大可能会近似于一个细胞的大小。如果我必须用它来估计一个细胞的大小——这会是一个非常粗略的估计,它的数量级可能就不对——它应该是每英寸 10 000 个或每厘米 10 000 个细胞。可能我需要折中一下,我可以说每英寸 100 000 个细胞是正确的。这就给了我 10^5。所以,每一个的直径是 10^5,把它们看成球,这样会简单一些。我就有 $\left(\dfrac{10^5}{2}\right)^2 \times \pi$,对吗? $\dfrac{10^5}{2}$——已经知道了每英寸 10^5 个,那半径应该是 10^{-5} 除以 2——然后平方,再乘 π。所以你利用它,用它除以 π。

我想说的是,这应该能得出体积,但我还是有点不大相信这个事情。好吧,也许它是正确的,因为在分母那里会有一个 10^{-10}。把它们乘起来,就会得出差不多 1 000,这是合理的。但愿当乘起来的时候有几千平方英寸左右。

AB 被告知,他计算的是圆的面积而不是球的体积。他作了更正后在计算器的帮助下完成了所有的体积计算(四舍五入保留四位小数)。

附录 9B　口语报告 9B

1. **KW**:［读题］在半径为 R 的圆中作一个内接三角形。要使三角形的面积最大,应如何选择它的三个顶点? 尽可能地证明你的答案。

这个图形的面积不能比圆的面积大。所以,你可以从把面积说成要小于 $\dfrac{1}{2}\pi r^2$ 开始。

2. **AM**:好的,那我们从某种程度上可以把这个圆看成是——三个点在前头,r 在这里,我们有,让我们看看——几个点——

3. **KW**:我们想要的是最大的一个——

4. **KW**:我们想要的是最大的一个——

5. **AM**:对,我认为最大的三角形可能应该是一个等边三角形。是的,并且面积不能大于 πR^2。

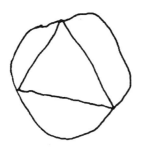

6. **KW**：所以,我们得把圆的周长三等分来求出这个长度。对的,好。所以,角度是 60 度~120 度。让我们看看,假设它等于 s 除以 R——这个半径没什么用。

7. **AM**：我们是否必须尽可能地证明这个答案? 证明为什么这个三角形——证明为什么——是的,没错。

8. **KW**：好的,让我们画一个直角三角形,然后看看我们能得到什么。我们会得到一个直角三角形。

9. **AM**：直角三角形的中心。让我们先看看这是一个什么样的直角三角形——这个点在中心吗? 好了,嗯。是的。

10. **KW**：这肯定是半径,我们得求出它将会是这样的,对吧?

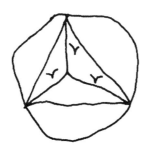

11. **AM**：所以,这个的面积——

12. **KW**：——是 R，是 R——$\dfrac{1}{2}$ 的底乘高，就是 s 和 $2R$，高是 R，所以就是 $\dfrac{1}{2}R^2$，多算了一倍。

13. **AM**：嗯。但我们需要说清楚的是像这样的东西——是的。让我们回到角度上来——可能我们能利用角度做点什么。

14. **KW**：哦，我知道了！这里，这里会是 120——120 度的角在这里——

15. **AM**：对！是的，这是 120，这是 120。

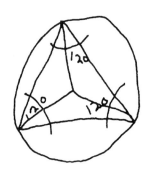

16. **KW**：对！

17. **AM**：那——

18. **KW**：我们必须要弄清楚——

19. **AM**：我们为什么选择 120？因为这时候是最大的面积——我们只是在最大的面积中选出一个——120。

20. **KW**：嗯。那么，在所有时候底和高都会是相等的。

21. **AM**：底和高——对——

22. **KW**：换句话说，每个直角三角形都是一样的。

23. **AM**：啊哈——我们也得尝试用上 R。

24. **KW**：对。

25. **AM**：嗯［似乎在重读问题］。尽可能地证明你的答案。好的。［停顿］

26. **AM**：那么——还是这幅图，对吧？这是——两条边都相等——在这个点上——等弧、等角——等边——这一定是圆心，这是半径 R——这是半径 R——

27. **KW**：我们把一个三角形分成三等份，然后——

28. **AM：**以前有个问题——我不记得了，是什么关于正方形——正方形是区域里面积里最大的部分——关于它，你记得什么吗？

29. **KW：**不。我同意你说的——最大面积——什么东西在圆里，可能是一个长方形，就像这样——

30. **AM：**啊，好吧……

31. **KW：**既然这是 R，这是 120，这两个不也是 R 嘛？

32. **AM：**对的。

33. **KW：**这是 120。

34. **AM：**啊哈。

35. **KW：**像相似三角形——120 和 120 是相同的角——所以这两条应该是 R。

36. **AM：**好吧，可能是的。

37. **KW：**为什么不是？

38. **AM**［喃喃自语］

39. **KW：**看，来看——这个角是 120，对吧？

40. **AM：**对。

41. **KW：**然后这也是个 120 的角，对吧？这就像相似三角形——

42. **AM：**等一下——我觉得如果你——这是 120 是对的，但我不认为这个是——

43. **KW：**它是一个等边三角形——那就有——

44. **AM：**不，它应该是一个 60。

45. **KW：**哦对，它应该是一个 60。［喃喃自语］那是它的一半——对的——2R。

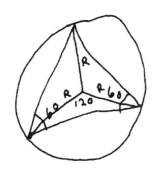

46. **AM：** 你打算从什么地方开始做？

47. **KW：** 要是我们能求出这些边中的一条，我们就可以得出整个面积。

48. **AM：** 啊哈。

49. **KW：** 对吧？

50. **AM：** 假设这是那条边的一半，我们就有 $\frac{1}{2}$ 底乘高，我们就能得到面积。那我们要说明的就只剩这是最大的。

51. **KW：** 当我们把公式 πR^2 减去 $\frac{1}{2}$ 底乘高再最大化，然后求导，把它设置为 0，我们就能得到这个函数——然后我们能得到用 R 表示的这个形式。

52. **AM：** 嗯。

53. **KW：** 然后我们可以试着把这个作为最大的面积。

54. **AM：** 你想要求这个函数吗？这是一个关于 R 的函数。

55. **KW：** 是的。

56. **AM：** 我觉得我们可以求出来的。你想要求，对吧？

57. **KW：** 嗯，显而易见，这与 H 有关，H 的话，里面还是要有 R。你可以把它减掉。

58. **AM：** 有 H 在里面。嗯，我们有这个在这儿。［喃喃自语；复述问题］试着让它是 $2R$。

59. **KW：** 不，它不可能是。它肯定是在 R 和 $2R$ 之间。

60. **AM：** 是的。

61. **KW：** 这对我们帮助很大。令 R 等于 1。

62. **AM：** $R＝1$？

63. **KW：** 对。

64. **AM：** 好了。

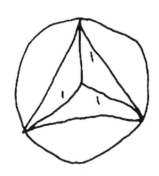

65. **KW**：这是 1，这是 1，这是 1——它会等于 S 除以 R。当 $R=1$ 的时候，三角形的面积等于，等于 2。

66. **AM**：好了，高等于——

67. **KW**：那是三角形的边——很显然，$R=1$。

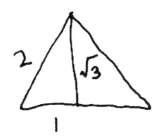

68. **AM**：好的。分成相等的部分［喃喃自语了很多］。这种形式——是的，你知道的——可以。我们可以按照这样的这条思路继续下去——

69. **KW**：对的。

70. **AM**：是的。嗯，这里的高度是在递增的，但底在递减。

71. **KW**：是的。［喃喃自语］

72. **AM**：当达到——嗯。

73. **KW**：面积是多少？把边长平方，用 4 倍的根号 2 除，得到等边三角形的面积？是这样吗？

74. **AM**：你想求出等边三角形的面积。

75. **KW**：面积？我不知道。可能类似于把边长平方后用根号 2 除，或者其他什么——

76. **AM**：如果你有可能说明——某个时刻是我们得到等边三角形的地方，给出底和——嗯，你知道的——关于这个底的乘积，既然每次我们移动这条线的时候，底在递减而高在递增。如果你能说明这个时刻在哪里，这个乘积就是最大的——所以在这个时刻的面积就是最大值。这一条是在递减的，在这个时刻我们有 R、R、R。

77. **KW**：啊哈。

78. **AM**：嗯。这是底——是 $2R$——一个直角。

79. **KW**：它不可能是 $2R^2$。

80. **AM**：［喃喃自语］还有一个——我是说——

81. **KW**：嗯。

82. **AM**：它应该是 R^2。但底乘高〔喃喃自语〕和这个，就是 $R+x$。

83. **KW**：高等于 $R+x$，所以底等于 $R-x$。

84. **AM**：〔喃喃自语〕这两个东西等于这个——

85. **KW**：对的。

86. **AM**：好了。

87. **KW**：我不知道。

88. **AM**：我们想要含有 H 的这个积最大——作为最大值——和这个——我不知道。

附录 9C 口语报告 9C

1. **DK**：〔读题〕

2. **BM**：我们是否需要用到微积分？这样我们就可以最小化，说得更准确点，把它最大化。

3. **DK**：我猜这会更像〔喃喃自语〕，我基本的预感是它将是——

4. **BM**：一个等边的——

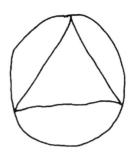

5. **DK**：60，60，60。

6. **BM**：是的。

7. **DK**：那么，怎么选择这些点就指的是这个三角形上的——这些点将会在哪里。

8. **BM**：可以用微积分试试——看看可不可以——直接把圆画出来——看看能做点什么去找到这个直角三角形——

9. **DK**：是的,或者为什么我们不去找到——或者为什么我们不去了解——一些方式去把这个问题分解为——比如,在半圆里会找到一个怎样的三角形?

10. **BM**：这里是 60 度?

11. **DK**：为什么我们不,为什么我们不说——嗯——为什么我们不去找以直径为底边的最大三角形呢? 可以吗?

12. **BM**：以直径为底边?

13. **DK**：对。

14. **BM**：嗯,那样将会得到这样一组直角三角形。

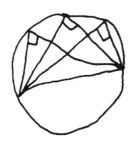

15. **DK**：它们的面积都相等吗?

16. **BM**：不,不,它们的面积不都相等。面积最大的是像这样。看看我们能不能找到——使它变成类似于一个这样的——如果我们能用微积分来做的话,我知道一种方式。我只是不记得怎么做了。

17. **DK：** 我有一种感觉,我们不需要用到微积分。这是这个区域,然后这是 R,这会是——R^2——这就是它的面积——那么这里的距离就会是——45 度——

18. **BM：** 是的。这会是 45 度,因为它们是相等的。那是 A——$\dfrac{A}{\sqrt{2}}$,对吗?

19. **DK：** 唔。

20. **BM：** 如果那是半径——A——这就也是 A,所以那就是 A^2,那里就是 R^2,不是吗?

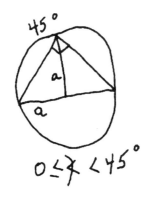

21. **DK：** 对的。

22. **BM：** 但我觉得它还能变大。

23. **DK：** 哦,它当然还可以变大——我刚才只是想知道如果[停顿]——

24. **DK：** 嗯,我们不是要构造一个菱形,所以我们不能像这样画个菱形出来,显然你想让它完全对称——但我们可以,如果我们把这一块区域最大化,然后把它翻过来,如果我们能够假设它将会是对称。

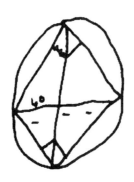

25. **BM**：是的，它是对称的。

26. **DK**：如果我们能找到最恰当的区域——

27. **BM**：你说要最恰当的——把它对半分到半圆里。

28. **DK**：对。如果我们能在找到最恰当的区域——

29. **DM**：这个三角形要嵌在一个半圆里——嗯，这不应该是个半圆——

30. **DK**：不，它是个半圆。

31. **BM**：最大的三角形嵌在这里？

32. **DK**：是的，但它必须要是——如果它是对称的，尽管如此，那么你就知道这条线必须是平的。那么，它就会形成一个直角。于是，我们真正必须要做的事是作个直角。所以，我们真正要做的事就是找到内接于半圆的直角三角形的最大面积。

33. **BM**：直角三角形的最大面积。是的，显然这个就是错的。

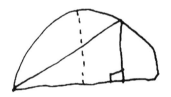

34. **DK**：不对——不对——

35. **BM**：一个像这样的。

36. **DK**：是的，有这个角，对。

37. **BM**：好的。我们下面怎么做呢？嗨，比如，我们可以——用单位圆，

321

对吗?

38. **DK：**唔。

39. **BM：**那么这意味着——这是$\sqrt{1-x^2}$——这个点就在这儿——会是$\sqrt{1-x^2}$。嗯。把这个平方[喃喃自语]。我现在要挑一些点出来看看是否——任意找一些——

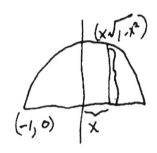

40. **DK：**嗯,好的,只是为了找到这个点——

41. **BM：**好吧,这是1。现在我已经找到这个点了,是的。它的面积是多少? 就是这个距离乘这个距离,对吧? 这些距离的乘积会等于这个面积——从这个距离,它的值是x,那么就是$x-1$或$x+1$? 嗯,是$x+1$,这里的这个距离乘那里的那个距离,那个距离就是在y轴上的长度,是x^2。想对它求导——关于x[喃喃自语]。

$$A = \tfrac{1}{2}(x+1)\sqrt{1-x^2}$$

$$\frac{dA}{dx} = \frac{(x+1)(\tfrac{1}{2})\frac{-2x}{\sqrt{1-x^2}}}{2\sqrt{1-x^2}}$$

$$\frac{1}{\sqrt{1-x^2}} = \frac{\sqrt{1-x^2}}{1}$$

42. **DK：**好的。

43. **BM：**乘$2-x$。我有没有,哦,2消掉了,那我只有一个负x——或者用$\sqrt{2-x}$除,加上所有这些东西。然后把那个设为0,你就有——哦,这只是一个,不是吗——这只是一个——其中的一个,加上它等于0,对吗?

44. **DK**：我觉得我们有点迷失了，我不太确定。好吧，你继续说吧——

45. **BM**：嗯，我只是这样想一想，这好像是操作性的东西。这有个负号，不是吗？［喃喃自语］嗯，$x=\sqrt{2}$，我们说这个距离是什么？是 x。这样它意味着这里是 $\sqrt{2}+1$。这是不可能的。

46. **DK**：乘 R。

47. **BM**：如果 x 等于正负 $\sqrt{2}$——

$$-x^2 = -2$$
$$x = \pm\sqrt{2}$$

48. **DK**：唔。

49. **BM**：这个 y 的值是 $1-x^2$，对吗？

50. **DK**：这是这儿的距离。所以，这里应该是 $\sqrt{2}$。我猜你的计算是正确的。

51. **BM**：是的，我得到了 x 等于 $\sqrt{2}$。我们已经在这儿得出了一个半圆，对吧？是的。我就有顶点了——对的，它是一个单位圆，那就有 $x^2+y^2=1$，因此 $y=\sqrt{1-x^2}$。可以吗？而［停顿］x 不可能等于 2 的平方，否则就超出这块了。我知道这应是正确的，但——

52. **DK**：但所有的——让我们看看——好吧，我们已经知道，嗯，三角形不是 45、45 的，因为那样太小了，对吧？

53. **BM**：嗯——

54. **DK**：我们知道这个角要大于 0 度小于 90 度——

55. **BM**：我只是想要确定我没有——然后这里是 $x+1$，$x+1n$ ——交叉相乘就有 $1-x^2=1$，这意味着 $x=\sqrt{2}$。

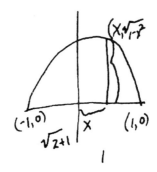

56. **DK**：不对，它得是 60、60、60——直角三角形——不对，抱歉，不是一个直角三角形——必须是 60、60、60 的三角形。因为不论你把这些定点移到哪里，它都肯定是一个 60、60、60 的三角形——因为不论你把这些定点移到哪里——

57. **BM**：嗯。

58. **DK**：——你打算把这儿的面积增大——像这样［喃喃自语］，你打算像这样增加面积。

59. **BM**：好吧，是的。我明白，但我不理解为什么这样做不对。我指的是——这个方程无解吗？

60. **DK**：我不知道。你确定你打算求的东西在这个里面吗？

61. **BM**：是的，我标出了这些，我只是想标出这些长度。

62. **DK**：好的，你刚才打算求什么？它的长度？

63. **BM**：我刚才只是在求它的最大面积——我说 $A = (x + 1) \times \sqrt{\frac{1}{2} - x^2}$。这个是这条高，长度是($\sqrt{1-x^2}$)。这是一个直角三角形，这里的距离——这个减去 x 的值，我用上了——x 的值就是 x。嗯——因为它都是用 x 表示的——是 x 减去这里 x 的值——这儿是 $x-1$，那儿是 $x+1$——那么面积——啊，嘘——我应该把 $\frac{1}{2}$ 放进来，好的［喃喃自语］，我能求出来的。这里应该有 $\frac{1}{2}$，但我不认为这会有什么改变——它们都是从 1 来的。

64. **DK**：所以——如果——

65. **BM**：哦，等一分钟，这儿有个区别——每一个配两个就是第一部分

的 $\dfrac{1}{2}$——

66. **DK**：那你要求的最大面积就等于——

67. **BM**：这没有任何区别,只是在这里有个因数是 $\dfrac{1}{2}$——因为面积是这块的 $\dfrac{1}{2}$。

68. **DK**：不对。下一步做什么?

69. **BM**：来看,我得到了 x——看看,我求出了 x 的值是 $a \pm \sqrt{2}$,对吗?

70. **DK**：唔。

71. **BM**：如果我把 x 回代到这里,就会得到 $\sqrt{2}+1$,对吧? 然后我把 x 回代到那儿,就有 $1-(\sqrt{2})^2$,就是 -1,那就不对了。

72. **DK**：唔。

73. **BM**：这好像不对。乘 r^2 [喃喃自语]。让我再检查一下我求导的过程。现在我知道我哪儿错了——等一下。我加了这个 x——它应该是乘,这样我们仍然有可能做对。让我从这里开始。这只是一个求导上的错误。让我看看,它会是 $1-x^2$——不,它是—— $-x+1$。这应该对了。如果对的话,这里就解决了,然后消掉这个 -1。那就变成 $x+1+x^2-1$,它让 x^2+x——把这个消掉 [喃喃自语]——都对吧? 还是不对。

74. **DK**：好吧,我们暂时不要讨论这些数字了,看看能不能用几何方法。

75. **BM**：好的,你可能是对的。

76. **DK**：嗯,我们知道它们俩之间存在某种对称性。

77. **BM**：是的。

78. **DK**：我仍然认为我们应该尝试——是的——我们之前的做法——就是试着去固定两个点,让第三个点自由移动。

79. **BM**：是的,我们刚才是打算固定它们。嗯,我知道如果你把它们固定在一条直径上的话会发生什么——你会得到一组直角三角形。

80. **DK**：那些是最大的。

81. **BM**：嗯，我看不出如何——你打算把这两点固定到哪里？

82. **DK**：唔，把它们固定在任意直径上，就能找到最大的三角形。

83. **BM**：那会是——如果你把它们固定在直径上，显然会是45、45的三角形。如果你把它们固定在任何弦上。

84. **DK**：是的，为什么呢？嗯，我们知道如果我们把两个点放得太近的话——嗯——嗯。不论我们把第三个点选在哪里——

85. **BM**：是的。

86. **DK**：——这个三角形都会很小。好的。如果我们把它们放得足够远——是的。不论我们把第三个点选在哪里，都只能用到半个圆。

87. **BM**：是的。

88. **DK**：那它就应该是——是的。那——这两点，至少，是的，其实如果你已经得出那三个点的话，任意两点在圆上的距离都应该介于 0 至 $\frac{1}{2}$ 个圆的周长之间。

89. **BM**：是的。

90. **DK**：看看我是怎么得到这些点的呢。是的，那么任意两个 p 点都必须要像这样——我们怎么才能构造出一个像这样的圆？嗯，我们先在这儿定一个点——任意地——现在要把第二个点定在某个地方——在这个范围里——是的，换句话说，它不能在这块儿——也不能在这块儿——除此之外，它可以在任意地方。我们已经把它放好了，那第三个点就得在这一半里——

91. **BM**：哪儿的一半？我不明白你的意思。

92. **DK**：好吧，再等一下——让我看看。你知道当我说［停顿］。嗯。换句话说，这三点中每两点之间的关系。

［此时，采访者（我）结束了这个片段，并让学生总结他们所做的事情。学生BM专注地对他刚才尝试完成的微分$(1+x)\sqrt{1-x^2}$进行代数运算。随后发生了以下对话。］

我：当你们这样做的时候，结果会得到什么？你们最终会求得内接于半圆的最大直角三角形的面积。

DK：我们就是决定那样做的。

我：我的问题是：这与最开始的问题有什么联系？

BM：啊——

附录 9D　口语报告 9D

1. **KW**：［读题］考虑周长为定值 P 的所有三角形组成的集合。在这些三角形中，哪一个面积最大？尽可能说明你的答案为何正确。好的，现在我们该怎么做？

2. **DR**：我们有一个三角形。嗯，我们把三条边标记上 A、B、C。

3. **KW**：好的。我会把它画成直角三角形——这样可以——A、B、C 及它们之间的关系，比如，$\frac{1}{2}AB$ 等于三角形的面积，$A+B+C=P$，$A^2+B^2=C^2$，还有不知道用什么方式得出的符合这个周长时满足这些条件的一个区域。

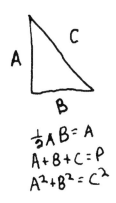

4. **DR**：是的，除了不知道用什么方式——我指的是——我真的不知道——但我猜这个是面积最小的三角形——嗯，好的，我们来尝试一下。

5. **KW**：要得到最大的面积。嗯，这是唯一能算出这个面积的方式。

6. **DR**：确实是的。

7. **KW**：但对于等腰三角形来说，我们也可以做几乎同样的事情。这是 $\frac{1}{2}A$，所以我们知道面积是 $\frac{A}{2}$ 乘 $\sqrt{C^2-\left(\frac{A}{2}\right)^2}$。周长等于 $A+B+C$，高

是 $\sqrt{C^2 - \left(\dfrac{A}{2}\right)^2}$ 。

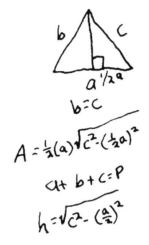

8. **DR**：是这样的。

9. **KW**：现在我们要做什么？我们必须要求出最大的面积。

10. **DR**：这不是最小的吗？

11. **DR**：最大的面积。

12. **DR**：事实上，如果我们能求出 A ——我们就能用一个变量表示所有的量，然后求导，对吧？大概是这样吗？

13. **KW**：是的，嗯——

14. **DR**：嗯，我仍然不知道我们是不是应该这样做——我指的是，是不是能求出这个的面积、那个的面积。当然，如果我们曾经遇到过像这样的问题——我的意思是，我们不知道——我们还不清楚一个给定的周长会带来什么。

15. **KW**：是的。

16. **DR**：所以，你看——也就是说，你可以再这样做一下，但然后你要做什么？

17. **KW**：然后我们就卡住了，对吧？一般情况下，你知道，可以猜猜看它可能会是哪种类型的三角形——比如，你可以说它是直角三角形或等腰三角形。我认为它是等边三角形，但我不知道怎么去证明。

18. **DR**：唔。

19. **KW**：所以，我们得想出一些办法来尝试证明。

20. **DR**：是的,等边三角形是个很好的猜测,那我们为什么不尝试一下等腰三角形? 如果我们能发现这两条边必须相等才能形成最大的区域——那我们应该也能够证明另一条边也得相等。

21. **KW**：好的,那就当 B 等于 C,所以周长 $P=A+2B$ 或 $A+2C=P$。

22. **DR**：是的。

23. **KW**：唔。

24. **DR**：看看我们得到了什么。

25. **KW**：把 A 设为一个常数,然后我们就能做了,把 C 解出来。

26. **DR**：是的。

27. **KW**：对最大的区域,我们已经有了 $\frac{1}{2}$。让我们设 $A=1$;

$\sqrt{C^2 - \frac{1}{4}}$。对吗? 最大的区域：$\frac{1}{2}\sqrt{C^2 - \left(\frac{1}{4}\right)^{\frac{1}{2}}} = 0$。

28. **DR**：C^2 减去什么?

29. **KW**：$\left(\frac{1}{2}\right)^2$,是的,$\left(\frac{1}{2}\right)^2$。当 $A=1$ 时,$\frac{1}{2}A$。对吧?

30. **DR**：嗯,嗯。

31. **KW**：［喃喃自语］这是 $\frac{1}{4}\left(C^2 - \frac{1}{4}\right)^{-\frac{1}{2}}$。$2C$,所以我们知道 $2C$ 等于 0,那 $C=0$。 我们被卡住了!

$$\frac{1}{2}\sqrt{C^2 - 1/4}$$
$$\frac{1}{2}(C^2 - 1/4)^{1/2} = 0$$
$$\frac{1}{8}(C^2 - 1/4)^{-1/2}(2C) = 0$$
$$2C = 0$$
$$C = 0$$

32. **DR**：我们应该对它和其他这些求个导,你觉得呢?

33. **KW**：是的,那是它的导数。这对我们有帮助吗? 我的微积分知识好像不够用了。

34. **DR**：问题是［停顿］你让 C 是变量,让 A 是常数,那你列的式子是什么?——$\frac{1}{2}$底乘这个根式。

35. **KW**: 底边 A 乘这个根式再乘高,这个高是在这个直角三角形里的,就是等腰三角形的,也就是——$\sqrt{C^2-\left(\frac{A}{2}\right)^2}$,这就得到了高。

36. **DR**: A 相当于 $\frac{2}{4}$,不,A 相当于 $\frac{2}{2}$,不,$\left(\frac{A}{2}\right)^2$。

37. **KW**: P 等于,不,$C=P-\left(\frac{A}{2}\right)^2$ 可以用吗?你觉得我们要试试这个吗?

38. **DR**: 不,这个问题的一部分是,我认为在这里我们只是说我们有一个三角形,一个等腰三角形,怎么让它是面积最大的那个?最大的面积。

39. **KW**: 最大的面积——让这个的导数等于 0。

40. **DR**: 对的。嗯,面积最大或最小——我的意思是——如果你有了一个底边,下面会发生什么,它接下来会像这样——我指的是——我们没有设定任何条件——我们把 P 漏掉了。

41. **KW**: 嗯,嗯。

42. **DR**: 我们必须要把它放进来。

43. **KW**: 我们已经有了 C 和 $P-\frac{A}{2}$。

44. **DR**: $P-\frac{A}{2}$。

45. **KW**: 列式——等腰三角形。

46. **DR**: $A+2B=P$。对吗?

47. **KW**: 我们要不试试这个[喃喃自语];$-A$ 除以 2——我们就有了一个 $-\frac{1}{4}PA$——

48. **DR**: 好的,那你可以把 A 代回去——然后你就可以把它们都用 A 来表示,对吧?用这个式子,我们就有了面积,就有——

49. **KW**: 好的——P——所以有

$$\frac{A}{2}\left(\frac{P^2-2A+A^2}{4}-\frac{A^2}{4}\right)^{\frac{1}{2}},$$

就是

$$\frac{A}{2}\left(\frac{P^2-2A}{4}\right)^{\frac{1}{2}}。$$

［喃喃自语并演算］

50. **DR**：等一下。你只在这里用了它的导数？

51. **KW**：这个乘它的导数加上这个乘那个的导数。

52. **DR**：哦。

53. **KW**：［喃喃自语并演算］

$$\frac{A}{4}\left(\frac{P^2-2A}{4}\right)^{\frac{1}{2}}2(P-2)+\left(\frac{P^2-2A}{4}\right)^{\frac{1}{2}}。$$

让我看看……

$$\frac{2AP-2A}{4}+\frac{P^2-2A}{8}=0。$$

54. **DR**：能不能用 P 表示 A？

55. **KW**：P^2——

56. **DR**：$8P^2=8P^2$。把 P^2 换到这边了，用 8 乘它，我们就会有一个二次项了——不，我们用不上——相比只有 A 的话，我们可以把这个等式分解一下——你看。

57. **KW**：好的。$P^2 = P^2$。

58. **DR**：$-8P^2$——哦，我们要不要把所有其他的东西移到一边？

59. **KW**：好的，$2A - 4A - 4AP \times B$——不对——

60. **DR**：这样不对。嗯，它——我们可以只乘——

61. **KW**：P^2 等于所有这些。

62. **DR**：对了。

63. **KW**：$P^2 - 4AP$——这对我们一点儿用没有。

64. **DR**：P^2 等于——把 A 拎出来——然后我们就能用 P 表示 A。

65. **KW**：$P^2 = 2A$。 所以就有 $\dfrac{P^2}{6+4P}$。

$$P^2 = 2a + 4a - 4ap$$

$$P^2 = 2a(3 + 2p)$$

$$\frac{P^2}{3+2p} = 2a$$

$$a = \frac{P^2}{6+4p}$$

66. **DR**：如果我们有的是等腰三角形，A 就等于——

67. **KW**：B 也等于这个——

68. **DR**：如果 A 得等于这个，然后 B 和 C 是相等的话——

69. **KW**：这样 B 就等于[吹口哨]。

70. **DR**：B 等于 P 减去那个。

71. **KW**：$2B = \dfrac{P-A}{2}$。

72. **DR**：不对，我们从这里得不出任何东西。我们刚才是——假设 B 等于 C，当然，我的意思是，这并没有——我们想要确定 B 会不会等于 C，我们有一个给定的底边长。让我们重新开始，忘掉现在这些吧。好了，另一个三角形，有一定高度的。

73. **KW**：好吧，让我们试着假设这是一个等边三角形。

74. **DR**：好的。

75. **KW**：边用 S 表示［喃喃自语］，周长等于 $3S$，对吧？

76. **DR**：是的，但等一下——这还是对我们没什么实际的用处。我们要做什么呢？——只假设是等边三角形吗？如果我们这么假设，我们最后就只能得出这是一个等边三角形。

77. **KW**：是这样的。

78. **DR**：如果我们认为它是等边三角形的话，我们希望做的是能证明它是。如果我们想要做些什么，我们可以——

79. **KW**：是的，你打算怎么证明？

80. **DR**：嗯，我们可以凑一个周长出来。我们不需要周长 P，对吗？所以——

81. **KW**：你打算怎么用 P 来得出表示面积的式子？

82. **DR**：我们想要把面积最大化，所以我们可以证明——是的，底边长已经给定了——我们要把底边设为等于某个值。

83. **KW**：好的［喃喃自语］，P 或其他什么值——我不知道。

84. **DR**：然后和另外两边加在一起后要是 P。

85. **KW**：我们——我们这么说怎么样——让我们从等边三角形开始——只是为了看看会发生什么。于是就有 $\frac{1}{3}P$、$\frac{1}{3}P$、$\frac{1}{3}P$。那这就是 $\frac{1}{9}-\frac{1}{36}$，这是高——

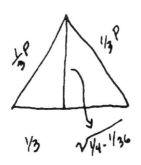

86. **DR**：现在我们想要做的事情可以说是——好的，如果我们把这一条边变到最短，然后看看高会有什么变化——如果我们保持这个不变呢？

87. **KW**：我们没法把它变短。

88. **DR**：我们把这条边变短——我们当然能做到——

89. **KW**：是可以——

90. **DR**：我们会有一个——这个等于 $\frac{1}{3}$，然后是一个——这个等于——好的，就会有——我的意思是——

91. **KW**：啊哈。

92. **DR**：这会像这样变长。现在，我们能从这里看出来，会发生的变化是底边会变短，这样我们就知道，如果底边不变的话，如果我们变化——如果我们把这一边变短，那么它将会——这个点会以某种方式朝着任意一个方向下降。

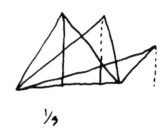

93. **KW**：半圆。

94. **DR**：对的。这证明了我们必须给出的是一个等边三角形。

95. **KW**：不，这证明的是我们得给出一个等腰三角形。

96. **DR**：对的，等腰三角形，我是这个意思。好的，从这个角度看，如果我们设——我们知道这两条必须要相等，所以如果我们设它的底边等于某个值——它并不一定要等于 $\frac{1}{3}P$——我们也可以说明如果这个点变低的话——面积也会变小，所以底不变的话，高就要越变越矮，那面积实际上就越来越小了。

97. **KW**：是的。

98. **DR**：在这种情况下，如果它降低到这条边上，就会再次有一个小的角在这儿，短的底在这儿——和〔有杂音〕。

99. **KW**：所以我们就有——所以我们就知道它得是一个等边三角形——好了，证出来了。

100. **DR**：我不知道，这不是一个严格的证明，但它是一个证明——在我看来已经很好了。

101. **KW**：证明了等边三角形的面积最大。

102. **DR**：哦，我们正在谈论最大的面积。

103. **KW**：是的。

104. **DR**：哦，我们刚刚做到了。

105. **KW**：我们得证明它的周长是定值 P。

106. **DR**：好吧，我们已经——我们假设它符合定值 P，可以吗？我的意思是，对我来说，这是一个证明——

107. **KW**：唔，我们已经说明了等边三角形有最大的面积。我们还没有说明如果周长是定值的时候，比方说有一个周长相同的直角三角形——不会再得到一个比等边三角形面积更大的三角形。

108. **DR**：是不会，但我们得说明，因为给了我们相同周长这个条件——好的，我们知道——

109. **KW**：嗯，要是我们有一个 3、4、5 的三角形和一个 4、4、4 的等边三角形，会得出什么？

110. **DR**：3、4、5 是多少？〔喃喃自语〕

111. **KW**：12。所以，这个面积是 6，那个面积，边的平方是 16。好的，那就会有最大的面积。

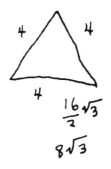

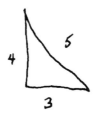

112. **DR**：那个是多少？1. 7？

113. **KW**：是的，11仍然大于6，这个比1大。

114. **DR**：哦，是的，这是正确的。好的，但问题是，对于有一个方向是固定的情况，我们已经说明了，好的。如果这一边变长，会发生什么——比如，我们把4当成这里的底，然后会发生什么——嗯，如果我们用3当作底的话，只是这样的话，我们研究的时候就不会有等边三角形了——当4这条边变长、5这条边变短的时候会发生什么——它会朝上面变高。最理想的面积——最大的面积是在这儿的时候。因为你已经求出来了——

115. **KW**：对的。

116. **DR**：——这个角度和那个高度。如果让这个角度再小一点——可能我得画个图。

117. **KW**：我能理解——这就给出了最大的面积——但我们如何能证明这个底是周长的 $\frac{1}{4}$——$\frac{1}{3}$？

118. **DR**：嗯，记得我们曾经做过的所有问题。那时候我们说——好的，让我就从这里再开始一次——所以我们有3、4、5——这是可以有的吧？——因为它可以是5，虽然3、4、5不是特别的好。我们从3、4、5入手——好的，我们把3当作底，行吗？

119. **KW**：啊哈。

120. **DR**：好的，它是5[喃喃自语]。如果我们把3当作底——因为这有点不像等腰三角形，但如果我们画一个以3为底的等腰三角形——好的，我们已经有了一个直角三角形——那就会是最大的[喃喃自语]——高度？因为如果它再变的话——

121. **KW**：对。

122. **DR**：朝这边，它会变矮。

123. **KW**：是的。

124. **DR**：好的，记得我们使用过的论证——好的，如果我们——

125. **KW**：好了，我能说明那个了，但不能说明的是——你不能证明的是——

126. **DR**：——不能证明这必须是一个等边三角形？

127. **DR**：是的。但你没有展示出这条边是周长的 $\frac{1}{3}$。

128. **DR**：是的。我正在说明的是——首先,这必须得是一个等腰三角形。对的。

129. **KW**：是的。

130. **DR**：这必须是等腰三角形。这意味着我们已经让这三条边中的两条相等了,对吗?

131. **KW**：唔。

132. **DR**：是的。所以现在我选这条边作底边的话——我已经选好了——如果用那条边作底,那么最大的区域就可能必须是等腰三角形——所以我转一下——用这条边——

133. **KW**：我能把它理解为是证明,但你没有向我说明它是周长的 $\frac{1}{3}$〔喃喃自语〕。

134. **DR**：如果我们有一个等腰三角形——如果我们有一个等边三角形——那么每条边就必须是周长的 $\frac{1}{3}$。这就是关于等边三角形的所有信息。

135. **KW**：我知道。好吧。

136. **DR**：首先,我们知道它一定是等腰三角形,对吗?

137. **KW**：嗯呢。

138. **DR**：好的。

139. **KW**：我理解这个。

140. **DR**：如果它无论怎么看都是一个等腰三角形,它就必定是等边三角形,对吗?

141. **KW**：对的。

142. **DR**：如果它必定是等边三角形,所有的三条边就必定是相等的,如果周长是 P,那么所有三条边就都是 $\frac{1}{3}P$。

143. **KW**：好的。我已经明白了。

附录 9E　口语报告 9E

1. [读题]一个给定三角形 T 的底边为 B。请说明：用直尺和圆规一定能画出一条既与 B 平行又将三角形 T 面积等分的直线。你能用类似的方法把三角形 T 的面积五等分吗？

2. 唔。我并不特别确定要从哪里开始。

3. 好吧，我知道——那里面某个位置有一条线。让我看看我该怎么做。这只是一个给定的三角形，肯定还缺少一些信息。底边为 B 的三角形 T，要作一条平行线。唔。

4. 它说这条线要把 T 分成面积相等的两个部分。嗯。好吧，我猜我必须想办法去获得测量这个图形面积的方法。所以，我想做的是——画一条线——这样我就能知道底边之间的关系——小三角形和大三角形的底边。

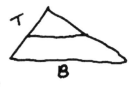

5. 现在让我们来看看。假设我画了一条看起来正确的线，用小写 b 来表示。

6. 现在，这两个三角形是相似的。

7. 是的，现在对了，这样就有大三角形的高和小三角形的高了，所以就有 $\dfrac{a}{A}=\dfrac{b}{B}$。那么，我想要有的就是 $\dfrac{1}{2}ba=\dfrac{1}{2}AB-\dfrac{1}{2}ba$。这不就是我想要的吗？

8. 对的！换句话说，我想要 $ab=\dfrac{1}{2}AB$。$\dfrac{1}{4}A$ 乘什么[困惑地喃喃自语]，$\dfrac{A}{\sqrt{2}}\times\dfrac{B}{\sqrt{2}}$。

9. 所以，如果我能作出 $\sqrt{2}$，我就能继续做了！然后我就应该能画出这条线——经过一个点,这个点是这条线与从顶点向下作的高的交点。那就有 $a =$ $\dfrac{A}{\sqrt{2}}$ 或者 $A = \sqrt{2}\,a$,哪种形式都行。

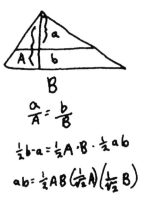

10. 我觉得我是能这样做的,因为我好像记得怎么用这些 $45°$ 的角,我用 $1, 1, \sqrt{2}$。

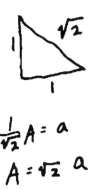

11. 如果我想要有 $a \times \sqrt{2}$ ——我要做的就是——唔。等一下——我可以尝试找到怎么画出 $\dfrac{1}{\sqrt{2}}$。

12. 好的。所以我只要想起来怎么画出这个图。我想画一条经过这个点的线,我想要这里是——$\dfrac{1}{\sqrt{2}}$ 乘 A。我知道 A 是什么,已经给了。所以,我要做的只是搞清楚怎么把它乘 $\dfrac{1}{\sqrt{2}}$。

13. 让我想一想。啊哈！啊哈！啊哈！$\dfrac{1}{\sqrt{2}}$——让我看看这儿——唔。这儿是 $\dfrac{1}{2}+\dfrac{1}{2}=1$。

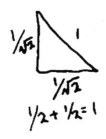

14. 所以当然,如果我有长为 1 的斜边——

15. 等一下:$\dfrac{1}{\sqrt{2}}\times\dfrac{\sqrt{2}}{\sqrt{2}}=\dfrac{\sqrt{2}}{2}$——这样太笨了！

16. 是的,那我可以利用一个 45°、45°、90°的三角形画出 $\sqrt{2}$。好的,这是一种容易点的办法。对吗?

17. 我把它平分,就得到了 $\dfrac{\sqrt{2}}{2}$。把它乘 A——让我回想一下我以前是怎么做的。

18. 哦,天呐！以前我们是怎么乘 A 的。最好的方式是作 A——A——然后我们得到 $\sqrt{2}A$,我们再把它平分,那我们就得到 $\dfrac{\sqrt{2}}{2}A$。好的。

19. 那会是——什么！唔——会是那个长度。现在我作一条从这到这的垂线。好的,这将是——哒哒——小 a。

20. 所以,我将把 a 表示为 $\frac{\sqrt{2}}{2}A$。好的,我直接再画一条线经过那个点——我会得到 B 乘 $\frac{\sqrt{2}}{2}$。好的。

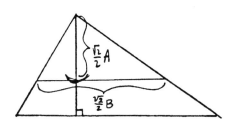

21. 当我把它们乘到一起的时候,我得到了 $\frac{2}{4}AB$。那我就得到了一半的面积——是吗？对的——乘 $\frac{1}{2}$——所以我得到的上面那个三角形正好是一半的面积,那剩下的下面三角形的面积也会是一半。好的。

22. 好的,现在我能把它分为五个部分了吗？

23. 假设有 4 条线。

24. 这开始有趣起来了,因为这些线必须要是有层次的——那——

25. 我想想,我想想,与其在这里得出一大堆三角形,我有个想法,关键的问题是我能不能分出——面积的 $\frac{1}{5}$——唔

26. 现在等一下！这很有意思。让我有一个——用 4 条线来替代,怎么样？——

27. 我想要这些成为——面积相等的区域。对吗？A_1、A_2、A_3、A_4、A_5,对吗？

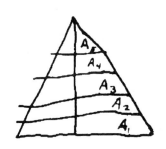

28. 突然发现！我可以——从 2 的倍数开始做。这就简单了，因为我只要再做我刚才做的事情就可以了，保持每次都是分成两半。

29. 现在我可以利用这种归纳的想法吗？

30. 我希望这块会是 $\frac{2}{5}$，那么，那块就是 $\frac{3}{5}$。

31. 现在让我们弄个简单点的。

32. 如果你能这样做的话，你就能画出 $\sqrt{5}$。因为我能画出 $\frac{\sqrt{5}}{1}$——5 的平方根，对吧？

33. 那我就可以画出来——好的。所以肯定不需要这么做。没有矛盾——

34. 那么，现在我确实想看看我目前有什么。

35. 从本质上说，我是在看有没有可能按照 1、2、3、4、5 的方式把它画出来，画出面积的 $\frac{1}{5}$——好的。

36. a 乘 b 必须等于 $\frac{1}{5}AB$。那么，我当然可以把上面那块分出来，让它是整个面积的 $\frac{1}{5}$。对吗？对吧？

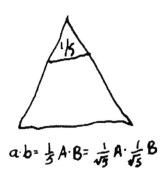

$$a \cdot b = \frac{1}{5} A \cdot B = \frac{1}{\sqrt{5}} A \cdot \frac{1}{\sqrt{5}} B$$

37. 现在，从问题的第一部分，我知道了下面要画的底边的比例——因为它会是 $\sqrt{2}$ 乘这个底。所以，我就可以把上面的 $\frac{2}{5}$ 分出来。

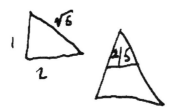

38. 现在，从问题的第一部分，我知道了上面这部分的比例——嗯，好的，现在这里是 $\frac{2}{5}$，那么上面就是 $\frac{4}{5}$——好的。——对的。所以，我应该只要能分出上面的 $\frac{3}{5}$ 就可以了，我做到了。

39. 现在看起来可能性更大了——让我看看——

40. 我们打算在这里画出一个底边，使得 a 乘 b 等于——这个的面积将会是 $\frac{3}{5}$——$\frac{3}{5}AB$——在面积上，对！这意味着 a 乘 b 是 $\frac{\sqrt{3}A}{\sqrt{5}} \times \frac{\sqrt{3}B}{\sqrt{5}}$。好的，下面就是看我能不能画出 $\frac{\sqrt{3}}{\sqrt{5}}$。如果可以的话，就能一下做完了。

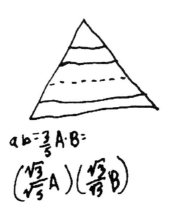

41. 嗯,让我看看。我能画出 $\dfrac{\sqrt{3}}{\sqrt{5}}$ 吗? 这是个问题。$\dfrac{\sqrt{3}}{\sqrt{5}} \times \dfrac{\sqrt{5}}{\sqrt{3}} = \dfrac{\sqrt{15}}{5}$。

42. $\sqrt{15}$,$\sqrt{15}$。等一下! $\dfrac{\sqrt{15}}{5}$。$\sqrt{15}$ 可以画出来吗? $\sqrt{15}$ 是——

43. 是 $\sqrt{16-1}$。但我不喜欢这样。这个路子好像不对。

44. $16^2 - 1^2$ 等于[删去感叹语]。

45. 某种程度上说,就看这能不能成功了。

46. [感叹语]如果我可以画出 $\sqrt{15}$。我能把面积分出来得到这个吗?

47. 是的,这有个诀窍! 你要做的是画出五条线,一、二、三、四、五,通过把它们分成五份来画出这些平行线。因为我可以把它们分成五份,所以这就不成问题了。

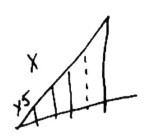

48. 所以,只要我能画出 $\sqrt{15}$,就能解决整个问题。

49. 我得想出一个比我现在想的更好的办法来画出 $\sqrt{15}$——或者我得想一种方式来说服我自己我做不到这一点——唔—— $x^2 - 15$。

50. 正在努力回忆起我的代数知识,以便能够全力攻克这个地方。

51. 我已经有很多年没有教过这个课程了。5 年了。我记不得了。

52. 等一下! 等一下!

53. 我好像记得一点关于二次扩张的东西。

54. 用别的方法看看。唔——

55. 如果我取一条长度为 1 的线段和一条长度为——我把这条垂线竖起来，在这儿摆一个 16[转录者注：为了把数学方面说得清晰一点，他的意思是 4 而不是 16]。那在这里就有了 $\sqrt{15}$，不是吗？

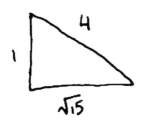

56. 我必须这样做，这样我才能画出 $\sqrt{15}$ 倍的任何长度。因为我只要用这个乘 A，这个也乘 A，然后利用这个诀窍把它乘 A 再除以 B。这意味着我应该能画出这个长度，如果我能画出这个长度，我就可以在这里把它标出来，我就画出了这条线。那我对这个问题的回答就是：我能！！

第 10 章　信念之根[①]

　　本章重点讨论的是学生关于数学的信念缘起何处。首先分析了两个问题解决片段，它们均由学生 LS 和 TH 完成，分别记录于 1980 年至 1981 年问题解决课程的前和后。对两个片段的考察都按照分析框架的四个类别来进行，尤为关注了信念塑造学生行为的方式。这些分析是了解整个框架该如何付诸使用的契机；同时，对学生研究过程的"前后"对比展现了认识问题解决教学成效的最后一个视角。

　　然后，本章的讨论转向对学生行为何以产生的考察。两个问题解决片段口语报告对于指明 LS 和 TH 先前数学经验的基本特征和揭示录音时他们的行为含义来说都很重要。LS 和 TH 从过往几何学习经历中获得的主要感悟似乎是几何论证与学习或发现都毫无关系。尽管他们有能力开展演绎论证，但在许多时候，当可以利用这个优势时，他们却忽视了对这种论证的使用。就像第 5 章所述研究表明的那样，这类行为是经常发生的，而不是偶然。它们的普遍存在引发了我们对许多重要问题的思考——关于学生在数学课堂上究竟学到了什么。从一些正在进行中的课堂研究可以看到，这样的担心是有理由的——这些研究反映出，学生经验主义行为的根源可以追溯到他们从教学中获得数学的方式。

　　关于结论的一节简要指出了许多尚需完成的工作。

---

　　① 　作者注：第 10 章第 1 节的两个口语报告（及对它们的讨论）取自匈菲尔德（1983a）的论文并作了修订。衷心感谢《认知科学》允许部分地转载该论文。

第1节 对两个几何问题口语报告的讨论

背景：关于实验环境

当录制口语报告 10A 时，LS 和 TH 刚刚完成了他们第一学期微积分课程的学习。他们都是喜欢研究数学的好学生，在微积分课程中都得到了 A；同时，他们也是能够很好共事的好朋友。口语报告 10A（附录 10A）是在 1980 年至 1981 年间问题解决课程开始的第二天录下的，口语报告 10B（附录 10B）则是在课程的最后一天录下的。

根据第 9 章开篇的方法论讨论，在探讨口语报告本身的内容之前，应当审查是否有迹象表明实验环境妨碍了口语报告 10A 和 10B 的形成。这些报告中的口语资料是否可能像 AB 完成细胞问题（附录 9A）时那样明显受到了异化？

在两个片段中，LS 和 TH 尝试进行问题解决时的多段对话均清楚地表明，他们感受到了来自测试环境的压力。比如，在口语报告 10A 中，学生热衷于利用关于垂线的假说 H1（第 43 至 50 条），还声称用尺子的一角来构造直角是"正规的"（第 62 至 63 条），这些行为显然都是由于他们意识到了自己尚未成功而剩下的时间已经不多。类似的压力在口语报告 10B 中也有体现。例如，TH 在第 74 条的说法"我们的时间快到了。快点画，快点画"表明，在研究的过程中，学生很在意时间。虽然如此，从目前来看，这两个录音片段都没有呈现出像口语报告 9A 中 AB 遇到那些环境干扰时产生的各类严重不良影响。在两个问题片段中，LS 和 TH 都希望能解决所面对的问题，也确实很努力地在研究。所以，在问题片段的全程中，他们都在集中精力进行研究。此外，在结束用于形成口语报告 10A 的录音片段后，他们还在实验室中停留了半个多小时，以继续讨论刚刚完成的问题解决方案。如果在测试环境中感到了严重的压迫感，他们会试图尽快逃离那种环境（就像许多学生一样）。尽管这么说，也许能说明这些录音带真实性的最清晰证据来自口语报告本身中的一个部分。口语报告 10A 是在问题解决课程的第二天录制的。我在前一天布置了第一次课程的家庭作业，包括一个要求学生画出给定三角形内接圆的问题。在

口语报告 10A 的第 84 至 94 条,LS 和 TH 讨论了他们关于该问题的研究。

> **LS:** 好的,我们在做什么——我们试着画三角形的那个题目,当时我们都做了哪些事情?
>
> **TH:** 我想过要去做比如平分这条边之类的事情。
>
> **LS:** 是的,我这样试过了。
>
> **TH:** 但没成功。

LS 和 TH 在实验中研究问题时的方式,与他们自己在宿舍中研究问题时采用的方式是一致的。

第 2 节　简要分析口语报告 10A

本节对 LS 和 TH 关于问题 1.1 的研究进行了简要的描述,依次使用框架中的四个类别开展分析。

知识资源

口语报告 10A 给人的感觉是——LS 和 TH 的几何基础非常薄弱,被用于转录的录像带有力地佐证了这种感觉。他们看起来对相关的几何事实和程序只有模糊的记忆,而且几乎不具备解决给定问题需要的特定领域具体知识。但实际上,他们的知识基础足以解决这个问题。

让我们从命题性知识的话题开始。在最初的尝试失败后,许多学生都讨论了"把圆放进去"——这表明,他们没有真正理解"游戏规则"。但口语报告 10A 的第 76 至 78 条说明,LS 和 TH 完全理解也接受了作图问题的基本原则。

> **TH:** [看着一个失败的尝试]好的,半径必须要变短,因为它现在超过这条线了,所以要短一点,圆心要向上和向前一点,像这样——
>
> **LS:** 但我们怎样去——

TH：但我不知道该怎么画出来，可是如果不画的话就没法说明这样是对的。

在完成问题 1.1 后，LS 和 TH 被要求研究问题 1.4 和问题 1.5，这两个问题提供了解决问题 1.1 所需信息，两名学生在总共不到 5 分钟的时间里就解决了它们。当被问及问题 1.5 的解决对原问题的解决有何帮助时，TH 立即回答道："当你画出角平分线时，圆心就在上面了。"她清楚地了解如何利用该证明问题提供的信息。除此之外，学生在实施相关的作图上都没有遇到困难。总之，学生拥有解决问题 1.1 需要的所有知识资源。

探索策略

在这个口语报告中，没有看到对波利亚所指的那些探索策略的使用。（这不必被视为一个负面评价。）

调控

图 10.1（A 和 B）中的环节分析表明，LS 和 TH 的管理型行为要好于学生群体的平均水平。在他们尝试解决问题的过程中，有大量的局部评估，很少有哪个建议的提出没有经历过对其正确性和可行性的质疑。这个口语报告的探究环节具有连贯性，当学生发现有些探究思路难以取得进展时，他们能够适当地削减。此外，学生用于终止某个环节的理由通常会同时包括了原因和经验性证据。LS 和 TH 未能解决问题 1.1 并不是因为调控能力差，他们的失败是由于用尽了自己能想到的可以去尝试的念头。

信念系统

LS 和 TH 对问题 1.1 采用的解决方式是经

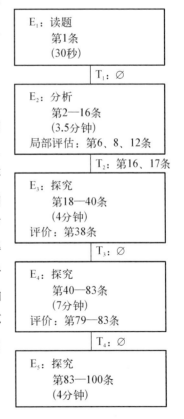

E$_1$：读题
第1条
（30秒）

T$_1$：∅

E$_2$：分析
第2—16条
（3.5分钟）
局部评估：第6、8、12条

T$_2$：第16、17条

E$_3$：探究
第18—40条
（4分钟）
评价：第38条

T$_3$：∅

E$_4$：探究
第40—83条
（7分钟）
评价：第79—83条

T$_4$：∅

E$_5$：探究
第83—100条
（4分钟）

图 10.1A　口语报告 10A 的一个解析

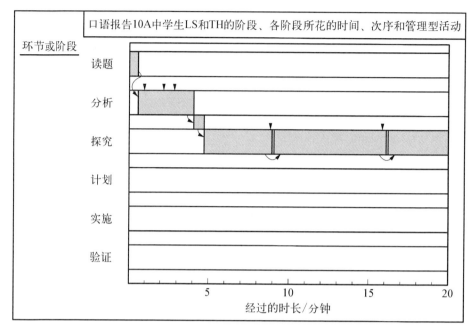

图 10.1B 口语报告 10A 的时间线表达(出现管理型活动的外显标志时以倒三角表示)

验性的。有一个小小的例外是,在第 5 至 9 条中,他们没有明确指出直径的端点,因此也没有能够通过作图来检验他们关于直径的假说。除了这个例外,口语报告 10A 的推进路线与第 5 章所呈现的经验主义行为模型一致。学生将尺规攥在手上的时长大约占据了给定时长的三分之二,他们利用精心完成的作图来生成(如第 10 条)和检验(如第 44 至 74 条)假说。在解决过程中的某些时候,特别是第 38 条和第 80 条,他们将正规的数学论证用于确认要舍弃某些解决方案假说的依据。然而,在经过仔细检查后发现,这种被用于确认舍弃某些假说的论证却是以经验为基础形成的(分别体现在第 35 条和第 74 至 75 条中)。后文给出了关于学生经验主义的更进一步讨论。

第 3 节　简要分析口语报告 10B

　　口语报告 10B(附录 10B)录制于 1980 年至 1981 年问题解决课程的尾声,几何作图是课程中讨论的主题之一。在该学期中,学生阅读了波利亚《数学的发现》(1981)第 1 章,并完成了这章中的大约 12 个作图问题,其中许多问题的解决方案都在课堂上进行了讨论。整个课程经常涉及对证明的讨论,但通常的方式是:"是的,看起来是这样,但你怎么知道这永远是对的?"课堂上没有讨论过数学论证与数学发现之间确切的关系是什么。(该话题没有被明确表达为这些术语。)

本书对这个问题解决课程方方面面的描述已经无处不在,这里不再需要对课堂教学过程进行详细的阐述,一些额外的信息可以在我 1983 年的《数学课程中的问题解决》一书中找到。除了给出关于这个课程的总体描述,该书还在第 42 至 50 页完整地描述了一个几何作图问题解决过程的课堂教学片段。以该片段为背景,让我们开始对口语报告 10B 作分析。

知识资源

在第二个问题解决片段中,相较第一个片段,LS 和 TH 回忆出了更多的相关信息,对它们也更有把握。更重要的是,他们能在恰当的时刻使用相关的事实。例如,他们能在某个时刻考虑到圆的切线与过切点的半径在切点处形成的角是直角这一事实。在口语报告 10A 中,LS 和 TH 意外在这个事实上几乎被完全卡住(见第 38 至 44 条)——虽然观察出该事实后他们马上就意识到了其重要性并进行了使用。而在口语报告 10B 中,只要有需要,相关的知识就能被毫不费力地取用(见第 67 至 70 条)。类似地,学生在课程后比课程前更能够完成相关的作图,而且对自己有能力完成这些作图的信心也更充足。

另外,必须要注意到,口语报告 10B 中的问题比 10A 中要难得多。还要提到的是,正如讨论中所指出的,LS 和 TH 的知识资源多少有些不太扎实,这是妨碍他们完成口语报告 10A 中问题 1.1 的一个因素,但并没有形成严重的阻碍。

探索策略

在探索策略的层面上,学生的表现发生了较大的改变。很明显,学生 LS 和 TH 实施各种各样探索策略的能力促成了他们在口语报告 10B 中取得成功。他们对这些探索策略的使用是外显的,如"把问题看成已经解决"的方式——画出代表目标状态的图,以确定它有哪些性质(第 14 条及以后):

LS：唔，我们是不是应该试着把它画出来，也许就能看出点 C 与两个圆的关系是怎样的。因为还没画出来……只要画出来就可以了［即草图］——不一定要使用圆规。

LS 和 TH 还研究了极端情况（第 34 至 46 条）。他们考虑了将只达成对部分条件的满足作为获得一个解决方案的垫脚石（第 52 条）；同时，他们也使用了别的策略。在口语报告 10A 的录制时，他们如果能恰当地使用这些探索策略中的一个或多个，也许就也能取得成功。

调控

学生在口语报告 10B 中的调控行为相当不错，跟在口语报告 10A 中差不多。图 10.2 呈现了关于他们研究过程的环节分析。在口语报告 10B 中，LS 和 TH 每隔一段时间就会监控和评估他们当前的知识状态和解决过程状态（第 10 条、第 23 至 25 条、第 57 条、第 71 条）；他们避免了各类要费大力气却注定失败的努力，而这常会发生在不太老练的学生身上。确切地说，调控行为在他们解决方案演变的过程中是一种积极的力量。在问题解决的过程中，时间的分配尽在两名学生的掌握之中，他们主动地严格规限了允许自己使用尺规的总时长，相关例子可见第 20 至 25 条和第 74 至 78 条。另外一个例子是关于使用一把有刻度的尺子"平分"一条线段的决策：

LS：对的——等一下，我们没被允许使用有刻度的直尺，但——这样是对的，把它分成两半。

这就是一个调控决策。学生知道，如有必要的话，自己能够使用尺规将线段平分，但使用有刻度的尺子可以节约时间。

信念系统

LS 和 TH 在第二个问题解决片段中的行为表明，他们对几何作图问题解决过程中画出精确图形的作用和数学论证的角色两方面的定位已经发生了显著的转变。虽然两名学生仍然将合理的草图作为想法产生的一种来源，但他们不再只依赖精准完成的作图来形成假说；虽然他们仍旧通过作图检验假说的合理性，但他们不再只将精准完成的作图作为"证明"的唯一手段。

在思维方式上，LS 和 TH 转向于将经验主义行为视为灵感的源头，这在口语报告 10B 的一开始就很明显。就像 LS 在第 20 条中指出的"不一定要使用圆规"，从中就能知道他是否已经理解某个念头；虽然这样（第23 条），但圆规能帮助我们"看出它更精确一点的样子"。这种对待经验主义行为的辩证看法贯穿在整个问题解决片段之中；当草图已经足以被用来开展一个论证的时候，LS 和 TH 就愿意从大致的草图开始切入论证。比如，第 28 至 50 条的所有内容都是基于非常粗略的草图进行的。尽管如此，当有些东西需要基于较高精度的图形才能获得时，LS 和

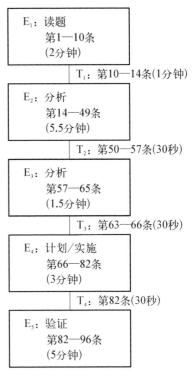

图 10.2A 口语报告 10B 的一个解析

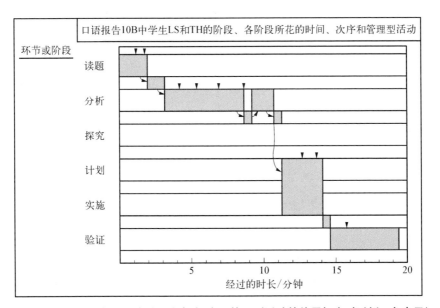

图 10.2B 口语报告 10B 的时间线表达（出现管理型活动的外显标志时以倒三角表示）

TH还是会仔细设计并实施一些作图。例如,在第60条时,得益于他们在第23条时画出的准确图形,对该图的一个快速测量证实(但没有证明!)了他们的一个直觉——连接给定两点 A、B 的线段的中点将在作图中扮演重要角色。

从口语报告10B第71条开始的片段显示了学生对证明的看法也有所改变。来自 LS 的说法"我不知道为什么这样是对的,我的意思是,我只是感觉好像是这样,你懂的",代表她不再满足于未开展进一步研究就接受一个看起来正确的作图。学生 TH 的回答"我觉得我们可以利用相似三角形和其他东西来做做看,这样我们就能确定它会是这样的",说明通过作图进行初步检验对于学生来说仍然非常重要;但它同时也说明,作图的准确性不再被视作与证明的有效性等价。在第78条中,"经由作图来证明"被搁置了(其中一名学生希望这能是永久搁置)。在时间紧迫的情况下,TH 建议 LS 舍弃精心作图,并且"只要画出来就可以了[即草图]——它会是对的"。之后,他们证明了这确实是对的。

第 4 节　简要讨论

比较两个问题解决片段可以看到,LS 和 TH 的表现在分析框架的四个维度上都发生了变化。很明显,得到了改善的知识资源、对探索策略更好地运用和有效地调控均有助于学生在口语报告10B中获得成功。但不管怎样,LS 和 TH 在第二个片段中的成功可以归因为他们关于几何作图问题解决过程中精准作图和数学论证担任角色的信念产生了变化。对此,有一个很好的例子作出了说明。

当录制口语报告10A时,LS 和 TH 具备足以能解决问题1.1的学科内容知识。他们的有一些知识资源不太过硬,但这只是影响他们成败的一个次要因素,主要的原因是他们本有能力用来解决问题的技能没有被调用。只要学生对几何作图问题持有经验主义者的观念——换句话说,只要他们认为实施准确的作图是获取解决这类问题相关信息的首要甚至可能是唯一的手段,这种观念就会支配他们在解决过程中的尝试,并决定他们在自己能够取用的各方面知识中实际可以使用哪些。LS 和 TH 的很多几何知识在口语报告10A

中都没有用上,是因为他们没有想到使用这些知识将会带来益处。

比较两个问题解决片段可见,是信念系统的改变使得第二个问题解决片段中知识资源的分配呈现出了显著的不同。当口语报告 10B 录制时,对于 LS 和 TH 来说,"画出准确的作图"不再与之前的地位相同。虽然作图仍然被视作信息的一个主要来源,但它已不再是唯一的关注点。如果需要且适合这样做的时候,精准作图被认为是一种有价值的可采用的方法。在这个案例中,问题解决者能够更有效地制订调控决策,能够在可能会产生帮助的各种方法中进行选择。在这种情况下,LS 和 TH 能够从自己掌握的东西中获取更多有潜在用处的事实、程序和策略并使用它们。因此,信念系统的这种改变不仅是一种伴随了行为改善的观念转变;它更让 LS 和 TH 能够更多地利用他们所知道的东西,这样的变化意义重大。当信念系统的改变发生时,问题解决成功实施的关键很可能就已被取得。

第 5 节 经验主义的强大影响力:
基于更多资料

正如第 1 章和第 5 章对信念的讨论所表明的那样,LS 和 TH 尝试解决问题 1.1 时反映出来的那种经验主义是极其普遍的,本节和下一节将探讨该类型经验主义产生的一些原因。延续第 5 章中研究思路的问题解决访谈和对当前高中教学的系列研究是两个正在进行中的研究项目,我将从它们中精选一些内容开展初步分析,形成一些暂时性的结论。

本节的重点是借助一些事实性的证据引出第一条研究思路。1983 年初,罗切斯特大学本科认知科学协会邀请我做一个关于"数学思维"的讲座,听众包括大约 20 名认知科学专业的学生。这些学生大多来自大三和大四,都是学校里最优秀的学生,已经完成了对自己跨学科专业背景的整合。他们修读的专业大多以科学为主要的基础,选择的课程通常涵盖了心理学、生物学和计算机科学的高级课程,其中的许多课程都以学过大量数学、物理和化学先修课程为前提。

为了形成一些录像中可用于讨论的背景素材,我要求学生解决一系列问题,前两个问题是问题 1.4 和 1.5,需要所有学生一起开展合作。这两个问题很快就被解决了,解决方案被留在了黑板上。接着,我让他们讨论另外两个不相关的问题(来自朴素物理学),然后出示问题 1.1,学生走到黑板前开始发表看法。以下按顺序呈现这些看法:

1. 圆心是连接 P 和它"对面"的点 P' 间线段的中点。

2. 圆心是过点 P 的弧的"中点",该弧位于两条给定直线之间且顶点是 V。

3. 圆心是位于两条直线之间过点 P 的垂线段的中点。

4. 圆心是过点 P 的垂线和两条给定直线所成角的角平分线的交点。

当学生被问及哪一种作图正确的时候,他们纯粹以经验为基础争论了 10 分钟,争论的内容围绕这些彼此排斥的假说的各自优点[①]。虽然他们自己生成的信息和提供给他们用于解决该问题的信息都写在黑板上,学生还是深陷在这些争论里。(需要注意到的是,这些信息可以将前三个假说排除。)

针对第 5 章所述实验性口语报告的一个变式,我对当地高中的许多学生实施了一系列访谈。在一半的访谈中,学生被要求解决第 5 章中 DW 和 SP 解决的四个问题,顺序也相同:作图问题→角平分线问题→两个证明问题。在剩下一半的访谈学生中,问题是按如下顺序呈现的:

问题 A 图 10.3 中的圆与两条给定的直线分别相切于点 P、Q。利用高中学到的几何方法证明 PV 与 QV 长度相等。

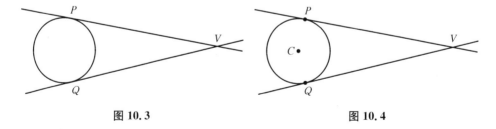

图 10.3   图 10.4

问题 B 图 10.4 中的圆与两条给定的直线分别相切于点 P、Q,圆心为 C。利用高中学到的几何方法证明直线 CV 平分 $\angle PVQ$。

---

① 作者注:完全准确地说,提出前面假说 4 的那名学生有能力基于合理的依据为自己的选择辩护,但他没有参与这个讨论。他坐在教室的后面,有点困惑地看着其他人争论。

问题 C　你记得用尺规作角平分线的步骤吗？如果记得,(1) 按照这个步骤平分[一个给定角];(2) 解释该步骤为什么正确。

问题 D　与问题 1.1 相同。

在相当一部分(大概五分之一)的问题解决片段中,学生在解决问题 A 和 B 时都没有遇到太大的困难——但被要求解决问题 D 时却不知所措。在一个案例中,一名学生直接在他用于两个证明问题的现成图形的下面重画了作图问题的图。当该生被问及是否能看出作图问题和他刚才解决的证明问题之间的关系时,他的回答是:"当然能,作图问题完成后的图形将会和另外两个问题很像,只有这些关系。"其他许多案例中的学生就像上文描述的认知科学专业的学生一样,猜想并进行了检验了一些假说,但这些假说与不久前刚获得的信息完全相悖。

有两点需要在这里强调一下。第一,这些结果并不是偶发的。就学生的行为而言,一所市中心学校的学生、一所口碑很好城郊公立学校的学生以及一所区域内私立重点中学的学生的表现都非常类同,这些行为与汉密尔顿学院和罗切斯特大学本科生的行为并无二致。那些学生来自全国的不同学区,或是自愿参加问题解决课程,或是自愿接受录像,他们都是我们的教育系统培养的成功者。

第二,在大多数情况下,学生未能将证明问题的成果应用于作图问题并不能归咎于他们在理解上有障碍。虽然大多数高中生和基本所有的大学生确实都理解证明问题的意义,当被具体问到问题 A 和问题 B 意味着什么时,他们都能正确地阐述,但是一些高中生(包括前两段中提到的那位)没有领会证明论证应具备的一般性质。一旦我们有了这种认识,若看到学生成和检验假说时的行为与之前才证明的结论产生了矛盾,就更应当给予关注。

第 6 节　经验主义的由来

本节呈现了对一个实施于 1983 学年至 1984 学年的观察研究中所获资料的初步分析。我跟踪调查了纽约州罗切斯特市附近四所高中 10 年级几何课程的教学,大部分常态进行的观察发生在同一所学校中,对另外三所学校开展的是定期观察,以确保不存在与常态观察到的现象有根本性不同的情况①。

我们的大部分观察是在一所备受好评的城郊公立学校开展的。该校有很大比例的学生都升入了大学,学生在会考中向来表现优异,我与该校的数学教学部合作得很好。特别是有一位教师,他十分乐意我们进入他的课堂并接触他的学生,允许我们在不提前告知他的情况下对他的所有教学录像,还帮我们约好对他的学生进行访谈。这位教师 10 年级数学课程的几何部分是我们的研究重心。我们至少每周观察一次他的课堂教学片段;为了开展后续的大量分析,我们完整地录制了一整个课堂教学单元,该单元是与轨迹有关的定理和几何作图。

这位教师的能力很强,也非常专业。他尊重他的学生,学生也尊重他。他的课堂总是从容不迫,学生都很注意当下正在发生什么,纪律从来没有问题。他的备课一向很细致,对各个主题应如何呈现都做了认真思考,他会根据自己的思考采用相应的教学方法,这些方法最终都被证明最有益于他的学生。总之,这是一个有好教师的好班级。该班级的教学实施情况是我们在其他地方所观察课堂中的典型。

对学生的访谈和问卷调查补充了从课堂观察中得到的信息。在分析资料的过程中,我们多次直面了四对具有对立关系的概念,它们是:经验论与演绎论、意义与形式、问题与练习、被动学习数学与主动学习数学。以下将详细讨论第一对关系,对另外三对关系只作简要讨论。

对立关系 1:经验论与演绎论

下面讨论的这个对话片段是在与轨迹有关的定理和作图教学单元时录制的,该单元在课堂上持续了大约 3 周时间。这些单元的授课时间接近年底,在全州会考前不久,大量的课堂时间被用于针对会考的训练。学生的分数除了

---

① 作者注:纽约州使用的是州定课程,能够在很大程度上保证教学中的同质性。由于这个原因,我们观察的所有课堂在教学内容上都是相似的。对于将这里记录到的观察结果推论至州内的其他学校,我们是有信心的。换句话说,这些结果能够被推论至教授 10 年级几何注册课程的学校中。官方的纽约州注册课程正处于过渡期,一个新的"综合序列课程"将在 9、10、11 年级各教授几何课程的某个方面,该课程将于 1986 学年至 1987 学年在全州逐步实施。

在很大程度上被看作对个体学生水平的衡量，也被视为对教师、学校、学区质量的反映。因此，考试对某个主题的命题方式往往会影响到该主题在课堂上的教学方式。作图题的命题方式如下：整个考试具体规定了大约十几个"必修作图"，有一到两个在百分制中各占 2 分的作图会在考试中出现，对这些问题的解答打分时会同时考虑到正确性（尺规作图痕迹必须是对的）和精确性。因此，在课堂进行练习十分常见，学生被要求记住这些作图并练习到能够快速且无误地完成它们为止。

毋庸置疑的是，大家都希望学生能理解这些作图，在第一次引入它们时通常会伴随用于证明它们的论证。但是，作图的重点很快就从理解转变到了操作，与这种转变相应，对记忆的强调愈发明显。为了使记忆变得更容易，作图过程被划分为按部就班的一套程序；为了降低作图过程被遗忘的可能性，对作图的教学总在会考前不久进行；为了帮助学生达到理想中的熟练程度，大量的课堂时间被用于练习。

练习时开展的讨论表现出了高度的经验倾向。下文选择了课堂中围绕作图的一些讨论进行简要介绍，以表明这样的经验主义有多大的影响力。我们将充分地讨论一个特别值得关注的片段。

在该单元开始的第一天，这位教师就明确表示将主要基于实证经验研究作图问题。进入课堂前没有拿尺规的学生需要回到自己的储物柜中去拿，直到所有学生的手中都有了适当的工具，教学才开始。然后，教师引入了作图这一主题，并演示了一些基本作图（作一条线段等于已知线段、作一个角等于已知角、过一点作已知直线的平行线）。在呈现这些作图的过程中，大多数的课堂时间都花在了与作图程序有关的事情上。教师详细地说明了每个作图应有步骤的次序，还给出了如何完成每个作图的精准示范。因为这是教授该主题的第一天，学生的作图进度相当缓慢。教师告知他们要加快速度但不用畏难："大部分的作图就是回家练。"

在这一单元的教学中，记忆的重要性经常被强调，速度和精确性也是一样，都是学生需要提高的地方。例如，在 10 年级数学校考前，对于与轨迹有关的定理和作图，这位教师简短地表达了下面这个观点：

你会拿到 25 道题。[考试时长是 54 分钟，这样一来，在每道题上可以花 2 分 10 秒。]你必须对所有作图都十分精通,这样你就不用花很多时间去思考。这就是在家练习的好处……

我必须要看到的是该有的弧。嗯,我不会采取的方式是通过大量的尝试来找出作图中的错误。所以如果你感到不太确定的话,你得找一些草稿纸或其他东西。我必须要能够看得懂你的作图。如果你画出了 20 个不同的弧,我就没法看得懂你的图……

只要我可以看到所有该有的弧,我就能理解你的作图,左图就是正确的。如果只[偏离]一点点的距离,我不会扣分。但如果超过这个距离了,我就要扣分了。

在注重记忆和练习的过程中,学生最终会忽略这样作图之所以合理的原因。当给出按照某种方式作图的“依据”后,这些依据就不会再被提起,课堂教学的关注点将变为精准地实施作图。以下这些说法出现了不止一次:

在你作图的时候,嗯,你要确保你画的直线要能通过它应该通过的这个交点的中心。……如果你偏离了一点,会发生的事情就是你的线没有通过这个交点的中心。因此,当你从顶点向交点画线的时候,你要保证能让顶点与这个交点的中心对齐。你只要稍有偏差,会发生的事情就是你画的线要么高于交点、要么低于交点。

虽然这样的说法不是刻意为之的,但这种说法的多次出现和对精确性的强调给学生留下的印象是,精准程度是评判一个作图质量高低(甚至可能是正确与否)的首要标准。在有些时候,这种意思是以间接的方式传递的,就像某天课堂开头发生的这样:每天一贯的做法是让学生把家庭作业中问题的解答画到黑板上。与之前一样,六名学生被选中,他们来到教室的前面。但只有一个大圆规能在黑板上画图。学生意识到了这一点,然后都说自己作不了图了。于是,教师让其中的五名学生都回了座位,教室前面只留下一名学生。由于只按照适当的程序作出草图根本不足以完成作图,因此其他学生必须等待圆规轮到自己使用。

在另一些时候,对精准性的苛求让人感到好笑。例如,教师在演示如何作三角形的内切圆时给出了下面的说法：

> [他刚刚找出了角平分线的交点。][现在我]得作垂线了。从 O 到 AC，在这条线上作出两条弧。然后利用这两条弧，再作出两条弧，就可以画垂线了，我找到了我要的点。……好的，现在我们有半径了。那么，以 OD 为半径作圆。如果幸运的话，我们能得到一个与三条边都相切的圆；如果没那么幸运的话，我们可以说这是尺规的误差。[已标记强调]

大家都明白，在考试中因尺规而产生少许误差是可以理解的；学生当然也知道这个作图应该是可行的。然而，"运气好"这一提法却削弱了作图的准确程度并增强了练习过程中的经验驱动力量。在有些情况下，基于经验得来信息的方式甚至更加直接。下面这个说法是全班学生检查关于平分一条线段的作图时教师给出的：

> 如果你画完了这些角并将这条边延伸到与另一边相交，你应该能得到平行线。然后，为了检查自己做的对不对，你需要测量每条线段的长度，它们应该一样长。[已标记强调]

从该建议本身而言，这样说并无什么不妥。让学生验证自己基于经验获得的成果是否精确是教学过程中合理的常规做法，相当适合发生在学生备考的时期。但遗憾的是，这种建议促进了学生经验主义行为的发展。对于符合"熟能生巧"规律的经验主义任务，它不断加深了学生的两个感觉：一是测量是正确与否的最终衡量工具，二是当一个作图"看起来对"的时候它就是对的。

有一段课堂讨论特别值得关注，它发生在以下三个必修作图顺次出现时的教学片段中：

问题 C9 作给定圆的圆心；

问题 C10 作给定三角形的外接圆；

问题 C11 作给定三角形的内切圆。

为了研究这段课程，现将教材上问题 C10 和问题 C11 的作法（Jurgensen，

Brown，& King，1980，p. 295)呈现在图 10.5。

　　头一天的作业包括阅读这三个作图的教材文本并练习。教师告知全班学生，对这三个作图如果有疑问，将在课堂上进行讨论。这是该教师课堂教学时的常见做法。他非常希望能讨论每一个作图，但"如果没有疑问的话"，某些问题或作图可能就不会在课堂上讨论了，这样有助于促使学生在课前阅读教材。

尺规作图 10　作给定三角形的外接圆。

已知：△ABC。

求作：过点 A、B、C 的一个圆。

程序：

1. 作△ABC 任意两边的垂直平分线，交点为 O。

2. 以 O 为圆心、OA 为半径，作圆。

圆 O 即为过点 A、B、C 的圆。

依据：见第 143 页定理 4.17。

尺规作图 11　作给定三角形的内切圆。

已知：△ABC。

求作：与 $\overline{AB}$、$\overline{BC}$、$\overline{AC}$ 相切的一个圆。

程序：

1. 作∠A 和∠B 的平分线，交点为 I。

2. 过 I 作 $\overline{AB}$ 的垂线，与 $\overline{AB}$ 交于点 R。

3. 以 I 为圆心、IR 为半径，作圆。

圆 I 即为与 $\overline{AB}$、$\overline{BC}$、$\overline{AC}$ 相切的圆。

依据：见第 142 页定理 4.16。

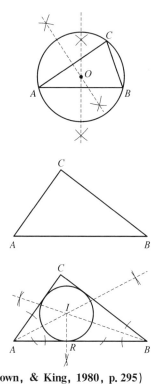

图 10.5　问题 C10 和问题 C11 的作法(来自 Jurgensen，Brown，& King，1980，p. 295)

　　对问题 C9 的讨论跟我们想象的一样。教师提醒学生，在所有圆中，任意弦的垂直平分线都经过圆心，因此，如果作给定弧中两条弦的垂直平分线，它们会相交于目标圆的圆心。该教师将课堂的大量时间用于按程序演示如何实现这一作图。在演示作图的过程中，这位教师给了学生许多关于怎样完成多程序步骤复杂作图的实用建议。比如：

> ［教师画出两条弦。］好的，如果你把这两条弦都平分，就能从两条平分线的交点得到圆心。当你作图的时候，在开始一个新的之前要先把手上的这个完成。平分一条弦［留下尺规作图痕迹］，在你平分另一条弦之前画出这条线和其他该画的。否则，你会画得到处都是弧，所有的东西就被你混在一起了。好了，有一个了，然后你再平分另一个……

一旦解决了问题 C9，问题 C10 就应该很简单了。给定三角形的边都是外接圆的弦，问题就变成了要找到圆心——这与问题 C9 是同一个问题，解决方案也是一样的。事实上，问题 C10 和问题 C11 都是用于说明演绎推理在尺规作图中角色的很好机会。（回想一下，比如，第 5 章中出现的专家对于问题 C11 的解决方案。）以下的转录文稿是课堂上关于问题 C10 的全部讨论和关于问题 C11 讨论的开头一段。

> ［教师结束了问题 C9 的教学。］好的，下一个。画三角形 *ABC* 的外接圆。大家对这个问题有疑问吗？每个人都懂了吗？没都懂，好的。
>
> 在这个问题中，我们必须作出一个能外接三角形 *ABC* 的圆。如果它能外接三角形 *ABC*，表示这个圆必须在哪里？里面还是外面？
>
> ［一名学生回答］外面。
>
> 圆要在三角形外面。好的，嗯，我总是在思考我得利用这个图做些什么上会出问题。我知道我得在两条路中选一条走，我知道我要么平分角，要么平分边。所以，我要大概把它画出来，然后看看会得到什么。［画出图 10.6］好了，嗯，比如我平分了角，那我就知道从交点到每个顶点的距离应该相等，对吧？［迅速画出图 10.7］从这到这的距离［线段 *AD* 的长度］和从这到这的距离［线段 *BD* 的长度］相等吗？不相等。这意味着把角平分没法得到我需要的半径，所以我不能这样做。那就说明我需要做的是把边平分。好了，对于这个问题，首先要做的是第一步：平分任意两边。

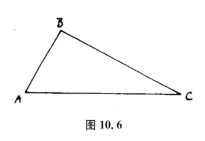

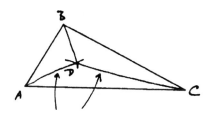

图 10.6

图 10.7　线段 *AD* 和 *DC* 的长度不相等,因此
点 *D* 不是外接圆的圆心

嗯,另外一个我最好要点明一下的东西是这个。假如我们开始这样
做了,有些同学喜欢画看起来好看的三角形。[画出图 10.8A]这看起来
是什么类型的三角形?

[一名学生回答]等腰三角形。

一个等腰三角形,如果我把它画得足够好看——等边三角形,对吗?
如果我平分它的各个角,你认为我们会看到什么?[画出图 10.8B,指着
线段 *AD* 和 *BD*。]

[一名学生回答]它们看起来相等。

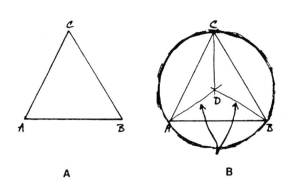

A

B

图 10.8　在 B 部分中,线段 *AD* 和 *DB* 看起来相等,
于是 *D* 就可以作为外接圆的圆心

距离会是相等的,对吗? 所以,我们必须要保证,如果是打算看看哪条
路能走得通,你最好不要选择等边三角形。是的,否则的话,哪怕你开始正
式作图了,你也很快就会发现无论怎么画都不对,角平分线根本没用。

所以[第一步,见前文],我们来平分任意两条边。找到交点。一样
的,作完一边再作另一边。好了,这样就得到了垂直平分线的交点。现

在，第二步：以 O 为圆心，OV、OC 或 OA 为半径，画一个圆。以 O 为圆心，到任意顶点的距离为半径，画出一个圆。如果这个圆是能外接于这个三角形的，它就应该要过每个顶点，这样就可以把从 O 到 B 的距离作为半径。如果误差太大，这个圆就要么在很外面，要么在很里面，你马上就能清楚地知道自己犯了错。还有什么疑问吗？

接着，师生对即将到来的测验进行了简短的讨论；之后，课堂就回到了围绕必修作图的讨论中。

好的，下一个。作给定三角形的内切圆。嗯，要内切意味着这个圆要与每条边相切。在另一个例子里[指着第二个作图]，我们平分了边。大家认为在现在这个问题里，我们要做什么？

[一名学生回答]平分角。

平分角。好的，你有三角形 ABC。你继续平分任意两个角……

我们没有必要再阐释这个片段中发生的事情，它本身就已经很有说服力了。不过，在结束本部分的讨论之前，有两点需要强调。

第一，考虑到这个主题是短期内教学的当务之急，我们可以认为，对该主题采取这样的教学方式是完全合理的。如上所述，作图问题在全州会考中只占很少的几分。必修作图和关于必修定理的证明一样，被大家认为适合作为记忆的对象，学生在参加考试前已经尝试记住了所有的必修作图。我们可以大胆假设，当需要作出重要线段（角平分线或垂直平分线）的交点时，学生将能回忆起两个"圆和三角形"的作图。于是，短期内教学要达成的任务就是要记住哪一组重要线段与哪一种作图匹配，该教师建议的这种基于经验的脚手架提供了一种快速确定答案的方式。

第二，上文描述的课堂教学片段反映的作图方式是极其常见的，难得有例外的情况。该方式直接导致了前面所指的那种经验主义。当学生在学年结束前遇到几何作图的时候，对于数学演绎推理，他们已经积累了丰富的经验——但大多数是以"证明"的形式。第 5 章曾提出，学生倾向于把证明论证看作是（他们向自己的老师或其他人）解释已经知道的东西。也就是说，证明所涉及的那种论证被视为是对已知事实正确性的确认，那么，它就不被认为与发现有关。一个与课堂教学分析同步进行的研究项目有利于证实这一说法。我们对来自罗切斯特地区四所中学共计 230 名学生进行了问卷调查,用以了解学生对数学的基本性质和数学教学的基本特征的看法。问卷的设计采用了李克特四级量表(1="非常正确",2="比较正确",3="不太正确",4="完全不正确")。在这 30 个问题中,对于涉及数学的一般特征和几何的专门特征的问题,有 5 个问题作答的平均分低于 2 分或高于 3 分。这 5 个问题中的 2 个如下:

我在学校里学到的大部分数学是必须要靠记忆来获得的事实和程序(平均分=1.75)。

当我完成几何证明的时候,我做的只是验证那些已被数学家说明过是正确的东西(平均分=1.93)。

这些数据表明,已有的体验并没有让学生感觉到数学演绎推理可以作为发现的工具。第三个问题令人讶异的分数提示我们,作图单元的教学几乎没有改变学生的感受:

你必须记住实施作图的方式(平均分=1.87)。

在我们观察的课堂中,对行为表现的强调最终导致学生忽视了作图依据的重要性。[顺带提一下,对于经常出现的术语"依据"(justification),学生会把它理解为对作图合理性的说明,而不是对其正确性的保证。]学生练得越多,这些依据就越无关紧要,越来越多地仅对选择哪个操作活动形成提示——当呈现出来的作图达到必要的精确程度时,这些操作活动的有效性就得到了确认。这样的课堂教学实践会加大演绎与发现之间的距离,加深学生对"作图的精确程度是作图准确性实证证据"这一感觉。于是,与潜在的教学意图相反,这些学生在几何课堂中被训练成了经验主义者。鉴于第 5 章和上一节给出的那些用以说明经验主义普遍存在的资料,我们几乎不需要怀疑这些课堂是特例。

对立关系 2: 意义与形式

口语报告 10A 中一些看起来无伤大雅的说法引出了这里的第二个对立关系。下面的交流(第 56 至 57 条)发生在 LS 和 TH 暂时确信他们已经找到给定作图问题的解决方式时:

TH: 现在我们可以把这里平分来找到圆心,对吧? 叫它圆心 C。[停顿]但我们可能应该按照我们的程序来做。[已标记强调]

LS：[指他们在猜想的基础上作出这个点的过程]这根本全是"非数学的"，完全没有条理。

这些说法反映了 LS 和 TH 对数学究竟是什么的看法。这种看法基于他们从教学中获得数学的方式而形成，正是这种看法塑造了他们的行为。TH 的说法"按照我们的程序来做"指的是学生在大部分的高中几何课程中必须学习的正式程序。对于数学论证的完成，课程中有一个严格规定好的形式。为了写下一个证明，我们要在纸上写一个大大的 T 字形。T 字形的左侧是"语句"栏，在这一栏中，我们按照以下一套规则写出一系列语句并标号：每行只写一句话。一系列的语句从问题中已知的信息开始，后面是按标号排列的已知是真或可以从已有语句序列中推出的其他语句。整个语句序列以我们要证明它为真的语句作为结束。T 字形的右侧是"理由"栏，每一个条目都对应着语句栏中以相同标号标注的语句，作为该语句的正式依据存在。学生可以甚至被鼓励在理由栏中的这些条目上使用缩写，只要这些缩写是规定的形式。那么，代表"两角及其夹边分别相等的两个三角形全等"的 ASA 就可以出现在一个论证的右侧，代表"全等三角形的对应部分也全等"的 CPCT 也可以。图 10.9 给出了一个典型的正式论证。

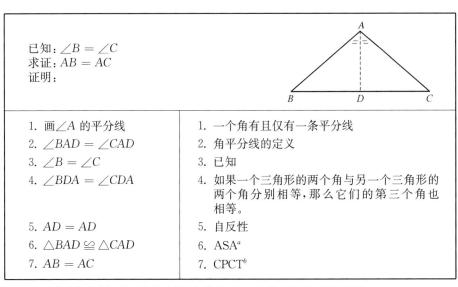

已知：$\angle B = \angle C$
求证：$AB = AC$
证明：

语句	理由
1. 画 $\angle A$ 的平分线	1. 一个角有且仅有一条平分线
2. $\angle BAD = \angle CAD$	2. 角平分线的定义
3. $\angle B = \angle C$	3. 已知
4. $\angle BDA = \angle CDA$	4. 如果一个三角形的两个角与另一个三角形的两个角分别相等，那么它们的第三个角也相等。
5. $AD = AD$	5. 自反性
6. $\triangle BAD \cong \triangle CAD$	6. ASA[a]
7. $AB = AC$	7. CPCT[b]

[a] ASA 是基本事实"两角及其夹边分别相等的两个三角形全等"的习惯性缩写。
[b] CPCT 是"全等三角形的对应部分也全等"的习惯性缩写。

图 10.9 一个典型的高中几何论证

定理 如果一个三角形的两个角相等，那么这两个角的对边也相等。

在我们观察的所有课堂中，学习以恰当的形式化方式进行表达是教学中一个主要的关注点。（抛开别的不说，恰当的形式是全州会考的要求。）教师把大量时间花在对恰当程序的解读上（"确保你把语句编了号。把已知条件写在最前面。确保你把理由写下来了……"）。如果学生给出的论证在数学上是正确的，但没有以准确的形式表达出来，那么这些论证就会被打上很低的分数。这导致学生学到的是要把注意力放在与外在形式有关的东西上，而不是与内容实质有关的东西。甚至对一些学生来说，他们从教学中汲取到的教训是外在形式比内容实质重要得多。在某所高中，许多学生在很少的几分钟内就尝试解决了证明问题 A 和 B（已在前一节中描述），但花了超过三倍的时间把答案写成如图 10.9 中的"语句和理由"形式。这些学生已经形成了 LS 在上面指出的观点：不能以正确的形式写下该写的东西，就会被认为是"非数学的"。

总之，由于教学极其注重以特定的方式写出结果，而评分程序又会惩罚那些以除了这些方式之外的方式给出正确答案的学生，学生就会相信，所谓"是数学的"意味着以规定好的形式进行表达——不能多也不能少。将过多的时间和精力花在掌握数学的形式和程序上的一个结果是，隐含在背后的数学内容实质完全被遮蔽了，有益的推理模式，甚至是开展这些推理的理由也都完全被丢弃了。

对立关系 3：问题与练习

几乎所有学生在大学预科和低年级的数学学习历程中被要求解决的问题都根本算不上是真正的问题：它们都是在短时间内立即可以解决的练习。我们观察的几何课堂呈现出一些有代表性的数据。

正如上文在关于经验论和演绎论的讨论中提到的那样，校考中与轨迹相关的问题和作图总共有 25 问，要求学生在 54 分钟内解决完毕——每个"问题"能分到的时长是 2 分 10 秒。这是此类考试的典型情况，也反映了教学实践时的通常情况。我们可以从家庭作业的布置中认识一下这种教学实践。

在我们观察的大部分课堂中，都有很大比例的课堂时间被花在让学生在黑板上展示家庭作业中问题的解决方案上。学生在黑板前完成着各个问题，如果需要帮助，教师就会提供帮助。在这些课堂中，家庭作业一般包括 15 个或更多个问题,一份有 25 到 30 个问题的作业并不算少见。像这样的话,学生就期待自己能够在 2 到 3 分钟内解释指定问题的解决方案。当然,这是他们在学习相关内容时候的速度;在考试的时候,他们需要做得更快。教师对问题解决方案的呈现很少超过 5 分钟,十分难得才会出现一个 10 分钟的"问题"。学生从来没有体验过的一种感觉是,完成一个问题可能需要好多个小时(更不要说几天、几周或几个月);相反地,他们的感觉是,数学中各个主题的知识是要被划分为一小块一小块掌握的。从长远来看,这样的课堂教学实践会产生严重的后果。

学生在自己数学学习的历程中会完成数以千计的"问题",所有的"问题"都可以在几分钟内解决——只要知道正确的程序。学生几乎不曾看到任何其他类型的问题。他们被剥夺了面对复杂问题时在一段时间内慢慢取得进展的机会,由此他们对取得这种进展的期待也被剥夺了。最终,在他们的预期中,遇到的所有数学问题要么是在几分钟内就能解决的,要么是根本就解决不了的。当面临尝试失败的问题时,他们会采取相应的行动;但只要再尝试几分钟还不成功,他们就放弃了。

当完成 2 分钟一个的练习时,学生几乎不可能发现问题解决探索策略的作用或对优良调控能力的需求。如果课堂教学的呈现方式几乎完全集中在对小部分主题的操练上,学生甚至不太可能意识到这些高层次技能的角色和重要性。大多数学生都不了解基本的问题解决策略(见第 7 章),也没有发展出基本的调控策略(见第 9 章)。对于这两个事实,我们应当不需要感到非常惊讶。

应该予以强调的是,这些研究结果适用于所有的数学教学,而不是仅发生在我们抽样的小范围内班级中。例如,卡朋特、林德奎斯特、马修斯和西尔弗(Carpenter,Lindquist,Matthews,& Silver,1983)描述了第三次国家教育进展评估(National Assessment of Educational Progress,简称 NAEP)中数学评估的结果。NAEP 评估精心选择了全美范围内有代表性的 9、13、17 岁学生参与调查,共有超过 45 000 名学生参加了第三次(1982 年)的评估。"评估结果为美国学生数学学习成就提供了一个可靠且可信的判断标准"(Carpenter et al.,1983,p. 652)。现将 NAEP 数据中关于问题解决的部分概述如下:

与之前评估中的情况一样,学生的表现在常规问题和需要进行一些分析或需要以非标准化方式应用知识及技能的问题上出现了明显差异。……来自一些问题的数据表明,学生没有仔细分析他们要解决的问题。在一些问题上犯的错误显示,学生通常会试图将问题表述中给出的所有数字用到他们的计算中,而不会考虑给定数字或所得结果与问题情境之间具备的任何关系。

来自本次评估的数据表明,学生可能并不理解他们正在解决的问题。大部分常规的文字问题都可以通过机械地应用某个运算算法来解决。在这些问题中,学生不需要理解问题情境,也不需要理解为什么特定的运算方式是合适的或者答案是否合理。然而,当学生遇到非常规问题,对这些东西和其他一些东西的思考就很重要,此时他们的表现往往就不尽如人意了。……比如,13 岁学生被要求完成以下问题:

一辆军用车可以载 36 名士兵。如果 1 128 名士兵要乘车去训练场,需要多少辆这种汽车?

大约 70% 的学生都正确地完成了计算,但大约 29% 学生给出的答案是精确的商(有小数的商),还有 18% 学生写答案时把余数漏掉了。这些答案反映出,学生并没有理解问题情境和未知数的基本特征。给出精确商的学生没有注意到汽车的数量需要是整数,而那些漏掉余数的学生则忽视了要为所有士兵提供交通工具。(Carpenter et al. , 1983, p. 656)

这种行为的由来从第四对对立关系中可见。

对立关系 4:被动学习数学与主动学习数学

大多数数学教学向学生呈现的是结果,从学生的视角来看,关于它们的依据只是陪衬。(教师说,"让我说明一下为什么这样做是对的"。)一个特定程序的基本原理通常会在出示该程序大部分练习之前给出,而且正如我们在讨论第一对对立关系时对作图依据的讨论中所说的那样,这个基本原理的重要性可能在练习环节就已经完全被隐没了。这不是仅仅发生在几何中的现象。例如,在代数中,教师会在二次方程的解法这一单元教学开始时向学生说明解方程的程序,在推导出公式以后,这个公式就会被广泛使用,而它的原理则会被束之高阁。在有些时候,学生被要求负责"证明"这样的程序是正确的,但通常记住依据就能满足要求。这种情况在二次方程的解法和高中几何课程中的"必修证明"上都会出现;在大学阶段,当学生在微积分课堂上被要求再次给出关于求导法则(如"商的求导法则")的论证时,这种情况也会发生。

几何课程提供了明确的证据用以说明采用死记硬背的方式记住程序很重要。如前所述,学生被告知,为了会考,既要记住必修的证明,也要记住必修的作图。("你必须对所有作图都十分精通,这样你就不用花很多时间去思考。这就是在家练习的好处。")事实上,教师并不打算让学生把大量时间花在思考上——程序是按部就班呈现的,希望学生也能以这种方式实施程序。回忆一下这些摘自问题 C10 作一个三角形外接圆的表述:

> 好的,对于这个,所以,第一步:平分任意两条边。……找到交点。
> 一样的,做完一边再做另一边。好了,这样就得到了垂直平分线的交点。
> 现在,第二步:以 O 为圆心……[已标记强调]

这种呈现方式是非常典型的。学生不仅会被要求再次完成正确的作图,还会被要求按照准确的顺序一步一步做。例如,以下对话发生在关于这个问题的讨论中:

> 在图 10.10 中,作一条过定点 P 且平行于给定三角形 ABC 底边 AB 的直线。[这个问题]是在说你需要过点 P 作一条平行于 AB 的直线。所以它[和过一个定点作一条直线与已知直线平行这一必修作图(作业上的问题 1)]是一样的问题。唯一的区别是,这个问题中画了一个

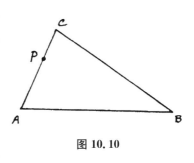

图 10.10

> 三角形。因此,如果你已经解决了问题 1,那这个问题就已经解决了。对不对? 在你的作图过程中,第一步是什么?
>
> [一名学生回答]画一条截线。
>
> 画一条截线。在这个问题里,截线已经在这儿了。所以,让你省了一

个步骤。你已经有了一条过点 P 的线,就是边 AC。所以,如果你要画一条线穿过这儿,为什么要画一条新的截线?在你的作图过程中,第二步是什么?

[一名学生回答]作一个角等于已知角。

作一个角等于已知角。所以,你是想在点 P 处画出∠A 来。你想得到一对相等的对应角。好的,所以:第一步,你在点 A 处作一条弧,在点 P 处也作一条弧,第二步,量一下这个角的宽度,然后到上面画出相同的宽度。如果你把这两个点连上,你会得到一条平行于给定边 AB 的线。

[已标记强调]

必须再次重点指出的是,这种教学实践是相当普遍的。最广泛使用的会考复习系列教材之一是《巴伦会考测验与解答》,其 1972 年 10 年级数学教材的封底广告用大号黑体字宣告的内容如下:"巴伦会考测验与解答,由名师编写,是复习和准备所有考试的最佳途径。……学生喜欢这些书,因为它们提供了每一步解答"(已标记强调)。逐步给出解答的方式是最常见的,从短期来看,它可能产生好的结果,但从长期来看,它的结果是毁灭性的。

年复一年训练学生使用他们不理解的数学、年复一年让学生被动复述别人递上的数学论证,长此以往,学生付出了高昂的代价。许多学生会认为数学结论是原封不动从"上面"传下来的本就存在的真理,也会认为数学不是像他们这样的普通人所能触及的。他们学会了从字面意思接受教师教他们的东西而不尝试去理解,因为这样的理解必然超出他们的能力。此外,学生开始相信,无论他们忘记的东西是什么,只要一旦忘记了,就必须永远放弃这些东西,就当它们消失了;自己不是天才,不可能靠自己的力量(重新)发现它们。除了一些幸运儿学到了(或是被教会了)"事情是可以不一样的"以外,其余学生都成为"黑箱"程序被动的买单者。就像上文讨论的 NAEP 汽车问题中给出错误答案的学生一样,他们在应用那些程序的时候往往不会仔细地分析问题情境,也没有精心地尝试将他们选择的操作与正在完成的问题相匹配。就算他们的答案是对的,他们能理解的数学到底有多少也是要打一个问号的。

第7节　小　　结

本章探讨了学生几何学习上经验主义的由来和影响力。本章也简要地介绍了学生关于数学所拥有的其他信念的由来——这些信念和经验主义一样，塑造了学生在数学情境中的行为。本章始于最后一对"前后"对比。

我们研究了学生 LS 和 TH 完成两个几何问题时的口语报告。第一个口语报告是在问题解决课程之前录制的，它体现出第 5 章记录的经验主义模式。像大多数学过一年高中几何的学生一样，面对要求他们完成的一个作图问题，LS 和 TH 拥有足以解决它的内容主题知识，应该能够推导出该问题的解决方案。但就像几乎所有的学生一样，他们没有能够唤醒自己用于推理的知识，而是进行了一连串的试误（没有一个成功）。第二个口语报告是在问题解决课程之后录制的，在该报告中，LS 和 TH 解决了一个难得多的问题。仔细考察他们的表现可以发现，他们之所以成功的主要决定性因素是信念的改变，由于摆正了"经由作图来证明"的位置，他们就能够利用已掌握的潜在认知资源，而这样的利用方式在其他情况下都不可能发生。

本章的其余部分介绍了一些正在推进中的研究的结果。第二部分描述了对一个问题解决序列的初步分析。在这个序列中，首先要学生解决的是两个"证明问题"，然后是一个作图问题，其答案可以由证明问题的结论得到。在许多问题解决片段中，学生都顺利地解决了证明问题，然后在面临作图问题时都发现自己陷入了困境。在大约 20％的片段中，学生解决了证明问题，但尝试进行的作图却与刚刚证明的结论完全相悖。

第三部分包括了本章的大部分内容，呈现了正在中学进行的观察研究的结果。这些资料显示，我们在学生身上会看到许多与我们所期待的行为相反的行为，这些行为是他们以不经意的方式从数学教学中学到的。在课堂上，教师对于学生表现的强调是这样的——要记住作图的过程并让自己练到能够以很高的精确程度机械地完成每一个作图，这样的做法最终导致学生忽视了这些作图之所以正确的原理。如果教学过于强调精确性并采用过多的经验性线索来确认作图看起来质量很高，就会使得学生感觉精确与否是作图正确与否主要的决定性因素。如果教学将作图的过程呈现为按部就班需要记住的程序,就会使得学生感觉数学知识是从"上面"传下来的本就存在的真理,不需要理解,只要当作"黑匣子"方法使用就可以了。如果教学特别强调要按照严格规定的形式写出数学论证,当学生的作业内容正确但没有按照恰当的形式进行表达时将被打上很低的分数,就会使得学生感觉数学的外在形式比内容实质更重要——或者用一位学生的话来说,"是数学的"意味着"按照我们的步骤来做"。如果学生对每次家庭作业的唯一体验是完成 20 到 30 个问题并且每一个都可以第二天在黑板上进行展示、如果他们对每次测验的唯一体验是完成总计 25 个每个在 2 分钟内就能解决的问题,他们就会认为自己遇到的所有问题都可以在几分钟内解决——或者根本解决不了。更进一步来说,2 分钟一个的练习几乎不可能为高层次问题解决技能的发展打下合适的经验基础。

我们观察的课堂都是好教师在好班级使用常见教学方式开展的教学。我们发现的这些困境并不是某一个地区所独有的,正如我们在汉密尔顿学院和罗切斯特大学本科生身上发现的经验主义具有令人惊讶的同质性表明的那样——由于我们教育系统培养的成功者来自遍布全美的高中,因此这里也是同样的道理。这些困境也不是仅仅发生在几何上,来自国家教育进展评估的数据说明了这一点。这些困境指出了数学教学过程中的一个主要问题:它们表明,我们关于各个内容主题教的那些东西——在课堂教学时,我们几乎把所有的注意力都集中在上面,只形成了学生学到的东西中的一部分。我们教数学的方式以及学生从完成数学任务的经历中汲取到的经验,对于他们数学行为的形成来说同样重要。理解数学行为是如何形成的,是一项重要但艰难的任务。

第 8 节　后　　记

本章有些时候描绘的残酷现实并不是想要留下什么让人悲观的感觉。正如本书第二部分出现的所有前后测对比表明的那样,我们拥有站得住脚的实证证据,它们可以让我们保持乐观。更重要的是,我们有理由坚信,在理解数学思维的本质上,我们至少正在取得一些小小的进展。

大量的工作就在眼前。我们几乎才刚刚开始对第一部分所描述四个类别（知识资源、探索策略、调控、信念）的皮毛进行研究。哪怕是在最理想情况下的实验室情境中，它们也是错综复杂且扑朔迷离的。我们只是正在开始着手开发严谨的方式来研究关于调控的问题，这一状态甚至不能用在我们目前对信念的研究上。尽管如此，这两种现象的重要性已经正在开始很清楚地显现，而且我们也正在开始尝试更准确地界定它们。形成数学行为的一些因素也开始有所凸显并逐渐清晰。三个特定的领域——元认知、信念和"情境认知"都意涵丰富，也都已经到了可以开始探索的时机。这些探索在未来的几年中应该能造就一片引人入胜且令人振奋的光景。

附录 10A　口语报告 10A

下面的问题是由学生 LS 和 TH（大学一年级学生，学过一学期微积分）在教学开始的第一周完成的。

如图，平面上有两条相交的直线，点 P 在其中一条上。请展示：如何用直尺和圆规作圆，使该圆与两条直线都相切并且点 P 是其中一个切点。

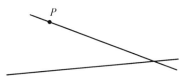

1. **TH:** ［读题］哦，好的。你要做的是［徒手在里面画了一个圆］，基本上是这样。是的，怎么画？

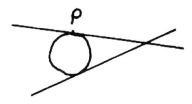

2. **LS:** 现在，好的，我们必须要找到中心。

3. **TH:** 什么的？

4. **LS**：圆的。我们得画出这个圆,对吧? 如果我们这样做,我们就能——哦,当然还有半径。

5. **TH**：是的,好,我们知道这条线上的切点要在这儿[指着点 P]。我觉得,我们需要做的是在另一条线上找到切点。那样我们就能确定直径,在这种情况下,就能找到圆心了。

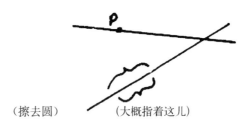

（擦去圆） （大概指着这儿）

6. **LS**：这——这不一定对吧,对吗? 如果有了像这样一个圆[见下图],然后这[手指了一下]就是直径,这样对吗? 你知道我的意思? 或者你可能不能像那样做——

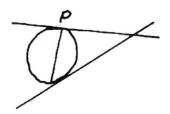

7. **TH**：这个圆就像——不,你没有一条这样穿过去的直径。不,我们得找到连接这条线上的切点到这条线上的切点的直径,不管它在哪里。

8. **LS**：不,等等;切点,这儿的切点,连接这两点的线会是直径吗? 看起来可能可以作一条,但不一定对。

9. **TH**：等等,但看一下,我不知道,我们没有用正确的方式来画[即草图]。

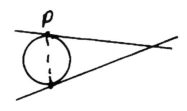

10. **LS**：等一下,你要不要试着画一画[用圆规],然后看——

　［他们在完成对这一猜想的证实上花了两分半钟，得到了一个合理的精确作图。］

11. **LS**：这么一看，也许它可以看成就是反过来了，看到了吗？

12. **TH**：但这对于任意三角形都对吗？哦，但看看——

13. **LS**：我搞不清。我不这么觉得。比方说，把半径放在这儿，就可以这样。我不觉得它会——是的，它有可能会，有这种可能性。

14. **TH**：你记不记得在第一张问题单的时候我们画过三角形的内切圆？你能画出来吗？我画不出来。

15. **LS**：我也画不出来。

16. **TH**：现在情况不妙啊。但即使说我们不知道怎么画这个，我们能画一个三角形。不管怎么样，一个三角形我们是画得出来的。

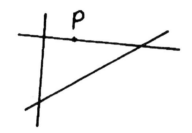

17. **LS**：这对我们有什么帮助？

18. **TH**：因为我们不需要真的把它画出来。我们只要有一些能帮助我们［想象它］的东西。［画出明显具有任意性的第三条线。］

19. **LS**：虽然——

20. **TH**：这能不能有点用？

21. **LS**：现在还没用，我不觉得有用。如果我们需要一个半径的话，可能那时候会有点儿用——但我不觉得它现在有用。

22. **TH**：我们得做点事啊。根据我们已经有的东西，我们画不出来，对吧？我们没有足够多的线或其他任何东西。

23. **LS**：好的，我们需要一个圆心和一条半径。那么，我们怎么确定圆心呢？它得这样，我觉得它得这样，我们能做到吗？

24. **TH**：不对，也许你要有一个等边三角形。

25. **LS**：等等，让我尝试一下这个。［开始把圆规的圆规尖和笔头分开。］

26. **TH**：你在做什么？

27. **LS**：你不想看看这样对不对吗？如果圆心像这样出去了，就是因为它可能没连上。你不明白吗？［画出下面的草图。］

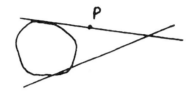

（拒绝了内切圆的假设）

28. **TH**：我确定它不会，我不认为它会。

29. **LS**：但如果它不能画出一个圆，那就意味着这个圆是我们要的［指着先前的草图］。我们就必须要处理那个。你懂我的意思？

30. **TH**：我明白你指的是什么。像这样，试着在这儿画一个圆，像是要穿过这个点。看到没，这不可能。这样不对，因为为了要让它对的话。［又把几分钟花在了用圆规画图上。其间的对话与他们尝试画出一个非常精确的图形有关，这样他们就能从中得出结论。］

31. **LS**：好的，这就是我们画出来的，对吧？我们不需要这么大。

32. **LS**：是的，等一下，不能这样，因为它要穿过［点 P］。我觉得它确实必须要是，对——

33. **TH**：如果我们有了这两点，那绝对就能让我们的直径穿过去。现在，我们可以画——

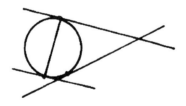

34. **LS**：但没有一条是切线。

35. **TH**：这就是我要说的。我们能不能画出两条能够让我们——看一下，你不能为了这个去把这个穿过去，太想当然了，这样想当然了——

36. **TH**：好的。当这个——好的，把这个画成一条切线。

37. **LS**：为了要让这个是，你认为它将会切那个——

38. **TH**: 不,因为,因为我们知道这一条不会是——我想看看如果我们像这样把它画成一条切线。你明白我的意思吗? 但这也看起来不像一条直径。当然,这不会是,因为当这个平行的话才会是直径,没错吧?

39. **LS**: 那才是直径。

40. **TH**: 好的。所以这没用[笑]。

41. **LS**: 把它画出来。

42. **TH**: 好的。

43. **LS**: 我们能画一条它的平行线吗?[看着最开始的图。]但我们还是不知道圆心在哪儿。[停顿]我们能不能就画一条垂线?

44. **TH**: 好的,这就是我刚才要说的。如果我们画一条它的垂线,叫做直径,这就有用了。如果它是垂线的话,应该能碰到这里。那么它就应该与它在这个点相切,不是吗?

45. **LS**: 对!

46. **TH**: 难道不是吗?

47. **LS**: 是的!

48. **TH**: 会不是吗?

49. **LS**: 不会!

50. **TH**: 好的,画一条垂线;哦,很好。

51. **LS**: 谁知道用尺规怎么作? 你知道吗?

52. **TH**: 这是一个直角,所以——[使用尺子的一角。]

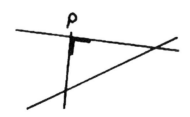

53. **LS**: 好的,这是垂直的,好的。看起来不像,但它是的。

54. **TH**: 这是我们的直径。

55. **LS**: 那么,如果我们说这是切点——

56. **TH**: 现在我们可以把这里平分来找到圆心,对吧? 叫它圆心 C。[停

顿]但我们可能应该按照我们的程序来做。[已标记强调]

57. **LS:**[指他们在猜想的基础上作出这个点的过程]这根本全是"非数学的",完全没有条理。

58. **TH:** 好的,回到画图上来。

59. **LS:** 我不知道怎么画。

60. **TH:** 我也不知道。

61. **LS:** 好的,如果我们刚才用的尺子上面有标了些数字。

62. **TH:** 这不正规吧?

63. **LS:** 当然,这是正规的[徒手画]。现在我们有了半径,我们只要把它画出来就行了。

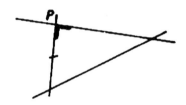

64. **TH:** 呃,哦,我们知不知道,我们得看看这样能不能行。我知道了! 呃。

65. **LS:** 我猜,我认为它不是。但我们试试吧。

66. **TH:** 我认为,虽然,这会有,虽然,不对吗?

67. **LS:** 不对。

68. **TH:** 半径比这短了——

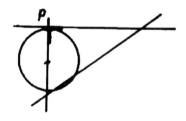

69. **LS:** 我不知道。好吧,让我们看看当它穿过去的时候会发生什么。

70. **TH:** 不知道为什么,这看起来不垂直,不过,是吧?

71. **LS:** 看看,这条线相对于这页纸来说不是直的,这就是为什么它看起来不是垂线。

72. **TH：**哦,是的,但是——

73. **LS：**它看起来不错。现在我们能说点什么了。

74. **TH：**也许,我觉得它告诉我们切点要更往[指着右边],我觉得。

[三分钟的时间用于作图。]

75. **LS：**是这个圆吗? 是的,这是个直角。哦,真讨厌。

76. **TH：**好的,半径必须要变短,因为它现在超过这条线了,所以要短一点,圆心要向上和向前一点,像这样——

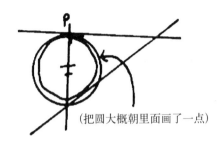

(把圆大概朝里面画了一点)

77. **LS：**但我们怎样去——

78. **TH：**但我不知道该怎么画出来,可是如果不画的话就没法说明这样是对的。

79. **LS：**是的。

[停顿并评估了之前的失误。]

80. **TH：**这样太笨了。这样做的话,我们就是在说不管这条线是什么样子,它都会是这个样子。如果我们画一条垂线下来,我们能做到的,我们就能得到直径,因为有这个角,然后把它画出来就还是有希望。你明白我的意思?

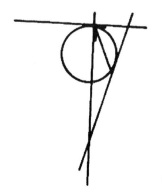

(草图)

81. LS：嗯,但我不认为这对任意角来说都正确。

82. TH：我知道,这就是我的意思。

83. LS：是的,好的,我们又犯笨了。

［停顿］

84. TH：嗯,我唯一能想到要去做的事是我们在课上,另一个——是的,我们想要做,你懂的。三角形的问题,试着找到内切圆。

85. LS：等等,我们知道——

86. TH：我知道,就是这个问题。我们不知道该怎么画。

87. LS：我不知道要做什么。

88. TH：是的,我们应该要去试试别的什么东西。

89. LS：好的,我们在做什么——我们试着画三角形那个题目的时候,我们都做了哪些事情? 因为也许我们可以——做一样的事情,但范围小一点儿。

90. TH：我完全没有头绪。

91. LS：是的。

92. TH：我想过要去做比如平分这条边之类的事情。

93. LS：是的,我这样试过了。

94. TH：但没成功。

95. LS：是的,让我们看看我们这样能有什么。我们想要在这个直角三角形里画出它的内切圆。

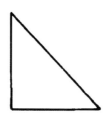

96. TH：你为什么要用一个直角三角形来画?

97. LS：我不知道。它只是其中一个。哦,我把它擦了吧,不。端点没什么用,因为我们要,你看,我们想要画一个它的内切圆。我们加了额外的条件进去,因为它并不一定要碰到这条线。它没有必要——哦,我不知道了。

98. **TH**：我不认为这样会有任何用处。

99. **AHS**：好了，伙计们——

100. **两人异口同声**：我们放弃了。

附录 10B 口语报告 10B

下面的问题是在问题解决课程之后完成的。

两个圆的内公切线是一条与两个圆都相切但两个圆分别居于其"两侧"的线，如下图所示。

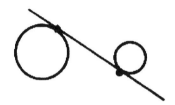

下图中的 A、B、C 是给定的三个点。请用尺规分别以 A、B 为圆心作两个半径相同的圆，使得两个圆的内公切线过点 C。你是怎样作的？请说明理由。

1. **TH**：[读题]

2. **LS**：等一下，我得读读这个。嗯。

3. **TH**：我们要作的大概是这个，两个圆和一条类似这样的线，让它从这儿穿过去[画出草图]。

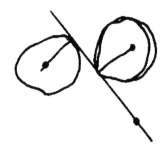

4. **LS**：对的,唔。

5. **TH**：像这样。

6. **LS**：除非它们有——它在哪儿——有相同的半径——

7. **TH**：嗯哼。

8. **LS**：所以它不会看起来像这样。

9. **TH**：是的。

10. **LS**：但是,好的。等一下,我得再想一想。

［擦掉再画］

11. **LS**：好的,不是吗——嗯,也许不是。

12. **TH**：什么?

13. **LS**：不,这样太笨了。让我想想。［停顿］

14. **LS**：唔,我们是不是应该试着把它画出来,也许就能看出点 C 与两个圆的关系是怎样的。因为还没画出来。

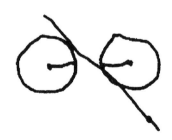

15. **TH**：是的。

16. **LS**：你知道我对圆规的态度——继续说。

17. **TH**：好的,我应该画多大呢?［用圆规画了一个］

18. **LS**：我把它画得太大了,因为用这个半径的话它们两个要重叠了。

19. **TH:** 是的。

20. **LS:** 只要画出来就可以了[即草图]——不一定要使用圆规。只要画出来——只要画出来——不不不。

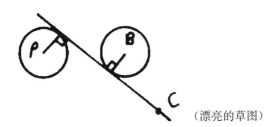

（漂亮的草图）

21. **TH:** 好的,我会把我的圆画得更好。[听不清]好的。[听不清]

22. **TH:** 你要做什么?

23. **LS:** 我只是想看出它更精确一点的样子。

24. **TH:** 为什么?

25. **LS:** 只是因为这样我就可以[听不清],但你可以说出来,如果你有什么想法的话。好的。你能想到什么吗?[草图画完了]

26. **TH:** 唔。这两条半径是一样的,对吗?

27. **LS:** 是的。除了它看起来不一样,是吧?

28. **TH:** 这就是你把圆心放进去的方式。

29. **LS:** [听不清]

30. **TH:** [听不清]好的。这两个圆心得——你知道我的意思了吗?

31. **LS:** 没有。等等,我现在要找什么?

32. **TH:** [读题]为什么我们不首先只是去——

33. **LS:** 如果我们能找到……[听不清][铅笔点在圆心上]

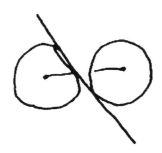

34. **TH:** 对的——如果你刚刚得到了两个圆心,然后你检查发现——说

成半径——半径必须是两个圆心之间路程的一半。对的,然后——

35. **LS**：说——等一下——什什什什么?

36. **TH**：如果我们只是要试着去画两个圆和一条切线,现在就不用担心点 C 的事情。

37. **LS**：是的。

38. **TH**：好的。因为它们的半径得是相等的——半径的长度是两个圆心之间距离的一半?[①] 那切线就会是像这样的。

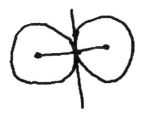

（徒手快速画出）

39. **LS**：我不明白怎么画出半径是两个圆心距离的一半。

40. **TH**：我也不知道。

41. **LS**：我没明白你的意思。怎么让半径是一半的距离——我没明白你的意思。

42. **TH**：如果它像这样,切线就是这样[听不清]。

43. **LS**：好的,是的。

44. **TH**：对吗? 这两条的长度必须是一样的。

（徒手快速画出）

45. **LS**：是的。

46. **TH**：我们要决定它们有多长就是在决定这条线的角度。我的意思就是,像这样,如果它们恰好——是圆心之间距离的一半,那么这条线就是竖直的。

---

① 作者注：她指的是,在这种极端的情况下,半径的长度是两个圆心之间距离的一半。

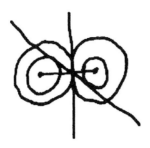

47. **LS**：是的。

48. **TH**：如果我们在这儿和这儿把它变短一点，两个圆就会像这样，切线就会像这样斜过来。

49. **LS**：好的，嗯。

50. **TH**：我们得找出怎么能让它过点 C。所以——

51. **LS**：我也不知道。

52. **TH**：我们能从点 C 开始，从某个地方画一条线穿过它，然后画两个圆让它们与这条线都相切？

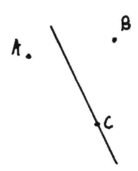

53. **LS**：不能。

54. **TH**：或者——

55. **LS**：不能，我们有圆心。

56. **TH**：我们也有 C。

57. **LS**：嗯哼。但如果把这条线画在这儿的话，只是把这条线画出来无法保证你能像这样把它画到头。唔。难道我们没有其他方式来说说这条线的特征码？找到可以定位的点。

58. **TH**：唔。

59. LS: 这可能不适合所有的情况。但是,看这儿,它看起来不就像个圆心吗?

60. TH: 这正是我想量一量的。

61. LS: 唔。因为如果我们这样做了,我们有点 A、B、C。

62. TH: 是的[看着她的草图],也穿过去了。这就是我们想要做的事情。

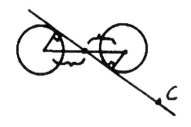

(他们量了那两段,这是个漂亮的草图)

63. LS: 对的——等一下,我们没被允许使用有刻度的直尺,但——这样是对的,把它分成两半。

64. TH: 是的,平分。

65. LS: 你为什么不真的去画画看呢?

66. TH: 既然我们不确定,那就在这里试试吧。[开始画新的草图]

67. LS: 等一下,我想会是另一条线。[听不清]只要连接点 B。我们要从 B 朝这条线画一条垂线。

68. TH: 为什么要这样做?

69. LS: 因为这是垂线,那就可能是半径,一条从 A 朝这条线画过来的垂线也会是半径。

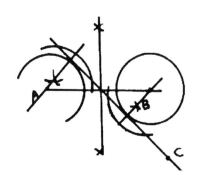

(尚未作完的图)

70. TH: 是的。

71. **LS**：好的。我不知道为什么这样是对的，我的意思是，我只是感觉好像是这样，你懂的。

72. **TH**：我觉得我们可以利用相似三角形和其他东西来做做看，这样我们就能确定它会是这样的[听不清]。

73. **LS**：我们也可以在这儿画——圆规不太好。

74. **TH**：我们的时间快到了。[小声说]快点画，快点画。

75. **LS**：我画不出来——有点困难。

76. **TH**：不管怎么样，快点画。

77. **LS**：我没法画得准确。

78. **TH**：嗯，只要画出来就可以了——它会是对的。

79. **LS**：哦，等一下，也许我能够真的画出来。好的，这个是半径。

80. **TH**：对的。

81. **LS**：垂线。然后我们只要画——我觉得我们做的是对的。

82. **TH**：这就够了，这就够了——等一下，我们已经画出来了——好的，我们画出来了。我们已经展示了为什么。我们要去说明这些——它们是这两点间距离一半的理由——角、边——我们要去说明——这条边是什么——

83. **LS**：就像我们有了一个角。

84. **TH**：但我们正在尝试去说明——我们想要去说明为什么它在 A 和 B 的中间。

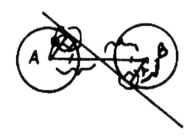

（漂亮的草图）

85. **LS**：是的。

86. **TH**：那么，我们就要说明为什么这个等于这个——它们——

87. **两人异口同声**：是全等的。

88. **TH**：好的，我们有了这个。我们有——

89. **LS**：一个角和一条边。我们怎么知道——

90. **TH**：然后我们需要说明这条边比这条边。还有——

91. **LS**：［对着 AHS］我们必须要证明它为什么是对的，还是只要向你说明这个图是怎么来的？

92. **AHS**：如果你们能够证明，我会很高兴。

93. **LS**：好的，让我们试着证明一下。

94. **TH**：现在这个角——

95. **LS**：好的，我们知道，我的意思是，r 等于 r，所以这就像——

96. **TH**：我们有了这些角，所以这个角等于这个角。

几分钟后，伴随着有点不确定，他们完成了对他们的作图所应当具备性质的证明。

参考文献

Aiken, L. R. Attitudes toward mathematics. *Review of Educational Research*, 1970, *40*, pp. 551 – 596.

Aiken, L. R. Update on attitudes and other affective variables in learning mathematics. *Review of Educational Research*, 1976, *46*, pp. 293 – 311.

Association for Supervision and Curriculum Development. *Mathematics Education Research. Implications for the 80's*. Alexandria, VA: ASCD, 1981.

Atkinson, John W., & Joel O. Raynor. *Motivation and Achievement*. Washington, DC: Winston, 1974.

Ball, S. (Ed.). *Motivation in Education*. New York: Academic Press, 1977.

Begle, E. G. *Critical Variables in Mathematics Education*. Washington, DC: Mathematical Association of America and National Council of Teachers of Mathematics, 1979.

Beth, Evert W., & Jean Piaget. *Mathematics, Epistemology, and Psychology* (W. Mays, Trans.). New York: Gordon and Breach, 1966.

Bloom, Benjamin S. *Taxonomy of Educational Objectives Handbook I: Cognitive Domain*. New York: David McKay, 1956.

Bobrow, Daniel, & Allen Collins. *Representation and Understanding*. New York: Academic Press, 1975.

Brown, Ann L. Knowing when, where, and how to remember: A problem of metacognition. In R. Glaser (Ed.), *Advances in Instructional Psychology* (Vol. 1). Hillsdale, NJ: Lawrence Erlbaum Associates, 1978.

Brown, Ann L. Metacognition, executive control, self-regulation, and other even more mysterious mechanisms. In F. E. Weinert & R. H. Kluwe (Eds.), *Learning by Thinking*. West Germany, Kuhlhammer, 1984.

Brown, Ann L., John Bransford, Robert Ferrara, & Joseph Campione. Learning, remembering, and understanding. In. P. H. Mussen (Ed.), *Handbook of Child Psychology* (Vol. 3). New York: Wiley, 1983.

Brown, J. S. , & R. R. Burton. Diagnostic models for procedural bugs in basic mathematical skills. *Cognitive Science*, 1978, *2*, pp. 155 – 192.

Brown, J. S. , & K. vanLehn. Repair theory: A generative theory of bugs in procedural skills. *Cognitive Science*, 1980, *4*, pp. 379 – 426.

Brown, John Seely, Richard R. Burton, & Johann de Kleer. Pedagogical, natural language, and knowledge engineering techniques in SOPHIE I, II, and III. In D. Sleeman & J. S. Brown (Eds.), *Intelligent Tutoring Systems*. London: Academic Press, 1982.

Burton, R. R. Diagnosing bugs in a simple procedural skill. In D. Sleeman & J. S. Brown (Eds.), *Intelligent Tutoring Systems*. London: Academic Press, 1982.

Buxton, Laurie. *Do You Panic about Maths? Coping with Maths Anxiety*. London: Heneimann Educational Books, 1981.

Caramazza, A. , M. McCloskey, & B. Green. Naive beliefs in "sophisticated" subjects: Misconceptions and trajectories of objects. *Cognition*, 1981, *9*, pp. 117 – 123.

Carpenter, Thomas P. , Mary M. Lindquist, Westina Matthews , & Edward A. Silver. Results of the third NAEP mathematics assessment: Secondary school. *Mathematics Teacher*, 1983, *76*(9), pp. 652 – 659.

Carroll, Lewis. *The Annotated Alice*. New York: Bramhall House, 1960.

Chartoff, B. T. An exploratory investigation utilizing a multidimensional scaling procedure to discover classification criteria for algebra word problems used by students in grades 7 – 13. (Doctoral dissertation Northwestern University, 1976.) *Dissertation Abstracts International*, 1977, *37*, 7006A.

Chase, W. G. , & H. A. Simon. Perception in chess. *Cognitive Psychology*, 1973, *4*, pp. 55 – 81.

Chi, M. , P. Feltovich, & R. Glaser. Categorization and representation of physics problems by experts & novices. *Cognitive Science*, 1981, *5*, pp. 121 – 152.

Clancey, William J. Tutoring rules for guiding a case method dialogue. In D. Sleeman & J. S. Brown (Eds.) *Intelligent Tutoring Systems*. London: Academic Press, 1982.

Clement, John. Algebra word problem solutions: Thought processes underlying a common misconception. *Journal for Research in Mathematics Education*, 1982, *13*, pp. 16 – 30.

Clement, John. A conceptual model discussed by Galileo and used intuitively by physics students. In Dedre Gentner & Albert Stevens (Eds.), *Mental Models*. Hillsdale, NJ: Erlbaum, 1983.

Clement, John, Jack Lochhead, & G. S. Monk. Translation difficulties in learning mathematics. *American Mathematical Monthly*, 1981, *88*, pp. 286 – 290.

Cole, M. , J. Gay, J. Glick, & D. Sharp. *The Cultural Context of Learning and Thinking*. New York: Basic Books, 1971.

Dahl, O. , E. Dijkstra, & C. Hoare. *Structured Programming*. New York: Academic Press, 1972.

de Groot, Adriaan D. *Thought and Choice in Chess*. The Hague: Mouton, 1965.

de Groot, Adriaan D. Perception and memory versus thought: Some old ideas and recent findings. In Benjamin Kleinmuntz (Ed.) *Problem Solving: Research, Method, and Theory*. New York: Wiley, 1966.

Descartes, Rene. *Rules for the Direction of the Mind* and *Discourse on Method* (E. S. Haldane & G. R. I. Ross, Trans.). In Great Books of the Western World (Vol. 31). Chicago: Encyclopedia Brittanica, Inc. , 1952.

Dijkstra, E. *A Discipline of Programming*. Englewood Cliffs, NJ: Prentice-Hall, 1976.

diSessa, Andrea A. Unlearning aristotelian physics: A study of knowledge-based learning. *Cognitive Science*, 1982, *6*, pp. 37 – 75.

diSessa, Andrea A. Phenomenology and the evolution of intuition. In D. Gentner & A. Stevens (Eds.), *Mental Models*. Hillsdale, NJ: Erlbaum, 1983.

Doise, Willem, Gabriel Mugny, & Anne-Nelly Perret-Clennont. Social interaction and the development of cognitive operations. *European Journal of Social Psychology*, 1975, *5*(3), pp. 367 – 383.

Duncker, K. *On Problem Solving*. Psychological Monographs 58, No. 5. Washington, DC: American Psychological Association, 1945. [Whole #270]

Einhorn, J. J. , & R. M. Hogarth. Behavioral decision theory: Processes of judgment and choice. *Annual Review of Psychology*, 1981, *32*, pp. 53 – 88.

Ericsson, K. A. , & H. A. Simon. Verbal reports as data. *Psychological Review*, 1980, *87*(3) pp. 215 – 251.

Ericsson, K. A. , & H. A. Simon. Sources of evidence on cognition: A historical overview. In T. Merluzzi, C. Glass, & M. Genest (Eds.), *Cognitive Assessment*. New York: Guilford Press, 1981.

Ericsson, K. A. , & H. A. Simon. *Protocol Analysis*. Cambridge, MA: MIT

Press, 1984.

Ernst, G. , & A. Newell. *GPS • A Case Study in Generality and Problem Solving*. New York: Academic Press, 1969.

Fahlman, S. A planning system for robot construction tasks. *Artificial Intelligence*, 1974, 5, pp. 1 – 49.

Federation of Behavioral, Cognitive, and Psychological Sciences. *Research on cognition, and behavior relevant to education in mathematics, science and technology*. (Report compiled by James Greeno, Robert Glaser, Allen Newell.) A report submitted by the Federation to the National Science Board Commission on Precollege Education in Mathematics, Science, and Technology, April, 1983.

Fennema, Elizabeth, & Merlyn Behr. Individual differences and the learning of mathematics. In R. J. Shumway (Ed.), *Research in Mathematics Education*. Reston, VA: National Council of Teachers of Mathematics, 1980.

Fikes, R. Knowledge representation in automatic planning systems. In A. Jones (Ed.), *Perspectives on Computer Science*. New York: Academic Press, 1977.

Flavell, John. Metacognitive aspects of problem solving. In Lauren Resnick (Ed.), *The Nature of Intelligence*. Hillsdale, NJ: Erlbaum, 1976.

Flavell, John, & Henry Wellman. Metamemory. In R. V. Kail & J. W. Hagen (Eds.), *Perspectives on the Development of Memory and Cognition*. Hillsdale, NJ: Erlbaum, 1977.

Freudenthal, Hans. *Mathematics as an Educational Task*. Dordrecht, Holland: D. Reidel, 1973.

Gardner, A. Search. In A. Barr & E. A. Feigenbaum (Eds.), *The Handbook of Artificial Intelligence* (Vols. 1 and 2). Los Altos, CA: William Kaufman, 1981, 1982. (Also Stanford University Computer Science Department Report No. STAN – CS – 79 – 742, June, 1979.)

Ginsburg, H. , N. Kossan, R. Schwartz, & D. Swanson. Protocol methods in research on mathematical thinking. In H. Ginsburg (Ed.), *The Development of Mathematical Thinking*. New York: Academic Press , 1983.

Goldberg, D. J. The effects of training in heuristics methods on the ability to write proofs in number theory. (Unpublished doctoral dissertation, Columbia University, 1974.) *Dissertation Abstracts International*, 1974, 4989B. (University Microfilms, 75 – 7, 836.)

Goldin, G. , & E. McClintock (Eds.). *Task Variables in Mathematical Problem*

Solving. Columbus, OH: ERIC, 1980.

Greeno, James G. , & H. A. Simon. Problem solving and reasoning. (draft, February 1984). In R. C. Atkinson, R. Herrnstein, G. Lindzey, & R. D. Luce (Eds.), *Stevens' Handbook of Experimental Psychology*. New York: John Wiley and Sons, to appear.

Hadamard, J. W. *Essay on the Psychology of Invention in the Mathematical Field*. New York: Dover, 1954.

Harvey, J. , & T. Romberg. *Problem-Solving Studies in Mathematics*. Madison, WI: Wisconsin R & D Center, 1980.

Hayes, J. R. , & H. A. Simon. Understanding written problem instructions. In L. W. Gregg (Ed.), *Knowledge and Cognition*. Hillsdale, NJ: Erlbaum, 1974.

Hayes-Roth, B. , & F. Hayes-Roth. A cognitive model of planning. *Cognitive Science*, 1979, *3*, 275 – 310.

Heller, J. L. , & J. G. Greeno. Infonnation processing analyses of mathematical problem solving. In R. Lesh, D. Mierkiewicz, and M. Kantowski (Eds.), *Applied Mathematical Problem Solving* Columbus, OH: ERIC, 1979. (ERIC Document Reproduction Service No. ED 180 816).

Hinsley, Dan A. , John R. Hayes, & Hebert A. Simon. From words to equations: Meaning and representation in algebra word problems. In P. A. Carpenter & M. A. Just (Eds.), *Cognitive Processes in Comprehension*. Hillsdale, NJ: Erlbaum, 1977.

Hoffer, Alan. Geometry is more than proof. *Mathematics Teacher*, January 1981, pp. 11 – 17.

Hoffer, Alan. Van Hiele-based research. In R. Lesh & M. Landau (Eds.), *Acquitision of Mathematics Concepts and Processes*. New York: Academic Press, 1983.

James, William. *Principles of Psychology* (Vol. 1). New York: Holt, 1890.

Janvier, Claude. The interpretation of complex Cartesian graphs representing situations: Studies and teaching experiments. Unpublished doctoral dissertation, the University of Nottingham, England, 1978.

Johnson, S. C. Hierarchical clustering schemes. *Psychometrika*, 1967, *32*, pp. 241 – 254.

Jurgensen, Ray C. , Richard G. Brown, & Alice M. King. *Geometry* (new ed.). Boston: Houghton-Mifflin, 1980.

Kahneman, Daniel, & Amos Tversky. On the study of statistical intuitions. In D.

Kahneman, P. Slovic, & A. Tversky (Eds.), *Judgment under Uncertainty. Heuristics and Biases* Cambridge: Cambridge University Press, 1982.

Kahneman, Daniel, Paul Slovic, & Amos Tversky. *Judgment under Uncertainty: Heuristics and Biases*. Cambridge: Cambridge University Press, 1982.

Kantowski, M. G. Processes involved in mathematical problem solving. *Journal for Research in Mathematics Education*, 1977, *8*, 163 – 180.

Kaput, James, J. Mathematics and learning: Roots of epistemological status. In Jack Lochhead & John Clement (Eds.), *Cognitive Process Instruction*. Philadelphia: Franklin Institute Press, 1979.

Kilpatrick, J. Analyzing the solution of word problems in mathematics: An exploratory study. (Unpublished doctoral dissertation, Stanford University, 1967.) *Dissertation Abstracts International*, 1968, *28*, 4380A. (University Microfilms, 68 – 5, 442.)

Kilpatrick, J. Problem solving and creative behavior in mathematics. In J. W. Wilson & L. R. Carry (Eds.), *Studies in Mathematics* (Vol. 19). Stanford, CA: School Mathematics Study Group, Stanford University, 1969. (A briefer version, Problem Solving in Mathematics, appeared in *Review of Educational Research*, 1970, *39*, pp. 523 – 534.)

Kilpatrick J. & I. Wirszup (Eds. and Trans.). *Soviet Studies in the Psychology of Learning and Teaching Mathematics* (14 Vols). Chicago: University Press, 1969 – 1975.

Kitcher, Philip. *The Nature of Mathematical Knowledge*. NewYork: Oxford University Press, 1983.

Krutetskii, V. A. *The Psychology of Mathematical Abilities in School Children*. (Joan Teller, Trans. , Jeremy Kilpatrick & Izaak Wirszup, Eds.). Chicago: University of Chicago Press, 1976.

Kulm, Gerald. Research on mathematics attitude. In R. J. Shumway (Ed.), *Research in Mathematics Education*. Reston, V A: National Council of Teachers of Mathematics, 1980.

Kulm, G. , P. Campbell, M. Frank, & G. Talsma. *Analysis and synthesis of mathematical problem-solving processes*. Paper presented at the annual meeting of the National Council of Teachers of Mathematics, St. Louis, 1981, April.

Lachman, Janet, Roy Lachman, & Carroll Thronesbery. Metamemory through the adult life span. *Developmental Psychology*, 1979, *15*(5), pp. 543 – 551.

Lakatos, I. *Proofs and Refutations* (rev. ed.). Cambridge: Cambridge University

Press, 1977.

Larkin, J. Teaching problem solving in physics: The psychological laboratory and the practical classroom. In F. Reif & D. Tuma (Eds.), *Problem Solving in Education: Issues in Teaching and Research*. Hillsdale, NJ: Erlbaum, 1980.

Larkin, J., J. McDennott, D. Simon, & H. A. Simon. Expert and novice perfonnance in solving physics problems. *Science*, 1980, *208*, pp. 1335 – 1342.

Lave, J. What's special about experiments as contexts for thinking? *The Quarterly Newsletter of the Laboratory of Comparative Human Cognition*, 1980, *2*, pp. 86 – 91.

Leder, Gilah. Bright girls, mathematics, and fear of success. *Educational Studies in Mathematics*, 1980, *11*, pp. 411 – 422.

Lefcourt, Herbert M. *Locus of Control*. Hillsdale, NJ: Erlbaum, 1982.

Lesh, R. Modeling students' modeling behaviors. In *Proceedings of 4th Annual PME meeting*, Athens, GA, October, 1982.

Lesh, R. *Metacognition in mathematical problem solving*. Evolving manuscript. Available from author. WICAT Corporation, Orem, UT, 1983a.

Lesh, R. *Modeling middle school students' modeling behaviors in applied mathematical problem solving*. Paper delivered at AERA, Montreal, April, 1983b.

Lester, F. *Mathematical Problem Solving: Issues in Research*, Philadelphia: Franklin Institute Press, 1982.

Lindquist, M. M. (Ed.). *Selected Issues in Mathematics Education*. Reston, VA: National Council of Teachers of Mathematics, 1980.

Lipson, S. H. The effects of teaching heuristics methods to student teachers in mathematics. (Doctoral dissertation, Columbia University, 1972.) *Dissertation Abstracts International*, 1972, *33*, 2221A. (University Microfilms No. 72 – 20,334.)

Lochhead, Jack. Research on students' scientific misconceptions: Some implications for teaching. Paper delivered at the annual AERA meetings, Montreal, April, 1983.

Loomer, Norman. A multidimensional exploratory investigation of small group-heuristic and expository learning in calculus. In J. G. Harvey & T. A. Romberg (Eds.), *Problem-Solving Studies in Mathematics*. Madison, WI: Wisconsin R&D Center Monograph Series, 1980.

Lucas, J. F. An exploratory study of the diagnostic teaching of heuristic problem-solving strategies in calculus. (Doctoral dissertation, University of Wisconsin, 1972.) *Dissertation Abstracts International* 1972, 6825 - A. (University Microfilms No. 72 - 15,368.)

Lucas, J. F. The Teaching of Heuristic Problem-Solving Strategies in Elementary Calculus. *Journal for Research in Mathematics Education*, 1974, 5, pp. 36 - 46.

Lucas, J. F. An exploratory study on the diagnostic teaching of heuristic problem-solving strategies in calculus. In J. G. Harvey & T. A. Romberg (Eds.), *Problem-Solving Studies in Mathematics*. Madison, WI: Wisconsin R&D Center Monograph Series, 1980.

Lucas, J. F., N. Branca, D. Goldberg, M. G. Kantowski, H. Kellogg, & J. P. Smith. A Process-Sequence Coding System for Behavioral Analysis of Mathematical Problem Solving. In G. Goldin and E. McClintock (Eds.), *Task Variables in Mathematical Problem Solving*. Columbus, OH: ERIC, 1980.

McCloskey, M. Intuitive Physics. *Scientific American*, April 1983a, pp. 122 - 130.

McCloskey, M. Naive theories of motion. In Dedre Gentner & Albert Stevens (Eds.), *Mental Models*. Hillsdale, NJ: Erlbaum, 1983b.

McCloskey, M., A. Caramazza, & B. Green. Curvilinear motion in the absence of external forces: Naive beliefs about the motions of objects. *Science*, 1980, 210, pp. 1139 - 1141.

McDermott, L. *Identifying and overcoming students' conceptual difficulties in physics*. Paper delivered at the annual AERA meetings, Montreal, 1983, April.

Malone, J., G. Douglas, B. Kissane, & R. Mortlock. Measuring problem-solving ability. In *Problem Solving in School Mathematics*. Reston, VA: National Council of Teachers of Mathematics, 1980.

Markman, Ellen M. Realizing that you don't understand: A preliminary investigation. *Child Development*, 1977, 48, pp. 986 - 992.

Matz, M. Towards a process model for high school algebra errors. In D. Sleeman & J. S. Brown (Eds.), *Intelligent Tutoring Systems*. London: Academic Press, 1982.

Messick, Samuel (Ed.). *Individuality in Learning*. San Francisco: Jossey-Bass, 1976.

Miller, M. A structured planning and debugging environment for elementary programming. In D. Sleeman & J. S. Brown (Eds.), *Intelligent Tutoring Systems*. London: Academic Press, 1982.

Minsky, Marvin. A framework for representing knowledge. In P. Winston (Ed.), *The Psychology of Computer Vision*. New York: McGraw-Hill, 1975.

Monsell, Stephen. Representations, processes, memory mechanisms: The basic components of cognition. *Journal of the American Society for Information Science*, *32*(5), September 1981, pp. 378 – 390.

Mugny, Gabriel, & Willem Doise. Socio-cognitive conflict and structure of individual and collective performances. *European Journal of Social Psychology*, 1978, *8*, pp. 181 – 192.

National Council of Teachers of Mathematics. *Problem Solving in School Mathematics*. (1980 Yearbook, S. Krulik, Ed.) Reston, VA: NCTM, 1980.

Neisser, Ulric. General, academic, and artificial intelligence. In. L. Resnick (Ed.), *The Nature of Intelligence*. Hillsdale, NJ: Erlbaum, 1976.

Newell, Allen. *On the analysis of human problem-solving protocols*. Paper given at an international symposium on mathematical and computational methods in the social sciences, Rome, 1966, July 4 – 9.

Newell, Allen, & Herbert A. Simon. *Human Problem Solving*. Englewood Cliffs, NJ: Prentice-Hall, 1972.

Nickerson, Raymond S. Understanding understanding. Draft manuscript, March, 1982. Available from author at Bolt Beranek and Newman, Cambridge, MA.

Nilsson, Nils J. *Principles of Artificial Intelligence*. Palo Alto, CA: Tioga Publishing Co., 1980.

Nisbett, R. E., & T. Wilson. Telling more than we know: Verbal reports on mental processes. *Psychological Review*, 1977, *84*, pp. 231 – 260.

Norman, D. Twelve issues for cognitive science. In D. A. Nonnan (Ed.), *Perspectives on Cognitive Science*. Norwood, NJ: Ablex, 1980. Also Hillsdale, NJ: Lawrence Erlbaum Associates, 1980.

Osborne, A. R. *Models for Learning Mathematics Papers from a Research Workshop*. Columbus, OH: ERIC/SMEAC, 1976.

Papert, Seymour. *Mindstorms*. New York: Basic Books, 1980.

Perkins, David. *Difficulties in everyday reasoning and their change with education*. Final report to the Spencer Foundation. Cambridge, MA: Harvard University, November 1982.

Perkins, David, Richard Allen, & James Hafner. Difficulties in everyday reasoning. In William Maxwell (Ed.), *Thinking: The Frontier Expands*.

Philadelphia: Franklin Institute Press, 1983.

Petitto, Andrea. Collaboration in problem solving. Manuscript available from author, University of Rochester, 1985.

Piaget, Jean. *Genetic Epistemology* (*Eleanor* Duckworth, Trans.). New York: W. W. Norton, 1970.

Poincaré, H. *The Foundations of Science* (G. H. Halstead, Trans.). New York: Science Press, 1913.

Polanyi, Michael. *Personal Knowledge*. Chicago: University of Chicago Press, 1962.

Pólya, G. *How to Solve It*. Princeton: Princeton University Press, 1945.

Pólya, G. *Mathematics and Plausible Reasoning* (2 Vols.). Princeton: University Press, 1954.

Pólya, G. *How to Solve It* (2nd ed.). New York: Doubleday, 1973.

Pólya, G. *Mathematical Discovery* (Vols. 1 and 2). New York: Wiley, 1962 (Vol. 1) and 1965 (Vol. 2) Combined paperback edition, New York: Wiley, 1980.

Resnick, Lauren B., & Wendy W. Ford. *The Psychology of Mathematics for Instruction*. Hillsdale, NJ: Lawrence Erlbaum Associates, 1981.

Ringel, Barbara, & Carla Springer. On knowing how well one is remembering: The persistence of strategy use during transfer. *Journal of Experimental Child Psychology*, 1980, *29*, pp. 322 – 333.

Rissland, Edwina. Artificial intelligence and the learning of mathematics: A tutorial summary. In E. A. Silver (ed.), *Learning and Teaching Mathematical Problem-Solving; Multiple Research Perspectives*. Hillsdale, NJ: Erlbaum, 1985.

Rogoff, Barbara, & Jean Lave (Eds.), *Everyday Cognition • Its Development in Social Context*. Cambridge: Harvard University Press, 1984.

Rosnick, Peter, & John Clement. Learning without understanding: The effect of tutoring strategies on algebra misconceptions. *Journal of Mathematical Behavior*, 1980, *3*(1), pp. 3 – 27.

Rubinstein, M. *Patterns of Problem Solving*. Englewood Cliffs, NJ: Prentice-Hall, 1975.

Rumelhart, David E., & Donald A. Norman. Representation in memory. CHIP paper 116, University of California, San Diego, June, 1983. (To appear as a chapter in the revised version of Stevens' *Handbook of Experimental Psychology*.)

Sacerdoti, E. *A Structure for Plans and Behavior*. New York: American Elsevier, 1977.

Schaie, K. W. Quasi-experimental research designs in the psychology of aging. In J. E. Birren & K. W. Schaie (Eds.), *Handbook of the Psychology of Aging*. New York: Van Nostrand Reinhold, 1977.

Schank, R., & R. Abelson. *Scripts, Plans, Goals, and Understanding*. Hillsdale, NJ: Lawrence Erlbaum Associates, 1977.

Schoenfeld, A. H. *Integration: Getting It All Together*. Undergraduate Modules and Application Project Modules 203, 204, 205. Newton, MA: Educational Development Corporation/Undergraduate Modules and Applications Project, 1977.

Schoenfeld, A. H. Presenting a strategy for indefinite integration. *American Mathematical Monthly*, 1978, 85(8), pp. 673 – 678.

Schoenfeld, A. H. Can heuristics be taught? In *Cognitive Process Instruction*. Philadelphia, PA: Franklin Institute Press, 1979a.

Schoenfeld, A. H. Explicit heuristic training as a variable in problem-solving perfonnance. *Journal for Research in Mathematics Education*, 1979b, 10(3), pp. 173 – 187.

Schoenfeld, A. H. Teaching problem-solving in college mathematics: The elements of a theory and a report on the teaching of general mathematical problem-solving skills. In R. Lesh, D. Mierkiewicz, & M. Kantowski (Eds.), *Applied Mathematical Problem Solving* Columbus, OH: ERIC, 1979c.

Schoenfeld, A. H. Heuristics in the classroom. In *Problem Solving in School Mathematics*. Reston, VA: National Council of Teachers of Mathematics, 1980a.

Schoenfeld, A. H. Teaching problem-solving skills. *American Mathematical Monthly*, 1980b, 87(10), pp. 794 – 805.

Schoenfeld, A. H. Measures of problem solving perfonnance and of problem solving instruction. *Journal for Research in Mathematics Education*, 1982a, 13(1), pp. 31 – 49.

Schoenfeld, A. H., & D. Hernnann. Problem perception and knowledge structure in expert and novice mathematical problem solvers. *Journal of Experimental Psychology: Learning, Memory, and Cognition*, 1982b, 8(5), pp. 484 – 494.

Schoenfeld, A. H. Some thoughts on problem solving research and mathematics education. In F. Lester &J. Garofalo（Eds.）, *Mathematical Problem Solving: Issues in Research*. Philadelphia: Franklin Institute Press, 1982c.

Schoenfeld, A. H. Beyond the purely cognitive: Beliefsystems, social cognitions, and metacognitions as driving forces in intellectual performance. *Cognitive Science* 1983a, *7*, pp. 329 – 363.

Schoenfeld, A. H. Episodes and executive decisions in mathematics problem solving. In R. Lesh & M. Landau（Eds.）, *Acquisition of Mathematical Concepts and Processes*. New York: Academic Press, 1983b.

Schoenfeld, A. H. *Problem solving in the mathematics curriculum: A report, recommendations, and an annotated bibliography*.（M. A. A. Notes ♯ 1）. Washington, DC: Mathematical Association of America, 1983c.

Schoenfeld, A. H. Artificial intelligence and mathematics education, or, AI and ME. In E. A. Silver（Ed.）, *Learning and Teaching Mathematical Problem Solving: Multiple Research Perspectives*. Hillsdale, NJ: Erlbaum, 1985.

Schoenfeld, A. H. Making sense of "out loud" problem-solving protocols. *Journal of Mathematical Behavior*, in press（a）.

Schoenfeld, A. H. Psychology and mathematical method: A capsule history and a modern view. In H. Beilin（Ed.）, *Recent Trends in the Psychology of Mathematics Instruction*. New York: Sage Press, in press（b）.

Selfridge, O. Pandemonium: A paradigm for learning. *Symposium on the Mechanization of Thought*. London, Her Majesty's Stationery Office, 1959.

Shavelson, R. J. Some aspects of the correspondence between content structure and cognitive structure in physics instruction. *Journal of Educational Psychology*, 1972, *63*(3), pp. 225 – 234.

Shavelson, R. J. Methods for examining representations of a subject-matter structure in a student's memory. *Journal of Research in Science Teaching*, 1974, *11*(3), pp. 231 – 249.

Shavelson, R. J., & G. C. Stanton. Construct validation: Methodology and application three measures of cognitive structure. *Journal of Educational Measurement*, 1975,*12*(2), pp. 67 – 85.

Silver, Edward A. Student perceptions of relatedness among mathematical verbal problems. *Journalfor Research in Mathematics Education*, 1979, *10*（3）, pp. 195 – 210.

Silver, Edward A. Knowledge organization and mathematical problem solving. In F. Lester（Ed.）, *Mathematical Problem Solving: Issues in Research*. Philadelphia: Franklin Institute Press, 1982.

Silver, Edward A. *Thinking about problem solving · Toward an understanding of metacognitive aspects of mathematical problem solving*. Paper presented at the Conference on Thinking, Suva, Fiji, 1982b, January.

Silver, Edward A., N. Branca, & V. Adams. Metacognition: The missing link in problem solving? In R. Karplus (Ed.), *Proceedings of the Fourth International Conference for the Psychology of Mathematics Education*, Berkeley, CA, 1980.

Simon, D. P., & H. A. Simon. Individual differences in solving physics problems. In R. Siegler (Ed.), *Children's Thinking: What Develops?* Hillsdale, NJ: Erlbaum, 1978.

Simon, Herbert A. Information processing models of cognition. *Annual Review of Psychology*, 1979, *30*, pp. 363–396.

Simon, Herbert A. Problem solving and education. In D. Tuma & F. Reif (Eds.), *Problem Solving and Education: Issues in Teaching and Research*. Hillsdale, NJ: Erlbaum, 1980.

Skinner, B. F. *About Behaviorism*. New York: Knopf, 1974.

Slagle, J. R. A heuristic program that solves symbolic integration problems in freshman calculus. In E. Feigenbaum & J. Feldman (Eds.) *Computers and Thought*. New York: McGraw-Hill, 1963.

Sleeman, D., & J. S. Brown (Eds.). *Intelligent Tutoring Systems* London: Academic Press, 1982.

Smith, J. P. The effect of general versus specific heuristics in mathematical problem-solving tasks. (Unpublished doctoral dissertation, Columbia University, 1973.) *Dissertation Abstracts International*, 1973, *34*, 2400A. (University Microfilms 73–26, 637.)

Soviet Studies in the Psychology of Learning and Teaching Mathematics (14 Vols.) (Isaac Wirzsup & Jeremy Kilpatrick, Trans. and Eds.) Stanford, CA: SMSG, 1969–1975. (Later reissued by the NCTM.)

Stevens, A., A. Collins, & S. Goldin. Misconceptions in students' understanding. In D. Sleeman & J. S. Brown (Eds.), *Intelligent Tutoring Systems*. London: Academic Press, 1982.

Stewart, P. *Jacobellis v. Ohio*. Decision of United States Supreme Court, 1964.

Stipek, Deborah J., & John R. Weisz. Perceived personal control and academic achievement. *Review of Educational Research*, 1981, *51*(1), pp. 101–137.

Suinn, R. M., Edie, C. A., Nicoletti, J., & Spinelli, P. R. The MARS, a measure of mathematics anxiety: Psychometric data. *Journal of Clinical*

数学问题解决

Psychology 1972, *28*, pp. 373 – 375.

Sussman, G. *A computational model of skill acquisition* Massachussetts Institute of Technology Artificial Intelligence Laboratory Technical Report 297, 1973.

Thomas, George B. *Calculus and Analytic Geometry* (3rd ed.). Reading, MA: Addison-Wesley, 1960.

Tobias, Sheila. *Overcoming Math Anxiety*. New York: Norton, 1978.

Tresemer, D. The cumulative record on research on "Fear of Success. " *Sex Roles*, 1976, *2*, pp. 217 – 236.

Tversky, Amos, & Daniel Kahneman. The framing of decisions and psychology of choice. *Science*, 1981, *211*(4481), 30, pp. 453 – 458.

van Hiele, P. M. *De Problematiek van het inzicht*. Unpublished doctoral dissertation, University of Utrecht, The Netherlands, 1957.

van Hiele, P. M. How can one account for the mental levels of thinking in math class? *Educational Studies in Mathematics*, 1976, *7*, pp. 157 – 159.

van Hiele, P. M. , & D. van Hiele-Geldof. A method of initiation into geometry. In H. Freudenthal (Ed.), *Report on Methods of Initiation into Geometry*. Groningen: J. B. Wolters, 1958.

van Hiele-Geldof, D. *De didaktiek van de meetkunde in de eerste klas van het V. H. M. O.* Unpublished doctoral dissertation, University of Utrecht, The Netherlands, 1957.

Van Lehn, K. *Bugs are not enough: Empirical studies of procedural flaws, impasses, and repairs in procedural skills.* Palo Alto, CA: Xerox C. I. S. - 11, 1981.

Van Lehn, K. On the representation of procedures in repair theory. In H. P. Ginsburg (Ed.), *The Development of Mathematical Thinking*. New York: Academic Press, 1983.

Van Lehn, K. , & J. S. Brown. Planning nets: A representation for formalizing analogies and semantic models of procedural skills. In R. E. Snow, P. A. Federico, & W. E. Montague (Eds.), *Aptitude, Learning and Instruction: Cognitive Process Analyses*. Hillsdale, NJ: Erlbaum, 1980.

Voltaire, Emile. Candide ou l'optimisme (1759). In H. Benac (Ed.), *Voltaire: Romans et Contes*. Paris: Editions Gamier Freres, 1960.

Vygotsky, Lem Semyonovich. *Thought and Language*. (Eugenia Hanfmann and Gertrude Vakar, Eds. and Trans.). Cambridge, MA: MIT Press and John Wiley and Sons, 1962.

Vygotsky, Lem Semyonovich. *Mind in Society*. (Michael Cole, Vera John-

Steiner, Silvia Scribner, and Ellen Souberman, Trans.). Cambridge, MA: Harvard University Press, 1978.

Wearne, Diana C. Development of a test of mathematical problem solving which yields a comprehension, application, and problem-solving score. In J. G. Harvey & T. A. Romberg (Eds.), *Problem-Solving Studies in Mathematics*. Madison, WI: Wisconsin R&D Center Monograph Series, 1980.

Weiner, B. *Achievement Motivation and Attribution Theory*. Morristown, NJ: General Learning Press, 1974.

Wertheimer, M. *Productive Thinking*. New York: Harper & Row, 1959.

White, B. Y. *Designing computer games to facilitate learning* (MIT AI TR-619). Cambridge, MA: MIT Artificial Intelligence Laboratory, February 1981.

Wickelgren, W. *How to Solve Problems*. San Francisco: Freeman, 1974.

Wilson, J. W. Generality of heuristics as an instructional variable. (Unpublished doctoral dissertation, Stanford University, 1967.) *Dissertation Abstracts International*, 1967, *28*, 2575A. (University Microfilms 67 – 17, 526.)

Winston, P. H. *Artificial Intelligence*. Reading, MA: Addison-Wesley, 1977.

Wirszup, Izaak. Breakthroughs in the psychology of leaming and teaching geometry. In J. L. Martin (Ed.), *Space and Geometry: Papers from a Research Workshop*. Columbus, OH: ERIC/SMEAC, 1976.

Witkin, Herman A. , & Donald R. Goodenough. *Cognitive Styles: Essence and Origins*. New York: International Universities Press, 1981.

Woods, D. R. Articles and Ideas. *P. S. News 29* (Nov. -Dec. 1983). Department of Chemical Engineering, McMaster University.

Zalewski, Donald L. A study of problem-solving perfonnance measures. In J. G. Harvey & T. A. Romberg (Eds.), *Problem-Solving Studies in Mathematics*. Madison, WI: Wisconsin R&D Center Monograph Series, 1980.

本书中文简体字翻译版由上海教育出版社出版
版权所有，盗印必究
上海市版权局著作权合同登记号 图字09-2021-0994号

图书在版编目（CIP）数据

数学问题解决 / （美）艾伦·匈菲尔德著；朱晨菲
译. — 上海：上海教育出版社，2025.3. —（中小学
数学教育论著译丛）. — ISBN 978-7-5720-3370-4

Ⅰ. G633.602

中国国家版本馆CIP数据核字第2025XV5879号

责任编辑　蒋徐巍　周赟昊
封面设计　王　捷

中小学数学教育论著译丛
数学问题解决
Shuxue Wenti Jiejue

[美]艾伦·H. 匈菲尔德　著
朱晨菲　译
鲍建生　审校

出版发行　上海教育出版社有限公司
官　　网　www.seph.com.cn
地　　址　上海市闵行区号景路159弄C座
邮　　编　201101
印　　刷　上海颛辉印刷厂有限公司
开　　本　700×1000　1/16　印张26.25　插页1
字　　数　416 千字
版　　次　2025年3月第1版
印　　次　2025年3月第1次印刷
书　　号　ISBN 978-7-5720-3370-4/G·3007
定　　价　88.00 元

如发现质量问题，读者可向本社调换　电话：021-64373213